湛庐CHEERS

与最聪明的人共同进化

HERE COMES EVERYBODY

他代表一个流派、一场运动、一个领域

他是积极心理学奠基人

创造力大师

“心流”理论提出者

MIHALY

CSIKSZENTMIHALYI

希斯赞特米哈伊

1934 年，希斯赞特米哈伊出生于意大利，父母为匈牙利人。他的童年是在意大利度过的。

在第二次世界大战末期，战火带来的颠沛流离使他经受了巨大创伤，周围的人们也似乎很难再过上正常的、舒心的、满意的和快乐的生活，于是他开始对什么能够丰富人们的生活，并提升人的幸福感这一话题产生了兴趣。

第二次世界大战之后，希斯赞特米哈伊游历欧洲，也从事过很多工作。有一次他在瑞士的报纸上看到苏黎世市中心有一场心理学家荣格的公开演讲。当荣格在演讲中谈到欧洲人的心灵是如何被第二次世界大战摧残，人们又如何通过自娱自乐来化解伤痛时，他备受感动与启发，在大量阅读了荣格和弗洛伊德的著作后，决心从事心理学研究。

成就“心流”理论

1956 年，希斯赞特米哈伊怀揣仅有的 1.25 美元，离开意大利前往美国求学。在大学的头 5 年，他做过收银员和酒店服务生，为了生存不得不整夜打工。工夫不负苦心人，1960 年他在芝加哥大学获得学士学位，1965 年获得人类发展专业的博士学位。毕业后，他在森林湖学院（Lake Forest College）教授社会学与人类学，在任教的 5 年中，他开始研究“心流”理论的基础模型。

1970 年，希斯赞特米哈伊回到他的母校芝加哥大学，随后担任心理学系主任。在接下来的 30 年里，他完成了几本著作，并在专业期刊上发表了 200 多篇论文。

在《连线》杂志的一次采访中，希斯赞特米哈伊把“心流”描述为全身心投入事物本身的一种美好体验。此时自我消失了，时间也仿佛过得很快。每个行动、动作、思想都紧紧跟随着上一个，就像演奏爵士乐一般。全身心投入不仅能最大限度地挖掘个人潜能，也能令人们变得更快乐。

心理学一代宗师

“心流”理论为心理学带来了革命性的影响，并被美国前总统克林顿、英国前首相布莱尔和其他最顶尖的全球行政精英所采用。“心流”理论也给教育、游戏设计、产品设计、医疗健康等领域注入了新的活力，对提升个人的幸福以及整个社会的福祉也具有重要作用。

1999 年，希斯赞特米哈伊离开芝加哥大学，前往加州克莱蒙特大学（Claremont Graduate University）德鲁克管理学院任教。他成立了生活质量研究中心，后担任该研究中心主任至今。2007 年他在德鲁克管理学院开设积极心理学博士课程。

在结识了美国心理学会前主席马丁·塞利格曼（Martin E.P. Seligman）之后，他们决定一起研究积极心理学，并召开了国际积极心理学大会。2013 年第三届会议一共吸引了来自全球 60 个国家的 1 500 名心理学家参与。马丁·塞利格曼评价希斯赞特米哈伊为“世界上最伟大的积极心理学研究者”。

积极心态 开创人生巅峰

希斯赞特米哈伊是富尔伯莱特资深学者（Senior Fulbright Fellow）及美国全国教育协会会员，并担任不列颠百科全书咨询委员会（Board of Advisors for the Encyclopedia Britannica）委员。他也是美国人文艺术与科学学会、国家休闲科学研究学院的成员。他还为美国劳工部的童工咨询委员会以及联邦教育部天赋中心服务。

2009 年他获得由克利夫顿优势协会（Clifton Strength Institute）颁发的克利夫顿优势奖（Clifton Strength Prize），他在研究上不懈努力，将“心流”理论运用到青少年教育领域，于 2011 年获得匈牙利最高科学技术奖——塞切尼奖。

希斯赞特米哈伊也是一个兴趣广泛的学者。他也为《纽约客》、《大西洋月刊》写短文，为《纽约时报》写书评，以及将意大利文、法文与匈牙利文的小说与诗集翻译成英文。

回顾他的一生，有两句箴言一直伴随着他，第一，相信自己能做成某事，这非常重要；第二，从来不让知识或支持的匮乏成为自己前进的绊脚石。

CREATIVITY

Flow and The Psychology of Discovery and Invention

扫描二维码直达
作者 TED 演讲大会视频

CHEERS
湛庐

创造力

心流与创新心理学

（美）米哈里·希斯赞特米哈伊 著
（Mihaly Csikszentmihalyi）
黄珏苹 译

CREATIVITY

FLOW AND
THE
PSYCHOLOGY
OF
DISCOVERY
AND
INVENTION

浙江人民出版社
ZHEJIANG PEOPLE'S PUBLISHING HOUSE

你知道如何培养和保持创造力吗？

扫码加入书架
领取阅读激励

扫码获取全部测试题及答案，
一起了解创造力的运行机制

- 一个人是否可能在他没有接触过的领域产生创造力？

  A. 是

  B. 否

- 富有创造力的人的人格千差万别，但也可以以下哪个关键词来形容？（单选题）

  A. 中庸

  B. 平衡

  C. 矛盾

  D. 复杂

- 凡·高是一位具有非凡创造力的天才，但与他同时期的很多人没有意识到这一点，这很大程度是因为：（单选题）

  A. 凡·高的才能争议性太大

  B. 凡·高时代的人不喜欢艺术

  C. 没有足够数量的艺术家认可凡·高

  D. 凡·高是平民没钱宣传自己

扫描左侧二维码查看本书更多测试题

目 录

第1章 搭设创新的舞台 001

人们常常认为，创造力是某种心智活动，是一些特殊人物头脑中产生的洞见。然而这种观点具有误导性。如果创造力意味着新颖而有价值的观点或行动，那么我们需要给创造力设定一个客观的标准。

|第一部分| **创造的过程**

第2章 产生创造力的系统 022

第3章 富有创造力的人格 049

第4章 创造力的运行机制 074

第5章 享受创造力的心流 103

第6章 激发创造力的环境 122

富有创造力的人的成就在很大程度上受到运气的影响，但是，除了运气等外界因素外，使他们能够对文化做出杰出贡献的是影响他们生活的个人决定。他们让生活符合自己的目标，而不是让外界力量支配他们的命运。

|第二部分| **创新者的生活轨迹**

第7章 童年和青少年 144

第8章 成年后的生活 176

第9章 创造力与年老 204

虽然不同的创造力过程中有些共同点，但为了了解其中具体的情况，我们必须单独探究每个领域。从非常抽象的层面看，物理学与诗歌中产生的创造力很相似，但其中也隐藏着非常有趣的差别。

|第三部分| **特定领域中的创造力**

第 10 章 文字领域 228
第 11 章 生命科学领域 255
第 12 章 创造一个新领域 280
第 13 章 文化的传承与创造 304

就像医生查看大多数健康者的身体，从中找到了有助于让每一个人都变得更健康的方法一样，通过研究一些富有创造力的人的生活，我们也能从中提取出让每一个普通人的生活变得更丰富的积极建议。

|第四部分| **实践你的创造力**

第 14 章 让每个人的生活充实而丰盈 330

致谢 359
译者后记 361

第1章 搭设创新的舞台

活着让我很开心，拥有一个我爱的男人、我喜欢的生活，以及喜欢做的事情。有时它们让我的灵魂歌唱。

雕塑家尼娜·霍尔顿
Nina Holton

本书的主题是创造力，它生发于当代富有创造力的人物的历史。开篇描述了什么是创造力，回顾了历史上富有创造力的人们工作和生活的方式。最后，你将明白如何才能让我们的生活与这些富有创造力的人的生活更接近。本书提出的观点并不简单，也不常见。有关创造力的故事远比许多过于乐观的描述更深奥、更奇特。正如我试图表明的，一个配得上“具有创造力”这个标签的想法或产品，来自许多个创造力源头的协同效应，而不只是出于某个人的想法。改变环境和条件比试图让人们进行更有创造力的思考，更容易令人产生创意。真正的创造力从来都不是突然的灵感，不是那种随机闪过黑暗的一道光芒，而是数年艰苦工作的厚积薄发。

创造力是我们生活意义的核心来源。原因有几个，我在这里只提两个主要的。第一，大多数有趣的、重要的、人性化的事情都是创造力的结果。我们的基因构成中有 98% 与黑猩猩相同。但语言、价值观、艺术表达、对科学的理解以及对技术的研究让我们与众不同，它们都是个体创造力的结果。这种创造力受到认可和奖励，并通过学习得以传递。如果没有创造力，还真的很难区分人类和黑猩猩。

第二，当我们深入创造性活动之中时，会觉得比其他时候过得更充实。艺术家在画架前或科学家在实验室中所体验到的兴奋，接近于我们希望获得的最理想的自我实现感，但这种感觉我们却极少能从日常生活中获得。也许只有性、运动、音乐和宗教狂热能让我们体会到比自我更宏大的深邃感，虽然这些体验也总是稍纵即逝。然而，创造力却能让未来变得更丰富多彩。

我们研究创造力时的一段访谈也许能让你了解到创新活动能带来的快乐、风险和艰难。接受访谈的是维拉·鲁宾（Vera Rubin），一位天文学家。她在帮助我们了解银河系的动态关系方面做出了很大的贡献。她指出，银河系的星星并不都按照相同的方向转动。在同一银道面（galactic plane）上，它们的运行轨道有的是顺时针的，有的是逆时针的。就像其他的许多发现一样，这并不是计划中的研究内容，而是无意中观察两幅相隔一年获得的同一星系的光谱分析图而得到的结果。通过分析星星在两幅图中的光谱线，鲁宾注意到，一些星星在某段时间内向着某一方向转动，而另一些星星则向相反的方向转动。鲁宾很幸运，能够成为第一批接触到这种清晰的光谱分析方法的天文学家之一。就在几年前，这些细节还无法被观测到。她之所以能利用这种幸运，是因为她对星星的运行细节已经深入研究了很多年。天文学家之所以能获得这些发现，是因为对星系本身具有浓厚兴趣，而不是为了证明某个理论或扬名立万。以下就是她的故事：

> 成为一名研究型科学家需要很大的勇气，你需要把你自己、你的生活和时间全部投入进去，而最终却可能一无所获。也许你辛辛苦苦研究了5年的论题，在完成前发现它是错误的，或者其他人发现了你即将完成的研究，证明这一切都完全错了。这种情况非常有可能发生。我很幸运。刚步入这个行业时，我觉得作为天文学家、一位观察者，主要工作就是收集有价值的数据。而事实证明，在很多情况下，这份工作不仅限于此。但即便只是收集数据，我也不会感到失望，发现的过程一直都令人愉快。今年春天，我发现了某种非常吸引人的现象，我还记得那是多么有趣。

我和一位年轻的博士后一起研究室女座星系团（Virgo cluster）中的星系，它是离我们较近的最大的星系团。通过观察这些星系团，我知道自己真的非常喜欢观察每个星系的细节。

我对每个星系的特点变得更有兴趣了，因为它们离我们很近，当然这是从宇宙角度上说的近。我第一次拥有了这么大的星系样本，而且它们近得足以让我看到很多微小的细节。我发现在很多这类星系的中心正发生着非常奇怪的事情——迅速旋转、小小的圆盘以及各种各样有趣的事情。我完全沉浸在这些有趣的事情之中。对它们进行研究和测量后，我试图做些什么。但我意识到，由于种种原因，有些数据比其他数据更有趣。于是我决定先详细记录最有趣的中心特性（这与我为什么开始这个项目真的没有关系）。另外，我发现大约有 20~30 个非常有趣的星系，它们都具有快速旋转的核心，以及大量的气体和其他物质。于是我选择了其中的 14 个，并决定写一篇有关这些星系的论文。

其中一个星系特别有意思。1989 年我第一次拍了它的光谱图，1990 年拍了另一张。这样我就有了这些天体的两张光谱图，直到 1990 年或 1991 年，我没有再测量过它们。一开始我不太理解为什么它们这么有趣，只知道与我以前见到的星系不一样。要知道，在银河系、螺旋星系或圆盘星系中，几乎所有的星星都在围绕着中心的平面旋转。最后我发现，在这个星系中，有些星星向着一个方向旋转，还有些星星向着另一个方向旋转。也就是说，有些星星顺时针转，有些星星逆时针转。

不过，我只有两张光谱图，其中一张还不够好，所以我可以相信它，也可以不相信它。我可以考虑只根据一张光谱图来写论文，还可以认为这张光谱图不够好，把它拿给同事看，让他们帮忙分析。他们也许能看到两条线，也许不能，然后我会左右为难地想，天空中是否发生着同样有趣的事情。由于 1991 年使用主望远镜的申请已经过期了，1992 年的春天，我决定拍摄另一张光谱图。不过当时我有了一个主意。因为光谱图中存在某种非常特殊的点，我突然决定试着解释自己正在观察的现象。没想到这花费了数月的时间。我在另一个房间里进行思考，坐在连上电脑的电视机屏幕前，它能让我非常仔细地观察图像，并和它们做“游戏”。

一天，我认定自己必须搞明白那个复杂的事物到底是什么，于是我在纸上画草图。突然之间，一切都豁然开朗。我想不到要怎么描述我看到的，它真是既精巧又清晰。我不知道为什么两年前自己没有这样做。

在接下来的春天我就开始进行观察。我让一位同事和我一起观察，他有时会和我一起做事。我们计划用三个晚上进行观察，但其中两个晚上，我们连望远镜都没有打开。第三个晚上很糟糕，不过我们观察了一会儿，就得到了有关这个星系的足够信息，可以证明我之前的观测。然而从另一方面来说，这种证明并不重要，因为我已经知道：一切都是正确的。

发现一些新观点真的非常有趣。今年夏天我在哈佛大学做了一次演讲，当然我在演讲中加入了这个故事。事实上，两天后一些天文学家证实了我的发现，他们拥有这个星系的光谱图，但没有进行分析。

当一切进展顺利的时候，成功让单调沉闷的工作得到了补偿。人们能够记住的通常是最佳状态：强烈的好奇心、对揭示奥秘的惊叹、无意中找到解决方案的喜悦，这些成功让人们看到了无可置疑的规律。新知识的突然出现让多年乏味的计算得到了认可。然而，即使没有成功，富有创造力的人依然能够在工作中找到乐趣。即使没有得到公众的认可，学习本身也是有益的。这一切是如何发生的，以及为什么会发生，正是本书要探讨的中心议题。

生物学及文化中的进化

在漫长的人类历史中，创造力曾是至高无上的神的特权。全世界的宗教都基于一个有关起源的神话：一个或多个神创造了天、地和水。他们同时还创造了男人和女人——人类弱小而无助，受制于神。只有在近期的人类历史中，情况才发生了逆转。现在，人类是创造者，而神是他们臆想出来的事物。无论这始于 2 500 年前的希腊或中国，还是始于 500 年前的佛罗伦萨，都不重要。重要的是，它发生在人类历史最近的几千年中。

我们对人与神之间关系的看法改变了。不难看出为什么会发生这样的改变。当最初的造物神话出现时，人类的确很无助，任由寒冷、饥饿、野兽摆布。他们无法解释从身边看到的非凡力量，比如日出日落、寒来暑往、斗转星移。在这个神秘的世界中，他们充满敬畏地探索着立足点。然后，人们开始逐渐明白世界的运转方式——从细菌到行星，从血液循环到海洋潮汐。起初，他们理解的速度比较慢，在最近几千年中，理解的速度在不断加快。人类不再是无助的。他们建造起巨大的机械，利用能源，根据自己的技能和喜好，改变了地球的面貌。当身处进化的风口浪尖时，人类接管了创造者的头衔也就不足为奇了。

这种改变对人类的意义还不清楚，不知道它将有益于人类还是将导致人类的灭亡。如果我们开始理解了这个新角色所承担的令人敬畏的责任，那么这种改变就会是有益的。古代的诸神，比如湿婆、耶和华，既是建造者，也是破坏者。宇宙在他们的仁慈与严酷之间维持着摇摇欲坠的平衡。如今我们生活的这个世界也在可爱的花园与贫瘠的沙漠之间摇摆，它们是由我们与自然的冲突造成的，如果忽视我们的创造力所隐含的破坏潜能，盲目地滥用我们新获得的权力，那么这个世界很可能会变成沙漠。

虽然我们无法预测创造力（创造力能将我们的愿望强加于现实，使人类成为决定星球上每一种生命形式的命运的主要力量）的最终结果，但至少能试着更好地理解这种力量以及它的运作方式。因为无论如何，我们的未来正紧密地与人类的创造力联系在一起。我们的梦想以及为实现梦想而做出的努力，将在很大程度上决定我们的未来。

这本书试图将近 30 年来对富有创造力的人的生活方式和工作方式的研究汇聚在一起，让人类发明和发现新观念、新事物的神秘过程变得更容易被理解。对该领域的研究使我确信，只是观察那些富有创造力的人并不能真正理解创造力，就像森林里大树折断的声音，如果没有人听，那么这声音就不会被听到。同样，如果没有善于倾听的听众记录并执行充满创意的观点，那么这些观点也会消弭于无形。如果没有局外人适当的评价，也就没有可靠的方法来判断具有创意的主张是否有效。

根据这种观点，创造力来自构成系统的三个要素之间的互动。这三个要素分别是，包含符号规则的文化、给某个领域带来创新的人，以及该领域中被认可、能证实创新的专家。对于有创造力的观点、产品或发现，这三者都必不可少。例如，在维拉·鲁宾对自己天文学发现的描述中，如果没有几个世纪以来积累的大量有关天体运动的信息，如果没有控制现代大型望远镜的机构和制度，如果没有其他天文学家的批判性怀疑和支持，鲁宾就不可能取得这样的发现。在我看来，对个人创新来说，这些要素的贡献并不是偶然的，而是创新过程中必不可少的组成部分，与个人的贡献同样重要。因此在本书中，我对领域予以的关注与对具有创造力的个人的关注一样多。

> 创造力来自构成系统的三个要素之间的互动。这三个要素分别是，包含符号规则的文化、给某个领域带来创新的人，以及该领域中被认可、能证实创新的专家。

生物进化引发的基因改变过程在文化中的对等物就是创造力。在进化中，人类染色体的化学物质在不知不觉中发生了随机的改变。这些改变使得孩子身上表现出了新的身体特征，如果这种特征比现存的更好，那么它很可能被传递给这个孩子的后代。大多数新特征并不能提高生存机会，因此在几代后就可能会逐渐消失。然而有一些新特征确实改善了人类的生存状况，因此它们就对生物进化作出了解释。

在文化进化中，没有与基因或染色体类似的遗传机制。因此，新观念或发明不会自动传递给后代。在发现如何使用火、轮子或原子能之后，这些知识不会像基因一样存在于孩子的神经系统中。每个孩子都不得不从头开始学习。在文化进化中，可以与基因进行类比的是模因（meme）[①]，即如果文化要延续，

① meme 这个词最初源自英国著名科学家理查德·道金斯（Richard Dawkins）所著的《自私的基因》（*The Selfish Gene*）一书。还可以从《思维病毒》一书中了解到更多关于模因的介绍，此书简体中文版已由湛庐文化策划，浙江人民出版社出版。——译者注

我们必须学会的信息单位。语言、数字、理论、歌曲、菜谱、法律及价值观等都是我们要传递给子孙后代的模因。富有创造力的人所改变的正是这些模因。如果足够多的人将这种改变视为改进，那么它就会成为文化的一部分。

因此，为了理解创造力，只研究看似对新观念、新事物贡献最大的个人是不够的。他们的贡献虽然很重要，但只是创造链中的一环、整个过程中的一个阶段。说爱迪生发明了电或者爱因斯坦发现了相对论，只是一种对创造力的简单化认识。它能满足人类对故事的远古偏好，即故事容易理解，而且包含像超人一样的英雄。但是，如果没有之前积累的知识，没有激发他们思考的学术及社会网络，没有认可并传播他们的创新产品或观念的社会机制，那么爱迪生的发明和爱因斯坦的发现便会令人难以置信。说相对论是爱因斯坦创立的，就像说星星之火导致了雄雄烈焰一样。星火是必要的，但如果没有空气和易燃物，也就不会有火焰。

本书要探讨的不是孩子们常说的那种简单明了的事情，也不是因为我们有头脑，会思考，所以每个人都拥有的那种创造力。本书也不会探讨赢得生意的好点子、烘烤朝鲜蓟的新方法，或者为聚会装点起居室的新颖创意。这些是日常生活中小创造力的事例，它是生活的重要成分，无疑是每个人都应该提升的创造力。但是要做好这些，首先必须理解本书所要阐释的创造力。

有限的注意力与宝贵的创造力

创造力，至少本书所探讨的创造力，是指改变文化中某一具体领域的过程。新歌曲、新观点、新机器都是创造力发挥作用的结果。由于这些改变不像生物进化中的改变那样是自动发生的，因此我们有必要思考创新所要付出的代价。改变传统可不是一件简单的事。在改变模因之前，我们必须学习它。音乐家在谱写新曲之前，必须学习音乐传统、乐谱体系以及演奏乐器的方法。发明家在改进飞机设计之前，必须学习物理学、航空动力学以及理解鸟儿为什么不会从天上掉下来。

无论我们想学什么，都必须专注于要学习的内容。注意力是有限的资源，在给定时间内，我们只能处理那么多信息。虽然不知道我们究竟能处理多少信息，但显而易见的是，我们不能同时学习物理和音乐。我们也不能在做其他需要注意力的事情（比如洗澡、穿衣服、做早餐、开车、与配偶谈话等），同时进行有效的学习。值得注意的是，我们有限的注意力中有很大一部分被用在了日常的生存事务上。在我们的一生中，留给学习某一文化领域（比如音乐或物理）的注意力已经很少了。

注意力是有限的资源，在给定时间内，我们只能处理那么多信息。虽然不知道我们究竟能处理多少信息，但显而易见的是，我们不能同时学习物理和音乐。

这些简单的前提能够合理地引导出一些重要的结论。要在某一领域内实现创新，必须有过剩的注意力。这就是为什么公元前 5 世纪的希腊、15 世纪的佛罗伦萨以及 19 世纪的巴黎能成为创造力中心，因为它们拥有足够的财富能够让个人学习并实践非生存所必需的知识。另外，创造力中心还可能成为不同文化的交汇处。在那里，信仰、生活方式和知识进行着融合，个人因此可以更从容地看待观点的新组合。在步调一致、观念陈旧的文化中，为了获得新的思维方式，人们需要投入更多的注意力。换句话说，不需要太多注意力就能获悉新观念的地方，更有可能产生创造力。

随着文化的演化，掌握不止一个领域的知识变得越来越困难。没人知道离现在最近的“文艺复兴者”是谁，在达·芬奇的时代之后，学习了艺术和科学各个领域中足够多的知识,能够成为其中一些领域的专家的可能性几乎没有了。某个领域也会分裂成许多子领域，精通代数的数学家可能不太了解数论、组合数学或拓扑学，反之亦然。过去的艺术家通常既会画画，也会雕刻、熔铸金子、设计建筑，而现在这些特殊技能会由不同的人来掌握。

因此，文化的整体趋势将是专业化的知识胜过普遍化的知识。为了理解这个趋势，让我们假设有三个人，第一个人是学物理的，第二个人是学音乐的，第三个人是学这两门学科的。三个人其他方面都相同，只是第三个人不得不将他的注意力分散到两个领域中，而其他两个人可以专注地学习一个领域的知识。于是，第一个人和第二个人可以深入学习各自的领域，他们的专业知识将胜过那位可以称为通才的第三个人。随着时间的推移，第一个人和第二个人会成为精通一个领域的专家，进而更有可能掌握这个领域的领导权及控制权。

当然，这种专业化的趋势不一定是件好事。这容易导致文化分裂，就像《圣经》里修建通天塔的故事所描述的一样。正如本书其余部分所充分展示的那样，创造力通常需要跨越不同领域的边界，例如一位化学家如果将物理学的量子力学用于分子键，那么与只局限于化学领域的其他化学家相比，他能够对化学做出更大的贡献。与此同时，我们要认识到，鉴于可用的注意力非常有限，而各个领域中的信息数量在不断增加，因此，专业化似乎是不可避免的。但这种趋势也可以被逆转，只要我们做出下意识的努力，找到一个替代的选择即可。如果听之任之，这种专业化趋势将会继续。

有限注意力的另一个结果是，富有创造力的人通常被认为是古怪的，甚至是自负、自私和冷酷的。我们应该知道，这并不是有创造力的人的特点，而是其他人基于自己的感知总结出来的特点。当那些将全部注意力集中在物理或音乐上的人忽视了我们或忘记了我们的名字时，我们便说他们“太自负了”，尽管当他们把注意力从关注的事物中分散一些出来时，他们就可能表现得非常谦逊友好。如果那个人太专注于自己的领域，没有考虑到我们的愿望，我们便说他“感觉迟钝”或“自私”，然而其实这种态度并不是出于他的本心。与之类似，如果他追求自己的事业，忽视了其他人的计划，我们便会说他“冷酷”。然而，如果不将全部注意力投入进去，那么一个人便不可能深入地了解某个领域，并在其中做出变革。正是如此，才会令别人误以为他们是自负、自私和冷酷的。

事实上，富有创造力的人既不固执专一，也不自私冷酷，他们似乎正好相反。他们喜欢将相邻的知识领域联系起来，因此，在本质上，他们应该是敏感而有爱心的，然而创造力的要求不可避免地推动他们走向专业化和自私。在有关创造力的许多悖论中，这也许是最难避免的。

研究创造力的益处

仔细研究富有创造力的人的生活以及他们成就的背景会大有裨益。显而易见，创造力的结果丰富了文化生活，间接地改善了我们的生活质量。我们还可以从这些知识中了解到如何让生活变得更有乐趣、富有成效。在最后一章中，我总结了这项研究对于提高个人的创造力有哪些值得借鉴的地方。

有些人认为，创造力的研究是一种精英研究，研究对象不是我们所面临的迫切问题。我们应该将全部精力用于解决人口过剩、贫困落后或智力障碍等问题。依这种观点来看，对创造力的关注是一种不必要的奢侈品。然而这种立场多少有点鼠目寸光。

> 每个人生来都会受到两套相互对立的指令的影响：一种是保守的倾向，由自我保护、自我夸耀和节省能量的本能构成；另一种是扩张的倾向，由探索、喜欢新奇与冒险的本能构成。

首先，解决贫困的切实可行的新方案不会神奇地自己出现。只有当我们对问题投入大量的注意力，并采取创新的方式时，问题才可能被解决。其次，要拥有美好的生活，只是消除其中的错误是不够的。我们还需要积极的目标，否则为什么要继续研究下去？拥有创造力就是一个答案。它提供了最令人兴奋的一种生活方式。通过研究病态案例，心理学家已经了解了许多健康人的思维方式。通过与脑损伤病人、神经病患者以及违法者进行对照，我们能够更好地了解机能正常的人。然而，我们对这些病态案例的另一端，即对那些生活特别积极的人却知之甚少。如果要找出自己的生活中缺失了什么，那么研究丰富充实的生活就非常有意义了。这也是我写作本书的原因之一：更好地理解为什么有些人对生活的满意度比大多数人更高。

每个人生来都会受到两套相互对立的指令的影响：一种是保守的倾向，由自我保护、自我夸耀和节省能量的本能构成；另一种是扩张的倾向，由探索、喜欢新奇与冒险的本能构成，激发创造力的好奇心就属于这套指令。这两套程序都是我们所需要的。不过第一种倾向几乎不需要来自外界的鼓励与支持，就能够激发出行动；而对于第二种倾向，如果不经过培养，它便有可能衰退。如果人没有什么机会感到好奇，如果冒险与探索之路上充满了障碍，那么进行创造力活动的动力便很容易消失。

你也许会想，既然创造力那么重要，它一定很受我们关注。其实我们的重视很多时候只停留在口头上。反观现实，我们会看到另一番景象。为了支持直接的实际应用，基础科学研究被最大程度地缩减。艺术越来越被看作是可有可无的奢侈品，其价值只能在远离大众的市场中得到证明。许许多多的企业在不断裁员。从 CEO 的报告中，我们可以听出这样的暗示：这不是富有创造力的人的时代，而是会计的时代；这里不鼓励创新与冒险，只鼓励缩减成本。然而，随着全球经济竞争的日益加剧，我们需要的恰恰是与保守相反的战略。

那些在科学、艺术和经济领域行得通的方法，也适用于教育界。当学校预算紧张、学生考试成绩摇摆不定时，越来越多的学校选择去掉看似无用的“虚饰”——艺术课及课外活动，从而把更多的精力放在所谓的基础学科上。如果读、写、算这“基本三会”能以鼓励发掘创造力的思维方式进行教授，那也没什么问题，但不幸的是，很少有学校会如此。学生们通常觉得基础学科令人害怕或枯燥无趣，他们能创造性地使用自己思维的机会仅仅来自撰写学生论文和参与戏剧俱乐部或乐团的活动。因此，如果我们希望后代拥有充满热情与自信的未来，就必须将他们培养成既有创造力又能干的人。

如何实施这项研究

1990—1995 年，我和我的学生在芝加哥大学对 91 名卓越的富有创造力的人进行了录像访谈。对这些访谈的深入分析有助于阐释富有创造力的人的特点、创新过程的运作方式，以及哪些条件鼓励或阻碍了创新观念的产生。

被访谈者需要具备三个主要条件：他们必须在文化的一个主要领域（科学、艺术、商业、政府或人类福祉）创造出了不同；他们必须仍活跃于那个领域（或另一个领域）；他们的年龄必须至少达到 60 岁（在极少数情况下，当条件符合时，我们也访谈了年纪稍轻一点的个人）。最后产生了一份被访谈者清单。

选择访谈对象的过程复杂而漫长。一开始，我计划访谈数量相同的男性和女性，这些人要尽可能拥有宽泛的文化背景。在考虑这些条件的同时，我开始罗列符合条件的访谈对象的名单。在完成这项任务的过程中，我征求了不同领域的同事及专家的意见。不久后，我的研究生们加入了这个项目，他们也提出了有关合适人选的建议。另外，被访谈者在接受了一些访谈后，他们也会提供人选，这就产生了所谓的“滚雪球抽样”（Snowball Sample）。

当研究团队认为被提名者的成就符合抽样条件时，被提名者便会收到一封信，信中会解释这项研究并邀请他们加入。如果大约三周没有得到回复，我们会再次发出邀请，并试着进行电话联系。最初我们联系了 275 个人，其中略多于 1/3 的人拒绝了我们，相同数量的人接受了邀请，而 1/4 的人没有回复或无法继续联系。接受者中有很多人的创造力广受认可，其中包括 14 位诺贝尔奖得主（物理学奖 4 人，化学奖 4 人，文学奖 2 人，生理学或医学奖 2 人，和平奖 1 人，经济学奖 1 人）。其他大多数被访谈者也做出了类似的成就，虽然他们没有得到同样广泛的认可。

一些人因为健康原因回绝了我们，还有很多人因为抽不出时间。小说家索尔·贝洛（Saul Bellow）的秘书写信来说：“贝洛先生告诉我，他之所以在后半生还能保持创造力，或者说至少保持了部分的创造力，是因为他不允许自己成为其他人‘研究’的对象。他去避暑了。”摄影师理查德·埃夫登（Richard Avedon）字迹潦草地回复我们说：“对不起，没有时间呀！”作曲家乔治·利格蒂（George Ligeti）的秘书这样写道：

> 他非常具有创造力，正因为如此，他总是超负荷工作。你们希望研

究他富有创造力的原因也正是他没有时间协助你们进行这项研究的原因。他还想补充一句，之所以不能亲笔给你们回信，是因为他正在努力完成今年秋季即将首演的小提琴协奏曲，他非常希望你们能谅解。

利格蒂先生很想说，他认为你们的项目非常有趣，他很有兴趣阅读研究的结果。

偶尔，拒绝的原因是因为他们认为研究创造力是在浪费时间。诗人、小说家切斯瓦夫·米沃什（Czeslaw Milosz）回信道："我对有关创造力的研究存在怀疑，不想参与这类主题的访谈。我猜想我怀疑的是一些方法上的错误，而所有'创造力'研究都是以这些错误方法为基础的。"小说家诺曼·梅勒（Norman Mailer）回复道："我很抱歉，但我从来不接受对工作过程的采访。这里应用的是海森堡的不确定原理。"管理专家彼得·德鲁克（Peter Drucker）是这样解释自己为什么不接受访谈的：

您 2 月 14 日的来信对我来说是莫大的荣耀与夸奖。多年以来我一直很崇敬您和您的研究，并从中学会了很多。但是亲爱的希斯赞特米哈伊教授，我恐怕不得不让你失望了，我可能无法回答你的问题。我被告知自己是具有创造力的，但我不知道那是什么意思……我只是在不断地辛勤工作……

如果我说富有成效的秘密之一就是把所有的邀请，比如您的邀请，都扔进一个大大的废纸篓的话，我希望您不要认为我太自以为是或过于粗鲁。根据我的经验，提高生产效率的方式是不要做任何帮助他人工作的事情，而是要把所有时间都用于上帝让你做的事情上，并把它做好。

在我们发出的所有邀请中，接受邀请者的比例存在着学科上的差异。超过半数的自然科学家，无论他们年纪多大或多繁忙，都同意加入。与之相反，艺术家、作家和音乐家更倾向于忽略我们的信或者拒绝我们，接受请求的人数不到 1/3。找出存在这种差异的原因很有趣。

接受我们请求的男性和女性人数比例相同，但在某些领域，公认的非常具有创造力的女性代表名额不足，因此我们无法实现最初希望的 50 ∶ 50 的性别比例，结果是男性占七成，女性占三成。

在通常的心理学研究中，你必须确保被研究的个体具有代表性，能够代表你想研究的群体。在这项研究中，我们想研究的是具有创造力的群体。如果样本不具有代表性，你的发现就不能被推广到整个群体。然而，我们在此从来没有试图将结果推广到所有富有创造力的人群中。我偶尔会试着反驳某些流传甚广的假设。在科学界，反驳比证实更有力，一个案例就可以驳倒普遍性原理，然而，世界上所有的案例都不足以得出绝对真理。只要我能找到一只白乌鸦，那么就足以驳斥“天下乌鸦一般黑”这个论断；但是即使我指着几百万只黑乌鸦，也无法证实“天下乌鸦一般黑”的论断——不知在什么地方也许藏着一只白乌鸦。在所谓的证伪与证实之间也存在着这种不对称，即使对于最神圣的物理法则来说也是如此。

对于本书的研究主题，可以加以反驳的案例已经非常多了。我们收集的信息无法证明所有有创造力的人都拥有幸福的童年，即使所有被访谈者说他们的童年是幸福的。但是哪怕有一个不幸福的孩子，也能够反驳这个假设，就像一个幸福的孩子能够反驳相反的假设（有创造力的人一定有着不幸福的童年）一样。因此相对较小的样本或样本缺乏代表性，并不会真正妨碍从这些数据中得出坚实的结论。

确实，在社会科学中，某个研究成果通常既不是对的，也不是错的，它只表明在统计上一种假设比另一种假设更有优势。我们可以说，黑乌鸦比白乌鸦多很多，但仅用或然性无法对其做出解释。因此我们可以这样总结：大多数乌鸦是黑色的。而且，我们很高兴很多时候可以这样说。在本书中，由于各种原因，我并没有利用统计方法来检验这种对照。首先，对我来说，我们有充足的证据能够反驳某些有关创造力的根深蒂固的偏见，而在这方面我们有着牢固的根基；其次，独特样本所具有的特点违反了符合大多数情况的假设，而统计检验会支持这些假设；最后，不存在有意义的“对照组”，以对照检验样本中发现的模式。

除了极少数例外情况，访谈一般在被访谈者的办公室或家中进行。我们把访谈都录了下来，然后逐字逐句地进行转录。访谈一般持续两个小时左右，其中也有些比较短，有些比较长。对于样本所涉及的信息来说，访谈只是冰山一角。多数被访谈者写过书和文章，一些人还写过自传或其他可供考察的作品。事实上，他们每一个人都留下了非常丰富的书面记录，完全追踪这些记录可能需要花费几辈子的时间。这些资料都可以使我们更完善地理解每一个人以及他们的生活。

我们的访谈明细包含一些要问每一位被访谈者的共同问题。不过，我们不一定要以相同的顺序来问这些问题，也不一定总使用完全相同的词。最重要的是要让访谈尽可能类似于自然的对话。当然，两种方式都存在优势和劣势。但我觉得，如果让被访谈者回答一系列结构化的呆板问题，可能会令他有受侮辱的感觉，反而会达不到我预期的目的。我希望得到真诚的、不假思索的回答，因此我让交谈围绕着我感兴趣的主题，而不是迫使他们进入某种套路。访谈既丰富又广泛，这在很大程度上要感谢我的研究生们构建的优秀框架，他们还协助收集了访谈内容。

当开始写这本书时，我面对着丰富得令人不知如何选择的资料，感到十分困窘。需要阅读的资料多达数千页，即使对于其中的一小部分，我也无法做到面面俱到。选择通常是痛苦的，那么多美妙的叙述不得不被削减掉或被大幅压缩。

我所引用的访谈不一定来自那些最出名或最有创造力的被访谈者，我的选择标准是：它们应该能够最清楚地解答我认为重要的理论问题，因此这种选择是很个人化的。但是我可以保证，我没有扭曲任何一位被访谈者的意思或任何一个团体的一致观点。

虽然有些人说的话完全没有在书中被引用，但他们陈述的内容有时以口头或数字的形式被呈现在了概括归纳的结论中。我希望我、我的学生或其他学者最终能利用那些我不得不精简掉的丰富资料。

有创造力的人可以更幸福

与大众对富有创造力的人的普遍印象相反，访谈中所有的富有创造力的人和他们的创造力都是乐观而积极的。我没有怀疑这些故事是为了自私的目的而被编造出来的，而是相信它们是真实的，只要有关这个人的其他事实与他所说的不相矛盾。

与大众对富有创造力的人的普遍印象相反，访谈中所有的富有创造力的人和他们的创造力都是乐观而积极的。

在过去 100 年中，很多社会科学家以揭露人类行为中所隐藏的虚伪、自欺欺人和自私自利为己任。在 19 世纪末之前，人类的这些特性从来没有受到过质疑。诸如但丁或乔叟这样的诗人当然非常熟悉人性中这些弱点。马克思提出了虚假意识的力量，而社会生物学家则展示了我们的行为是选择压力的结果。我们人类为什么如此虚伪，人们已经形成了系统性的见解。

不幸的是，我们对弗洛伊德及其他思想家的观点不仅理解得不充分，而且还不分青红皂白地把它们应用到行为的各个方面。因此，按照哲学家汉娜·阿伦特（Hannah Arendt）的话来说，学术界有可能退化成“揭穿虚假的企业”，它更多的是基于意识形态，而非提供具体证据，甚至研究人性的初学者也学会了不要相信表象。他们对虚假的防范不是任何优秀科学家都会认可的那种方法上的明智，而是武断地认为凡事都不能相信表面。我可以想象，对于以下这段访谈内容，一些久经世故的同侪会有怎样的回应。一位被访谈者说：“我和自己所爱慕的人结婚已经 44 年了。他是一位物理学家。我们有 4 个孩子，他们都获得了博士学位，他们的生活都很幸福。”

他们也许会充满嘲弄地微微一笑，将这些话看成是说话人在试图否认自己的家庭不幸福；有些人会把这看成是哗众取宠；还有些人会认为，这种乐观的表达是访谈背景下的语言技巧，并不是事实真的如此，而是因为这种对话有它自己的逻辑；或者他们会将这看成是中产阶级意识形态的表达方式，拥有不错的学位和舒适的中产阶级地位就等于幸福。

但是，如果这位女士真的结婚 44 年了，而且尽管作为一流科学家的工作很忙，她依然养育了 4 个事业有成的孩子，并把多数休闲时间用在了在家陪伴丈夫或旅行上，那将会怎样呢？如果她的孩子们真的对生活感到心满意足，经常去看望她，那又会怎样？难道我们不应该厚道些，承认这些说法比我虚构出来的那些批评家的看法，更接近说话者的意思吗？

让我再呈现一段访谈中的文字，它也表现出了那种典型的乐观精神。被访谈者是雕塑家尼娜·霍尔顿（Nina Holton），她嫁给了一位著名的学者（也非常富有创造力）。

> 我很喜欢“它使灵魂歌唱”这句话，而且经常使用这种表达。我们在好望角有一处房子，房屋外面长着高高的草。我看着它们说：“这是在歌唱的小草，我能听见它们的歌声。”我的内在需要某种快乐，你明白吗？一种快乐的表达，我能感觉到它。我认为活着让我很开心，拥有一个我爱的男人、我喜欢的生活，以及喜欢做的事情。有时它们让我的灵魂歌唱。我很感激自己拥有一个经常歌唱的灵魂。
>
> 我觉得我做的事情对我非常重要，带给我极大的满足感。我可以时常与丈夫进行探讨，并发现我们非常志趣相投，比如，当他有一个想法时，当他处理某些事情时，当我们一起讨论这些天过得如何以及我们一起做过的事情时。虽然并不总是如此，但经常会这样。它是我们之间绝佳的联系纽带。他对我做的事情也很有兴趣，因此会以某种方式参与到我的世界中。他给我做的雕塑拍照，他是那样兴致盎然。我可以和他讨论任何事情，绝不像是在黑暗中工作。我可以征求他的看法，而他总是会给我一些建议，虽然我不一定全部采纳。我感到生活非常丰富充实。

玩世不恭的人读了这段文字后，会再次得出这样的结论：嗯，两位职业伴侣在充满创意的时候一定会过得很开心，但是完成新的、重要的东西，尤其是在艺术方面，人们不是一定会很贫穷、会受苦，对世界感到厌倦吗？所以像这样的生活要么只代表了有创造力的群体中的极少数，要么就是不能相信这种表面现象，即使所有证据显示它是真实的。

我并不是说所有富有创造力的人都很幸福，都生活富裕。在访谈中有时也有人会透露出家庭关系的紧张、职业上遭受嫉妒，以及抱负连连受挫。另外，选择的偏差可能也影响了我收集的样本。由于样本集中在 60 岁以上的人群，因此那些具有高风险生活方式并英年早逝的人就被排除在外了。那些没有答复或拒绝我们邀请的人，与接受邀请的人相比，可能较不幸福或者适应性较差。有两三个一开始同意接受访谈的人，后来变得犹豫、沮丧起来。在和他们预约访谈时间时，他们找理由推辞了。因此，最后进入样本的个体在生理和心理上都偏向健康和积极。

天才必须历经磨难的这种刻板印象很大程度上是浪漫化思想创造出来的神话，支持它的证据来自孤立的、非典型的历史时期。

经过若干年深入细致的聆听和阅读，我逐渐得出了这样的结论：天才必须历经磨难的这种刻板印象很大程度上是浪漫化思想创造出来的神话，支持它的证据来自孤立的、非典型的历史时期。陀思妥耶夫斯基和托尔斯泰所表现出来的病态，更应该归因于俄国濒临崩溃时不健康的社会状况所引发的个人苦难，而非创意工作的要求。同样，很多美国诗人和剧作家之所以最终自杀身亡或沉溺于药物和酒精，并不是因为他们充满创造力，而是因为艺术界承诺了很多，但给予的回报却很少，十之八九的艺术家都被忽视了。

基于这些考虑，我发现以开放的怀疑态度来对待这些访谈，谨记人们具有展现幸福、掩饰苦难的倾向性，也许是更加现实的方式。与此同时，如果有证据支持这些访谈中访谈者所表现出来的积极性，那么我随时准备接受它。对我来说，这是值得冒的风险，因为我赞同加拿大小说家罗伯逊·戴维斯（Robertson Davies）的态度：

> 当你在思考真实的生活是什么样子的时候，悲观主义是一条捷径，因为它是一种目光短浅的生活观。如果观察在我们周围发生的事情，以及自从你出生以来所发生的事情，你不禁会觉得生活是一个充满问题和各种弊端的可怕的复杂系统。但是如果追溯到几千年前，你便会意识到，自从第一只变形虫爬出烂泥、开始在地面上的探索之旅以来，我们已经取得了怎样惊人的进步。如果将目光放得长远些，我不明白你怎么会对人类的未来、世界的未来感到悲观。你采取短期的视角，认为所有事情都是一团糟，生活就是个骗子，所以你会觉得很悲观。让我感到非常好笑的是，我的一些研究文学的同侪说，悲观的视角才是生活真正的谜底。我认为这只是自我放纵的胡言乱语。悲伤比欢喜容易得多。我认识一些秉持悲剧性生活观的人，那是一种逃避的生活方式。他们觉得一切都极其糟糕，这种做法太容易实现了。如果你试着以比较公正的视角来看待事情，便会对喜剧的复杂性以及其中表现出来的模棱两可和讽刺意义感到吃惊。我认为对于一位小说家来说，那才是至关重要的。

戴维斯的评论不仅适用于文学界，还适用于更广阔的领域。同样，只是展现、揭示、归纳、解构并解释富有创造力的人做的事情，忽视他们生活中所蕴含的真实的快乐与满足感，也是比较容易的。然而这样做会让我们看不到可以从富有创造力的人身上学到的最重要的启示：如何在混乱的存在状态中找到目标和快乐。

然而，我写作本书的目的并不是为了证明某个观点。我所探讨的发现来自数据，它们不是我的或其他人的先入之见。本书的字里行间充溢着这些卓越人物的言语，他们讲述着如何展现创造力的故事。这些情节无法被归纳为流畅的定义或肤浅的方法。在丰富性与复杂性之中，它揭示了人类精神的深层潜能。

创新者小传

→ **维拉·鲁宾**（Vera Rubin，1928—　），女，美国天文学家。她提出可见物质只占宇宙总质量的一部分的观点，并因此而出名，曾荣获国家科学奖章。她是美国国家科学院和美国天文学会理事会的成员，是《科学》杂志的编委，曾担任星系委员会和国际天文联合会的主席，还是《天文学杂志》（*Astronomical Journal*）、《天体物理学杂志》（*Astrophysical Journal of Letters*）的副主编。她在专业期刊上发表过 125 篇科学论文，还写作过有关星系动力学的书籍。

→ **尼娜·霍尔顿**（Nina Holton），女，美国雕塑家（出生于奥地利）。她在波士顿、旧金山和华盛顿举办过 30 多场个人和集体的展览，就职于福格艺术博物馆、Van Leer Jerusalem 基金会等组织。

CREATI
VITY

第一部分
创造的过程

人们常常认为，创造力是某种心智活动，是一些特殊人物头脑中产生的洞见。然而这种观点具有误导性。如果创造力意味着新颖而有价值的观点或行动，那么我们需要给创造力设定一个客观的标准。

第 2 章 产生创造力的系统

生命之初的小小差异，在你工作了 40 年、50 年，或像我一样，工作了 80 年后，差异会变得非常巨大。

发明家雅各布·拉比诺
Jacob Rabinow

人们常常认为，创造力是某种心智活动，是一些特殊人物头脑中产生的真知灼见。然而这种观点具有误导性。尽管创造力意味着新颖而有价值的观点或行动，但是衡量一个人是否具有创造力不能以他个人的解释为准。我们还需要参考一些其他标准，否则我们就无法知道一个想法是否真的很新颖。除非通过了领域内的评价标准，否则我们就无法评判它是否具有价值。因此，创造力不是发生在某个人头脑中的思想活动，而是发生在人们的思想与社会文化背景的互动中。它是一种系统性的现象，而非个人现象。我会举一些例子来进行说明。

在读研究生的时候，我在芝加哥出版社做过几年兼职编辑。至少每周有一次，我们会收到一位不知名作者寄来的手稿，声称自己做出了这样或那样了不起的发现。那份手稿也许是一本有 800 页的大部头，详尽地分析了《奥德赛》，观点与普遍接受的观点相反，即尤利西斯的航行没有到过地中海。根据作者的计算，如果注意书中的路标、行走的距离以及荷马提及的星星的布局，那么显而易见的是，尤利西斯实际在沿着佛罗里达海岸行走。

有时来稿是一本建造飞碟的教科书，附有非常精确的设计图。仔细查看后，我们发现那幅图是从家用电器的服务手册上抄下来的。读这类手稿令人失望。作者们相信他们发现了新颖而重要的事情，而他们的创造力之所以不被承认，是因为我以及其他所有出版社的编辑都非常平庸，不能发现他们的创造力。

几年前，两位化学家在实验室里实现了冷聚变，科学界为此闹得沸沸扬扬。如果那是真的，这就意味着非常类似永动机（人类最古老的梦想之一）的东西将会成为现实。之后的几个月中，世界各地的实验室狂热地尝试复制这个实验，有些人成功了，但绝大数人失败了。越来越清楚的是，那两位化学家的实验有缺陷。最初被研究者们称颂为本世纪最具创意的实验，结果变成了学术界一桩令人尴尬的囧事。据我们所知，那两位化学家仍坚信自己是正确的，并坚信自己的名誉是被充满妒忌的同行毁掉了。

雅各布·拉比诺本人便是一位发明家，同时也是位于华盛顿的美国国家标准局的发明评估人。他有很多关于人们认为自己发明了永动机的类似故事：

> 我遇到过很多这样的发明者。他们发明的东西在理论上是不可行的，根本无法运转。他们花费了 3 年的开发时间，用磁体而非电力来运转发动机。你跟他们解释这行不通，这违法了热力学第二定律。而他们说：“别跟我说什么该死的华盛顿定律。”

谁是对的？是相信自己是具有创造力的个人，还是相信否定个人的社会环境？如果我们站在个人一边，那么创造力就变成了一种主观现象。想要变得有创造力，只要内心坚信自己所想、所做的是新颖而有价值的就可以了。这样来定义创造力也没有什么错，只要我们承认这完全不是这个词最初的意义——产生真正新颖、价值足以载入文化史册的事物。相反，如果我们认为对于可以被称为具有创造力的事物，社会对它的认可是必不可少的，那么创造力的定义中一定不只包含个人。因此，重要的是个人对自己创造力的确信是否能够得到相关领域专家的认可，比如手稿案例中的出版社编辑或冷聚变案例中的其他科学家。这里不存在中间地带，即有时只拥有对自己的内在确信就足够了，而在其他情况下，我们则需要外部的证实。这样的折中会遗留下巨大的漏洞，人们便不可能就某事物是否具有创造力达成一致的意见。

问题在于“创造力”一词被应用的范围太广。它指的是非常不同的抽象概念，因此会导致大量的混淆。为了澄清这个问题，我区分出了至少三种能够被合理地称为创造力的现象。

第一种应用经常出现在平常的对话中，它指的是能表达出不寻常想法的人，他们很有趣而且令人兴奋。在人们看来，他们显得特别聪明。根据这种定义，一位才华横溢的健谈者、一个有着广泛兴趣和敏捷思维的人便有可能被认为是具有创造力的。然而，除非他们的贡献具有持久的重大意义，否则我将这类人归为有才华，而非有创造力。总的说来，我在本书中不会涉及他们太多。

这个词的第二种应用是指以新奇或独特的方式体验这个世界的人。这类人的感知非常新颖，他们的判断富有洞察力，他们也许会做出只有他们自己才知道的重要发现。我把这些人称为具有个人创造力的人，并尽可能多地探讨他们（在第 14 章，我将主要探讨这个主题）。但是鉴于这种形式的创造力具有主观的特性，因此无论它对于体验者来说有多么重要，处理起来都比较困难。

这个词的最后一种应用指的是像达·芬奇、爱迪生、毕加索或爱因斯坦这样改变了文化中某个重要领域的人。他们是富有创造力的人，虽然没有被授予资格证书。由于他们的成就显然很知名，因此写起来会更容易，我研究的就是这类人。

这三种应用不只是在程度上有差别。最后一种创造力不是前两种创造力更成熟的形式，它们实际上是具有创造力的不同方式，在很大程度上彼此互不相关。例如，一些被所有人都认为特别有创造力、才华横溢的人，除了认识他们的人还记得他们外，没有留下任何成就或任何他们存在过的痕迹。还有一些人对历史产生了巨大的影响，但这仅限于他们留下的成就，他们的行为中也没有表现出才华或创造力。

从创造力的第三种应用的角度看，达·芬奇肯定是最具创造力的人之一。他避世隐居，甚至有些强迫行为。如果在鸡尾酒会上遇到他，你可能会认为他很无趣、令人厌倦，恨不得尽快远离。牛顿和爱迪生也不会被认为是聚会上的宠儿，在科学领域之外，他们显得被动而无趣。传记作家们努力让他们的主角看起来有趣而聪颖，然而他们的努力通常是徒劳的。在各自的领域中，米开朗琪罗、贝多芬、毕加索或爱因斯坦的成就是令人敬畏的，但专业的成就并不能保证他们的私人生活、日常想法与行动也会是有趣的。

根据我在这里所使用的定义，该研究中最具创造力的人之一就是约翰·巴丁（John Bardeen）。他是第一位两度获得诺贝尔物理学奖的科学家。第一次是因为开发了晶体管，第二次是因为他对超导电性的贡献。没有人像他那样如此广泛而深入地研究固体物理学，并且提出了如此重要的洞见。然而，与巴丁谈论他的研究以外的话题并非易事。他的思维遵循的是抽象路线，他说话很慢，吞吞吐吐，对“现实生活”的话题没有兴趣，也无法深谈。

很可能的情况是：能对文化做出创造性贡献的人不会显得才华横溢或具有个人创造力，就像具有个人创造力的人永远不会对文化有所贡献一样。

很可能的情况是：能对文化做出创造性贡献的人不会显得才华横溢或具有个人创造力，就像具有个人创造力的人永远不会对文化有所贡献一样，但是这三种创造力都能让生活变得更有趣、更充实。在本书中，我主要聚焦于第三种，探讨这种创造力中包含着什么使它能够在文化矩阵中留下痕迹。

有两个词有时会与创造力这个词替换使用。第一个词是天赋。天赋与创造力的不同点在于，它强调的是能够做好某事的先天能力。我们会说迈克尔·乔丹是一位有天赋的运动员，或者莫扎特是一位天才钢琴家，但这并不表示因此他们就是有创造力的。在我们的样本中，有些人具有数学或音乐方面的天赋，但大多数取得创造性成果的人并没有明显的特殊天赋。当然，天赋是一个相对的词，因此也可以认为，与“平均”个体相比，富有创造力的人就是有某种天赋的人。

另一个被用作“创造力”同义词的是天才。虽然我们样本中的一些人被媒体称为天才，但他们以及我们访谈的大多数人都拒绝这种称号。

定义创造力的系统模型

我们已经看到，能够改变文化某个方面的创造力从来不只存在于某人的头脑中。因为根据定义，那不属于文化创造力。要产生影响，新观点必须以其他人能够理解的言辞予以表达，必须符合该领域专家们的要求，最后它还必须包含在其所属的文化领域内。因此对于创造力，我提出的第一个问题不是“创造力是什么”，而是“创造力在哪里”。

最合理的答案是，我们只能在由三个主要部分构成的系统中观察创造力。第一个部分就是领域，其中包括一套符号规则和程序。数学是一个领域，或者更细化的代数和数论也可以被看成是领域。领域存在于我们所说的文化中，即特定团体或整个人类所共享的符号知识。

第二个部分是学界，其中包括所有其职责相当于该领域把关人的个人。他们的工作是确定某个新观点或新产品是否应该被纳入该领域。在视觉艺术中，学界包括艺术教师、博物馆馆长、艺术品收藏家、评论家，以及负责处理文化事务的基金会管理者和政府机构。正是艺术学界决定了某件新的艺术品是否值得被认可、被保存、被记忆。

第三个部分是个人。创造力发生的过程是这样的：一个人使用某个领域（比如音乐、工程、商业或数学）的符号规则，产生了一个新观念或看到了一个新形式，而这种创新被适当的学界选入了相应的领域。下一代人在接触这个领域时，会遇到这种创新，它已经被当作这个领域的一部分。而且，如果它是具有创造力的，那么它将改变该领域的未来。有时创造力还涉及建立一个新的领域，比如伽利略被认为开创了实验物理学，而弗洛伊德将精神分析从神经病理学中分离出来。不过，如果伽利略和弗洛伊德没有赢得其他不同学界中的追随者，以进一步发展他们各自的领域，那么他们的观念就不会产生那么大的影响力，甚至根本没有影响力。

因此从这个视角看，创造力的定义应该是：改变现有领域或将创造一个新领域的任何观念、行动或事物。富有创造力的人就是指其思想或行为改变了一个领域或创建了一个新领域的人。不过，我们需要记住，如果没有相应学界明确或含蓄的一致认可，领域是不可能被改变的。

这种视角会导致几个结果，例如，我们不需要假定富有创造力的人必须与其他人不同。一个人看起来很有个人“创造力”并不能成为决定他是否有创造力的条件。重要的是他创造的新奇事物是否被一个领域所接纳，这也许是机会、毅力或天时地利相结合的结果。由于创造力是在领域、学界和个人相互作用中产生的，因此个人创造力的特点或许有助于产生能够改变该领域的新奇事物，但它既不是充分条件，也不是必要条件。

个人不可能在他没有接触过的领域内产生创造力。无论一个孩子多么具有数学天赋，如果不学习数学规则，他也不可能对数学领域做出贡献。不过即使学习了规则，如果学界没有承认这个新奇的贡献，并授予它合法地位，那么创造力也无法表现出来。孩子也许能通过一本好书或一位好老师学会数学，但除非得到老师及期刊编辑的认可，证明其贡献具有适用性，否则这个孩子永远无法在这个领域内产生巨大的影响。

这种视角还可能导致的一个结果是，只有在现有的领域和学界内，才能产生创造力。例如，我们很难说“这位女士在教养方面很有创造力”或“这位女士在才智方面很有创造力”，因为虽然教养和才智对人类的生存非常重要，但它们的领域组织松散，几乎没有被广泛接受的规则和重点，也缺乏由专家构成的学界，以确定该主张的合法地位。因此，我们处在了矛盾的状态中，显而易见、容易衡量的创新通常不太重要，而比较重要的创新又很难确定。相对于慈悲行为或对人性的洞见，我们比较容易对新电脑游戏、摇滚歌曲或经济准则是否属于创新达成一致意见。

这种模型还使得创造力的属性在不同时期发生了不可思议的波动。例如拉斐尔在尤利乌斯二世教皇的宫廷中度过他的鼎盛时期之后，他作为画家的声誉经历了几次潮起潮落。孟德尔直到死去半个世纪之后，才被认为是著名的实验遗传学创始人。几代人都不接受巴赫的音乐，认为它们太过时了。传统的解释是，拉斐尔、孟德尔和巴赫始终都是富有创造力的人，只是他们的声誉随着社会认可的反复无常而不断发生改变。系统模型承认创造力与对它们的认可是无法分割的。在孟德尔默默无闻的那些年，人们之所以不认为他富有创造力，是因为他的实验发现在当时并不重要，直到 19 世纪末，一些英国遗传学家才认识到它们对于进化的意义。

随着时代的变迁，拉斐尔的创造力也像艺术史知识、艺术评论理论以及对美学的敏感一样，发生着波动。根据系统模型，非常合理的说法是，拉斐尔在 16 世纪和 19 世纪被认为是富有创造力的，但在 16~19 世纪期间以及 19 世纪后，他又被认为是没有创造力的。当相应的团体被他的作品感动，并发现他绘画中新的价值时，他便是具有创造力的。当懂艺术的人认为拉斐尔的绘画过于循规蹈矩时，那么他只能被称为最伟大的绘画者或技艺精湛的善用色彩者。也许他可以被称为富有个人创造力的人，却不具有宏大的社会创造力。如果创造力不只关乎个人洞见，而是领域、学界和个人共同缔造出来的，那么在历史进程中，它便可以被多次构建、颠覆和重建。以下是我们的一位被访谈者，诗人安东尼·赫克特（Anthony Hecht）对这个问题的评述：

> 文学声誉时时在发生改变。有的改变无关紧要，甚至有点无聊。我以前的一位同事，最近在英语系的会议上说，她认为现在教授莎士比亚

> 的作品已经失去了重要性，因为与其他作品相比，他非常不理解女性。在我看来，这是一个无关紧要的观察发现，但这确实意味着，如果你认真对待它，那么在整套规则中所有人的地位都是不稳固的，因为规则在不断改变。这既有好的方面，也有不好的方面。在19世纪，约翰·多恩（John Donne）的作品根本没有影响力，《牛津英语诗选》（*Oxford Book of English Verse*）中只有他的一首诗。当然现在赫伯特·格里尔森（Herbert Grierson）和艾略特（T.S. Eliot）让他重获新生，他因此成为17世纪诗歌界最重要的人物之一。音乐界也是如此。巴赫默默无闻了200多年，后来被门德尔松重新发现。这说明我们时常在重新评估过去，这样做是有益的、有价值的，确实也有必要。

这种看待事情的方式在一些人看来是很荒唐的。对于这个问题，人们通常会想到凡·高。他是一位具有非凡创造力的天才，但与他同时期的人没有认识到这一点。幸运的是，如今我们发现他是一位如此伟大的画家，他的创造力终于得到了认可。在暗示这类观点的假定上，我们一般不会退缩。因为这等于在说，我们比凡·高同时代的人更懂得什么是伟大的艺术。他们只是些资产阶级的小市民，除了无意识的自高自大，还有什么成为支持这种艺术信念的证据？对凡·高的贡献更客观的描述是，当足够多数量的艺术专家认为他的绘画对艺术领域具有某种重要的贡献时，他的创造力便形成了；如果没有这样的回应，凡·高还将是原来的凡·高—— 一个画风古怪的精神病患者。

> 某个时期某个地方的创造力水平不只取决于个人的创造力，它还取决于新颖的观念能否很好地符合各自领域和学界的要求，得到这些领域和学界的认可并由他们来传播这个新观念。

系统模型最重要的含义也许是，某个时期某个地方的创造力水平不只取决于个人的创造力，它还取决于新颖的观念能否很好地符合各自领域和学界的要求，得到这些领域和学界的认可并由他们来传播这个新观念。它对于提升创造力的努力会造成大量实际的差异。如今很多美国企业为了提高员工的创造力，投入了很多时间和金钱，希望他们在市场中取得竞争优势。但是除非管理层也学会从众多的新颖观点中识别出有价值的观点，并找方法实施它们，否则这样的项目便没有什么意义。

例如，令摩托罗拉的罗伯特·高尔文（Robert Galvin）担忧的是，为了在环太平洋地区野心勃勃的电子制造商中求得生存，他的公司必须在生产过程中有意识地进行创新。他还强烈地感觉到，要这样做，首先必须鼓励公司几千名工程师尽可能多地产生新颖观点。因此公司创立了各种形式的头脑风暴，员工可以自由联想，不必担心自己的想法会太不切实际、太荒唐。但是接下来执行的步骤却不够明晰。领域（在这个案例中是管理层）如何从许许多多的新点子中选择值得实施的点子？被选中的点子如何能够被纳入领域中（在这个案例中是摩托罗拉的生产安排）？由于我们习惯于认为创造力的起始点都是人，因此很容易漏掉这样一个事实，那就是：创造力最有力的刺激因素可能来自个人以外的环境或规则的改变。

文艺复兴时期的创造力

艺术创造力突然迸发的一个很好的例子发生在1400—1425年的佛罗伦萨。那是文艺复兴的黄金岁月，人们普遍认为，欧洲最有影响力的一些艺术作品就产生于那四分之一个世纪。任何罗列杰作的清单中都少不了布鲁内莱斯基（Brunelleschi）修建的教堂圆顶、吉贝尔蒂（Ghiberti）为洗礼堂雕刻的《天堂之门》、多纳泰罗（Donatello）为欧圣米契教堂（Orsanmichele）创作的雕塑、马萨乔（Masaccio）在布兰卡契礼拜堂（Brancacci Chapel）中绘制的壁画以及詹蒂莱·达·法布里亚诺（Gentile da Fabriano）在佛罗伦萨圣三一教堂（Church of the Trinity）中绘制的《三王来朝》（*Adoration of the Magi*）。

如何解释这种伟大艺术的繁荣发展呢？如果创造力是完全限于个人内部的事物，那么我们只能说，由于某种原因，14世纪最后10年中，出生在佛罗伦萨的富有创造力的艺术家多到异乎寻常。也许发生了某种反常的基因变异，或者佛罗伦萨儿童教育的巨大改变让他们突然变得更富有创造力。然而，充分考虑到领域和学界在其中造成的影响的解释听起来更合理。

就涉及的领域而言，在所谓的黑暗时代，沉默了数世纪的古罗马建筑方法与雕刻方法的重新发现，使文艺复兴成为了可能。在罗马以及其他地方，到 13 世纪末，热心的学者们发掘着经典的宝藏，分析并复制着古代的技术与艺术风格。这种缓慢的准备工作在从 14 世纪进入 15 世纪时结出了果实，将被遗忘的知识重新摆在新时代的工匠面前。

佛罗伦萨大教堂和新圣母玛利亚教堂（Santa Maria Novella）80 多年来都没有屋顶，因为没人想得出如何修建这样巨大的拱顶。当拱顶的弧线超过一定高度时，没有合适的方法能避免墙壁向内坍塌。每一年，热心而年轻的艺术家以及有所建树的建筑师会向教堂后的博物馆（Opera del Duomo）呈交修建计划。该博物馆是负责监督大教堂修建的委员会，但委员会认为这些计划都没有说服力。委员会由城市中的政治领袖、商业领袖组成，修建计划的选择如果失败会危及他们的个人声誉。80 多年来，他们觉得所有提交上来的拱顶修建方案都配不上这座城市，也配不上他们的声誉。

最后人文主义学者们开始对罗马万神庙（Pantheon of Rome）产生了兴趣，他们测量它的巨大拱顶，分析它是如何被修建出来的。在 2 世纪，哈德良皇帝（Hadrian）重新修建了万神庙。拱顶的高度为 21.6 米，直径为 43.3 米。在接下来的 1 000 多年中，再也没有人修建过这种大规模的拱顶。在日尔曼人入侵后的黑暗时代，罗马人建造这种拱顶结构的方法被长期遗忘了。然而现在和平与商业发展让意大利得以复兴，知识也慢慢地被找回。

布鲁内莱斯基在 1401 年来到罗马，研究它的古迹，他知道研究万神庙的重要性。他关于如何完成佛罗伦萨大教堂拱顶的想法，建立在搭建内部石头圆拱框架的基础上。这种框架有助于承载推力以及人字形的砖结构。不过这种设计不是照搬罗马的模式，它还受到了罗马衰落之后各个世纪所有建筑的影响，特别是哥特式建筑。他把自己的计划呈交给了委员会，后者认为这是最合理、最具美感的方案。拱顶建成后，它成为一种富有启发的新形式，并出现了数百名效仿他的建筑师，其中包括米开朗琪罗，他在布鲁内莱斯基拱顶的基础上，设计了罗马的圣彼得大教堂圆顶。

然而，无论经典艺术形式的重新发现多么具有影响力，都无法用信息的突然获得来解释佛罗伦萨的文艺复兴。否则，所有其他拥有古代模式的城市都应该出现繁荣发展的新艺术形式。尽管在某种程度上确实如此，但在艺术成就的强度与深度上，没有一座城市能与佛罗伦萨相提并论。为什么会这样?

答案在于：古代艺术领域被重新发现的同时，艺术界变得特别欢迎新作品的创作。最先通过贸易，之后通过羊毛和其他纺织品的制造，最后通过富裕商人的金融知识，佛罗伦萨变成了欧洲最富裕的城市之一。到 14 世纪末，城市中有 12 家主要银行，美第奇（Medici）只是较小的一家。这些银行借钱给各国国王和当权者，因为这座城市引起了他们强烈的兴趣。

虽然金库和银行家们的口袋越来越充盈，但城市本身却陷入了麻烦。没有财产的人被无情地剥削，经济上的不平等加剧了政治上的紧张，公开的冲突随时有可能爆发。教皇与皇帝的争斗分裂了整个大陆。而在城市中，这种争斗体现在教皇党（Guelf）与皇帝党（Ghibelline）之间。更糟糕的是，佛罗伦萨周围的锡耶纳、比萨和阿雷佐等城市都嫉恨它的富有和野心，时刻准备着抢夺佛罗伦萨的贸易和领土。

正是在这种富裕而不确定的环境中，城市的领袖们决定投资把佛罗伦萨建成基督教世界中最美的城市。用他们的话说就是，“一个新雅典”。他们修建了宏伟的教堂、壮观的大桥、金碧辉煌的宫殿，还完成了非凡的壁画和雄伟的雕像，他们一定觉得自己正在给家园和这里的商业贴上具有保护作用的符咒。从某种意义上说，他们没有错。大约 500 多年后，希特勒下令德军撤退，并要炸毁阿诺河（Arno）上的桥梁，夷平周围的城市，但战地指挥官拒绝执行这一命令，因为如果那样，太多美好的事物就会从地球上消失。这座城市因此而得救了。

有一件重要的事情，我们必须意识到，那就是当佛罗伦萨的银行家、牧师和行会的负责人决定把他们的城市建设得惊人的美丽时，他们并没有把钱扔给艺术家们，然后坐等事情发生。他们积极介入鼓励、评价和选择最终作品的过程中。正是因为上流阶层和普通民众都非常关心艺术家们的作品，艺术家们才被推动着去超越自己的极限。如果没有委员会成员的不断鼓励和详细审查，大教堂的拱顶可能不会像它最终呈现的那样美丽。

> 他们积极介入到鼓励、评价和选择最终作品的过程中。正是因为上流阶层和普通民众都非常关心艺术家们的作品，艺术家们才被推动着去超越自己的极限。

在那个时期的佛罗伦萨，阐明艺术界如何发挥巨大作用的另一个例子是佛罗伦萨大教堂洗礼堂北部的建筑，特别是它的东门。它是那个时期无与伦比的杰作之一。当米开朗琪罗看到它令人心醉的美丽时，声称它配得上“天堂之门”的称号。同样，为了建造这个宏伟的公共建筑物的大门，佛罗伦萨专门成立了一个特别委员会。这个委员会由一些杰出的个人组成，他们多数是资助这个项目的羊毛编织者行会的领导者。委员会决定每个门都应该用青铜打造，分成10格，用来展示《旧约》的主题。然后他们写信给欧洲一些最杰出的哲学家、作家和牧师，征求他们对这些门格应该涵盖《圣经》中哪些场景以及如何表现这些场景的意见。得到答复后，他们列出了一个有关门的规格的清单。1401年，他们宣布进行设计竞争。

委员会收到了几十张参与竞争的图纸，其中也包括布鲁内莱斯基和吉贝尔蒂的设计。几个入围的竞争者用一年的时间来完成其中一个门格的青铜实体模型。门格的主题是“献祭以撒”，其中除了亚伯拉罕和他的儿子之外，至少还要包含一个天使和一只羊。在那一年中，委员会为最终的5位入围者所投入的时间和材料支付了可观的报酬。1402年，委员会成员再次聚集在一起，评审新作品，最终选择了吉贝尔蒂设计的门格。他的作品不仅体现了精湛的技术，而且将自然与经典巧妙地结合在一起。

当时吉贝尔蒂只有21岁。接下来，他用了20年的时间来完成北门，又用了 25 年的时间，完成了著名的东门。1402—1452 年，他还参与了完善洗礼堂大门的项目，历时半个世纪。当然，他同时还完成了许多别的任务，并为美第奇、帕奇家族（Pazzis）、商业银行家行会以及其他显贵雕刻雕像。不过，他的主要声誉来自《天堂之门》，它改变了西方世界对装饰艺术的认识。

如果说布鲁内莱斯基受到了罗马建筑的影响，那么吉贝尔蒂便是在研究并试图模仿罗马雕塑。他必须重新学习浇铸大型青铜铸型的技术，还研究了罗马坟墓上的经典雕刻。他参照这些雕刻，完成了对门格中人物表情的塑造。同样，他也将重新发现的经典艺术与锡耶纳最新的哥特式艺术结合起来。然而，如果某人宣称《天堂之门》的美丽来自整个团体的关注与支持（由监督建造过程的委员会来代表），这种说法也不算夸张。驱动吉贝尔蒂和他的同伴超越自我的也是激烈的竞争以及人们对他们作品的高度关注。因此，艺术社会学家阿诺德·豪泽（Arnold Hauser）这样评价那个时期："在文艺复兴早期的艺术中……创作的起点主要不在于创作欲望，以及艺术家的主观自我表达与自发的灵感，而在于客户设定的任务。"

当然，佛罗伦萨伟大的艺术作品不可能只源于对经典艺术的重新发掘，或者源于统治者缔造美丽城市的决定。如果没有艺术家，文艺复兴也不可能发生。毕竟，建造新圣母玛利亚教堂拱顶的是布鲁内莱斯基，花费几十年时间雕刻《天堂之门》的是吉贝尔蒂。与此同时，我们必须认识到，没有过去的原型，没有城市的支持，布鲁内莱斯基和吉贝尔蒂不可能取得这样的成就。即使这两位艺术家没有出生，在同时存在有利的学界与领域的条件下，也会有其他人替代他们的位置，建成拱顶和雕刻成《天堂之门》。正是因为个人与学界这种无法分割的联系，所以，创造力一定不能被视作某人的独有，而是发生在系统内的互动中。

由专业知识构成的领域

不仅仅是人类，似乎所有物种的生命体都或多或少地根据对某种感觉的内在反应来理解世界。植物向着太阳偏转；阿米巴原虫对磁引力很敏感，因此它们把身体朝向北极；小蓝鸦向巢外张望，学会了看星星的分布，这样它们便可以在黑夜里飞行很远而不会迷失方向；蝙蝠会对声音做出反应；鲨鱼对气味敏感；而猛禽具有不可思议的发达视力。每个物种根据感官加工的信息来体验和理解它们所处的环境。

人类也是如此，但除了基因提供的观察世界的狭窄窗口之外，我们还基于以符号为中介的信息，尽量开拓对现实的新感知。自然界中不存在绝对平行的两条线，但欧几里得和他的同事假设它们是存在的，并由此建立起了一个表征空间关系的系统。这个系统比肉眼和大脑所能实现的系统更精确。尽管抒情诗和磁共振波谱学非常不同，但它们都是让信息变得易于理解的方法，否则我们将永远毫无头绪。

> 以符号为中介的知识存在于身体以外。它无法通过铭刻在染色体上的化学密码来传递，而必须进行有意识地传承与学习。

以符号为中介的知识存在于身体以外。它无法通过铭刻在染色体上的化学密码来传递，而必须进行有意识的传承与学习。正是这种身体外的信息构成了我们所说的文化。由符号表达的知识汇聚成彼此独立的领域，比如几何、音乐、宗教、法律等。每个领域有它自己的符号元素和规则，通常还有它自己的符号体系。从很多方面来看，每个领域描述了一个孤立的小世界。在这个小世界中，人们可以进行清晰而专注的思考与行动。

领域的存在也许是人类拥有创造力的最佳证明。微积分与格里高利圣咏（Gregorian chant）的存在意味着我们能够体验生物进化没有设定在我们基因中的模因。通过学习领域的规则，我们可以马上超越生物界限，进入文化演化的范畴。领域扩展了个体的局限性，增加了我们理解世界的敏感性与能力。每个人的周围都有无数的领域，这些领域有可能为学习其规则的人打开一片新世界，给予他们新的力量。令人吃惊的是，很少有人愿意投入足够的心理能量来学习其中哪怕一个领域的规则，而宁可只生活在生物性的限制中。

对多数人来说，进入一个领域首先是谋生的方式。我们选择护理、医学或商业管理，因为这样我们就有能力和机会获得一份收入不错的工作。然而也有一些人（富有创造力的人通常属于此列）只是因为某种强烈的使命感而选择某个领域。他们与所在的领域非常匹配，以至于在领域的规则内做事本身就是一种回报。即使得不到物质报酬，他们也会继续做下去。

尽管领域多种多样，但对领域的追求存在几个普遍的原因。核物理、微生物学、诗歌及音乐创作几乎没有共同的符号和规则，但个人在这些不同领域的强烈使命感却惊人地相似。让体验变得井然有序，创造可以流传后世的文化，使人类超越他们目前的力量，这些都是激发领域内的创造力的非常普遍的主题。

当乔治·法鲁迪（György Faludy）被问到为什么在 7 岁时就决定做一个诗人时，他答道："因为我怕死。"他解释说，文字可以创造出诗歌，这些诗歌会因为它们的真实与美丽而有机会比诗人拥有更长的生命。这是一种挑战，更是一种希望，在接下来的 73 年中，它们给予法鲁迪生命的意义和方向。这种欲求在各个领域中并没有很大的差别，例如物理学家约翰·巴丁对超导电性研究的描述，他认为超导电性能够创造一个没有摩擦力的世界；物理学家海因茨·迈尔莱布尼茨（Heinz Maier-Leibnitz）希望核能将提供无限的电力；生物物理学家、化学家曼弗里德·艾根（Manfred Eigen）尝试理解生命的进化方式。领域之间具有惊人的差异，但人类的诉求却汇集在几个主题上。从很多方面来看，马克斯·普朗克（Max Planck）对理解绝对真理的着迷，引发了人类战胜难逃一死的命运的尝试。

领域可以通过几种方式来促进或阻碍创造力，其中有 3 个特别相关的主要维度：结构的清晰性、文化的中心性和知识的可获得性。假设 A 制药公司和 B 制药公司在同一市场中竞争，它们对研发的投入以及研究人员的创造潜力都是相同的。现在我们要预测哪家公司能研制出最有效的新药，预测的唯一根据是领域的特点。我们会问以下这些问题：哪家公司拥有制药方面较详细的数据？哪家公司的数据是更有条理的？相对于生产和营销，哪家公司将重点更多地投入到文化研究中？在哪家公司制药知识能赢得更多的尊重？哪家公司能够更好地在员工中传播知识？在哪家公司可以更容易检验假设？知识更结构化、更中心化、更具可获得性的公司（其他条件依然相同），更有可能实现创新。

经常有这种说法，那就是某些领域（比如数学或音乐）的创造力比其他领域（比如绘画或哲学）的更早在生命中展现出来。与之类似，据说在某些领域中，大多数富有创造力的表现都来自年轻人，而在另一些领域中，老年人则更具有优势。人们相信，最富有创意的抒情诗是由年轻人创作的，而写叙事诗的则更多是年长的诗人。数学天才在 20 多岁时事业达到巅峰，物理学家的巅峰发生在 30 多岁时，而伟大的哲学成就通常是哲学家在晚年取得的。

造成这种差异最可能的原因是，这些领域具有不同的构成方式。数学的符号体系组织相对紧密，内部逻辑严格，系统对清晰性极度重视，没有冗余。因此，年轻人比较容易快速地吸收规则，在几年之中就跃居领域的最前沿。由于同样的结构性原因，当一项创新被提出来时，只要它是可行的，就会立即被承认和接受，比如 1993 年一位较年轻的数学家提出了期待已久的“费马最后定理”（Fermat’s Last Theorem）的证明。与之相对的是，社会科学家或哲学家需要数十年的时间来掌握他们的领域。如果他们提出一个新理念，所处的学界也需要用很多年的时间来评估它是否是一个值得加入到基础知识中的创新。

迈尔莱布尼茨讲过一个他在慕尼黑教授小型物理学研讨班时的故事。一天，课程被一位研究生打断，他建议在黑板上用一种新的方式表示亚原子粒子的行为。迈尔莱布尼茨赞同这个新构想，并表扬了那位学生。在那个周末，他开始接到其他德国大学教授的电话。他们问：“真的是你的一个学生提出了这样的想法吗？”到了下一周，电话开始从东海岸的美国大学打来。两周后，加州理工学院、加州大学伯克利分校以及斯坦福大学的同事们也纷纷致电来问相同的问题。

这样的故事永远不会发生在心理学的分支中。在世界任何学校的心理学研讨班上，如果一位同学站起来说出了最深奥的观点，他所产生的影响也不会超出那间教室。不是因为心理学的学生比物理学的学生缺乏智慧或创造力，也不是因为我的同事和我对学生们的新观点不够敏感，而是因为除了几个高度结构化的子领域以外，心理学是一个具有很强弥散性的学科，任何人都需要笔耕不辍多年，才能提出其他人能够认可的新观念或重要的观点。迈尔莱布尼茨班上的年轻学生最终获得了诺贝尔物理学奖，这在心理学界是永远不可能发生的。

除了几个高度结构化的子领域以外，心理学是一个具有很强弥散性的领域，任何人都需要笔耕不辍多年，才能提出其他人能够认可的新观念或重要的观点。

这是否意味着，在某种意义上，结构性强的领域（在这样的领域中，创造力更容易被确定）比弥散性强的领域更好？而且，这样的领域也更重要、更高级、更严肃？根本不是。如果真是这样，那么象棋、微观经济学或计算机编程等具有非常清晰的结构的领域，就必然会被认为比道德或智慧更高等。

然而，在当今社会中，具有清晰边界以及明确规则的可量化领域，确实更容易受到人们的认真对待。在大学里，这类院系通常更容易获得资金。在定义狭窄的领域中，也比较容易证明提拔某位教师的合理性。10 位同事可能会写信推荐某位教授，因为他是研究更格卢鼠交配习性或德拉威语虚拟语气的世界级权威。不太可能出现的情况是，10 位学者一致赞同某人是人格发展方面的世界级权威。由此人们很容易犯一个不幸的错误，认为从科学角度看，人格发展与更格卢鼠交配习性的研究相比，是相对较不受尊重的领域。

在当今的社会风气中，具有可量化测量的领域的地位可能比没有这类测量的领域的要高。我们总是认为，能够被测量的事物才是真实的，并忽视那些我们不知道如何测量的事物。人们非常重视智能，因为以这个名称命名的心理能力能够通过测验来进行测量。而没有什么人在意诸如敏感、利他、乐于助人等其他能力，因为目前还没有好方法来测量这类特性。有时这种偏差会导致意义深远的结果，例如在我们定义社会进步与成就的方式上，未来学家黑泽尔·亨德森（Hazel Henderson）的人生目标之一就是说服各国政府不要只计算容易衡量的国民生产总值(Gross National Product)。只要污染、自然资源的破坏、生活质量的下降以及其他各种人类付出没有被纳入国民生产总值的计算中，她就认为这完全是对真实结果的扭曲。一个国家可能会为自己新建的高速公路感到骄傲，而汽车尾气却正在导致肺气肿在国民中的蔓延。

掌握生杀大权的学界

如果必须存在领域，某人才能在其中进行创新，那么要决定某个创新是否值得被关注就必须存在学界。在大量的创新中，只有很小的比例能够最终成为文化的一部分。例如，美国每年大约出版10万册新书。其中有多少书在10年后仍会被记得？与之类似，在美国人口统计表上，大约有50万人将自己的职业填写为艺术家。如果他们每人每年只画一幅画，那么每代艺术家将创作大约1 500万幅新画作。其中有多少能进入博物馆或艺术教科书？百万分之一、百万分之十或万分之一，还是只有一幅？

诺贝尔经济学奖得主乔治·斯蒂格勒（George Stigler）也对经济学领域中产生的新观念提出了相同的看法。他的评述可以应用于任何一个科学领域：

> 同行们太忙了，没有时间大量阅读。我总是对《政治经济学杂志》（*Journal of Political Economy*）的同事们说，如果15个同行、7 000多名订阅者都认真阅读了某篇文章，那么它一定是当年非常重要的文章。

这些数字暗示了文化信息单位之间的竞争，就像基因的化学信息单位之间的竞争一样激烈。为了生存，文化必须将其成员创造的大多数新观念淘汰掉。没有哪种文化能够吸收所有创新而不至于陷入混乱。设想你对1 500万幅画作投入同样的注意力，你还剩下多少时间可以用来吃饭、睡觉、工作或听音乐？

没有人有精力关注新事物哪怕很小的一部分。然而，除非文化中的所有成员都关注这些事物中的几个，否则文化也无法生存。事实上，我们可以说文化之所以存在，是因为大多数人同意甲画比乙画更值得关注，或者甲观点比乙观点更值得深思。

正是各种学界像过滤器一样帮助我们在如洪水般的新信息中进行选择，决定哪些模因值得我们去关注。

由于注意力的稀缺，我们必须有所选择：我们只记住并承认少数艺术作品，只阅读少数已出版的图书，只购买少数被发明出来的新电器。正是各种学界像过滤器一样帮助我们在如洪水般的新信息中进行选择，决定哪些模因值得我们去关注。学界由某领域的专家组成，他们的工作包括在领域内做出评判，决定哪些创新应该被纳入领域的文化中。

这种竞争还意味着，富有创造力的人必须让学界相信，他们做出了有价值的创新。这从来都不是一件容易的事。斯蒂格勒强调，费力争取认可的过程必不可少：

> 我认为你必须接受其他人的评判。因为如果每个人都被允许对自己做出评判，那么所有人都可以成为美国总统，都应该接受各种奖章，如此等等。因此我猜自己感到最骄傲的是，我做的事情吸引了其他人的注意。那些事情应该类似于我在两个领域中获得诺贝尔奖（或者诸如此类的其他奖）的工作。那些事情以及其他某些成果是我的同行们希望做出的，而且只要我的职业生涯继续，它们也是我最感到骄傲的事情。
>
> 我一直认为，说服同时代的人认可自己的思想，是科学家应该承担的职责。他们期望得到的热情接受必须靠自己去争取，无论是凭借他们的展示技巧、观点的新颖性或其他什么。我写过一些自认为很有前途的主题，但并没有赢得很多关注。没关系，那可能意味着我的判断不够好，因为我认为某个人的判断并不能像他更优秀的同行们的集体判断一样好。

从专业化的角度来看，学界存在着巨大的差异。对于一些领域来说，学界的广度类似于社会的广度。美国的全部人口决定了可口可乐的新配方是否是一个值得保持的创新。在另一方面，据说世界上最初只有四五个人理解爱因斯坦的相对论，但他们意见的分量足以使爱因斯坦的名字变得家喻户晓。不过，即使在这种情况下，更广泛的团体在决定爱因斯坦的成果是否配得上文化的中心位置方面也具有发言权。在很大程度上，他的名声取决于以下事实：他的形象看起来像好莱坞电影中典型的科学家；他遭到了纳粹的迫害；很多人认为他的理论是对价值相对性的支持，为社会规范与信念的结合提供了令人耳目一新的观点；我们渴望推翻旧信念的同时，也渴求着新的确定性，而他被公认为提出了重要的新真理。尽管这些思考都不是相对论所包含的内容，但它们都是媒体描绘爱因斯坦的一种方式。正是这些特点，而不是他理论的深邃性，让大多数人相信，应该把他纳入文化的“万神殿”。

学界至少能够以三种方式影响创新率。第一种方式是学界的被动性或主动性。被动的学界不会引发或刺激创新，而主动的学界则可以。文艺复兴在佛罗伦萨如此繁荣的主要原因之一是，赞助者主动要求艺术家们进行创新。在美国，为了激发年轻人的科学创造力，我们努力变得具有主动性。这样的事例包括科学展览会以及每年向高中 100 个最好的科学项目发放的著名奖项，比如威斯汀豪斯奖章（Westinghouse Medals）。当然，为了激发早期的科学创意，我们还有更多的事情可以做。与之类似，诸如摩托罗拉等一些公司非常重视的理念是：主动的学界是提升创造力的一种方式。

学界影响创新率的第二种方式是在选择创新时，使用严格还是宽松的标准。一些学界比较保守，在任何时间段内，只允许少数新事物进入领域中。他们拒绝了大多数的创新，只选择他们认为最好的创新。另一些学界在允许新观念进入他们的领域方面更自由，因此它们的改变更迅速。这两种策略走到极端都是危险的，都会损害领域。它们有可能让领域极度缺乏创新，或是接受了太多不恰当的创新。

最后，如果学界与其他社会系统存在很好的联系，并能将它们的支持导入本领域，那么这个学界便能鼓励创新。例如在第二次世界大战后，核物理学家很容易获得建造新实验室、研究中心、实验反应堆以及培训新物理学家的资金，因为政治家与选民对原子弹的威力以及对未来的可能影响印象深刻。在 20 世纪 50 年代的若干年中，在罗马大学（University of Rome）学习理论物理的学生人数从 700 人减少到了 200 人，这个比例在全球各地都差不多。

领域和学界能够以几种方式发生相互影响，有时领域在很大程度上决定了学界能做什么或不能做什么。

领域和学界能够以几种方式发生相互影响，有时领域在很大程度上决定了学界能做什么或不能做什么。这在科学界可能更常见，因为科学知识的基础严格限制了科学机构能够主张什么或不能主张什么。无论一群科学家多么喜欢他们所认可的理论，只要它违反了过去积累的科学共识，那也是行不通的。而与之相对的是，在艺术方面，学界通常享有优先权。艺术机构可以不受严格的指导方针（被过去的条条框框）的束缚，决定哪些新作品值得被纳入领域中。

有时学界在领域中并不能获得掌控权。例如教会干扰了伽利略的天文发现；美国的原教旨主义者曾试图对“进化史”的教育施加影响。经济及政治力量以更微妙的方式有意或无意地影响着领域的发展。如果没有外部的大量支持，歌剧和芭蕾几乎存在不下去；日本政府进行大手笔的投资，以激励新观点和微型电路系统的应用；荷兰政府则对修建大坝和水利设施方面的创举予以鼓励；罗马政府为了保持达契亚文化（Dacian Culture）的纯粹性，积极参与对少数民族艺术形式的保护。

学界有时无法很好地代表某个领域。我们访谈中的一位一流哲学家坚持认为，如今的年轻人如果想学习哲学，最好直接沉浸在领域中，避免接触学界。“我会让他阅读伟大的哲学著作，不要攻读任何大学的学位。我认为所有的哲学系都不好，它们太糟糕了。”然而从官方的角度来说，某个领域的控制权仍掌握在学界专家的手中。他们包括小学老师、大学教授以及有权决定一个新观点或新作品是好还是坏的任何人。不理解学界的运作方式，以及他们决定新事物应不应该被纳入领域的方式，我们就不可能理解创造力。

负责产生创新的个人

最后我们来探讨负责产生创新的个人。大多数研究聚焦于富有创造力的个人，并相信通过理解他们的思维如何运转，便能找出实现创造力的要领。然而情况并不一定如此。因为尽管每个新观点或新作品背后都有一个人，但这类人的创新并非来自他们的某个特点。

具有创造力或许更像卷入了一起车祸。某些特征让某人更有可能遭遇车祸，比如年轻的男性，但我们通常不能只凭驾驶者的特征来解释车祸。其中还涉及太多其他的变量，比如路况、其他驾驶者、交通类型、天气等。车祸就像创造力一样，是系统的原因而不完全是个人的原因。

我们不能说是某个人开启了创新的过程。对于佛罗伦萨的文艺复兴，人们可能会说罗马艺术的重新发现或城市银行家的激励启动了它。布鲁内莱斯基和他的朋友们发现，自己置身于在他们出生前就开始涌动的思想与行动的洪流中，接下来他们走到了洪流的中心。一开始看起来好像是他们发起了伟大的杰作，让这个时代变得声名显赫，但实际上他们只是更复杂的过程的催化剂。这个过程中有很多参与者，以及很多其他投入。

当我们让富有创造力的人解释他们的成功时，最常得到的答案之一是，他们很幸运。天时地利几乎是放之四海而皆准的解释。在 20 世纪 20 年代末或 20 世纪 30 年代，当时还在读研究生的一些科学家仍记得，他们是最早接触量子论的一批人。受到马克斯·普朗克和尼尔斯·玻尔（Niels Bohr）的研究的启发，他们将量子力学运用于化学、生物学、天体物理学与电动力学。他们中的一些人，比如莱纳斯·鲍林（Linus Pauling）、约翰·巴丁、曼弗里德·艾根和苏布拉马尼扬·钱德拉塞卡（Subrahmanyan Chandrasekhar），因为将这一理论扩展到了新的领域而获得了诺贝尔奖。许多在20世纪40年代攻读研究生的女性科学家说，要不是因为大多数男生去了战场，几乎没有男生与她们竞争，她们不会被学校接收，当然更不会被授予奖学金，并得到导师的特别关注。

幸运无疑是富有创造力的发现中一个重要的成分。一位非常成功的艺术家，他的作品能卖出很高的价格，并挂在最好的博物馆中。他买得起有游泳池、还养着马的豪宅。有一次，他感伤地承认，至少有1 000个和他一样优秀的艺术家，但没人知道他们，他们的作品也得不到赞赏。他说自己和其他人的区别在于：多年前他在聚会上遇到一个人，并和他喝了几杯。他们很谈得来，成为了朋友。后来那个人成了成功的艺术商，他竭尽全力地推销朋友的作品。这一件事引发了另一件：一位富有的收藏家开始购买这位艺术家的作品，评论界开始予以关注，一家大型博物馆在它的永久收藏中添加了那位艺术家的一幅作品。他一下子就成功了，艺术界发现了他的创造力。

重要的是，我们应该指出，个人对创造力的贡献很微薄，但是它经常被高估。不过人们还可能犯相反的错误，就是否定个人的任何功劳。某些社会学家和社会心理学家声称，创造力只是归因的问题。富有创造力的人就像一块空白的屏幕，社会舆论在它上面投射卓越的才能。由于我们相信存在富有创造力的人，才将这种虚幻的才能赋予某些个人。这种看法也属于过度简化。虽然个人并不像我们通常认为的那样重要，但没有个人的贡献也无法产生创新，而且并非所有人都具有相同的创新可能性。

> 天时地利显然很重要，但很多人没有意识到自己正在天时与地利的交汇点上，即使他们意识到了，也很少有人知道该怎么做。

尽管幸运是富有创造力的人最喜欢用的解释，但它也很容易被夸大。与莱纳斯·鲍林同时代的很多年轻科学工作者都接触到了来自欧洲的量子论。但是为什么他们没有像莱纳斯·鲍林一样，看出这一理论对化学的意义？在20世纪40年代，很多女性都有可能成为科学家，但是当读研究生的大门为她们敞开时，为什么只有很少的人抓住了机会？天时地利显然很重要，但很多人没有意识到自己正在天时与地利的交汇点上，即使他们意识到了，也很少有人知道该怎么做。

深入这个系统模型

想要做出富有创造力的贡献，人们不仅必须在可以产生创造力的系统内工作，而且必须在他们的头脑中再造那个系统。人们必须学习某个领域的规则和内容，以及了解学界的选择标准与偏好。在科学方面，如果不深入学习领域的基础知识，尤其不可能做出富有创造力的贡献。所有科学工作者都会赞同科学家、发明家弗兰克·奥夫纳（Frank Offner）的话："重要的是你必须在物理学方面拥有一个非常坚实的基础，这样你才能获得进一步的理解。"这一结论也适用于其他学科。艺术家也赞同，如果不观摩过去的艺术作品，不知道其他艺术家及评论家对好艺术与坏艺术的评判标准，那么他们便不可能做出富有创造力的贡献。作家则认为，在自己进行富有创意的写作之前，必须大量阅读其他人的作品，了解评论家评判好作品的标准。

发明家雅各布·拉比诺提供了一个非常清晰的例子，说明深入系统具有怎样的作用。首先，他谈到了"领域"的重要性：

> 要成为一名具有独创性的思想者，你需要具备三个条件。首先，你必须拥有数量惊人的信息。如果你进行幻想，就必须有一个大型数据库。如果你是一位音乐人，便应该了解很多音乐，你得聆听音乐，记忆音乐，在必要时还能重复一首歌曲。如果你出生在孤岛，从来没听过音乐，那么你绝不可能成为贝多芬。你也许能模仿鸟的鸣叫，但写不出《第五交响曲》。你在某种环境中接受教育，并在这种环境中储存大量的信息。
>
> 因此，为了做你想做的那类事情，你需要拥有那类记忆。你会做自己觉得容易的事情，而不会做让自己感觉困难的事情，因此你会把自己擅长的事情越做越好，最终可能会成为了不起的网球运动员、优秀的发

明家或其他什么人物。你倾向于做自己擅长的事情，而且做得越多，事情会变得越容易，你也会变得更加擅长做这件事情，最后你变得只非常擅长于做一件事情，其他事情都做不好，这就是工程师们所说的正反馈。生命之初的小小差异，在你做了40年、50年，或像我一样，做了80年后，差异会变得非常巨大。因此无论如何，你必须拥有一个大型数据库。

接下来拉比诺提出个人的贡献是什么，以及当对领域内的内容进行操作时，激励或享受哪一个才是主要问题：

然后你一定想推进那些观念，因为你很感兴趣。有些人能够这样做，但他们不愿费这个劲，而对做其他事情也有兴趣。如果你要求他们必须做，他们会像给予你恩惠似的说："好吧，我能想出些东西。"然而有些人像我一样，喜欢想出新点子。因为这样做很有趣。如果没人想要我的点子，我便谁也不给。想出一些奇妙且不同的事情就是一种乐趣。

最后他强调了在头脑中再造学界所使用的评判标准是多么重要：

接下来你必须能清除掉自己想出来的垃圾想法。你想出来的不可能都是好主意，写出来的不都是优美的音乐。你肯定会想出很多音乐、很多主意、很多诗歌或者很多其他什么。如果你很优秀，就必须能马上把垃圾扔掉，甚至都不要提及它们。因为你受过很好的训练，知道它们都是垃圾。当看到一个好主意时，你会说："哎呀，这听起来真有趣。让我再往前推进一些吧。"于是你开始发展那个主意。人们通常不喜欢这种解释，他们会说："什么？你想出来的是垃圾？"我答道："是的，必然会这样。"你不可能先知先觉，只想出好主意或只创作出伟大的交响乐。有些人能够很快做出判断，这在于训练。顺便说一句，如果你没有受过很好的训练，但想出了一些主意，你不知道它们是好是坏，于是把它们寄给了美国国家标准局或者我工作的美国国家标准研究院（National Institute of Standards），我们会对其进行评估。

被问及"'垃圾'是由什么组成的，是一些没有用的东西吗"时，他回答：

> 它是没有用的、陈旧的，或者你知道它不会变得更清晰。你突然意识到它并不令人满意。它太复杂，不是数学家所说的那种“简洁”。如果你受过很好的技术训练，当看到一个主意时，你便会说：“哦，上帝呀，它太糟糕了。”第一，它太复杂；第二，之前就有人尝试过；第三，他本可以用另一种不同的、更简单的方式来做。你能够评价这些主意。那并不意味着他不具备创造力，只是他做得还不够。如果他受过良好的训练，像我一样有经验，有好老板，有很棒的同事，他就会说这真不是一个好主意。你会与其他人发生争执，你说：“看你正把多少部分连接在一起，它们将会消耗很多的能量。”对方会说：“但对我来说，它很新颖。”我会说：“是的。对你来说，它是新颖的，可能对整个世界来说都是新颖的，但它依然不令人满意。”
>
> 要说某某东西是美丽的，你就必须争取一批富有经验的人。他们了解某门艺术，欣赏过很多相关作品。他们会说，这是好画，这是好音乐，或者这是好发明。那并不意味着每个人都能投上一票，因为他们的知识可能不够。而一群与新事物打交道的工程师可以说：“那相当不错。”因为他们受过这方面的训练，所以他们知道。
>
> 富有创造力的优秀人才都受过良好的训练。他们首先具备了相关领域的大量知识。其次，他们尝试将观点结合起来，因为他们非常喜欢创作音乐或发明东西。最后，他们有判断力，会说：“这个很好，我要继续发展它。”

很难有更好的方式来描述深入系统模型后，它的运作方式是怎样产生创造力的。通过汲取80多年来的各种经验，拉比诺总结出了如何成为富有创造力的发明家的伟大洞见。正如他所说，其他领域的创新过程也是相同的，无论是诗歌、音乐还是物理。

创新者小传

→ **雅各布·拉比诺**（Jacob Rabinow，1910—1999），男，美国电气工程师、发明家。曾荣获富兰克林研究所颁发的爱德华·朗斯特雷克奖章（Edward Longstrech Medal）、电气电子工程师学会颁发的哈利·戴尔蒙德奖（Harry Diamond Award）。他在多个领域中拥有 200 多项专利，其中包括光学字符识别技术、信函分拣机、自动调节器。

→ **约翰·巴丁**（John Bardeen，1908—1991），男，美国物理学家兼教师。1956 年因发现了晶体管现象而获得诺贝尔物理学奖，1972 年因联合发展了超导理论再次获得了诺贝尔物理学奖。

→ **海因茨·迈尔莱布尼茨**（Heinz Maier-Leibnitz，1911—2000），男，德国物理学家、教师、作家。曾荣获奥托·哈恩奖（Otto Halm Prize），他的作品包括 *Zwischen Wissenschaft und Politik*。

第3章 富有创造力的人格

人们对商业人士具有比较一致的看法，但事实上，商业人士在为人处事等方面并不存在一致性。可以说，除了经营业绩之外，几乎再没有共同之处了。

花旗公司前 CEO 约翰·里德
John Reed

为了变得富有创造力，人们必须深入能够使创造力成为可能的整个系统。什么样的人有可能做到这一点，这个问题很难回答。富有创造力的人具有惊人的适应能力，几乎能够适应任何环境，可以用手边的任何东西来实现他们的目标。如果没有其他特征，那么这就是将他们与其他人区别开的特征。但是，能够产生价值的人似乎不一定具有一系列特定的性格。花旗公司前 CEO 约翰·里德曾思考过这类问题，他对商业人士的结论也适用于其他领域有创造力的人：

> 由于工作原因，我认识经营业绩排名在前 50 或前 100 的美国公司的企业家，他们真是千差万别，这与行业没有关系。有趣的是，人们却对商业人士具有比较一致的看法，但事实上，商业人士在为人处事等方面并不存在一致性。除了经营业绩之外，几乎再没有共同之处了。
>
> 有些企业家酷爱喝酒，有些则喜欢追女孩；有些企业家很保守，根本不会做上面提到的那些事情；有些则很严肃，是个工作狂。企业家的风格异常丰富。他们被雇来经营公司，因此会非常关注结果。但是在其

他事情上，他们完全没有一致性。他们的做法看起来非常不同，不存在清晰的模式，人格类型更是迥异，而且这似乎与他们所处的行业也没有关系。

对于科学家来说，情况也是如此。只要你遵守规则，是什么导致了重要的发现并不重要。艺术家也是这样：你可以像拉斐尔一样，快乐而外向；也可以像米开朗琪罗一样内向。唯一重要的是，人们对你的作品有怎样的评价。这就是真实情况，不过它多少有些令人失望。毕竟，说令某人具有创造力的是他的创造力，只是同义反复。我们有更好的表达方式吗？我们真的没有非常过硬的证据，更不用说证明了。不过我们可以尝试提出一些相当可靠的建议。

产生创造力的第一个特征也许是在某个领域中的遗传素质（genetic predisposition）。一般来说，对色彩和光更敏感的人，更具有成为画家的优势；或者天生拥有完美音高的人，有可能在音乐方面有所作为。他们在各自领域中变得越擅长，便会对色彩或声音越发感兴趣，也会更多地主动学习它们，因此更容易在绘画或音乐方面做出创新。

> 尽管大多数伟大的科学家似乎在生命早期就对数字和实验很感兴趣，但他们最终表现出来的创造力与孩童时期的天赋没有什么关系。

从另一方面看，感官的优势并不是必需的。格列柯（Greco）患有视神经方面的疾病；贝多芬在创作一些伟大的作品时，耳朵已经聋了。尽管大多数伟大的科学家似乎在生命早期就对数字和实验很感兴趣，但他们最终表现出来的创造力与孩童时期的天赋没有什么关系。

感官的优势也许能让他们发展出对某个领域的早期兴趣，这当然是创造力的一个重要成分。物理学家约翰·惠勒（John Wheeler）记得自己对“玩具的机械装置、能发射橡皮筋的东西、万能工具、玩具铁路、电灯泡、开关以及蜂鸣器”感兴趣。他爸爸是一位图书馆馆长，经常带他去纽约州立大学。当他在那里讲课的时候，便会把约翰留在图书馆的办公室里。约翰被打字机和其他机器迷住了，特别是手动计算器："它太让我着迷了。按下一个键，转动曲柄，看着它运转。"在约翰 12 岁的时候，他把木头削成齿轮，做了一个很粗糙的计算器。

如果对事物及其运作方式没有好奇、惊讶和兴趣，那么想要找到一个有趣的问题是很难的。对经验保持开放性，以及在环境中拥有连续处理事件的流畅注意力，是识别出潜在创新的巨大优势。每个富有创造力的人都具有这样的特征。以下是历史学家娜塔莉·戴维斯（Natalie Davis）在选择应该关注什么历史项目时所特有的方式：

> 我会对某个问题变得特别好奇，它令我十分着迷。有时我不知道自己为什么会对某个项目投入那么多的好奇与愿望。有时它看起来非常有趣，对这个领域非常重要。我可能并不知道除了好奇与快乐之外，自己还投入了什么。

没有这样的兴趣，便很难深入到某个领域中，触及其边界，然后扩展这个边界。当然，有人可能碰巧做出了具有创造力的发现，甚至是非常重要的发现，而对该主题却没有很大的兴趣。但是那种需要付出一生奋斗才能取得的贡献不可能没有对主题的好奇与热爱。

人们还需要能够接触到某个领域，这很大程度上取决于运气。生在富裕之家，或者拥有好学校、好老师、好教练，显然具有很大的优势。如果不能学习某种符号系统的知识，那么特别聪明、特别好奇又有什么用处？社会学家皮埃尔·布迪厄（Pierre Bourdieu）所说的"文化资本"是一种巨大的资源，拥有文化资本的人能够为孩子提供有利的环境，其中充满了有趣的图书、令人兴奋的对话、对教育进步的期望、行为榜样、家庭教师、有益的交往，等等。

不过在这里，幸运同样不代表一切。有些孩子通过奋斗进入了好学校，而他们的同伴则落在了后面。17 岁的曼弗里德·艾根被苏联军队抓住，在第二次世界大战结束时被送入了战俘营，因为在那之前的两年他被德军征募到防空部队服役。虽然 15 岁时他就离开了高中，没有继续他的学业，但是他决心要重新开始学习科学。他从战俘营中逃了出来，步行穿越半个欧洲，径直来到哥廷根，因为他听说那里在重建战后最好的物理学系。在哥廷根大学重建物理系之前，他就到达了哥廷根，后来成为这里的第一批学生。尽管他没有高中毕业证书，但他全身心地投入到学术奉献中，在知识渊博的老师的引领下，在同样专心致志的同学的激励下，他迅速取得巨大进步。几年后艾根获得了博士学位，并于 1967 年获得了诺贝尔奖。确实，童年的艾根能够汲取他的家人在音乐和学识上所拥有的丰富的文化资本。然而，没有人像他那样，被命运远远地抛出知识领域之外后，又能如此迅速而坚决地又回到它的中心。

能够接触到学界同样很重要。有些人学富五车，才高八斗，但无法与圈内重要的人物进行交流，因此他们在职业生涯的形成期被忽视或回避了。米开朗琪罗避世隐居，但在年轻的时候，他可以接触到美第奇宫廷中一些重要的成员，并让他们对他的技艺与奉献精神念念不忘。牛顿同样不喜欢社交，与人很难相处，但他不知怎么让剑桥的导师相信，他应该获得大学终身研究员的资格，因此多年来他得以避免社交的干扰，专心进行他的研究。一些不被相关人士知晓和赏识的人，在完成看起来很有创意的事情上有时会很艰难。这样的人可能没有机会了解最新信息，得不到工作机会。即使他们设法完成了某个创新，这个创新成果也可能会被忽视或嘲笑。

在科学领域，上好大学（那里有设备最好的实验室，做的是最前沿的研究，研究人员都是最著名的科学家）非常重要。乔治·斯蒂格勒把这描绘成滚雪球：在好大学里，杰出的科学家可以获得资金，可以做令人兴奋的研究，吸引其他教师和最好的学生，直到形成一个关键的群体，它对进入学界的任何年轻人都具有无法抗拒的吸引力。在艺术领域，吸引力更多来自销售中心，现在主要集中在纽约市，那里有重要的美术馆与收藏家。就像一个世纪前，雄心勃勃的年轻艺术家觉得，如果他们想得到认可就必须去巴黎一样，现在他们觉得除非跑赢曼哈顿的淘汰赛，否则就没有机会。艺术家能够在亚拉巴马州或北达科他州画出美丽的图画，但除非这些作品能得到评论家、收藏家或其他学界守门人的认可，否则它们便会被放错位置、被忽视和遗忘。伊娃·蔡塞尔（Eva

Zeisel）的陶瓷作品在现代艺术博物馆展出后，她的作品便开始受到艺术机构的认可。其他艺术也是如此：迈克尔·斯诺（Michael Snow）在纽约市用了 10 年时间才追上了爵士乐的学界，而作家必须与那里的出版人、代理商建立联系。

学界的入口通常有着严格的限制。进入的门有很多，但在门前都有瓶颈。作家想将编辑的注意力长时间地吸引到自己的作品上，为此他必须与数千名同样递交了手稿、同样有前途的作家们竞争。在初次浏览时，编辑通常只会投入几分钟的时间来阅读某部作品。让作者的代理商推销手稿也不是办法，因为就像编辑一样，优秀代理人也很难关注到所有作品。

由于存在这些瓶颈，能够接触到学界通常取决于机缘或不相干的因素，比如拥有良好的人际关系。对于某些学科来说，申请好大学的学生非常多，而他们又都很优秀，因此很难对他们进行有意义的排序，但是名额有限，必须有所取舍。于是有一个笑话说，招生委员会把所有入学申请扔下一个长长的楼梯，谁的申请滚得最远谁就可以入学。

复杂是创新者的特性

接触领域和学界固然都很好，但我们什么时候来探讨富有创造力的人的真实性格呢？我们什么时候会谈及最有趣的部分——受尽煎熬的灵魂、不可能的梦想以及与创造相伴的极度痛苦与狂喜？我之所以对写富有创造力的个人的深层人格感到犹豫，是因为不确定是否有很多可写的内容，既然创造力是复杂系统的属性，那么其中任何一个构成要素都无法解释它。创新者的人格一定能够适应特定的领域以及特定学界的条件，但这些条件会随着时间的不同、领域的不同而发生变化。

1550 年，乔尔乔·瓦萨里（Giorgio Vasari）懊恼地注意到，意大利新生代的画家和雕塑家似乎与文艺复兴早期的前辈们非常不同。瓦萨里写到，新一代艺术家们比较粗鲁、疯狂，而更优秀的前辈们则比较驯服、明智。瓦萨里的反应或许针对的是接受了风格主义（Mannerism）意识形态的艺术家们。在米开朗琪罗漫长职业生涯的晚期，他引领了这一风格。它的特点是对人体进行有趣的扭曲，以产生惊人的效果。在100多年前，这种风格会被认为是丑陋的，采用这种风格的画家会遭到排斥。然而几个世纪之后，在浪漫主义的鼎盛时期，只有风格粗鲁疯狂的艺术家才会被认真对待，因为这些特征符合富有创造力的精神风尚。

在20世纪60年代，抽象表现主义正在退出历史舞台，那些阴郁、压抑、不爱社交的学生会被老师认为非常具有创造力。他们得到鼓励，获得各种奖项和奖学金。不幸的是，当这批学生离开学校，试图在艺术世界中开创一片天地的时候，他们发现不爱社交阻碍了自己的进步。为了获得经销商和评论家的关注，他们必须热衷于参加派对，必须不断被看到、被谈论。因此，内向的艺术家们非常不得志，大多数人被淘汰，最后做了中西部的美术老师或新泽西的汽车销售员。当时以安迪·沃霍尔（Andy Warhol）为代表的一批波普艺术家取代了抽象表现主义者，酷酷的、机敏而轻率的年轻艺术家成了创造力的代言。这也只是创造力的一个短暂的伪装。关键在于，你无法通过模仿某种人格或风格来披上创造力的外衣。富有创造力的人既可能过着像和尚一样规律的生活，也可能放纵地消耗自己的精力。米开朗琪罗对女人没有多大兴趣，但毕加索一生却追求了无数女人。两者都改变了绘画领域，虽然他们的人格没有什么相似之处。

他们包含着相互矛盾的两种极端性格，每个人都不是“单面的”，而是“多面的”。就像白色包含着光谱中的所有色彩一样，他们将所有的人类可能性都汇聚在自己身上。

那么，富有创造力的人是不是没有与众不同的特点呢？如果必须用一个词来将他们的人格与其他人的人格区分开，那这个词就是“复杂”。我的意思是，他们所表现出来的思想与行为倾向，在大多数人身上是分离的。他们包含着相互矛盾的两种极端性格，每个人都不是“单面的”，而是“多面的”。就像白色包含着光谱中的所有色彩一样，他们将所有的人类可能性都汇聚在自己身上。

每个人都具有这些性格，但我们通常受到训练，只发展对立两极中的一端。在成长过程中，我们可能培养本性中好斗、竞争的一面，轻视或压制关爱、合作的一面。富有创造力的人可能同时兼具侵略性与合作性，这取决于情境。具有复杂的人格意味着能够表达人类所蕴含的所有潜在性格。由于我们认为某个极端是“好的”，而另一个极端是“坏的”，因此有些性格退化了。

这类人拥有多种多样的性格，瑞士心理学家卡尔·荣格（Carl Jung）认为这是成熟的人格。他还认为，我们的每一个突出性格都包含着一个被压制的阴影面，而大多数人拒绝承认这一点。做事有条不紊的人也许渴望冲动一把，驯服的人也许希望拥有权势。只要我们否认这些阴影，便永远不会圆满或满足。然而那正是我们通常的所作所为，因此我们不断与自己斗争，试图突破扭曲真实自我的个人形象。

复杂的人格并不意味着中庸或平均。它并不是处在两极之间某个中点的位置。例如，它并不表示优柔寡断，结果一个人既不会异常好斗，也不会非常合作。而说明这个人可以根据情境的需要，从一个极端转变为另一个极端，也许中庸之道是他选择的默认位置。富有创造力的人确定地知道两个极端，体验着相同强度的两个极端，却不会感到内在的冲突。

10 对明显对立的性格

用 10 对明显对立的性格来说明复杂的人格也许更简单些，这些性格通常同时显现在富有创造力的人身上，并且毫无冲突地彼此融合在一起。

1. **富有创造力的个体通常体力充沛，但也会经常沉默不语、静止不动。**他们长时间、聚精会神地工作，同时朝气蓬勃并洋溢着热情。这体现出了优秀的体质与遗传优势。然而奇怪的是，身体健康、精力旺盛的七八十岁老人经常会记得自己童年时爱生病。海因茨·迈尔莱布尼茨为了从肺病中康复，在瑞士山区卧床了数月。孩提时的乔治·法鲁迪经常生病，心理学家唐纳德·坎贝尔（Donald Campbell）也是如此。公众舆论分析家伊丽莎白·诺埃尔诺伊曼（Elisabeth Noelle-Neumann）曾被医生宣布没有活下来的希望，但顺势疗法治愈了她并改善了她的健康状况。30 年后，她甚至可以比 4 个年龄只有她一半的人更玩命地工作。这些人的精力似乎产生于内部，但更多是源于他们专注的思维，而不是基因的优势（尽管有些被访谈者，比如莱纳斯·鲍林，在被要求解释他们获得成就的原因时，他们的回答是“良好的基因”）。

这并不意味着富有创造力的人总处在“开机”状态，不停地到处折腾。事实上，他们经常处于休息状态，睡很多觉。重要的是，他们能够控制自己的精力，而不被日历、时钟或外部的日程安排所左右。在必要的时候，他们能将精力像激光一样聚集起来用于工作，在放松的时候，他们马上开始补充精力。他们认为活动节律后的闲散或反思，对他们的事业成功非常重要。这并不是基因携带的生物节律，而是通过试错过程掌握的一种实现目标的策略。罗伯逊·戴维斯提供了一个很好笑的例子：

> 你知道，它将我导向生命中一些非常重要的事情，这听起来有点傻，而且相当微不足道。我总是坚持午饭后睡一小觉，这是从我爸爸那儿学来的。有一次我对他说：“你已经做得非常棒了。移民到加拿大的时候，你还是个孩子，而且一无所有。什么使你做到了这一切？”他说：“嗯，我总是希望每天吃完午饭后能睡一觉，这促使我自己做了的老板。”于是我想，这真是一个不同寻常的动机。不过确实如此，他每天午饭后都要睡上 20 分钟。我也一样。我认为这很重要。如果在生活中你不让自己被驱使、被迫使，便有可能会更享受生活。

精力充沛的一个表现是性欲旺盛。富有创造力的人在这方面也是矛盾的。他们似乎具有强烈的性欲或大量的力比多（Libidinal enengy），有些人的力比多直接表现在性方面。与此同时，某种艰苦的禁欲也是他们生活的一个组成部分，节欲常常能导向卓越的成就。如果没有性欲，便很难让生活充满活力；如果没有克制，精力便很容易散失。

2. **富有创造力的人很聪明，但有时也很天真。**他们实际上有多聪明仍存在讨论的余地。做出重要贡献的人可能具有较高的一般核心智能，也就是心理学家所说的 g 因素。不过我们也不应该把通常印在心理学教科书边栏里的清单太当回事。根据这些清单来衡量，约翰·斯图尔特·密尔（John Stuart Mill）一定拥有 170 的智商，而莫扎特的智商为 135。当时如果对他们进行测试，他们不一定能获得很高的分数。18 世纪时有多少智商可能更高的孩子，最终却没有做出任何令人难忘的事情。

有关心智能力的漫长研究最初始于 1921 年的斯坦福大学，由心理学家刘易斯·特曼（Lewis Terman）实施。研究显示，高智商的孩子在生活中表现出色，但超过某一个点后，现实生活中的优秀表现便与智商不再相关了。后来的研究发现，分界点在 120 左右。低智商的人很难做有创造力的工作，但智商超过 120 后，智商的增加并不一定意味着更高的创造力。

低智商会妨碍取得富有创造力的成就的原因很明显，但高智商也会损害创造力。一些高智商的人变得很自满，安于现状，失去了创新所必需的好奇心。

低智商会妨碍取得富有创造力的成就的原因很明显，但高智商也会损害创造力。一些高智商的人变得很自满，安于现状，失去了创新所必需的好奇心。学习知识、在领域现有的规则中运用知识，对于高智商的人来说很容易，他们不再有动力去质疑进而改进现有的知识。也许这就是为什么歌德以及其他人说，天真是天才最重要的特质。

表达这种对立关系的另一种方式是，比较智慧与幼稚这两个极端。正如霍华德·加德纳（Howard Gardner）在对本世纪富有创造力的重要人物的研究中所说，某种不成熟，包括情感与心智的不成熟，与最深刻的洞见密切相关。

另外，能为某领域引入有价值的富有创造力的人，似乎能很好地使用两种相反的思维：聚合思维与发散思维。智力测验衡量的是聚合思维，它涉及解决定义清晰、只有一个正确答案的推理问题。而发散思维擅长的是没有标准答案的解答。它涉及流畅性或产生大量观点的能力、灵活性或从一个视角转换到另一视角的能力，以及发现观点之间不寻常关联的独创性。这些是思考的维度，大多数有关创造力的测试都会测量它们，大多数工作坊都试图提升它们。

在有利于产生创造力的系统中，思维具有流畅性、灵活性以及原创性的人更有可能提出新颖的观点。因此，在实验室及公司中培养发散思维的做法是合理的，尤其当管理层能够从众多的想法中挑选出并实施最适当的想法时。不过还存在一个搅得人不得安宁的论断：在成就创造力的最高层次上，新事物能不能产生并不是主要问题。伽利略和达尔文并没有提出很多新观点，但他们紧抓着核心观点不放，以至于改变了整个文化。与之类似，我们研究中的个人通常认为自己在职业生涯中只提出了两三个新观点，但每个观点都非常具有独创性。他们的一生都在忙于检验、扩充、详细阐述及应用这些观点。

如果没有区分好主意和坏主意的能力，那么发散思维也就无法使用了。这种选择涉及聚合思维。曼弗里德·艾根声称他与缺乏创造力的同事之间的区别在于，他能分辨出一个问题是否可解，这让他节省了大量的时间，避免了许多错误的尝试。曼弗里德·艾根并不是唯一持有这种观点的科学家。乔治·斯蒂格勒强调流畅的重要性，也就是说，一方面是聚合思维；另一方面是识别问题的良好判断力：

> 我认为自己对“什么问题值得去探索，什么职业值得去做”具有很好的直觉和判断力。我以前经常说（我认为这是一种自夸），大多数学者的观点是顶多有 4% 的可能取得成功，而我的观点是大约有 80% 的可能取得成功。

3. **第三个矛盾的性格是玩乐与守纪律或负责与不负责的结合。**毫无疑问，好玩乐的快活心态是富有创造力的个人的典型心态。约翰·惠勒说：“对于年轻的物理学家来说，最重要的事情是活力和闯劲，我总将它与科学中的乐趣联系在一起。他们应该到处探索，那不是在闹着玩，而是在玩闹的轻快中探索观点。”在戴维·瑞斯曼（David Reisman）的描述中，“超脱的迷恋”心态使他成为了对社会事件的敏锐观察者。他一直强调“希望自己既是不负责任的，同时又是负责任的”。

不过这种玩乐在没有其对立面——坚忍不拔、持之以恒等品质存在的情况下，便不会走得太远。为了完成很多艰难的工作，为了克服富有创造力的人必然会遇到的障碍，新颖的观点是必不可少的。当汉斯·贝特（Hans Bethe）被问及什么使他能够解决那些物理问题，并以此而出名时，他笑着答道：“需要两件东西。第一是大脑；第二是愿意花很长时间去思考，而且知道很有可能什么也想不出来。”

尼娜·霍尔顿的雕塑来源于她朦胧的想法，不过她同样非常强调努力工作的重要性：

> 当告诉别人我是一位雕塑家时，他们通常会说：“哦，那多令人兴奋、多精彩呀！”而我想说：“有什么精彩的？”作为一位雕塑家，有一半的时间就像一个泥瓦匠或木匠。不过他们不想听到那些，因为他们只能想象到令人兴奋的第一部分。然而，正如赫鲁晓夫曾说过的，那可不是煎煎松饼。最初的想法不会自己做出矗立的雕塑，它们只会停留在大脑里。因此下面一个阶段是艰巨的工作。你真的能把它转化为一件雕塑作品吗？或者它只是当你独自坐在工作室中时，想到的一个看似令人兴奋的东西？它看起来会像什么？你能实际把它做出来吗？你能亲手做出来吗？你用什么材料？因此第二部分工作充满了辛苦。你看，雕塑就是如此。它是精彩非凡的想法与大量辛苦工作的结合。

当雅各布·拉比诺为一项需要耐力多过直觉的发明而工作时，他会采用一个有趣的心理战术来放慢速度：

> 是的，我有一个窍门。当要做一件需要花费大量努力、需要精雕细琢的工作时，我就假装自己在监狱里。别笑！假如我在监狱里，花费时间不会影响任何别的事情。如果它需要一周的切削时间，那就用一周的

时间。我还有什么其他的事情可做？我要在这里待20年，是不是？这是一种心理战术。因为如果不这样做，你会说："我的天呀，它没有进展。"然后你就会犯错。而采用另一种方法，你会说时间完全不重要。人们会开始说这段时间将让我付出多大的代价。如果我和其他人一起工作，那么代价也许是一小时50美元或一小时100美元。这些都毫无意义。你只是忘记了所有的事情，除了要把它建造出来。对我来说，这样做根本不困难。一般来说，我做得很快。如果粘某样东西需要一天的时间，第二天粘另一面，总共需要两天，这对我来说也完全不成问题。

尽管很多富有创造力的人喜欢无忧无虑的氛围，但他们中的大多数人会工作到深夜，比缺乏动力的人有耐力。1550年，瓦萨里写到，当文艺复兴时期的画家保罗·乌切罗（Paolo Uccello）弄懂了透视的规则时，他整夜来来回回地踱步，喃喃自语："这幅透视图多美呀！"他的妻子反复叫他上床睡觉都没有用。近500年后，当物理学家、发明家弗兰克·奥夫纳在试图理解耳膜的工作原理时，他是这样描述时间的：

啊，答案可能会在半夜降临！当我开始思考有关耳膜的问题时，我的妻子会在半夜提醒我："现在别想那些膜了，快睡觉。"

4. **富有创造力的个体可以在想象、幻想与牢固的现实感之间转换。**两者都需要与现在断开联系，而与过去保持联系。爱因斯坦曾写道，艺术和科学是逃离人类所设想出的现实的两种形式。从某种意义上说，他是对的。伟大的艺术和伟大的科学都是通过想象跃入一个与当下非常不同的世界。但是，其他人经常将这些新观点看成是与当下现实无关的幻想。艺术与科学的完整特点是：超越我们目前所认为的真实，去创造新的真实。与此同时，这种"逃离"不是进入幻想之境。使新观点具有创造力的是：一旦我们看到它，便迟早会认识到，虽然它看起来很奇怪，但它是真实的。

很多年前我们对艺术家们进行投射测验，比如罗夏墨迹测验（Rorschach Inkblot Test）或主题统觉测验（Thematic Apperception Test）。他们在测验中的反应体现出了这种对立。这些测验要求你根据一些模棱两可的刺激，比如几乎可以代表任何东西的墨点或图画，编出一个故事。越富有创造力的艺术家编出的故事越新颖，并且具有独特、有趣、复杂的要素。但是他们不会给出“古怪的”回答，而普通人有时却会这样做。古怪的回答就是既便带着世界上所有的善意，你也无法从刺激中看出来的回答。例如，如果一个墨迹隐约看起来像一只蝴蝶，而你说它看起来像潜水艇，但又不能给出图中任何合理的线索来说明为什么你会那样说，那么这个回答就可以被看成是古怪的。普通人很少具有独创性，但他们有时是古怪的。富有创造力的人具有独创性，但不会表现得古怪。他们看到的新颖性根植于现实。

从日常活动来看，当他们开始进行富有创意的工作时，艺术家会像物理学家一样严肃现实，物理学家会像艺术家一样放飞想象。

多数人认为艺术家（音乐家、作家、诗人、画家）更擅长幻想，而科学家、政治家和商业人士比较现实。从日常活动来看，确实如此。但是当他们开始进行富有创意的工作时，所有的推断都失效了。艺术家会像物理学家一样严肃现实，物理学家会像艺术家一样放飞想象。

例如，我们肯定会认为银行家们是缺乏想象力的，对什么是真的、什么不是真的只具有常识性的看法。然而诸如约翰·里德这样的金融领袖对于纠正这种观念有很多话要说。在访谈中，他一再提到现实是相对的，是不断变化的。他认为这种视角对于富有创造力地迎接未来至关重要：

> 我不认为存在所谓的现实。对现实的描述可以多种多样。当现实发生改变时，你必须留心事情的发展。没有人能真正弄懂现实，但你必须保持机敏。那意味着你应该具有多面的视角。
>
> 在任何时刻都存在着某种现实。在我的头脑中始终有关于世界将如何发展的某种模型。我经常旋转那个模型，试图获得对事物的不同洞见。我还会将它与它对商业的意义、对某人行为方式的影响联系起来，如果你愿意。

我的意思并不是说，没有任何事情处于核心地位。我只是认为我们可以用很多不同的方式来看待现实。目前在我所处的商业领域中，判断银行是否成功的基础是资本比率，而10年前根本没有“资本比率”这个概念。我完全无法理解储蓄和信贷危机对国会和监控者以及对行业的影响。从什么被认为是重要的事情这个角度看，现在我所生活的世界与10年前的世界几乎没有相似之处。因此我们不应该给现实下定义。在我看来，现实不是空的，但它接近于空的。

像其他人一样，我也是慢慢地认识到新现实的。事实证明了解这类事情非常重要，因为如果你脱离了基础，你的自由程度便会减少。为了参与和你们以前看到的游戏非常不同的游戏，我进行了大量的调整。但是现实是不断变化的。我非常清楚，从长期来看资本比率还不够稳健，还不足以成为适当的领先指标。5年后，那些烦恼如何为银行股票定价的人将不会专注于资本比率。我把成功描述为渐进的成功。

爱因斯坦对艺术和科学的见解再次出现在对银行业的描述中：这是一个渐进的过程，当前的现实很快会过时，人们必须对将要发生的事情保持警觉。与此同时，新出现的现实不是空中楼阁，而是根植于此时此地。我们很容易对里德的远见置之不理，把它看成是遭遇了太多现实的商业人士的冒险故事。但是他非正统的方法显然是有效的。最近一期《新闻周刊》(*Newsweek*)宣称：“约翰·里德有点沾沾自喜也是可以理解的……因为3年前，在前景最黯淡的日子里，他默默地为购买花旗公司股票的投资者创造了惊人的425%的回报。”一位评论员补充道，里德5年前进行的海外投资被认为是垃圾，但现在它们都是热门股票。“什么都没有改变，除了观念。”金融专家说。这与里德接受市场现实的做法遥相呼应。

5. **富有创造力的人似乎兼容了内向与外向这两种相反的性格倾向。**一般来说，我们要么是内向的，要么是外向的；要么喜欢扎在人堆里，要么喜欢当局外人，观察周围的现象。事实上，最近的心理学研究显示，外向和内向是最稳定的人格特征，并能够被可靠地测量。而富有创造力的人似乎同时表现出这两种特征。

“孤独的天才”是一种很深入人心的刻板印象，而我们的访谈对此也提供了很多支持。毕竟，为了写作、绘画或在实验室里做实验，人们通常必须独自一人。正如我们从对年轻天才的研究中所了解到的，不能忍受独处的青少年不太可能发展他们的技能，因为练习音乐或学习数学都需要忍受孤独寂寞。只有那些能够忍受独处的青少年才能掌握某个领域的基础知识。

> 不能忍受独处的青少年不太可能发展他们的技能，因为练习音乐或学习数学都需要忍受孤独寂寞。只有那些能够忍受独处的青少年才能掌握某个领域的基础知识。

然而，富有创造力的人一次又一次地强调了观察其他人、聆听其他人、交换观点、了解其他人的工作与想法的重要性。物理学家约翰·惠勒像以往一样，直率地表达了这个观点：“如果你不和周围人交往，便会被冷落。我总是说，没有人可以孤身一人成为什么人物。”

物理学家弗里曼·戴森（Freeman Dyson）非常微妙细腻地表达了他工作中完全相反的两个阶段，他指着自己办公室的门说：

> 科学是社交性的职业。让这扇门开着与把它关上之间存在着本质区别。搞研究的时候，我会让门开着。想要时常与人交谈，在一定程度上欢迎被打扰，因为正是通过与其他人交流，你才完成了有趣的事情。它本质上是一项公共事业。一直都会有新事情发生，你应该始终了解最新的发展状况，让自己知道将会发生什么。你必须经常进行交谈。
>
> 不过，写作就不同了。当我写作的时候，我会把门关上。即使如此也常会有很多声音透过来，所以在写作的时候，我经常会躲到图书馆里。那是一种孤独的游戏。我想这就是主要的差异。不过写作过后，反馈当然很强烈，会有很多人联系我。许许多多的人给我写信，只是因为我写了一本针对普通读者的书。这样我便可以接触到更广泛的朋友圈，它大大拓展了我的视野。不过这只是在写作完成后，而不是在写作过程中。

约翰·里德在他的日常工作中会交替进行内向型的沉思和外向型的社会交往：

> 我习惯于早起，通常每天早晨5点就起床了，大约5点半洗完澡。我一般会在家或在办公室里工作。那是我进行思考和设定事情优先级的时间。我很擅长列清单，常常会列一个有20个待办事宜的清单。如果有5分钟的空闲时间,我就会坐下来列一个应该担忧或应该做的事情的清单。我通常在6点半到办公室，并且尽量在9点半或10点前拥有一段安静的时间。之后我就会被卷入一大堆的事务当中。如果你是公司总裁，那就会像部落的酋长一样，人们走进你的办公室，频繁和你交谈。

甚至在非常个人的艺术领域，互动的能力也是非常重要的。尼娜·霍尔顿这样描述善于社交在艺术领域中的作用：

> 你真的不能完全独自工作。你需要其他艺术家来和你讨论事情，比如“你是怎么突然想到它的”。你必须得到某种反馈。你不能完全独自坐在那里，从来不展示它。当你最终展示它的时候，你知道自己必须拥有一个网络。你必须认识美术馆的人和你所在领域中相关的人。你也许想搞明白自己是否希望成为其中的一部分，但你会不由自主地成为团体的一部分，你知道吗？

雅各布·拉比诺再一次清晰地说出了很多富有创造力的人所面临的困境：

> 我记得有一次我们举办了一个大型派对，我的妻子格拉迪斯说我有时太爱我行我素。我的确如此，总是沉浸在自己的观点中，被观点深深地吸引着，没有听其他人在说什么。这种情况有时会发生。你想到一个好主意，你觉得它真的很棒，完全投入进去，没有注意其他任何人。你想渐渐疏远他们。对于我来说，做到客观是很难的。我喜欢社交，喜欢其他人，喜欢讲笑话，喜欢去剧院。不过有时格拉迪斯确实希望我能更关注她和家人。我爱我的孩子们，他们也爱我，我们的关系很好。但是如果我不是发明家，而是做其他常规的工作，那么也许我能有更多的时

间待在家里，给予他们更多的关注，而工作也许会变成我不喜欢做的事情。人们因此或许会不喜欢工作，而更爱他们的家。这很有可能。

6. **富有创造力的个人非常谦逊，同时又很骄傲。**当你见到一个你以为会很自大傲慢的名人时，却发现他是谦虚和害羞的。这让你觉得很吃惊，但有很多理由可以解释这种现象。首先，用牛顿的话说就是，这些人很清楚自己“站在巨人的肩膀上”，他们对自己所在领域的尊重，让他们清楚地知道自己的成功有赖于前人的许多贡献；其次，他们还知道在自己的成就中，幸运所发挥的作用；第三，他们通常专注于未来的项目以及当前的挑战，而过去的成功，无论多辉煌，对他们来说都不再有趣了。当被问及“回顾你所取得的成就，哪一个让你感到最骄傲”时，伊丽莎白·诺埃尔诺伊曼的回答很具有代表性：

> 我从来不去想自己会为什么事情感到骄傲。我从来不回顾，除了去发现错误，因为人很难记住错误并从中得出结论。回顾过去令自己感到骄傲的事情，在我看来是危险的。当人们问我是否对什么事情感到骄傲时，我只是耸耸肩，希望不要再谈这个话题。我会解释说我总是向前看，我所有的快乐想法都来自对未来的设想。自从我 20 岁的时候开始，就一直是这样了。每一天都是一个新的开始。对我来说最重要的事情是坚持实证研究。

尽管神经心理学家布伦达·米尔纳（Brenda Milner）取得了巨大的成就，享有盛誉，但她认为自己非常善于自我批判，而且对自己的创造力存在很大的怀疑。加拿大艺术家迈克尔·斯诺把自己的成功很大程度归因于他试图驱散的迷惑感与不安全感。

谦逊的另一个表现是，富有创造力的人常常从家庭的角度，而不是从令他们出名的某项成就的角度，来回答这个问题。例如，弗里曼·戴森的回答是：“我想，令我感到骄傲的是，我抚养了 6 个孩子，正如大家看到的，他们都是有趣的人。我想这是我最大的骄傲。”约翰·里德的回答是：“哦，上帝，我想我的骄傲是为人父母。我有 4 个孩子。如果必须说出既令我吃惊又带给我许多快乐的事情，那我会说，这件事情是与孩子们亲近，我很喜欢他们，而且从没想到有孩子会带来这么多的乐趣。”

与此同时，无论这些人多么谦逊，他们当然知道，与其他人相比，他们取得了很大的成就。这种认识给予了他们安全感，甚至是骄傲。这通常表现为自信。例如，医学物理学家罗莎琳·耶洛（Rosalyn Yalow）反复提到，在一生中她从没有怀疑自己能在所做的事情上取得成功。雅各布·拉比诺也有相同的观点：“当进行发明时，你还有另一件事情要做。我将它称为存在的证明。这意味着你必须假定这个发明是可行的。如果没有这样的假定，你就不会去尝试。我总是假定，这个发明不仅能被实现，而且我能够实现它。”一些人强调谦逊，另一些人强调自信，但实际上我们访谈的所有人似乎都两者兼有。

表达这种双重性的另一种方式是，将它看成是志向与奉献或者竞争与合作的对比。对于富有创造力的个体来说，野心勃勃、争强好胜通常是必需的。与此同时，为了使自己正在做的项目取得成功，他们也乐意降低个人的舒适感与降低职位晋升的重要性。在竞争激烈或很难引入创新的领域中尤其需要竞争能力，用乔治·斯蒂格勒的话说就是：

> 我认为从某种意义上看，每位学者都是争强好胜的。如果他想改变自己所处的学科，他就必须咄咄逼人。如果你访谈过凯恩斯或弗里德曼，便会知道他们在自己想改变的世界中也是咄咄逼人的，因此才能成为辉煌的公众人物。不过那是一种很难玩的游戏。

布伦达·米尔纳说她总是非常争强好胜。几家全国性草根政治组织的创始人、政治家约翰·加德纳（John Gardner）清楚地描述了在同一个人身上可以同时存在温和与好斗这两种天性：

> 我曾是卡内基基金会（Carnegie Corporation）的总裁，我的生活很有趣，但没有很多新鲜的挑战，也没有喧嚣纷乱，我生活得安定平稳。当我去了华盛顿之后，我发现过去我并不太了解自己。我喜欢政客，和他们相处甚欢。我喜欢应对媒体，就像任何喜欢与媒体打交道的人一样。接下

来我发现自己喜欢政治斗争，这与别人对我的印象相去甚远。我是一个很平和的人，但这些事情发生了。生活让我内在的特点显露出来，正如我说的，我是一个慢热的人，但在50多岁的时候，我学会了一些有趣的事情。

一些人提到，在他们的职业生涯中，工作的动机从以自我为中心的目标转向了服务于他人的志趣。例如一开始是人类学家，后来成为小说家的莎拉·莱文（Sarah LeVine）这样说道：

> 直到最近，我还会经常想，我的创作只是为了获得更大的自我荣耀。但是我现在不再这样认为了。能够因为自己所做的事情而获得认可当然很好，但更重要的是为其他人留下一些可以借鉴的东西。

富有创造力的女孩比其他女孩更坚强、更有影响力，而富有创造力的男孩比其他男孩更敏感、更少侵略性。

7. **在所有的文化中，养育男孩强调的是“阳刚之气”，轻视并压制其被认为具有“阴柔”特点的性格，而对女孩的期望正相反。**富有创造力的个体在某种程度上避免了这种严格的性别角色成见。当对年轻人进行男子气概/女性气质的测试时，结果一次又一次地显示，富有创造力的女孩比其他女孩更坚强、更有影响力，而富有创造力的男孩比其他男孩更敏感、更少侵略性。

人们常从性的角度来理解这种双性性格，因此会将它与同性恋发生混淆。但心理上的双性性格是一个更宽泛的概念。它指的是一个人无论什么性别，都同时具有侵略性与合作性、刚强与敏感、控制与顺从的性格。具有心理学意义上的双性性格的人事实上有双倍的反应库，能够以更丰富多变的方式来与世界发生互动。毫不奇怪的是，富有创造力的个体可能不仅拥有自身性别的优势，还具有另一种性别的优势。

在我们所访谈的人中，很难觉察到这种双性性格。这一部分是因为我们没有采用任何测量它的标准化测试。然而，显而易见的是，女性艺术家和科学家比社会中一般女性更独断、更自信、更咄咄逼人。样本中的男性体现的“女性气质”最明显的证据或许是，他们对家庭特别关注，对环境中微妙的变化比较敏感，而其他男性会认为那根本不重要而不去理会它。尽管具有这些性格对他们的性别来说是不寻常的，但他们也保持着自己性别所特有的性格。一般来说，除了具有跨越性别的性格之外，富有创造力的女性很具“女性气质”，而男性则非常“阳刚”。

8. **富有创造力的人通常被认为是反叛的、独立的。**但是如果不首先深入某个领域，便不可能富有创造力。为了学习领域的规则，一个人必须首先相信领域的重要性。因此，他在某种程度上一定是一个传统主义者。一个人只有既传统、保守，又反叛、反传统，才能富有创造力。一味保持传统会导致在领域中墨守陈规；只是不断冒险而认识不到有价值的东西，则很少能做出被认可的创新。艺术家伊娃·蔡塞尔说，尽管她创作的陶瓷制品被现代艺术博物馆认为是当代设计的杰作，但她所从事的民间传统才是“她的家园”，以下是她对创新的看法：

> 创造不同的事物不是我的目的，它也不应该是任何人的目的。因为，首先，如果你是一位设计师或这类行业中一个喜欢玩闹的人，你必须能够保持很长时间的创作能力，因此你不能总尝试标新立异，不能总是不断试图创造出与之前不同的东西。其次，希望与众不同不应该成为你工作的动力。另外，标新立异是一种消极的目标，任何富有创造力的想法或事物都不会来自消极的冲动。消极的冲动通常是令人沮丧的。标新立异意味着既不像这个也不像那个。“什么都不像”就是为什么加了一个前缀“后”的后现代主义行不通的原因。消极的冲动不会产生快乐的创意，只有积极的冲动才可以。

然而，愿意冒险、打破传统所带来的安全感，也是创新所必需的。经济学家乔治·斯蒂格勒对此深有同感：

> 我想说，有能力的人最常犯的错误之一是缺乏勇气。他们玩着安全

> 的游戏，采取文献上记载的做法，并稍微扩展一点。例如，在我们的领域中，我们研究双头垄断，也就是市场中只有两个卖家。那么为什么不试一试第三家，看看会发生什么？为了创新，你必须玩不太安全的游戏，即使那会很有趣，但它能否进展顺利也是不可预测的。

9. **大多数富有创造力的人对自己的工作充满了热情，但他们同样会非常客观地看待工作。**超脱与迷恋的碰撞所产生的活力被很多人认为是他们工作的重要组成部分。为什么会这样呢？如果没有热情，我们很快会对充满困难的任务失去兴趣。如果不能保持客观，我们的工作就不会做得很优秀，而且会缺乏可信度。因此，创造的过程就像一些被访谈者所说的那样，是在这两个极端之间交替转换。以下是历史学家娜塔莉·戴维斯的说法：

> 有时我像一位试图让过去重现的母亲。我热爱自己做的事情，热爱写作。对于以某种方式让这些人复活过来这件事，我投入了大量的热情。这并不意味着我一定会喜欢这些来自过去的人物，但是我非常喜欢了解他们、重现他们以及他们生活的环境。我认为很重要的是要找到一种方法让我与自己所写的东西分离。你不能与你的工作有太紧密的关系，否则你无法接受批评与回应。像我一样对工作投入大量情感可能带来危险。不过我意识到了这一点，而且知道何时将自己与工作分离。年龄的增长有助于领悟这一切。

10. **最后，富有创造力的人的坦率与敏感使他们既感到痛苦煎熬，又享受着巨大的喜悦。**我们很容易理解他们的痛苦，高度的敏感性使他们会感觉到常人感觉不到的轻蔑与焦虑。多数人会赞同拉比诺的话：“发明家有较低的痛苦阈值，太多事令他们烦恼。”设计糟糕的机器会引起有发明才能的工程师的痛苦；在读到拙劣的文章时，作家会感到痛苦。独自处于学科的最前列也会使你“高处不胜寒”。杰出会招致批评，甚至是恶意的攻击。如果一位艺术家花费数年的时间完成一件雕塑，或者一位科学家提出了一条新的理论，却没有人在意，那就会给他们带来毁灭性的打击。

自从几个世纪前，浪漫主义运动掀起狂潮时，人们便认为艺术家们会遭受痛苦，因为他们要展示灵魂的敏感性。事实上，研究也显示，艺术家和作家患精神病以及具有成瘾性的比例通常较高。然而什么是因，什么是果呢？诗人马克·斯特兰德（Mark Strand）对此评价道：

> 有很多关于作家、画家患抑郁症和自杀的不幸事例，我不认为这是与领域相伴而生的现象。即使这些人不写作，他们也可能会抑郁、酗酒或自杀。我认为这是他们的性格组成部分。我不知道这种性格是否驱动他们写作、绘画，并促成了他们酗酒或自杀。我知道的是，有许许多多健康的作家和画家，他们根本不会想到自杀。总的说来，我认为这是一个虚构的故事。它在艺术家周围创造出一种特殊的氛围和脆弱性，好像他们的生命岌岌可危。他们对周围的世界非常敏感，他们必须对它做出回应，有时候周围的世界几乎令他们无法忍受。觉知的负担如此沉重，他们只能通过药品或酒精来逃避或者自杀。但是，觉知的负担对于不想自杀的人来说也一样沉重。

对于晦涩主题的浓厚兴趣及全力投入通常得不到回报，甚至会招来嘲笑。发散性思维通常被认为是偏离主流的思维，因此富有创造力的人会觉得孤独，不被理解。

另外，对于晦涩主题的浓厚兴趣及全力投入通常得不到回报，甚至会招来嘲笑。发散性思维通常被认为是偏离主流的思维，因此富有创造力的人会觉得孤独，不被理解。这些职业风险可以说是与领域相伴而生的，很难看到一个人既非常富有创造力又是不敏感的。

令富有创造力的个体最难承受的事情可能是，由于某种原因，他们不能工作时所感受到的失落和空虚。正如马克·斯特兰德所表明的，当一个人觉得自己的创造力正在枯竭，整个自我的存在受到威胁时，他会感到尤其痛苦：

> 是的，当想出一个自认为值得探究的主意时，你会感到短暂的平静与满足。当你竭尽所能地为这个主意而奋斗并完成了它时，你也会有这

样的感觉。然后你也许一天都徜徉在完成的满足感中。在夜晚你会小酌两杯，因为你今天不必再到楼上去查看什么了。

接下来你会希望重新开始。有时这种空当不只持续一个晚上，而是持续数周、数月或数年。完成两本书之间的空当越长，你会变得越痛苦、越沮丧。“痛苦”这个词对于他所感到的挫败感来说，也许太夸大了。但是如果这种状态一直持续下去，发展成文思枯竭，那就是最令人痛苦的了，因为你的存在感受到了威胁。你是一位作家，别人都认为你是作家，如果你不写作，那你是什么？

当这个人在自己的专业领域中工作时，担忧和顾虑便会一扫而光，取而代之的是极大的快乐。所有富有创造力的个体最重要、最一致的特点也许是有能力享受创造过程本身。如果没有这种特点，诗人会放弃对完美的追求，只写些广告词；经济学家会为银行工作，这样他们的收入是在大学里工作时的两倍；物理学家会停止基础研究，加入工业实验室，那里的条件更好，未来更加可以预期。事实上，享受是创造力非常重要的一部分。（我们将在第 5 章中更加详细地探讨两者的联系。）

玛格丽特·巴特勒（Margaret Butler）是一位计算机科学家、数学家，也是第一位被选入美国核学会（American Nuclear Society）的女性。在描述自己的工作时，就像我们的大多数被访谈者一样，她不断强调工作中的乐趣和享受。当我们问她“对于工作中的成就，你感到最骄傲的是什么”这个问题时，她的回答是：

嗯，我认为工作中最有趣、最令人兴奋的事情是早些时候在阿尔贡建造计算机。我们团队合作设计出了第一台计算机。我们与生物部门的人合作开发出图像分析软件，用以扫描染色体，试着进行自动的人类染色体核型分析。我认为在我 40 多年的实验室工作中，这是最有趣的。

我不停地工作，努力工作，尽量做到最好。当吉姆（她的丈夫）和我进行染色体的研究项目时，我们有时会工作一整夜。早上我们走出实验室的时候，太阳刚刚升起。科学充满了乐趣。我认为女性应该有机会获得这样的乐趣。

出于野心或赚钱的欲望，我也许会同样努力地工作。但是除非我也享受这项任务，否则思想便不会完全集中。我的注意力会时常转向钟表，幻想做更有意思的事情，甚至憎恨工作，盼望它早点结束。这种分散的注意力、不完全的投入，与创造力水火不容。富有创造力的人通常不仅很享受他们的工作，而且也很享受生活中的很多活动。

玛格丽特·巴特勒在描述自己退休后的活动时，对自己做的每一件事情都使用了“享受”这个词。她帮助丈夫继续做数学研究；为美国核学会的女性写职业指南；与学校的老师合作，让女学生对科学产生兴趣；组织支持女性科学工作者的团体；了解并参与当地的政治活动。

这10对相互矛盾的人格特点也许是富有创造力的人最显著的特点了。当然，这个清单在某种程度上是武断的。有人会说，很多其他重要的特点被遗漏了。不过很重要的一点是，这些相互矛盾的特点或其他矛盾的特点，通常很难在同一个人身上找到。如果没有第二个极端，新观点便不会被认可；如果没有第一个极端，它们便不会发展到可接受的程度。因此，通常只有那些能在两个极端游刃有余的人（被我们称为富有创造力的人），才能创造出足以改变领域的新事物或新观点。

创新者小传

→ **约翰·里德**（John Reed，1939— ），男，美国银行家、慈善家，花旗银行前CEO，斯隆－凯特琳癌症中心（Sloan-Kettering Cancer Center）、麻省理工学院、斯宾塞基金会（Spencer Foundation）、罗素·塞奇基金会和斯坦福大学行为科学高级研究中心的董事会成员。

→ **曼弗里德·艾根**（Manfred Eigen，1927— ），男，德国化学家。曾因研究快速化学反应而获得诺贝尔化学奖，他还荣获过奥托·哈恩奖。他的作品包

括 *Laws of the Game*、*Steps Towards Life*。

伊丽莎白·诺埃尔诺伊曼（Elisabeth Noelle-Neumann，1916—2010），女，德国传播学研究者、商务人士、教师，美因茨大学新闻学教授。她创办并领导了德国第一个调查研究所——阿伦巴民主促进研究所（Institut fur Demoskopie Allensbach），曾荣获德意志联邦共和国勋章、世界民意研究学会的海伦·迪纳曼奖（Helen S. Dinerman Award）。她的著述包括 *The Germans:Public Opinion Polls*、*The Spiral of Silence:Public Opinion—Our Social Skin* 等。

罗伯逊·戴维斯（Robertson Davies，1913—1995），男，加拿大记者、作家。曾荣获多米尼翁戏剧节（Dominion Drama Festival）的路易·茹韦导演奖（Louis Jouvet Prize）、加拿大皇家学会的洛恩·皮尔斯奖和总督小说奖。Peterborough Examiner 的出版人，创作了德普特福德三部曲和 *What's Bred in the Bone* 等作品。

弗兰克·奥夫纳（Frank Offner，1911—1999），男，美国电气工程师、发明家，他的成就包括应用晶体管测量设备，开发差分放大器及一些医学测量设备，比如心电图、脑电图和肌动电流图。在第二次世界大战期间，他成功研制出热自导引导弹。

玛格丽特·巴特勒（Margaret Butler，1924—2013），女，美国数学家、计算机科学家。20 世纪 50 年代，她协助开发了第一台数字计算机。第一位被选为美国核学会会员的女性，担任女科学工作者协会（Association of Women in Science）执行委员会委员。

第4章 创造力的运行机制

我从来没有只是坐着想就想出了解决办法。解决办法可能会在半夜，在我开车、洗澡或做其他事情的时候降临。

物理学家弗里曼·戴森
Freeman Dyson

是否存在一系列的思维步骤，它们将导致能够改变某领域的创新？或者，是否每个富有创意的作品都是单一“创造力产生的过程”运作的结果？很多致力于训练创造力的个人或企业宣称，他们知道“创造性思维”是由什么构成的，而且他们能教授创造性思维。富有创造力的人通常有他们自己的理论，而且彼此间的理论相当不同。罗伯特·高尔文说创造力包含预期与奉献：预期是指在其他人认识到之前，便预见到某个事物将来会变得很重要；奉献是一种信念，它能够使一个人不受怀疑与挫折的干扰，坚持去实现愿景。

而另一方面，在管理大师彼得·德鲁克的回绝信中，他列出了自己之所以取得成就的4个原因：

- 我之所以能有所成就，是因为我比较喜欢独处，不必在雇用下属、助理或秘书等事情上浪费时间。
- 我不会长时间待在大学的办公室里。我进行教学，如果学生想见我，我会和他们一起吃午餐。

- 自从 20 岁起，我就是个工作狂。
- 压力能激励我更好地发挥才能。如果没有最后期限，我就会萎靡不振。我也许专横而傲慢，我天生就像歌德《浮士德·悲剧第二部》(*Faust Ⅱ*）中的哨兵："我生来就会查看，我的任务是警戒"。

鉴于领域各自不同、任务的多样性，以及每个人不同的优势与劣势，我们不可能期望人们在获得创造力的方式上有很多相似之处。但是，也确实存在一些跨越领域和个人独特风格的共同线索，这些线索可能构成了引发创造性解决问题的方法的核心内容。让我们通过描述意大利作家拉齐亚·里维（Grazia Livi）如何写作一篇短故事来说明这一过程。

产生创造力的 5 个阶段

一天，里维来到银行，与她的投资顾问进行交谈。顾问是一位女性，里维以前与她见过面。在里维看来，她是当代职业女性的代表。她们一心想要成功，心无旁骛，把自己修饰得一丝不苟，但为人冷漠、严格，缺乏耐心。她们好像没有私人生活，除了金钱和晋升之外，没有其他梦想。那天的交谈开始时和平常没有什么两样，顾问看起来很冷淡，拒人于千里之外，问问题的声音干巴巴的，似乎没有一点兴趣。接下来，电话铃声打断了她们的交谈。令里维奇怪的是，当那位女士转身接电话的时候，她的表情突然改变了。棱角分明的面容柔和起来，甚至像钢盔一样坚硬的头发都变得光滑柔软了。她的姿态放松下来，声音变得轻柔而亲切。里维立即在脑海中勾勒出电话那端那个人的形象：一位相貌英俊、有着古铜色肌肤、悠闲自在的建筑师。他开的是玛莎拉蒂跑车。从银行回来后，里维在日记中做了一些记录，然后就把这件事情给忘记了。

几个月后，她重新阅读日记，发现在银行发生的这件事情与她描写的在美容院里一待好几个小时、衣着体面的女人，以及在过去几年中遇到的其他类似女人的故事存在着联系。这个发现令她深有感触。这是对当代女性所处困境的洞察。她们在两种相互对立的要求之间挣扎,完全可以被写成一个真实的故事。她不一定要真实记录在银行中仅仅是猜测到的情况，那位女士也许是在和她的母亲或孩子交谈，但我们这个时代的普遍情况确实如此，很多女性觉得，为了在商业世界中赢得竞争，她们必须咄咄逼人、冷漠严肃，但同时又无法放弃她们认为女性应有的温柔特质。于是里维坐下来，写了一个职业女人如何为了可能永远也不会出现的未来而整天修饰自己的故事。这是一个非常棒的故事，不是因为它的情节（情节很古老），而是因为她笔下人物的情感动向非常准确地反映了我们这个时代中女性的真实生活体验。

里维的故事也许不会改变文学领域，因此它算不上最高层级创造力的实例。但是，它会被收入未来短篇故事的集子中，因此它会成为当代文学流派的一个优秀例证。在某种程度上，它扩展了这个领域，有资格被称为富有创造力的成果。是否有方法来分析里维的做法，以便更清楚地了解她在写作故事时的思维过程呢?

> 创意过程分为 5 个阶段。第一阶段是准备期，开始有意识或无意识地沉浸在一系列有趣的、能唤起好奇心的问题中。

创意过程分为 5 个阶段。**第一阶段是准备期，开始有意识或无意识地沉浸在一系列有趣的、能唤起好奇心的问题中。**在拉齐亚·里维的这个例子中，现代女性的情感困惑是她亲身感受到的。作为一位作家，她要争取获奖、出版新书，得到广泛关注；作为一位女性，她也要试图平衡身为母亲的责任与写作的责任之间的关系。

第二个阶段是酝酿期。在这个阶段，想法在潜意识中翻腾。正是在这个阶段，不同寻常的联系有可能被建立起来。当我们有意识地想要解决一个问题时，便会以线性的、符合逻辑的方式来处理信息。但是当想法自己互相呼应，没有被我们的理性引导到一条笔直而狭窄的道路上时，它们之间就会出现意想不到的组合。

第三个阶段是洞悉，有时也被称为“啊哈”时刻。就是阿基米德走进浴室，大叫“我想出来了”的那一刻，也是将一片片拼图成功拼在一起的时刻。在现实生活中，可能有几次洞悉，分散在酝酿期、评价期和精心制作期中。例如，在里维写作短篇故事的案例中，至少存在两个重要的洞悉时刻：一个是当她看到打来的电话改变了投资顾问的时候，另一个是当她看到日记中相似记录间的联系的时候。

第四个阶段是评价期。人们必须决定自己的洞悉是否有价值，是否值得继续研究下去。这通常是整个过程中最令人讨厌的部分。在这个阶段，人们会感到最不确定，最没有安全感。也是在这个阶段，人们接受了领域的标准，也十分重视杰出学界的意见。这个观点是否真的很新颖，或者它其实平淡无奇？我的同事们会怎么看它？这是自我批评、自我反省的时期。对于拉齐亚·里维来说，这个过程经常发生在她阅读自己的日记，并决定发展哪个想法的时候。

第五个是精心制作阶段。这个过程可能花费的时间最多，工作也最辛苦。这就是爱迪生为什么说创造力是1%的灵感加上99%的汗水。在里维的案例中，精心制作阶段包括选择故事的人物，安排情节，将她凭直觉感知到的情感转化为一行行文字。

> 创造力的过程更多是循环的，而不是线性的。经过多少反复、涉及多少循环、需要多少洞见，取决于正在处理的问题的深度与广度。

然而，如果对产生创造力的过程望文生义，那么对精心制作阶段所引用的分析框架便会严重扭曲产生创造力的过程的意义。做出富有创意的贡献的人从来不会觉得持续时间很长的精心制作阶段是艰苦的。这一过程时常会被酝酿期以及小的顿悟所打断。当一个人在对最初的洞见进行最后的润色工作时，又会出现很多新的洞见。在拉齐亚·里维努力寻找词汇来描述她笔下的人物时，词汇自身所表现出来的情感有时会比她最初试图塑造的人物性格更“恰当”。这些新的情感反过来会影响人物的行为，由此让情节发生了里维事先没有想到的转变。人物变得更加复杂、更加细腻，随着作家的一步步推进，情节就会变得越来越微妙而有趣。

创造力的过程更多是循环的，而不是线性的。经过多少反复、涉及多少循环、需要多少洞见，取决于正在处理的问题的深度与广度。有时酝酿期会持续数年，有时只需要几个小时。有时富有创造力的想法包含一个深刻的洞见和无数小的顿悟。在某些情况下，就像达尔文进化论的构想过程，基础洞见显现得很缓慢，一些彼此没有联系的思想小火花经过数年酝酿，合并成为一个清晰的观点。当达尔文清楚地理解了自己理论的含义后，它便不再是一个洞见，因为它的组成部分在过去不同时期都曾出现在达尔文的思维中，并慢慢彼此联结在一起。这是用了一生的时间缔造出来的“啊哈”时刻，它是许许多多小的“我想出来了”的大合唱。

弗里曼·戴森对带给他科学声望的创造力过程的描述体现了一个更线性的过程。戴森曾是理查德·费曼（Richard Feynman）的学生。费曼在 20 世纪 40 年代试图从量子力学的角度来阐释电动力学。如果成功了，那就意味着用另一种形式来表述电学定律，使它们符合更基础的亚原子行为的法则。这将是一种极大的简化，是受到物理学领域欢迎的一种组织形式。不幸的是，虽然多数同行认为费曼在从事一件深刻而重要的事情，但很多人无法理解他用来证明自己观点的潦草文字和草图，特别是他经常直接从 A 跳到 Z，中间没有任何停顿。

与此同时，另一位物理学家朱利安·施温格（Julian Schwinger）也在对量子原理及电动力学原理进行整合。施温格在很多方面和费曼正相反：他工作速度比较慢、有条不紊，是一位完美主义者，总觉得还没准备好宣布自己已经解决了某个问题。弗里曼·戴森在康奈尔大学工作，很受费曼的影响，他也听过施温格的一系列讲座。这让他产生了一个主意，将费曼跳跃的洞察力与施温格认真的计算结合起来，彻底解开量子行为与电学现象之间联系的谜题。当戴森完成他的工作后，费曼和施温格的理论变得可理解了，两个人都获得了诺贝尔物理学奖。一些同行认为，如果还有谁配得这个奖的话，那也应该是戴森。以下是他对自己取得成就的过程的描述：

> 那是1948年的夏天，我24岁。当时整个物理学界都在关注一个最大的问题。物理学界通常是这样，存在某个特别吸引人的问题，每个人都在为此工作。物理学界倾向于一次处理一个问题。当时的大问题就是量子电动力学。它是有关辐射和原子的理论，这个理论当时一团糟，没人知道如何用它来进行计算。对于未来的所有发展来说，它也是一个阻碍。问题不在于理论是错误的，而在于它没有被恰当地组织起来，因此人们在尝试计算的时候，总会得到可笑的答案，比如零或无穷大。当时出现了两种伟大的观点，它们与施温格和费曼这两个人有关，他们俩都比我年长大约5岁。他们各自创造了一个新的辐射理论，这些理论看起来会有效，尽管两者都存在一些难以克服的障碍。我很幸运，对他们两个人都很熟悉，我逐渐了解了他们两者的理论并开始工作。
>
> 我花费了6个月的时间，非常努力地工作，以便更清楚地理解他们的理论。那意味着非常辛苦的计算。我会整天埋头在一大堆纸里进行计算，这样我就能准确地理解费曼想要表达的内容了。在第6个月的月末，我去度假。我乘坐一辆灰狗巴士去了加州，在那里四处闲逛，度过了几周的时间。那时我从英国来到美国的时间还不长，之前从来没去过西部。在加州我一点儿工作都没做，只是观光，这样又过了两周。然后我搭乘巴士返回普林斯顿。半夜里当汽车穿过堪萨斯州时，一切突然变得非常清晰，对我来说，那是某种巨大的启示。你可以把它称为“我想出来了”的体验或其他什么。整个概念突然变得很清楚，施温格的理论能够极好地符合它，费曼的也可以，它会产生一个真正有用的理论。那是我人生中富有创造力的伟大时刻。接下来，我不得不再用6个月的时间把它们完整地写出来。最后呈现出来的是《物理评论》（*Physical Review*）上两篇长长的论文，那是我进入科学世界的护照。

对于产生创造力的过程的经典版本，很难有比这更清晰的例证了。这个过程始于戴森在他的老师及同行那里感觉到为领域增添重要内容的机会。他具有得天独厚的优势，能够接触到领域和学界。他和两个相关的核心人物都很熟悉。

在确定调和领域中两个重要的理论就是自己要解决的问题后，他进行了6个月有意识的艰苦准备。接下来他彻底放松了两个月，在这段时间内，过去半年所整理出来的观点获得了酝酿、分门别类和相互发生作用的机会。然后在夜晚乘坐巴士时，洞见突然不期而至。最后他又用了半年的时间来评价、细化这个洞见。他的观点得到了学界的认可（在这个案例中，学界就是《物理评论》的编辑），并被添加到领域中。就像通常的情况一样，成就的大部分功劳不会直接属于作者，而是属于提出基础理论的人。

将产生创造力的过程分为5个阶段的方式也许过于简化了，可能会产生误导，但它为应对创造力所涉及的复杂性提供了一种相对有效而简单的方法。因此，我会采用这些类别来描述富有创造力的人是如何工作的，我将先从准备阶段开始探讨。非常重要的是，我们必须记住，在现实中，5个阶段并不是各自独立的，一般它们会彼此交叠，在最终完成前会反复出现若干次。

问题的显现

> 洞见通常来自有准备的头脑，也就是那些对某个问题进行长时间努力思考的人。

有时不需要任何准备就有可能取得富有创造力的发现。幸运者碰巧撞到完全出乎意料的情况，就像伦琴（Röntgen）在试图找出照相底片被破坏的原因时，意外发现了放射线。不过洞见通常来自有准备的头脑，也就是那些对某个问题进行长时间努力思考的人。一般来说，问题主要有三个来源：个人经历、领域的要求和社会压力。这三个灵感来源常常会协同作用、相互交织。将它们分开来考虑会比较简单，就好像它们是独立发挥作用的，但现实中不是这样的。

▲生活是问题之源

我们已经看到，拉齐亚·里维写职业与女性气质冲突的故事的想法，受到其作为女性的亲身经历的影响。从她还是一个小女孩开始，父母便期望她的两个兄弟接受教育并取得成功，而对她和两个姐妹的期望是成为传统的家庭主妇。里维在一生中不断反抗着这种角色定位。即使在结婚、有了孩子以后，她也决心要取得事业上的成功。正是这种直接的亲身经历使她对日记里草草记录的有关职业女性的逸事特别敏感。

这种思考的问题来源于生活经历的情况在艺术家、诗人及人文主义者的工作中最容易看到。伊娃·蔡塞尔在家庭中被认为是比较“笨”的，她的家族出过两个诺贝尔奖获得者以及很多杰出的男性科学家。她下决心要证明自己，突破这个家庭的传统志趣，成为一名独立艺术家。她的陶瓷作品中多数富有创造力的想法都来自两种相互矛盾、自我强加的要求之间的紧张关系。一方面她希望自己做出来的陶器拿起来舒服，能够体现传统；另一方面她希望通过现代技术，以低廉的价格进行大批量的生产。

诸如安东尼·赫克特、乔治·法鲁迪和希尔德·多明（Hilde Domin）这样的诗人，会在索引卡片或日记本上记录下每天发生的事件以及感受。这些经历的贮藏是他们作品的原材料。“我的朋友拉德诺迪是一位诗人，我觉得他的诗很糟糕，”法鲁迪说，“后来集中营的经历完全改变了他，他写出了绝妙的诗句。痛苦的经历不一定不好，它对你会很有帮助。你知道有关快乐的小说吗？或者有关快乐者的电影？我们是乖张的物种，只对痛苦感兴趣。”然后他联想到自己的一次经历。当时他坐在美丽的温哥华岛的船舱里，试图寻找写诗的灵感，却想不出任何有趣的事情。最后，一组具有强烈冲击力的画面出现在他的脑海里：5 名秘密警察来到船上，破门进入船舱，把他的书扔出窗户，丢进大海里。他们把他带到 8 000 公里以外的西伯利亚，残忍地拷打他。对于诗作来说，这是很棒的场景。法鲁迪对这样的场景太熟悉了。

历史学家娜塔莉·戴维斯向我们描述了她正在进行的一个项目。那是一本写 17 世纪时期三个女人的书。一个是犹太人，一个是天主教徒，还有一个是新教徒，以此探讨“女性喜欢冒险的根源”：

在某种意义上，她们是我的各种体现。她们都是中年母亲，尽管有一位是祖母。因此我总是认为，开始这个完全不同的项目并不是巧合。

画家爱德·帕施克（Ed Paschke）每天从杂志和报纸上撕下来几十张引人注目的图片，并把这些奇怪而有趣的图片存放在盒子里，时不时拿出来翻看。通过翻看这些时代的符号，他也许能从中找到灵感，由此酝酿出讽刺性的绘画评论。另一位画家李·奈丁（Lee Nading）将报纸上有关自然与科技的冲突的头条新闻撕下来，比如修建大坝危及珍稀鱼类，或者装满废料的火车在艾奥瓦州脱轨，然后以此寻找绘画的灵感。要了解奈丁为什么对这类事件特别敏感，也许知道以下事实会有所帮助。当奈丁的事业逐渐取得成功的时候，他深爱的哥哥自杀了。他哥哥在最著名的科研实验室里工作，但是周围的激烈竞争以及人们对自己行为的严重后果缺乏反省令他感到幻灭。奈丁认为科学是害死哥哥的罪魁祸首，为此耿耿于怀。他在科学成果所造成的威胁中找到了自己艺术主题的来源。

艺术家在“真实”生活中寻找灵感，比如爱、焦虑等情绪，生与死等事件，对战争的恐惧以及对乡间安宁午后向往。我们一会儿会看到艺术家在选择问题时，也受到领域和学界的影响。有人说每一幅绘画都是对过去所有绘画的反映，每一首诗都投射了诗歌的历史，显然绘画与诗歌还受到艺术家经历的启发。

科学家的经历与他们研究的问题，以一种更精练，但也许较不重要的方式联系在一起。它必然与科学家对任务的基本兴趣密切相关。对富有创造力的科学家进行的最早的研究之一是由安·罗（Ann Roe）实施的。研究结论显示，所选样本中的化学家和物理学家从孩提时起就对物质的属性感兴趣，但那是因为他们接触不到童年时其他的爱好。他们的父母在情感上是疏远的，他们没有什么朋友，对体育运动也不擅长。也许这种归纳太过粗糙，但其背后的基本观点也许是合理的，即早期经历使年轻人倾向于对特定范围内的问题感兴趣。

例如，物理学家维克托·维斯科夫（Viktor Weisskopf）动情地描述了自己年幼时和朋友爬阿尔卑斯山所体会到的敬畏与惊奇。他那个时代的很多物理学家，比如马克斯·普朗克、维尔纳·海森堡（Werner Heisenberg）和汉斯·贝特说，激励他们试图理解原子及星体运动的正是看到高山与夜空时所感受到的兴奋与快乐。

当莱纳斯·鲍林的父亲，一位波兰的药剂师让他在药店后面混合药粉和药剂时，他开始对化学产生了兴趣。两种不同的物质混合后会变成完全不同的第三种物质的事实让年幼的鲍林很着迷。产生全新物质的过程让他体验到上帝般操控一切的感觉。7 岁时，他阅读了浩繁的《药典》(*Pharmacopoeia*)，把其中药剂师应该知道的关于药物基本成分及混合物的知识都背了下来。正是对物质变化的好奇促使鲍林在接下来的 80 年中一直从事化学事业。心理学家唐纳德·坎贝尔认为，能够提出新观点与不能提出新观点的学者之间的区别通常在于好奇心：

> 我的很多教授朋友知道他们应该继续进行研究，然而环顾四周，却找不到令他们感兴趣的问题。我积攒了一些一知半解的问题，我很乐于去研究它们，而且觉得自己能够找到解决方案。很多有才华的人想不出任何值得他们去做的事情。我觉得自己很有福气，可以找到让自己兴奋起来的琐碎问题。

只是为了获得功名利禄的人，也许能努力前进，但很少能有足够的动机去做分外的事情，去冒险探索未知的领域。

如果没有强烈的好奇心和兴趣，我们便不可能长时间坚持，做出重大的新贡献。这种兴趣很少只源自智力活动，它通常根植于深层的情感，存在于令人难忘的经历中，这些经历需要某种类型的解决方案，只有通过新的艺术表达或新的理解方式才能实现。只是为了获得功名利禄的人，也许能努力前进，但很少能有足够的动机去做分外的事情，去冒险探索未知的领域。

▲过去知识的影响

问题的另一个主要来源是领域自身。正如个人经历所产生的紧张无法通过常规的解决方法来解决一样，领域中的紧张也是如此。在艺术及科学领域中，富有创造力的解决方案的灵感一次又一次地从“当前发展水平”所隐含的冲突中产生。每一个领域都具有其自身的内部逻辑、发展模式，而在领域中工作的人必须回应这种逻辑。20 世纪 60 年代，年轻的画家只有两个选择：要么画流行的抽象表现主义作品，要么找到一种可行的方式来反抗这种风格。在 20 世纪初，自然科学家面对着物理学领域中量子理论的发展，在化学、生物学、天文学以及物理学中，很多最具挑战性的问题来自将量子理论应用于这些新领域的可能性。弗里曼·戴森对量子电动力学的关注只是其中一个例子。

杰拉尔德·霍尔顿（Gerald Holton）最初是一位物理学家，后来转向研究科学史。他清楚地解释了领域中的疑难问题如何与个人感知到的冲突结合在一起，为个人一生的事业提供了主题。作为哈佛大学的研究生，霍尔顿处在逻辑实证主义的氛围中，他的老师和同学都专注于证明“科学能够被简化为纯粹的逻辑”这项事业。任何直觉的、超自然的事物都不被允许进入这个新领域。然而，当霍尔顿读到了开普勒和爱因斯坦的工作方式时，他开始觉得，被周围人视作理所当然的真理并不适用于一些最著名的突破常规的科学事件。

> 我发现这些模式不是很有效。事实上他们没有在对科学过程的解释中加入这些杰出科学家非常喜欢的那种假定。那种假定不是真实的，例如，他们根据科学报告的词句、意义的验证理论以及所有他们喜欢的事物来思考科学。一些最优秀的科学家乐意将自己的金钱、声誉、时间和生命投入到这些假定上，即使它们有时与证据相违背也固守不放。他们对这种其实没有经过验证的观点很着迷。
>
> 正是在那个时候，我发现了主题议题（thematic proposition）的观点，即一些人被灌输了先验的主题理念，这些理念在一段时期内会变得毫无作用。而这根本不符合实证主义或经验主义的逻辑。

霍尔顿说自己的知识来源于个人兴趣与一种感觉的结合，这种感觉就是知识环境中存在着某种错误：

> 在一定程度上，研究项目是由某种内在的强烈爱好（你无法详细地

解释这种爱好)、准备(它是独一无二的，因每个人的经历不同而有不同的准备过程)、运气和需要反对的事物(其他人做的令你感到不满的事情)所决定的。

知识方面的问题不只局限于某个特定的领域。当在一个领域中很有效的理念被移植到另一领域并获得新生时，确实会产生一些最富创造力的突破。物理学的量子理论被广泛应用于相邻学科，比如化学和天文学就属于这种情况。富有创造力的人会留心不同学科的同事正在做的事情。曼弗里德·艾根正在将物理学、化学和生物学的概念与实验过程整合到一起。这种整合的想法一部分来自多年来与不同学科同事的交谈。他邀请这些同事参加冬季在瑞士举行的非正式会议。

我们的大部分被访谈者曾在自己研究领域中的紧张状态下获得启发。如果从另一个领域的角度来看，这种紧张状态就变得更明显了。尽管他们不认为自己是跨学科的研究者，但他们最好的成果却跨越了不同领域。他们的成功引起了人们对过度专业化的怀疑，即聪明的年轻人被训练成某个单一领域内的专家，像远离瘟疫一样远离了学科的广泛性。

然而有些人感觉到，现存领域中的任何符号系统都无法解决“现实”生活中的问题。巴里·康芒纳(Barry Commoner)接受的是生物物理学的训练，他决定超越学术方法的死板规章，解决诸如水污染、垃圾处理等问题。对现实生活(而不是学科)的关切，决定了他要研究的问题。

在生物化学及生物物理学领域中，我建立起了很好的声誉。一开始，所有的论文都被发表在学术期刊上。然而由于种种原因，我越来越倾向于以各种各样的方式来解决现实世界中的问题。我的论文还是时不时会出现在学术期刊上，但现在成了偶尔的情况。

随着第二次世界大战时出生的那一代科学家逐渐变老，学术世界很快与现实世界脱节。学术工作完全以学科为导向，受学科的指引。我认为这真是太无趣了。

> 目前学术生活中的流行哲学是还原论，我的做事方法与它正好相反。我对这种流行哲学毫无兴趣。

这是对变得过于局限的领域的强烈反抗。领域成员错误地以为他们可以在符号系统内解决更广阔的现实世界中的问题。当议会花费大量时间争论针尖上能够容纳下多少天使跳舞时，拜占庭的年轻学者们一定也会有类似于康芒纳的感受。当学界太以自我为中心，脱离现实时，它便会有变得毫无意义的危险。通常正是对领域刻板性的不满使得伟大而富有创意的进步成为可能。

当然，除非学习领域的规则，否则人们便不可能受到领域的启发。这就是为什么我们访谈的人，无论是艺术家还是科学家，都一再强调学习基础知识、熟知符号信息以及学科基本程序的重要性。乔治·法鲁迪能够背诵卡图卢斯（Catullus）写的长诗。60 年前他背下了这首诗的拉丁文版本。他阅读了自己能够找到的所有希腊诗歌、中国诗歌、阿拉伯诗歌以及欧洲诗歌。他翻译了世界各地的 1 400 多首诗，以精进自己的技能，尽管他强有力的诗歌简单而无条理，并且基于个人体验。在科学领域，掌握基本的符号工具同样很重要。几乎每一位被访谈者都在重复玛格丽特·巴特勒对高中生说的话：

> 我想传递的信息是，如果你不知道自己想成为什么，那么至少要学习科学和数学，尤其是数学。这样当进入大学时，如果你改变主意了，变得更喜欢科学或数学了，或者你想进入这些领域，你就会具备必要的背景知识。很多女性后来发现自己不具备这样的背景知识（数学），因为她们很早就放弃了。

除非你先彻底了解某个领域的运作方式，否则便无法改变它。那意味着你必须掌握数学工具，学习物理学的基本原理，了解知识发展的最新状况。不过，我们似乎应该像古老的意大利谚语说的那样做：学习技能，然后把它搁置一旁。一个人如果不了解其他人了解的事情，便无法进行创新；但是一个人如果对现有的知识没有感到不满，摒弃它以寻求更好的知识，他也不可能有所创新。

▲来自周围环境的压力

观点及问题的第三个来源是他们所处的学界。终其一生，富有创造力的人都会受到老师、导师、同学、同事的影响。在生命的后期，他们还会受到自己的学生及追随者的观点的影响。另外，他们为之工作的机构以及更广阔的社会事件也会提供有力的影响，使他们重新定位职业，将想法引导到新的方向上。

> 观点及问题的第三个来源是他们所处的学界。终其一生，富有创造力的人都会受到老师、导师、同学、同事的影响。

如果从这个视角来看待创造力的产生过程，个人经历与领域知识的影响相对于社会背景的影响，确实是小巫见大巫。画家的作品不仅是对领域中经典准则的回应，也是对其他画家正在创作的作品的回应。科学家不仅从书本或他们进行的实验中学习，也会从研讨班、会议、工作坊及期刊文章（报告其他地方正在发生什么或者将要发生什么）中进行学习。无论一个人是随波逐流还是另辟蹊径，都不可能忽视学界中正在发生的事情。

很多人在老师的引导下领略到了领域的奇妙。通常会有某位老师能够认识到学生的好奇心或能力，并开始开发他们的学科思维。一些富有创造力的人能列举出很多这样的老师。评论家、雄辩家韦恩·布斯（Wayne Booth）说，每一年他都会以不同的老师为榜样，尽量不辜负老师的期望。对于布斯以及其他一些人来说，职业方向的改变，比如从工程学转向英语，是受到某位老师的影响。

有些人较晚才进入某个领域。约翰·加德纳上大学的时候本打算成为一名作家，但后来进入了加州大学伯克利分校的心理学系以及斯坦福大学的知识社群。它们不仅能满足约翰·加德纳的好奇心，而且有助于他找到意气相投的伙伴。

对于主要在组织环境中工作的个体来说，学界是最重要的。为了吸收做出艰难决策所需的信息，花旗公司的前 CEO 约翰·里德必须时常与若干群体进行交流。每年他会与德国、日本等国家银行的6位领导会面两次，每次持续数天，与他们交换对世界经济未来趋势的看法。他还会经常与通用汽车、通用电气或IBM的CEO们进行类似的会面。他还有由大约30人组成的内部网络，他们为他提供必要的信息，帮助他在变幻莫测的时代领导这家市值数十亿美元的公司。里德至少会用上午一半的时间与这个网络中的成员通电话或面谈，绝对不会在没有与他们协商的情况下就做出有关公司的重大决策。

摩托罗拉前总裁罗伯特·高尔文的做法代表了另一种组织的方法。高尔文把公司看成是一个巨大的创新型企业，2 000多名工程师参与其中，以新观点来创造出新产品和新方法。他认为自己的职责是把所有这些努力的成果结合起来，使自己成为每个人的榜样。如果你的责任是将一群人引导到新的方向上，那么决定工作的便不是符号领域，而是组织自身的要求了。借用马歇尔·麦克卢汉（Marshall Mcluhan）“媒体即信息”的说法，他们在组织结构中完成的事情即他们富有创造力的成就。

科学家也提到了特定研究机构的重要性。贝尔实验室（Bell Labs）、洛克菲勒学院（Rockefeller Institute）以及阿尔贡国家实验室（Argonne National Laboratories）都是一些允许年轻科学家追求他们兴趣的地方，它们能提供刺激且给予支持的环境。很多科学家对这类机构很忠诚，非常愿意遵守它们的研究政策。很多诺贝尔奖得主就是通过解决在这类机构背景中所产生的问题而获奖的。

当某人尝试创建新的组织或者新领域时，便会产生新观点。曼弗里德·艾根在哥根廷建立了跨学科的马克斯·普朗克学院（Max Planck Institute），以便在实验室中复制进化的力量。乔治·克莱因（George Klein）在斯德哥尔摩的卡罗林斯卡医学院（Karolinska Institute）建立了肿瘤生物研究中心。这类机构不仅允许首要研究员从事自己的研究，而且还使得新学科的出现成为了可能。如果实验室成功了，那么科学家们就会开始研究一系列全新的问题。随着时间的推移，新的符号系统或领域便能够发展起来。

最后，一些富有创造力的个人尝试在已被接受的科学、学术或商业机构范围之外形成了全新的组织。黑泽尔·亨德森把她的大部分时间奉献给了能增强其洞察力的团体的发展上。她把自己看成是无数特殊兴趣团体的代表，这些团体因为共同的环保意识而联合在一起。与之类似，巴里·康芒纳有意将自己的核心定位在真空地带，在那里他可以不受学术或政治上的压力，无拘无束地向前推进。在约翰·加德纳成立同道会（Common Cause）时，他坚持只接受小型的独立捐助，以避免大型捐助所造成的巨大影响。通过创建新的协会形式，这些个人希望看到新问题的显现，而这些问题无法通过旧的思维方法来解决。

然而，组织根植于更大的人类群体以及更广阔的历史进程中。经济的不景气或政治优先级的改变会刺激某一研究方向，而使人们忽视另一方向。据乔治·斯蒂格勒说，大萧条促使他及他的许多同事来到研究生院学习经济学。为支持第二次世界大战而建起的核反应堆激励很多聪明的学生选择了物理学专业。

众所周知，战争不仅会影响科学的发展方向，也会间接地影响艺术的前进方向。让我们以心理学为例。心理测试的成功，包括智商测试的完整概念以及它的应用，很大程度上应该归因于第一次世界大战时美国军队对挑选新兵的方法的需求。之后测试技术被应用到了教育领域。在教育领域中，它的地位变得很突出，许多教育者为此感到担忧。创造力测试的出现应该归因于第二次世界大战。当时，美国空军委托南加州大学的心理学家吉尔福特（J.P. Guilford）来研究这个主题。空军希望挑选出能够以新颖独到的行为来应对紧急事件（比如起落架或设备的意外故障）的飞行员，能在遇到危险时拯救他们自己及飞机。通常的智商测试不是为考查创造力而设计的，因此空军资助吉尔福特开发出了后来的发散思维测试。

正如前面提及的，第二次世界大战的爆发对女性科学家特别有利。一些女性科学家说，如果不是因为许多男性被征召入伍，研究生部不得不拼命寻找合格的学生，她们很可能读不了研究生。毕业后，这些女性在政府资助的研究实验室找到了工作。这些实验室与第二次世界大战及后来的冷战关系密切，因为冷战促使国家保持科学方面的优势。玛格丽特·巴特勒深情地回忆起二战后她在阿尔贡的日子，她在那里经历了计算机科学的诞生与早期阶段。那是令人激动的岁月，当时外界的历史事件、技术进步以及新的科学发现结合在一起，共同激励人努力工作、解决重要问题。

历史事件对艺术的影响不是很直接，但也许重要性并不小。例如，有人认为20世纪的文学、音乐及绘画摆脱了经典风格，而之所以出现这种特点，是因为人们对西方文明无法避免第一次世界大战的杀戮感到幻灭，由此产生了这种间接反应。爱因斯坦的相对论、弗洛伊德的潜意识理论、艾略特的自由诗、伊戈尔·斯特拉文斯基（Igor Stravinsky）的十二音音乐、玛莎·格莱姆（Martha Graham）的抽象舞蹈、毕加索的变形人物画、詹姆斯·乔伊斯（James Joyce）的意识流文学都出现在同一时期，并被大众所接受，这绝非巧合。那正是帝国瓦解，信仰系统排斥旧规则的时期。

埃及作家纳吉布·马哈福兹（Naguib Mahfouz）用了几十年的时间，富有想象力地记录了撕碎古老文明的力量：殖民主义、价值观的改变、新财富的流动以及男人、女人的角色改变。他的观点来源于生活：

> 甚至在想起书写生活之前，我们已经学会了如何认真对待它。相对于其他人来说，一些事件会更深入地影响我们的内心。我一直很关注政治，政治非常吸引我。政治、人际关系、爱以及社会中受压迫的人们，都是最吸引我的事情。

妮娜·格鲁南伯格（Nina Grunenberg）是德国《时代周报》(*Die Zeit*）的副主编、社论专栏作家，对她来说，世界各地发生的事件提供了源源不断的问题。她的挑战在于抓住人类冲突的基本要素，以及事件发生的社会文化背景，然后简洁地说出自己对事件的看法。在接受采访的数周前，她曾在得克萨斯报道世界经济峰会，在英国伦敦报道北大西洋公约组织的峰会，在苏联报道德国总理赫尔穆特·科尔（Helmut Kohl）与苏联共产党总书记戈尔巴乔夫的会面。

> 你知道，我做的是周刊，每周三的早上，当报纸印刷出来后，我都

会感到非常骄傲。报纸新鲜出炉，一切就绪，我对自己做的部分很满意。上一次让我感到非常满意的是报导了科尔总理来到高加索地区，与戈尔巴乔夫进行会谈。那是周一的事情，我们周一晚上返回，周二早晨回到了汉堡。到那天晚上，我必须写完文章。那是截止时间，而我要写的是本周事件，因此我的文章对我和我的同事来说非常重要。不过我非常累，感到精疲力竭。集中精力、坚持写下去，对我来说真的很困难。写完后就是第二天早上了，我非常开心！

> 创造力的过程始于有某个谜题需要解开，或者某个任务需要完成的感觉。也许有什么事情不对，有什么地方存在冲突、紧张关系或需要满足的需求。

创造力的过程始于有某个谜题需要解开，或者某个任务需要完成的感觉。也许有什么事情不对，有什么地方存在冲突、紧张关系或需要满足的需求。个人经历、符号系统中的不一致、同事的激励或公众的需求都有可能引发疑难问题。在任何情况下，如果没有这种吸引人们心理能量的紧张感，便不会有对新回应的需求。因此，如果没有这类刺激，创造力的过程便不可能开始。

被提出的问题与被发现的问题

问题表现的形式并不总与它们在吸引人注意力时一样。多数问题已经被系统地提出来了，每个人都知道应该做成什么样，只是不知道方法。雇主、赞助者的要求或其他来自外部的压力会促使富有创造力的人运用他们的头脑来解开谜题。这些是“被提出的”问题。不过也存在没有人提出问题的情况，甚至没有人知道有问题存在。在这种情况下，富有创造力的人发现并解决了问题，这就是“被发现的”问题。爱因斯坦和其他人一样，相信科学上真正重要的突破来自对旧问题的重新阐述或对新问题的发现，而不只是解决现存的问题。或者像弗里曼·戴森所说：“科学生活的特点是，有问题需要你去解决比较容易，而发现问题就比较困难了。”

弗兰克·奥夫纳描述了被提出的问题的解决过程：

> 在我刚进入航空领域时，我最好的朋友把我介绍到了汉密尔顿标准公司（Hamilton Standard），当时这家公司在生产螺旋桨，现在它是联合技术公司（United Technology）的一部分。我的朋友建议我去见见公司的负责人，看是否有我能帮上忙的地方。振动组的头儿对我说："弗兰克，几个月来我们一直在解决这个问题。我们判断不出电压的最大正值和最大负值，然后得出它们的总和，算出总压力。我们不知道怎么选择电阻。你需要有一个与电阻相符合的电容，因为如果电阻太高，机器就会性能不佳；如果太低，在你添加电阻之前，那个电阻就废掉了。"他还没说完，我就知道答案了。我说："不要用电阻，应该用一个小型的继电器，然后把电容短路……"

相反，罗伯特·高尔文描述了一个被发现的问题。他的父亲在 20 世纪初创办了摩托罗拉公司，生产汽车收音机。几十年来生意一直没有扩展，大约有十几个工程师，没有大买卖。高尔文的父亲要非常努力地工作，才能勉强维持生计。1936 年，他觉得自己终于可以稍微喘息一下，就去度假了。他带着妻子和小罗伯特到欧洲旅行。当他们游经德国的时候，老高尔文非常确信希特勒迟早会发动一场战争。一回到家，他便根据自己的预感开始了行动。他派助理唐·米切尔（Don Mitchell）前往威斯康星的麦科伊军营（Camp McCoy），了解军队中的不同部队之间如何传递信息。

米切尔开车来到威斯康星，按响了军营大门的门铃，和主要负责人进行交谈，并很快了解到，通信问题很令人担忧，自从第一次世界大战以来，军队在这方面根本没有做出改变，依然是一根电话线从前线连到后方的战壕。得到这个消息后，高尔文立刻来了精神，他说："米切尔，既然我们能生产装在汽车上接收信号的无线电，难道就不能给它加上个小型发射器吗？我们还可以增加某种电力装置，把它们放到一个盒子里，这样人们就可以拿着它，通过无线电，而不用拉电话线的方式就可以在前线和后方之间进行通话了。"他们觉得这是一个好主意，并投入了工作。当法西斯入侵波兰的时候，摩托罗拉公司已经准备好生产第二次世界大战时的 SCR536 对讲机了。罗伯特·高尔文用这个故事来说明他认为预期和奉献是什么意思。一方面，对自己能够如何为未来做出贡献并从中获利要有远见；另一方面，对自己的直觉要有信心，努力工作，将它变成现实。

被提出的问题通常比被发现的问题需要付出更短的准备时间和解决时间。有时，像奥夫纳的例子，解决方案会立即显现出来。尽管几乎不需要时间和努力，但针对被提出的问题的新颖解决方案能够以非常有意义的方式改变领域。即使在艺术领域，如中世纪及文艺复兴时期时一些最不朽的绘画作品也是根据主顾的要求而定制的。这些主顾规定了画布的尺寸、画多少人物、什么类型的人物、使用多少昂贵的天青石颜料、画框用多重的金箔等最微小的细节。巴赫每隔几周就会创作出一首新的大合唱，以满足主顾对圣歌的需求。这些事例显示，为了获得最佳解决方案，即使是最严格预先定义的问题也能创作出富有创造力的作品。

> 领域中大多数伟大的变革都具有达尔文的成果的特点：在产生问题的情境中，伟大的成果更倾向于回答被发现的问题，而不是被提出的问题。

然而，被发现的问题可以让我们以非常不同的方式来看世界。达尔文慢慢发展起来的进化论就是这样的例子。达尔文随“小猎犬号”（Beagle）环游世界，绕过南美洲的海岸，描述了他在那里遇到的很多没有记载过的植物与动物。这不是一项需要创造力的任务，达尔文只是做了别人委派的事情。但是与此同时，他的兴趣变得越来越浓厚，并且对生活在如今我们称为不同生态位[①]中的相同物种间的细微差别感到困惑。他看到了特定身体特征与相应环境机会之间的关系，比如鸟嘴的形状与可获得的食物的种类之间的关系。这些观察发现引出了差异化适应的概念。后来经过更多细致入微的观察，这个概念发展成为自然选择的观点，最终形成了物种进化的概念。

① 生态位，又称小生境、生态区位等，是一个物种所处的环境以及其本身生活习性的总称。——译者注

进化论能够回答大量的问题，从为什么动物们看起来如此不同，到男人、女人从哪里来。不过达尔文的成就最显著的特点或许是，这些问题之前从来没有以可回答的形式被提出来过。他必须构想出问题，并提出解决方案。领域中大多数伟大的变革都具有达尔文的成果的特点：在产生问题的情境中，伟大的成果更倾向于回答被发现的问题，而不是被提出的问题。

神秘的酝酿期

当富有创造力的人感到,在他们专业知识的范围内存在一些不恰当的事情,有一些问题可能值得去解决之后,创造力的过程通常会不公开地进行一段时间。处于酝酿阶段的证据来自对发现过程的报告。报告显示，创新者对某个问题会变得很困惑，并能回想起对问题的本质突然产生的洞见，但却不记得中间任何有意识的思维步骤。由于感觉到问题与凭直觉发现解决方法之间存在着这种空白，因此人们认为在有意识研究的过程中一定存在不可或缺的酝酿阶段。

酝酿阶段很神秘，它常被视作整个过程中最具创造力的部分。有意识的过程在某种程度上是能够被分析的，但在“黑暗”空间中发生的创造力过程却不能被寻常的分析所窥视，让天才的工作具有了一种神秘感。人们觉得只能求助于神秘主义，把它解释为缪斯的声音。

我们的被访谈者一致同意,让问题在一段时间里隐没在潜意识之下很重要。对这个阶段的重要性最有说服力的解释又一次来自物理学家弗里曼·戴森，在描述自己最近的工作时，他这样说：

> 我现在游手好闲，无所事事，这意味着我正处于富有创造力的阶段，只有到事后你才会知道。我认为闲散很重要。他们总说莎士比亚在写不同的剧本之间会空闲一段时间。我并不是拿自己和莎士比亚进行比较，总是让自己非常忙碌的人通常没有创造力。因此，无所事事时我也不会感到羞愧。

弗兰克·奥夫纳同样相信，最好不要无时无刻地想着自己的问题：

> 我要告诉你我在科学和技术领域发现的一件事，如果你有一个问题，不要坐在那里试图解决它。因为我从来没有只是坐着想就想出了解决方法。解决方法可能会在半夜，在我开车、洗澡或做其他事情的时候降临。

需要多长时间的酝酿期因问题性质的不同而不同，它可能从几个小时到几周或者更长时间。曼弗里德·艾根说，每天上床睡觉的时候，他都会在脑海里思索某个尚未解决的问题、某个不好用的实验程序或不太正确的实验室步骤。当他早上醒来时，头脑就有了清晰的解决方案。在才思枯竭的时候，黑泽尔·亨德森就去慢跑或做园艺，等她再次回到电脑前时，思路通常会变得很顺畅。伊丽莎白·诺埃尔诺伊曼需要很多睡眠，否则便会觉得思维没有突破。唐纳德·坎贝尔非常清楚在没有外界干扰的情况下，让观点之间发生联系的重要性：

> 走着去上班的好处之一是可以进行思维漫步。如果开车，不要打开收音机。虽然我不认为自己特别具有创造力，但创造力必须是一个极度浪费时间的过程。思维漫步、思维流浪等是必不可少的。如果你允许自己的思维被收音机、电视或其他人的谈话所干扰，那么你正在减少智力探索的时间。

这类较短的酝酿期通常与“被提出的”问题有关，其结果一般会引起领域内微小的或许是不易觉察的改变。弗里曼·戴森在加州观光，没有去有意识地思考如何整合费曼和施温格的理论的那几个星期，便属于一段较长的酝酿期。一般来说，创新所带来的变革越彻底，在意识之下酝酿的时间就会越长。不过这个假设很难被证实。爱因斯坦的相对论酝酿了多长时间？达尔文的进化论和贝多芬的《第五交响曲》呢？由于我们不可能确定从什么时候开始这些伟大作品就在作者的头脑中萌芽，因此也不可能知道酝酿的过程持续了多长时间。

▲空闲时光让理性退居幕后

如果思想没有被有意识地集中在问题上，那么在这段神秘的空闲时间里发生了什么呢？对于酝酿期为什么有助于创新存在着几种解释。最著名的解释也许来自精神分析理论的一个分支。根据弗洛伊德的观点，好奇心作为创造力过程的根源（特别是在艺术领域），是由童年最初的性体验所激发出来的。这种记忆非常具有毁灭性，因此必须将它压抑下去。富有创造力的人成功地将对这些被禁止的性知识的渴求转换成了被许可的好奇心。艺术家试图找到新的表现形式的热情，以及科学家想要揭开自然界神秘面纱的渴望，其实都是一种掩饰。作为孩子，当他们看到父母做爱或对父母一方产生矛盾的性爱情感时会感到很困惑。他们试图去理解这些令人困惑的想法，并用好奇心作为掩饰。

如果间接的创造力过程想要有效地耗尽被压抑的性冲动，它就必须时不时在潜意识中进行挖掘，在那里它可以与最初的欲望之源发生联系。根据推测，这就是酝酿期中发生的事情。意识中的思想内容被潜意识占据。在那个意识审查不到的地方，抽象的科学问题有机会展露出它原本的样子——试图与个人内心的冲突达成和解。通过与真实的来源进行交流，潜意识的想法会再次出现在意识中，它的伪装回到原来的位置，而科学家们得以重新焕发活力，继续他们的研究。

许多富有创造力的人常常采用这种轻描淡写的解释来说明他们自己的工作，并暗示他们的兴趣可能源于性欲。我们很难知道是什么缔造了他们如此的才智。事实证明，那些相信自己是在通过工作来解决童年创伤的艺术家或科学家，已经接受了多年的治疗，弗洛伊德的精神分析理论已经深入他们的内心。可能的情况是，那些分析帮助他们发现了被压抑的好奇心之源。这有一种可能是，这有助于他们对自己体验到的神秘性作出有趣的解释。不过，这种解释几乎没有现实基础。

无论是哪种情况，尽管精神分析的方法或许解释了某人从事发现活动的一些动机，但它对解释为什么在加州的度假帮助戴森得出了量子电动力学的答案，并没有什么指导意义。在这样的事例中，创造力是由力比多转化而来的解释缺乏合理性。

认知理论对于酝酿期发生了什么的解释是：某种信息加工一直在我们的头

脑中进行着，甚至在我们睡着的时候也是如此，虽然我们意识不到。这与精神分析的解释有类似之处，但它们的不同在于认知理论没有假定潜意识思维的方向。在无意识的中心不存在创伤，不需要在好奇心的掩饰下寻求解决方法。认知理论家相信，当想法失去了有意识的方向后，会遵循简单的心理联系法则。它们会进行多少有些随机的组合，想法之间可能会发生看似不相干的联系，而这些联系的结果却成为优先的连接。例如德国化学家奥古斯特·凯库勒（August Kekulé）看到壁炉里的火星在空中形成一个圆形，之后在睡梦中就产生了苯分子的形状可能像一个圆环的想法。如果醒着，他可能会排斥这种将火星与分子形状联系起来的可笑想法。但是在潜意识中，理性不再对联系进行审查，因此当他醒来的时候，便无法忽视这种可能性。根据这种观点，真正无关的联系会从记忆中消失，强健的联系会存留下来，最终出现在意识中。

信息的串行加工与平行加工的区别也可以解释酝酿期发生了什么。老式的计算器就是一个串行系统，复杂的数字问题必须按顺序来处理，一次走一步。先进的计算机软件就是一个平行系统，一个问题被分解成若干构成步骤，同时进行局部的计算，之后这些计算重新组合成为一个最终的解答。

> 在潜意识中，理性不再发挥作用。摆脱了理性的控制后，想法之间会互相结合，在各个方向上彼此追逐。这种自由会使最初被理性思维抗拒的新颖观点的连接有机会得以建立。

当问题的要素正处在酝酿之中时，也许发生了与平行加工类似的过程。当我们有意识地思考一个问题时，之前的训练以及获得解答的尝试会将我们的想法推往线性的方向，通常会沿着可预测或熟悉的路线前进。然而在潜意识中，理性不再发挥作用。摆脱了理性的控制后，想法之间会互相结合，在各个方向上彼此追逐。这种自由会使最初被理性思维抗拒的新颖观点的连接有机会得以建立。

▲用无意识挑战学界和领域

乍看起来，酝酿似乎只发生在头脑中，而且，是意识无法达到的幽深之处。

然而在更细致地观察后，我们必须承认，即使在潜意识中，符号系统与社会环境也发挥着重要的作用。首先，如果没有掌握某个领域或没有进入学界，人们显然不可能利用酝酿期。不熟悉物理学相关分支的人，无论睡多长时间，也无法得出关于量子电动力学的新的解决方案。

虽然潜意识思维可能不遵循理性的路线，但它仍会符合有意识学习期间建立起来的模式。我们学习了领域中的知识，关注学界提出的问题，它们因此成为我们思维组织方式的一部分。通常我们不需要进行实验就知道某些事情行不通，因为理论知识能够预测出结果。与之类似，我们能够预测出，如果我们公开表达某个观点，同事们会说些什么。当我们独自坐在书房里，觉得某个观点行不通的时候,我们的意思可能是那些领域内举足轻重的人不会接受这个观点。当思维加工转入地下时，这些我们熟知的领域及学界标准并没有消失。它们可能不像我们能意识到自己在做什么时那样显著，但仍影响并控制着对观点的评价与选择。

就像一个人必须认真地对待学科关注的问题一样，如果条件允许的话，他也必须愿意背叛已经接受的知识，否则就不可能有进步。弗兰克·奥夫纳描述了他尝试开发第一个最终被用在飞机引擎上的电子控制装置时的思维活动。他描述了相信领域知识与准备抛弃这些知识的矛盾心理：

> 如果你理解科学，并产生了一个自己想去解决的问题，那么你能够很容易地找到解决方案。如果没有很好的科学背景，你便解决不了这个问题。如果我查看了其他人以前在飞机引擎上的做法，那我也成功不了。每个人都认为我的方法是错误的。他们觉得那完全不可行。我读过数学家诺伯特·维纳（Norbert Weiner）有关控制论的书，他说它是行不通的。我采用了加速度反馈控制的方法，而它成功了。

奥夫纳的观点是，富有创造力的解决方法通常需要用到领域中的部分知识，以纠正被学界所接受的信念。新的解决方法基于来自同一领域其他部分的知识。在上文的案例中，控制论似乎排除了控制飞机保持恒定速度的可能性，但是在看到飞机引擎之前，通过思考可能实现的控制，再回头去查看基础物理学，奥夫纳提出了可行的设计，而且将之付诸实践。

富有创造力的想法在充满紧张关系的鸿沟间得到发展。这种紧张关系来自坚持已被接受的知识，同时，还要趋向定义仍不够清晰的真理。这类真理只是对鸿沟另一侧的惊鸿一瞥。当想法在潜意识中酝酿时，这种紧张关系依然存在。

答案初现时的“啊哈”体验

我们样本中的多数人（不是全部）能对某个重要问题的答案在他们的头脑中变得具体有形、呼之欲出的时刻记忆犹新，需要的只是把它们变成现实的努力和时间。对于被提出的问题、洞见甚至包括答案的细节，以下是弗兰克·奥夫纳提供的两个例子：

> 洞见也许会在半夜突然降临。它以某种方式在你的头脑中盘旋。我可以告诉你，当我想出如何用反馈来稳定飞行的控制时我在什么地方。我正坐在沙发上，好像就在我结婚之前。我在某位朋友的家里，感到有点无聊，这时答案突然降临了。
>
> 还有另一个例子。我打算做有关神经激发方面的博士论文，其中存在两个描述神经激发的等式。我想做一些实验看一看哪个等式更准确。其中一个实验在芝加哥大学做，另一个在英国做。我试着想出数学运算，以确定哪种实验更有助于我作出判断。我记得在洗澡的时候我想出了如何解决这个问题。我坐下来解决它，发现两个等式只是用不同的方式在说明同一件事情。因此我必须为写论文再做些其他的研究。

当想法之间的潜意识联系非常恰当时，它就会被推到意识中，这时洞见就出现了。这就像一个被按在水面下的软木塞，一旦被放开，它就会浮出水面。

用 99% 的汗水浇灌 1% 的灵感

洞见出现后，人们必须查看这种联系是否真的合理。画家退离画布几步，端祥自己的创作怎么样；诗人以更挑剔的眼光反复诵读诗句；科学家坐下来进行计算或做实验。多数洞见也就到此为止了，因为在理性的冷峻光线下，致命的瑕疵会显现出来。但是当一切都得到验证后，接下来便是漫长的精心制作期，其中多数是常规性的工作。

在这个阶段中，有 4 个非常重要的条件。首先，人们必须关注正在进展的工作，注意新观点、新问题和新洞见什么时候会从与环境的互动中显现出来。要记住，开放与灵活是富有创造力的人工作时的重要特点。其次，人们必须注意自己的目标和感受，了解工作是否确实如预期的那样发展。第三个条件是与领域知识保持接触，利用最有效的技术、最完备的信息以及最好的理论。最后，特别是在这个过程的结束阶段，听取同事们的建议很重要。与解决类似问题的其他人进行交流，有可能纠正滑向错误方向的解决方案，改善并聚焦某人的观点，并找出最令人信服的模式呈现它们，这样新观点被接受的机会会变得更大。

历史学家娜塔莉·戴维斯描述了自己在产生创造力过程的最后阶段所体验到的感受。当时她只剩下把研究结果写下来了：

> 如果我对一个项目没有感情，或者我失去了这份感情，那么它就会失去活力。我不想做自己已经不喜欢的事情。我想每个人都是这样，但我尤其如此。如果只是为了坚持而坚持，你很难具有创造力。如果我没有好奇心，如果我觉得自己的好奇心很有限，那么这件事情新奇的部分应该已经不存在了。正是好奇心推动我想办法发现人们认为你永远不可能发现的事情，或者想办法考虑以前从来没被考虑过的主题。这驱使我不停地往图书馆跑，不停地思考。

巴里·康芒纳描述了他的工作的最后阶段。在这个阶段，他必须把事情写下来，或者把它们传递给一位听众：

为了进行清晰地陈述，有些工作做起来非常困难。例如，在我的一本书中，我为普通大众写了一章关于热力学的内容。这是我遇到过的最困难的写作，因为那是一个很难用非专业术语来表达的主题。同时那也是我做过的最令自己骄傲的事情。有些工程师对我说，通过看这本书，他们第一次对热力学有了清晰的概念。我感到非常享受。我喜欢沟通，也喜欢演讲。我做过很多演讲，真的很喜欢看到读者专注地聆听并理解我的演讲。

他们一生中没有一天不在工作，全神贯注于极度困难的任务对他们来说是一种好玩且令人兴奋的探险。

富有创造力的工作的一个特点是它永远做不完。我们所访谈的每一个人都说，在职业生涯的每一分钟里，他们都在工作。同时他们一生中没有一天不在工作，全神贯注于极度困难的任务对他们来说是一种好玩且令人兴奋的探险。

人们很容易怨恨这种态度，把富有创造力的人所拥有的内在自由看成是精英们的特权。当其他人挣扎着完成无聊的工作时，他们却享有做自己喜欢做的事情的奢侈，甚至不知道那是在工作还是在玩乐。这种想法中存在真实的成分，但在我看来更重要的是，富有创造力的人在向我们传递这样的信息：你也可以将生命用在做自己喜欢做的事情上。毕竟，多数接受我们访谈的人并非生来就很富贵，相反，很多人出身卑微，通过努力奋斗进入了可以使他们不断探索自己兴趣的行业。即使我们没有那么好的运气，不能发现新的化学元素或写出伟大的故事，但对创造力过程的热爱是人人都可以企及的。

创新者小传

弗里曼·戴森（Freeman Dyson，1923— ），男，美国物理学家、教师。曾荣获马克斯·普朗克奖章、恩里科·费米奖（Enrico Fermi Award）和美国国家书评奖（National Book Critics Award）。他的作品包括 *Weapons and Hope*、*From Eros to Gaia*。

→ **娜塔莉·戴维斯**（Natalie Davis，1928— ），女，美国历史学家、教师。美国历史学会主席。她的作品包括 *Society and Culture in Early Modern France*、*The Return of Martin Guerre* 和 *Fiction in the Archives*。

→ **唐纳德·坎贝尔**（Donald Campbell，1916—1996），男，美国心理学家、教师。曾荣获美国心理学会颁发的杰出科学贡献奖、美国教育研究协会颁发的杰出教育研究贡献奖。曾担任美国心理学会主席，他的作品包括 *Methodology and Epistemology for Social Science: Selected Papers*、*Experimental and Quasi-Experimental Design for Research*。

→ **杰拉尔德·霍尔顿**（Gerald Holton，1922— ），男，美国物理学家、科学历史学家、教师（出生于德国）。曾荣获美国物理学教师协会的奥斯特奖章（Oersted Medal）、科学历史学会的乔治·萨顿奖章（George Sarton Medal）以及美国物理联合会的安德鲁·格芒特奖（Andrew Gemant Award）。他的作品包括 *Thematic Origins of Scientific Thought: Kepler to Einstein*、*The Advancement of Science, and Its Burdens*。

→ **巴里·康芒纳**（Barry Commoner，1917—2012），男，美国生物学家、教师、活动家，曾荣获美国科学促进会的纽科姆·克利夫兰奖（Newcomb Cleveland Prize）、美国精英学生协会奖。他的作品包括 *The Closing Circle*、*The Politics of Energy*、*Making Peace with the Planet*。

→ **罗伯特·高尔文**（Robert Galvin，1922—2011），男，美国人，摩托罗拉前CEO。曾荣获电子工业协会的金色欧米茄奖（Golden Omega Award）、美国国家技术奖和富兰克林研究所的鲍尔商业奖（Bower Award for Business）。他的作品包括 *The Idea of Ideas*。

第5章 享受创造力的心流

> 我爱我的工作本身甚于它所产生的附属品。无论结果如何，我都会献身于工作。
>
> **小说家纳吉布·马哈福兹**
> Naguib Mahfouz

富有创造力的人彼此之间千差万别，但他们有一点是相同的：他们都非常喜欢自己做的事情。驱动他们的不是出名或赚钱的欲望，而是有机会做自己喜欢做的事情。雅各布·拉比诺解释说："我进行发明只是因为好玩。我不会想着'什么能赚钱'而去做某件事情。这是一个严酷的世界，金钱很重要。但是如果我必须在好玩的事和能赚钱的事之间进行选择的话，我会选择好玩的事。"小说家纳吉布·马哈福兹以更文雅的语言表示了赞同："我爱我的工作本身甚于它所产生的附属品。无论结果如何，我都会献身于工作。"我们发现每一位被访谈者都有这样的感觉。

不同寻常的是，我所访谈的工程师、化学家、作家、音乐家、商人、社会改革家、历史学家、建筑师、社会学家及医生等，都赞同他们从事这份职业的主要原因是因为它很有趣。但是做同样职业的其他很多人却不喜欢自己的工作。我们不得不推断，重要的不是这些人在做什么，而是如何做。做一名工程师或木匠本身并不有趣。但是如果人们以某种方式来做，那么这份工作就会变得令人有收获，值得去做。那么，让工作本身具有内在价值的秘密是什么？

编制创造力的程序

如果让人们从清单中选择一个能最好地描述他们在做自己喜欢做的事情（比如阅读、爬山、下象棋等）时的感受，最常被选择的是“设计或发现新事物”。乍看起来有点奇怪，舞者、攀岩者以及作曲家都认为，最令他们享受的体验是类似于发现的过程。不过当我们深入思考一下，便会发现这似乎很合理，至少一些人对发现与创造的喜爱程度超过其他一切。

为了了解其中的逻辑，让我们尝试一个简单的思维实验。假设你想创建一个生物体，一种人造生命形式。它将最有机会在复杂而不可预测的环境中生存，比如地球。你想在这个生物体的内部构建某种机制，让它可以在面对很多突发的危险时有所准备，充分利用可能出现的机会，你会如何做这件事？你肯定想设计一个保守的生物体，能够学习过去最佳的解决方案，重复它们，尽量节省能量，保持谨慎，采取已被验证为可靠的行为模式。

然而最佳解决方案还应该包含一个中继系统。在这个系统中，每当少数几个生物体发现新事物或想出新颖的观点或行为时，便给予一个正强化，无论新发现是否马上会有用。非常重要的是，要确保生物体不只因为有用的发现而得到奖励，否则它在面对未来时还是会束手无策。由于创建者无法预期新生物体在明天、明年或几十年后会遇到什么情况，因此最好的程序是，每当生物体发现新事物时（无论当下是否有用），都应该让它感觉良好。这似乎就是人类进化过程中发生的情况。

经过随机的基因突变，一些个体必然发展出了看到新奇事物就会刺激大脑中愉悦中枢的神经系统。就像有些个体从性爱中能够得到更强烈的快感，而有些个体则是从食物中得到快感一样，必然有些个体会从学习新知识中获得更强烈的快感。好奇心较重的孩子可能比古板冷漠的孩子更爱冒险。不过也有可能有些人学会了赞赏好奇的孩子，保护他们、奖励他们，这样这些孩子便可以长大成人，拥有他们自己的孩子。这类人群会比忽视富有创造力的孩子的人群更易成功。

如果真是这样，我们便是认识到新颖的重要性、保护喜欢创造的个体并向他们学习的祖先的后代。由于他们中有些人喜欢探索与发明，因此在面临不可预见、威胁生存的情况时，会更加做好准备。我们也共享了这种癖好，那就是喜欢做可以以新方式去做的事情，以及在做的过程中能够发现或设计新东西的事情。这就是无论什么领域的创造力都那么有趣的原因。这也是为什么布伦达·米尔纳以及其他很多人会说："我想说，在什么是重要或重大的事情上，我是不偏不倚的，因为每一个小的新发现，甚至是极小的新发现，在发现的那一刻都是令人兴奋的。"

不过这只是故事的一部分。另一个推动我们的力量，也是比创造的欲望更原始、更有力的是熵（entropy）[①] 的力量。它也是进化在我们的基因中构建的生存机制。当我们感到舒服、放松，不需要付出精力就可以侥幸成功的时候，它给予我们快乐。如果没有这些内在的调节者，我们很容易变得精疲力竭，没有足够的力量、身体脂肪以及神经能量的储备，以应对意料之外的事情，最终我们会害死自己。

> 保存能量的欲望非常强大，对多数人来说，"闲暇时光"意味着放松一下的机会，可以把思维放在空当上。我们通常被大脑中两套相反的指令撕扯着，一边是付出最少努力的命令，另一边是生产创造力的要求。

这就是为什么只要可以，放松、舒服地蜷在沙发里的欲望是那么强烈。因为保存能量的欲望非常强大，对多数人来说，"闲暇时光"意味着放松一下的

① 物理学术语，指体系的混乱程度，它在控制论、概率论、生命科学等领域有重要应用，在不同学科中也有引申出的更具体的定义，是各领域都十分重要的参量。——译者注

机会，可以把思维放在空当上。在没有外界的要求时，熵便启动了，它控制了我们的身体与思维，除非我们明白正在发生什么。我们通常被大脑中两套相反的指令撕扯着，一边是付出最少努力的命令，另一边是生产创造力的要求。

在大多数人身上，熵看起来似乎更强大，相对于面对挑战，他们更喜欢舒适。少数人，就像在本书中提到的人，他们对于发现的回报更敏感。我们对两种回报都会有反应，保存能量与有效地使用它都是我们遗传基因的一部分。哪一方胜利不仅取决于我们的基因组成，还取决于我们的早期经历。除非有足够多的人被应对挑战以及发现新方式的乐趣所激励，否则便不会有文化的演化和思想、情感的进步。因此，更好地理解乐趣的构成是什么以及创造力如何产生乐趣便很重要了。

产生乐趣的心流体验

为了解答这个问题，很多年前我开始研究那些似乎享受做事本身，不图名不图利的人。象棋棋手、攀岩者、舞者以及作曲家等每周会在他们的职业上花费很长时间。他们为什么要这样做？通过和他们交谈，我们可以清楚地看到，不断激励他们的是参与这些活动时他们所感受到的体验的性质。在放松、吸毒、喝酒或享受财富带来的昂贵特权时，他们不会有这种感受。相反，它通常涉及费力的、有风险且困难的活动，这些活动扩展了他们的能力，其中包含着新奇与发现的要素。这种理想的体验被我称为心流（flow）。这是很多被访谈者描述的感受：事情进展顺利，几乎毫不费力，像自动发生的一样，而意识却高度集中。

无论产生心流体验的活动是什么，对它的描述几乎都是相同的。运动员、艺术家、宗教神秘主义者、科学家和普通工作者都用非常类似的词句描述了他们最有收获的经历。这些描述并没有因文化、性别或年龄的不同而不同。老人和年轻人、富人和穷人、男人和女人、美国人和日本人似乎以同样的方式体验着这种乐趣，尽管他们或许通过做非常不同的事情来获得这种体验。在描述这种体验时，有 9 个重要因素被反复提及。

1. 每一步都有明确的目标。在日常生活和工作中，我们经常会面临矛盾的要求，对自己的目标不是很确定。与之相反，在心流体验中，我们始终知道自己需要做什么。音乐家知道接下来该演奏什么音符；攀岩者知道下一步该怎么迈。如果工作是有趣的，那么它也会有明确的目标。外科医生每时每刻都清楚该如何用手术刀进行切割；农夫对如何耕种庄稼有自己的计划。

2. 行动会马上得到反馈。再一次与通常的做事状态相反，在心流体验中，我们知道自己做得怎么样。音乐家马上能听出演奏的音符是否正确；攀岩者立即知道这一步走得对不对，因为他们还吊在那里，没有坠入谷底；外科医生可以看到腔内有没有血；农夫可以看到土地上整齐的犁沟。

3. 存在着挑战与技能的平衡。在心流体验中，我们感到自己的能力与行动非常匹配。在日常生活中，我们有时觉得相对于我们的能力来说，挑战太大，因此会变得沮丧而焦虑。或者我们觉得自己的潜力比表现出的能力更大，因此会觉得无趣。在打网球或下象棋的时候，如果对手比自己强大得多，我们会产生挫败感；如果对手比自己差得多，我们又会产生厌倦感。当双方势均力敌，处于挫败与厌倦之间时，才是真正好玩的比赛。进展顺利的工作、谈话或人际关系也一样适用这个道理。

4. 行动与意识相融合。在日常生活中，很常见的一种情况是，我们的脑子不在正在做的事情上。学生们坐在教室里，好像在听讲，其实他们在想着午餐或昨晚的约会；工作的人想着周末如何过；打扫房间的母亲在牵挂着孩子；高尔夫球手满脑子想的都是朋友会怎么看他挥杆。然而在心流体验中，我们的注意力集中于正在做的事情上。挑战与技能的势均力敌要求思维必须非常集中，而明确的目标和不断得到的反馈使之成为可能。

5. 不会受到干扰。心流中另一个典型的要素是，我们只觉察到与此时此刻相关的事情。如果音乐家在演奏的时候想着自己的健康与税务问题，那么他很可能敲错音符；如果外科医生在手术时走神，病人的生命就危险了。心流是注意力高度集中于当下的结果，它让我们摆脱了日常生活中对抑郁和焦虑的恐惧。

6. 不担心失败。当处在心流体验中时，我们太投入了，不会考虑到失败。有些人把它描述为“一切皆在掌控”的感觉，但事实上我们并没有在控制。是否会失败的问题甚至都没有出现。如果它出现了，我们便无法全神贯注，因为注意力会被我们所做的事情和控制的感觉分裂开。失败之所以不成为问题，是因为在心流体验中，我们清楚必须要做什么，我们潜在的能力能够胜任挑战。

7. 自我意识消失。在日常生活中，我们总在会意其他人怎么看我们，随时留心可能遭到的轻视，以便捍卫自己，并为能否给别人留下好印象而忧心忡忡。一般来说，这种自我意识是一种负担。在心流体验中，我们对自己正在做的事情太投入了，不再在意自我的保护。然而当心流结束后，我们会产生更强烈的自我意识，我们知道自己已经成功地应对了挑战。我们甚至觉得自己已经走出了自我的边界，成为更大存在体的一部分，至少暂时是这样。音乐家觉得与宇宙的和声融为一体，运动员与整个团队融为一体；小说读者在另一个世界中度过了几个小时。自相矛盾的是，自我的扩展是通过自我遗忘实现的。

8. 遗忘时间。一般来说，当我们处在心流体验中时，会忘记时间，几个小时感觉好像只有几分钟，或者正相反。花样滑冰运动员会有这样的感觉，一个其实只用了几秒钟的快速旋转，在他们看来似乎被拉长了 10 倍。时钟上的时间不再与感觉到的时间相等。我们感觉过去了多长时间取决于我们在做什么。

9. 活动本身具有了目的。只要出现了以上列举的大多数，我们便会开始享受产生这种体验的任何活动。比如我也许对使用电脑心存恐惧，之所以学习如何使用它只是因为我的工作要靠它。然而随着使用技能的提高，我认识到电脑能帮助我做什么，开始因为它自身的原因而喜欢使用电脑了。此时这项活动本身就变得具有目的了。希腊词语 autotelic 指的是某些事情本身就是终点。艺术、音乐和体育等的一些活动通常本身就是目的。除了感受活动带来的体验外，没有其他原因。但是生活中的多数事情存在着外在的目的（exotelic），我们之所以做它们，不是因为喜欢，而是为了达到某种目的。有些活动同时具有这两种性质，比如小提琴家因为演奏而获得了报酬，外科医生因为做手术而获得了较高的社会地位和很好的收入，而他们同时也从中获得了享受。从很多方面来看，幸福生活的秘密在于学会从必须做的事情中获得尽可能多的心流体验。如果工作和家庭生活本身变成了目的，那么生命中凡事都不是浪费，我们做的每一件事都是因为它本身就值得去做。

创造力中的心流条件

创造力涉及产生新奇的事物。发现的过程包含创造新事物，这似乎是人类最享受的活动之一。事实上，在被访谈者对他们所做的事情的陈述中，我们很容易识别出产生心流的条件。

▲目标的明确性

> 在某些情况下，创造力过程始于解决问题的过程中设定的目标，这个问题是其他人提出的或是隐藏在领域的发展现状中的。

在某些情况下，创造力过程始于解决问题的过程中设定的目标，这个问题是其他人提出的或是隐藏在领域的发展现状中的。另外，发明者的目标是任何运转状况不够好，没有达到其本来能够达到的水平的事情。以下是弗兰克·奥夫纳的描述：

> 哦，我喜欢解决问题，比如为什么我们的洗碗机不工作了，为什么汽车不走了，神经是如何运作的或者其他任何事情。现在我在研究毛发细胞的工作原理，啊……这非常有趣。我不在乎那是什么问题，只要我能解决它，便很有趣。解决问题真的非常有意思，不是吗？难道这不是生活中有趣的事情吗？特别是当人们在说一件事时，你向他们证明，他们20年来都错了，你只需要5分钟就能解决它。

目标也可以作为领域中的一个问题而出现，比如填补知识网络中的空白、做出新的发现与调和两个新发现间的矛盾或者分析某个令人迷惑的结果。以下例子中的目标是通过调和明显的不一致以使系统恢复和谐。物理学家维克托·维斯科夫描述了在这个过程中所获得的享受：

> 嗯，显而易见的是，在科学领域中，如果我明白了什么事情，也就是有了一个新发现，它不一定是我发现的，而是其他人的发现，对此我可以说："啊哈，现在我明白了以前不明白的自然过程。"这就是洞见带来的喜悦。

在音乐领域，令人喜悦的是深刻地认识到了作品的意义。明白作曲家想要告诉你的是什么，比如美好的事物、宗教情感等。

对于艺术家们来说，活动的目标不那么容易找到。事实上，问题越具有创造力，需要做什么就越不明确。被发现的问题，也就是能够创造领域中最巨大的变革的问题，最难从中获得享受，因为它们难以捉摸。在这类情况下，富有创造力的人不论采用什么方法，必然能发展出一套无意识的机制，这套机制会告诉他们该做什么。诗人乔治·法鲁迪经常要等一个"声音"出现的时候，才会开始写诗。那个声音通常在半夜出现："法鲁迪，是时候开始写诗了。"他感伤地说道："那个声音有我的电话号码，而我却没有它的。"古人把那个声音称为缪斯。关于它还有一个版本，正如罗伯逊·戴维斯所说：

> 你总是在写作，总是在幻想。在我自己的工作中，我时常发现，有关一部小说的想法会突然抓住我，除非我对它予以认真考虑，否则它就不放我走。我不知道别人是不是也这样。那并不是说完整的故事会出现在我的头脑中，通常呈现出来的是一幅图。不知什么原因，它似乎很重要，必须予以考虑。很多年前，我发现每当我停止思考某件特别的事情，一幅图就会不断出现在我的脑海中。那是一条街道的图片，我知道那是什么街道。在小小的安大略（Ontario）村，我就出生在那条街道上。有两个男孩在雪地里玩耍，互相扔雪球。

熟悉戴维斯全部作品的读者在这幅图中能够认出《第五项业务》（*Fifth Business*）的开篇场景。《第五项业务》是戴维斯著名的“德普特福德三部曲”（The Deptford trilogy）中的第一部。从很多方面来看，这本书的写作在于找到一个承载情感与乡愁的典型形象，目标是寻找扔雪球的两个男孩的未来是什么。如果戴维斯理性地告诉自己，那就是书的内容，那么他会认为这太无足轻重了，不值得为此付出时间和努力。然而幸运的是，目标会以幻象、神秘召唤的形式自己显现了出来，让他感到必须追随它目标。这通常就是缪斯传递信息的方式，像以往一样，透过黑暗的玻璃。这是一种绝佳的安排，因为如果艺术家没有被神秘性所吸引，他们也许永远都不会去探索未知领域。

▲知道做得怎么样

游戏被设计成能够计分的方式，这样我们就知道自己的表现了。多数工作会提供关于业绩的某种信息，比如销售人员能够把每天的销售量汇总起来；装配工人能计算出生产的件数。如果其他所有人都失败了，老板会告诉你，你做得有多棒。然而艺术家、科学家和发明家处在非常不同的时间轴上。日复一日，他们怎么知道自己是否在浪费时间，或者在完成什么事情？

这确实是一个困难的问题。许多艺术家放弃了，因为等待评论家或艺术馆注意到他们的作品并加以品评的过程太折磨人了。研究型科学家渐渐离开纯粹的科学研究，因为他们无法忍受在得到审核人及编辑的评价之前他们感受到的漫长而反复的不确定。因此，如果不存在有关自己表现的外部信息，那他们如何能体验到心流？

那些能够坚持富有创造力的工作的个体似乎是能够成功地深入了解学界的评判标准的人。他们在某种程度上能够自己给自己反馈，不必等着听到专家的意见。一直喜欢写诗的诗人知道每一句诗写得如何，每一个词选择得是否恰当。享受自己工作的科学家能够感觉到好实验是什么样的，当实验做得顺利或报告写得清楚时，他们能够觉察到。他们不需要等到 10 月份看诺贝尔奖的名单上是否有自己的名字。

许多富有创造力的科学家说，他们与创造力稍逊的同伴之间的区别在于，他们具有区分好主意与坏主意的能力，因此不会在死胡同里浪费太多的时间。他们说，每个人随时都会有好主意和坏主意，但有些人已经在毫无益处的直觉上投入了大量的时间后，才能将它们区分开来，但这时为时已晚。以下是另一种给予自己反馈的能力的形式：事先就知道什么是可行的、什么会有效，不需要经历糟糕评价所带来的痛苦。在莱纳斯·鲍林 60 岁的生日庆祝仪式上，一名学生问他："鲍林博士，一个人怎样才能有好主意？"他答道："你想出很多主意，然后把坏主意扔掉。"当然，为了能做到这一点，人们必须内化一些概念，其中包括领域是什么样的，以及根据学界的观点，什么是"好的"与"坏的"主意。

▲平衡挑战与技能

> 做出新突破、探索未知领域从来都不容易。刚启动时，人们就会面临重重困难。

致力于富有创造力地解决问题通常都不会很容易。事实上，为了获得其中的乐趣，它应该是困难的，当然它确实如此。做出新突破、探索未知领域从来都不容易。刚启动时，人们就会面临重重困难。以下是弗里曼·戴森对此的描述：

> 嗯，我觉得你应该把它描述成某种挣扎。我总是强迫自己去写，去更努力地解决科学问题。你首先必须投入血汗与眼泪，让自己启动起来是极其困难的。我认为绝大多数作家都会有这个问题，这是事业的一部分。你也许非常努力地工作了一周，只完成了第一页。那真是充满了血泪和汗水，除此之外，任何方式都不足以描述它。你不得不强迫自己不断向前，希望会出现好事情。在情况开始变得顺畅起来之前，你必然会经历这种过程。如果没有一开始的强迫与推动，也许什么事情都不会发生。我认为这就是将它与尽情享乐区别开的特点。一旦你真正进入顺畅的阶段，便能享受到其中的乐趣了。但是为了到达那里，你必须克服某些障碍。

那就是为什么我说它是无意识的，因为你不知道自己是否确实能达到什么地方。在那个阶段，工作似乎纯粹是一种折磨。

对于遗传基因中我们所携带的两种对立的指令，富有创造力的人也不能免疫。正如戴森所了解到的，即使是最富有创造力的人也必须克服熵的障碍。不经过挣扎便不可能完成真正新颖而有价值的事情。“不劳不获”的谚语不只适用于竞技体育。问题的定义越不完备、越模糊，应对它们的困难就会越大。巴里·康芒纳指出：

我喜欢做其他人不做的事情。这类事情是什么？它们通常是困难而重要的事情，而且人们常常会回避它们。我用一种常用的方法来思考问题的发展方式。我对问题的起源感兴趣，因此知道事情会向哪里发展，什么重要以及什么不重要。我尽力处于问题的最前沿，这通常会使我超前很多，人们对此会感到不快，但是那没什么。

为了应对这类问题，富有创造力的人必须具有很多独特的人格气质，它们能够帮助他们努力工作，其中包括深入理解领域规则以及学界评价的能力。康芒纳还暗示了富有创造力的人所具有的另一种技能：他们能够用个人方法解决问题。莱纳斯·鲍林也表达了同样的看法：

我认为我的做法之一是将观点从一个知识领域带入另一个知识领域。我经常说，我不认为自己比其他许多科学家更聪明，但我对问题的思考可能更多。在我的头脑中有一幅图景，那是一种普遍的宇宙理论，是我几十年来建立起来的。如果我读到一篇文章，听到某人在研讨会上的讲话或以其他某种方式了解到自己以前不知道的科学信息，我便会问自己：“这与我的宇宙理论是否符合？”如果不符，我就问：“为什么它不符合？”

富有创造力的个体所发展出来的策略并不总是成功的。他们敢于冒险，如果没有偶尔的失败，又怎么能被称为冒险呢？当挑战太大，令人无法应对时，挫败感而不是喜悦感便会悄然而至，至少有时会这样。我们对约翰·里德的访谈发生在花旗公司遭遇市场惨败的几年后，当时公司的市值在一夜之间下跌了很多。由于没有预测到导致损失的意外事件，里德感到很自责。在有段时间里，他觉得工作不再有乐趣。以前自发去做的事情现在变成了苦差，他必须强迫自己更多地关注会计事务，而不只是作为构建者、领导者。他必须掌握不熟悉的学科所需的新技能。

▲行动与意识的融合

当挑战降临，富有创造力的过程便会开始运转，其他所有的担忧都暂时被搁置一边，人们专注地投入到活动之中。戴森描述了最初的挣扎过去之后，会有怎样的感受：

> 在写作的时候，我发现是手在写，而不是大脑。不知怎么的，写作不受控制了。同样的事情当然也发生在“等式”上。你真的没有在想自己要写的内容。你只是在潦草地乱写，“等式”指引着方向，就像你在做着某种建筑工作，你必须有一个设计，根据不同的情况，设计不同的章节或证明某个定理。然后你要用词汇或符号将它构建起来，但是如果头脑中没有清晰的架构，那么最终完成的东西便不够优秀。诀窍是从两头开始，在中间汇合，很像修建桥梁的过程，那似乎就是我思考的方式。因此最初的设计从某种角度看是一种意外，你不知道它是如何进入你头脑中的。它就那么发生了，也许发生在你刮胡子或散步的时候，然后你坐下来，为之而工作，就是在那个时候，艰苦的工作被完成了。在很大程度上，你的工作就是将各个部分拼凑在一起，找出什么有效、什么无效。

巴里·康芒纳用类似的措辞描述了心流体验自动化的特征。它发生在写作时，以及在通过流畅的墨水和流畅的思想表达行为与意识相融合的感觉时：

> 我用这支钢笔写作（他从胸前的口袋里拿出一支钢笔，举着它）。对我来说，我同时进行思考和写作的能力取决于墨水的流畅性。我最享受的事情是感受着自己观点的流动，并把它们写在纸上。我不愿意用圆珠笔写作，因为它不能流动。只有钢笔能达到很好的效果。

小说家理查德·斯特恩（Richard Stern）对迷失在写作过程中的感觉进行了经典的描述。在自己进行创造的特殊世界中，从正在发生的事情的角度看，他能够感觉到行为的恰当性：

> 当你处在最佳状态时，你其实没有在思考。如果不思考，那我是如何在创作的世界中前进的？你把注意力集中在人物、情境、表达方式、跳出来的词汇以及它们的条理上，你已经迷失了……在那个时刻，你不再具有自我，你不是为了竞争取胜，那是……我想应该用“纯粹”这个词。你知道这是对的。我的意思并不是说，它在现实世界中行得通，或者累加起来会得到理想的结果，而是说在这里，在这个故事里它是恰当的。它属于这里。它对那个人、那个角色是恰当的。

▲避免分心

> 分心会干扰心流，人们通常需要花费几个小时才能恢复继续工作所需的平静心态。任务的要求越高，沉浸在其中的时间就越长，也就越容易发生分心的情况。

富有创造力的人的许多特征其实就是他们保持专注、避免在创造力过程中迷失自我的方法。分心会干扰心流，人们通常需要花费几个小时才能恢复继续工作所需的平静心态。任务的要求越高，沉浸在其中的时间就越长，也就越容易发生分心的情况。致力于研究晦涩的问题的科学家必须将自己与“正常”世界隔绝开，随着他的思维漫游在脱离现实的符号世界中。日常现实的侵入会在瞬间让那个世界消失得无影无踪。正是因为这个原因，当弗里曼·戴森写作的时候，他会“躲进”图书馆里。这也是为什么马塞尔·普鲁斯特（Marcel Proust）在坐下来写作《追忆似水年华》（*À la recherche du temps perdu*）时，会把自己隔绝在没有窗户、四壁装有软木层的房间里。即使是最轻微的噪音也会击碎他摇摆不定的想象。

更为严重的健康、家庭或财务问题会牢牢占据一个人的思想，让他们无法将足够的注意力投入到工作中。接下来会是很长一段时间的枯竭期，作家会面临写作障碍，这种障碍甚至会导致创造力过程的终结。这就是雅各布·拉比诺谈及的那种分心：

> 无忧无虑就是你没有健康问题，家人没有生病，或者没有其他占据你思维的事情。你不担心财务，不会被将要支付的账单逼得发疯；你也不用操心孩子、药物或其他事情。是的，免于各种责任很不错。那并不意味着你对这个项目不负有责任，而是暂时不用担忧其他事情。如果你病得很厉害，你就不太可能成为一名发明家。因为你要忙于自己的问题，你有太多的痛苦。

许多被访谈者很感谢配偶为他们挡住了这类干扰。男性被访谈者尤其如此，女性被访谈者有时会尖锐地提出，她们也希望有一位能够让她们无忧无虑的丈夫，可以避免在工作中分心。

▲忘我地投入

当没有分心与干扰时，心流的其他条件就会出现。创造力的过程具有了心流的所有维度。以下是诗人马克·斯特兰德的描述：

> 你正在工作，失去了时间的概念，完全被工作迷住了。你全身心投入到自己正在做的事情中，被在工作中看到的可能性所支配。如果它过于强有力，你会站起来，因为你太兴奋了。你无法继续工作或者继续看着工作结束，因为你一直抢在自己的前面。观念被占得满满的，其中没有未来或过去，它是被扩展的现在，你在其中创造着意义，废除旧的意义并再造它。你不用考虑正在使用的词汇,你会被带到工作的更高级的意义中。那不只是最基本的沟通、日常的沟通，而是彻底的沟通。当你在从事某事并做得很好时，你会觉得没有其他方法可以表达你在说的事情。

他准确地描述了在被扩展的现在中所产生的流畅感，以及正在以唯一正确的方式做事的强烈感觉。这也许不经常发生，但当它发生时，它的美好证明所有的艰苦工作都是合理的。

▲工作本身就是目的

这将我们又带回到本章一开始的观察结果，所有被访谈者都将工作乐趣放在能够得到的外部奖励之前。像其他多数人一样，心理学家唐纳德·坎贝尔对进入这个领域的年轻人提出了明确的建议：

> 如果你对钱感兴趣，那么不要进入科学领域。如果不能出名你就不喜欢科学，那么也不要从事科学。让名气成为一旦得到，你能够优雅接受的事物，不过一定要保证那是你非常享受的职业。它需要内在的动机。尽量选择一个你能够受到内在激励的环境，在这样的环境中进行工作，即使它对其他人来说一点也不令人兴奋。尽量拥有一个你能够发自内心地享受工作的环境，即使你与时代格格不入。

科学家们经常会将为了工作本身而进行工作的状态描述为追求真与美过程中所产生的快乐。他们似乎在描述发现与解决问题的快乐，以及以一种简单精确的形式表达已知关系的快乐。因此，带来回报的不是神秘、不可言喻的外在目标，而是科学活动本身。重要的是追求的过程，而不是成就。当然这种区别在某种程度上会产生误导作用，因为如果没有偶尔取得的成功，科学家会变得灰心丧气。然而，让科学家获得回报的不是罕见的成功，而是每天的科学实践。以下是诺贝尔物理学奖得主苏布拉马尼扬·钱德拉塞卡对自己的工作动机的描述：

> 关于我有两件事人们一般不太了解。我做的工作从任何意义上说都不是吸引人的，这是第一件事。第二件事是，我所研究的领域，在我研究它们时，并没有引起大家的注意。
>
> “成功”这个词模棱两可。成功应该从外部来看，还是应该从自己的感受来看？如果是从外部来看的成功，那么你会如何评价它？人们对外部成功的认识通常是不重要的、错误的以及判断有误的，一个人会怎样

谈起它？从外表上看，你会觉得我很成功，因为人们报道了我的工作的某些方面。但那是外部评判，我不知道如何评价那种评判。

成功不是我的动机之一，因为成功处于失败的对立面上。然而，人生中值得去尝试的事情无所谓成功还是失败。你认为成功意味着什么？你选择了一个问题，想要解决它。如果你解决了它，那么从有限的意义上看，这就是成功。然而它可能是一个无关紧要的问题。因此对于成功的评判从任何意义上来说，都不是我很在意的事情。

所有这些人中没有一个人是追求金钱和名气的。其中一些人因为自己的发明或作品而变得很富有，但没有一个人因此而觉得自己很幸运。让他们感到幸运的是，做这么有趣的事情还能得到报酬。另外让他们感到幸运的是，自己的工作对人类有所帮助。以下是 C. 范恩 · 伍德沃德（C. Vann Woodward）对自己为什么写历史的解释。如果能用类似的言语来证明某人毕生事业的合理性，那确实是一种幸运：

它让我产生兴趣，它是满足感的来源。去实现自己认为重要的事情。如果没有这样的意识或动机，那么对我来说，生活将会非常枯燥，没有目标。我根本不想尝试那样的生活。彻底空闲，比如说完全没有感觉值得去做的事情，那会让我陷入绝望之境。

心流与幸福

心流与幸福之间有什么关系？这是一个非常有趣而微妙的问题。首先，很容易得出的结论是，两者必然是一回事。然而，它们之间的关系其实比较复杂。首先，当我们处在心流中时，通常不会感到快乐。因为在心流中，我们只能感觉到与活动有关的事情，快乐是一种分心。诗人在写作过程中，或者科学家在计算方程式时，不会感到快乐，至少在思考的时候不会有快乐感。

只有当我们从心流状态中出来，在一段工作结束时或者在工作中分心的时刻，我们才会沉浸在快乐中。当诗作完成或定理得到证明后，我们会感到一阵幸福和满足。从长远来看，在日常生活中体验到的心流越多，我们整体上会感到越幸福。不过这也取决于产生心流的活动是什么。不幸的是，很多人发现自己感兴趣的挑战是暴力、赌博、滥交或毒品等。这些经历可能是有趣的，但由此产生的心流无法汇聚成满足感和幸福感。愉悦不能引发创造力，而会很快转变为上瘾，成为熵的奴隶。

心流与幸福之间的关系取决于产生心流的活动是否复杂，它是否引发新的挑战，带来个人的成长以及文化的发展。

因此，心流与幸福之间的关系取决于产生心流的活动是否复杂，它是否引发新的挑战，带来个人的成长以及文化的发展。我们也许可以这样总结，我们所有的被访谈者一定很幸福，因为他们享受自己的工作，尽管他们的工作很复杂。然而还有进一步的复杂性需要思考。例如，如果一个人 30 年来一直很喜欢物理学家的工作，但后来发现他的工作成果核装置害死了数百万人，那会怎么样呢？如果乔纳斯·索尔克（Jonas Salk）的疫苗没有用于拯救生命，而是被其他人用做了生物武器，那么他会有什么感觉？在当今世界这些问题肯定不是毫无意义的，它们表明能够产生心流的复杂活动因其带来的危害，也可能导致长期的不幸福。但是归根结底，如果一个人的生活是令人愉快的，那么他更容易感到幸福。

用心流促进快乐的进化

人们可以从很多事情中获得享受，比如身体产生快感、得到权力和名气、享受物质财富等。有些人喜欢收集不同的啤酒瓶，甚至少数人喜欢自虐或虐待他人。奇怪的是，虽然获得享受的手段千差万别，但所产生的幸福感却是相同的，那是不是意味着所有的享受形式都值得去追求呢？

2 500 年前，柏拉图为社会写出了最重要的任务，那就是鼓励年轻人在恰当的事物上找到快乐。即使对于柏拉图身处的那个年代来说，他也是保守的，因此对于什么是年轻人应该学会享受的“恰当事物”，他有相当明确的观点。如今我们已经久经世故，无法对事情产生强烈的感受。不过我们也许会赞同，如果我们的孩子学会享受合作而不是暴力；享受阅读而不是偷窃；享受象棋而不是赌博；享受远足而不是看电视，那我们的感觉会比较好。无论我们看问题时多么考虑相对性，多么能够容忍不同观点，我们仍然会倾向于选择优先事项。我们确实希望下一代人能分享这些优先事项。最后，很多人怀疑后世子孙将不会拥有我们所珍视的事物，除非他们现在在某种程度上就喜欢这些事物。

问题在于，我们总是在比较容易实施的活动上找到快乐，比如与性和暴力有关的活动，它们被设定在我们的基因中。打猎、钓鱼、吃东西以及做爱在我们的神经系统中具有优先的位置。我们还比较容易享受挣钱，发现新土地，占领新领土，修建精美的宫殿、寺庙或坟墓的快乐，因为这些事项与很久以前形成在我们的生理构造中的生存策略是同步的。学会喜欢做我们在最近的进化中才发现的事情则困难得多，比如通过数学、科学、写诗或音乐来操控符号系统，以及通过从事这些事情来了解世界与我们自己。

孩子们在成长过程中认为足球运动员和摇滚歌星一定很幸福。他们羡慕娱乐明星，因为他们认为那种生活肯定很棒、很充实。如果问他们长大以后想做什么，多数人会选择做运动员或演艺人士。即使有一天能够意识到，他们也会到较晚才能明白，那样的光彩是庸俗而华而不实的，过那种生活绝对得不到幸福。

对于教导年轻人在恰当的事物上寻找快乐，家长和学校老师的教导都不是很有效。成年人自己还常常痴迷于愚蠢的偶像，成为这种愚蠢行为的同谋者。他们让严肃的工作看起来无聊又困难，让轻薄的工作看起来刺激又简单。学校不能使学生感到学习科学或数学是多么愉快。它们只教授文学或历史的俗套，而不教授令人兴奋、充满挑战的课程。

从这个意义上说，富有创造力的个体过着值得我们效仿的生活。他们向我们展示出的复杂的符号活动是多么有趣、多么令人开心。他们奋力穿过冷漠的沙漠，在父母以及一些有远见的老师的帮助下，来到已知领域的彼岸。他们成了文化的先驱、未来人们的榜样——如果有未来的话。正是通过效仿他们，人类意识才超越了过往经历的局限，超越了基因与文化给我们大脑所设定的程序。或许我们的孩子、孩子的孩子，将从写诗及证明定理中获得更多的快乐，而不是接受被动的娱乐。这些富有创造力的个体的生活让我们相信这并非没有可能。

创新者小传

→ **纳吉布·马哈福兹**（Naguib Mahfouz，1911—2006），男，埃及作家。曾荣获诺贝尔文学奖。他的作品包括开罗三部曲、*Zuqaq al Midaqq* 和 *Miramar*。

→ **莱纳斯·鲍林**（Linus Pauling，1901—1994），男，美国化学家、活动家、教师。因研究化学键的性质以及它在复杂物质结构中的应用而获得诺贝尔化学奖，还获得过诺贝尔和平奖。他的著述包括 *The Nature of the Chemical Bond and the Structure of Molecules and Crystals*、*Vitamin C and the Common Cold*、*No More War*。

→ **苏布拉马尼扬·钱德拉塞卡**（Subrahmanyan Chandrasekhar，1910—1995），男，曾荣获诺贝尔物理学奖、皇家天文学会金奖、美国国家科学奖。他的作品包括 *An Introduction to the Study of Stellar Structure*、*Radiative Transfer*、*The Mathematical Theory of Black Holes*。

第6章 激发创造力的环境

你所处的知识氛围在很大程度上决定了你的工作成效。你周围都是很有能力的同事，当你做出愚蠢的事情时，他们会让你难堪，但也很乐意帮助你。

经济学家乔治·斯蒂格勒
George Stigler

即使是最抽象的思维也会受到周围环境的影响。没人能对来自外界的影响免疫。但是，富有创造力的人似乎漠视周围环境，即使在最令人沮丧的环境下也能快乐地工作。米开朗琪罗在西斯廷教堂的屋顶下扭着身体，站在脚手架上画壁画；居里夫妇在巴黎破旧的实验室里专心致志地做实验；无数诗篇是在昏暗肮脏的出租房里潦草写成的。在现实中，富有创造力的人所生活的时空背景经常被忽视。从多个角度看，适当的环境很重要，它能影响新颖事物的产生，还能影响新事物被接受的程度，因此，难怪富有创造力的个体会被充满活力的城市吸引。在那里，他们的作品有可能获得成功。自古以来，艺术家、诗人、学者和科学家都会寻找自然风景优美的地方，希望雄伟的山峰或宽阔的大海能带给他们灵感。然而最近的分析显示，让富有创造力的个体与众不同的是，无论他们身处繁华之都还是贫困之地，都能赋予环境一种个人模式，这种模式能够与他们的思想以及行为习惯产生共鸣。在自己营造的环境中，他们忘记了周围的世界，专注地追随着内心的缪斯。

哪里是适合的地方

文化与商业的中心像一块磁铁，吸引着充满抱负、希望在文化中留下自己的印记的人们。从中世纪以来，技艺高超的工匠被各个城市的财富所吸引，游遍欧洲，建造宫殿和大教堂。米兰的石匠为波兰的条顿骑士（Teutonic Knights）修建堡垒；威尼斯的建筑师和油漆匠为俄国沙皇装饰宫殿；甚至创造力的典范达·芬奇也会根据公爵、教皇或国王是否能很好地资助他的梦想，有选择地为他们提供服务。

生活的地方很重要，主要原因有三个。第一个原因是人们所在的地方必须能够接触到他们想从事的领域。信息不会在空间中平均分配，而是在不同的地理节点上汇集。过去，信息传播的速度较慢，人们到哥廷根学习物理学的某些分支，到剑桥或海德堡（Heidelberg）学习其他学科。虽然现在我们拥有了令人眼花缭乱的交换信息的电子方式，但纽约仍是雄心勃勃的艺术家了解艺术世界最新资讯，以及其他艺术家谈论对未来趋势的看法的最佳场所。但纽约却不是了解海洋学、经济学或天文学的最佳地点。在艾奥瓦州，人们能够学习富有创造力的写作方法或蚀刻术；在匹兹堡能够学习到其他地方学不到的神经网络知识。

> 有时不是人们选择了进一步深造的地方，而是这个地方提供的学习机会吸引了他们的兴趣，并让他们可以与领域中的人进行交往。

我们样本中的人们通常会为了追逐他们感兴趣的信息而搬迁。苏布拉马尼扬·钱德拉塞卡从印度乘船去剑桥学习物理学；妮娜·霍尔顿去罗马学习青铜浇铸技术。有时不是人们选择了进一步深造的地方，而是这个地方提供的学习机会吸引了他们的兴趣，并让他们可以与领域中的人进行交往。当神经生理学家赫布（D.O.Hebb）开始在麦吉尔大学（McGill University）教书时，布伦达·米尔纳碰巧在蒙特利尔。赫布的研讨班给她留下了深刻印象，于是她和丈夫都改变了研究方向。而她因此成为这个领域的先驱者之一。当计算机刚开始被应用于生物化学研究时，玛格丽特·巴特勒发现自己正好在阿尔贡国家实验室。这个机会开启了她对该领域持续一生的兴趣，并使她成为这个领域的开拓者。由于罗莎琳·耶洛所在的地方碰巧有研究核医学所需的设备，她开始对这门学科产生了兴趣。当然，知识并非储存在一个地方，而是储存在一个机构或当地的一个文化惯例中，或者由碰巧住在这个地方的特定个人所掌握。为了学习青铜器的浇铸技术，去罗马亲眼看看古老的意大利工匠是如何做的会有所帮助。如果想师从赫布学习心理学，人们就必须去蒙特利尔。

适合的地点可能有助于激发创造力的第二个原因是，新奇的刺激并非平均分布的。某些环境能够提供更多的互动机会、更多的刺激以及更先进的观点，因此相对于比较保守和压抑的环境，倾向于打破传统的人更乐意去开放的环境尝试新奇的事物。在19世纪末，世界各地的年轻艺术家被吸引到巴黎，他们生活在令人兴奋的氛围中。在那里，新观点、新表达以及新的生活方式不断涌现，由此引发了进一步的创新。小说家理查德·斯特恩描述了艺术家如何依赖这种多样性来获得灵感：

> 年轻的时候，我渴望出国，喜欢阅读海明威、菲茨杰拉德的作品。一旦到了那里，我感到特别兴奋，整个性格都改变了，摆脱了所有束缚我的东西，注意到一切不同的事物。注意到不同是非常重要的。语言也很重要，虽然当时我并不擅长它们。表达事情的方式不尽相同，那是不同的规则。这特别令我感到兴奋。第一次出国时，我21岁，那时我开始记日记，一直保持到现在。我保持记日记在很大程度上是为了不做蠢事。如果我能把它写下来，那我就不必太担心。因此从这方面来看，出国也是很重要的。

对于像弗里曼·戴森这样的理论物理学家来说，相邻办公室的同事所提供的激励不可或缺。和艺术相比，科学更是一种集体性的事业。在科学领域中，信息在“热点”上（其中一个人的想法建立在许多其他人的想法的基础上）发展得更快。但这也可能抑制创新。根据一些人的说法，大学教育太专注于传授已有知识的功能，而不太善于激发创造力。安东尼·赫克特从诗人的角度评价了这种观点的利与弊，他的看法也适用于其他领域：

> 如今有一些诗人说，在学院里教书的诗人最后都变得像尘土一样枯燥无味、缺乏想象力、没有勇气，等等。我认为这是不对的。学院是中性的，如果你想让它剥夺你的想象力，它就能够剥夺，但并一定总是如此。这是一个你可以做某种工作、与某类人生活在一起的地方。你与之生活在一起的人们从整体上来说相当优秀。他们有趣而古怪，充满想象力，具有个性，充满活力，还喜欢争辩。我觉得这很令人愉快。如果在商业组织中，情况就不会是这样，因为每个人都要尽量遵守规则。

最后，接触学界的机会在空间中也不是平均分布的。能够促成新颖观点得以实现的中心，不一定是信息和刺激最丰富的地方。当某个地方突然获得一笔财富时，它常常会吸引艺术家或科学家去相对缺少信息和刺激的环境，反而使那个地方至少在一段时间内会成为学界的中心之一。19 世纪 90 年代，威廉·哈珀（William R. Harper）说服约翰·洛克菲勒（John D. Rockefeller）将其在石油领域中赚得的钱分出几百万美元，用于在芝加哥南面的玉米地里创建大学。这个计划几乎立即从东北部吸引来了一些顶尖的学者，他们蜂拥至这片荒僻之地，建立起了研究与学术中心。8 年后，相同的现象在更靠西的地方重演。当时石油收入使得得克萨斯大学能够将新一代的知识领袖们吸引到奥斯汀。石油收入只是吸引学术界从一个地方转移到另一个地方的诱惑源之一。当大师们在某个地方定居下来之后，具有类似志趣的年轻人便很难抗拒他们的吸引力。乔治·斯蒂格勒所在的芝加哥大学经济学系获得的诺贝尔奖比世界上其他任何一所大学经济学系更多，他对此的解释是：

> 你所处的知识氛围在很大程度上决定了你的工作成效。在经济学方面，芝加哥大学具有刚健的、充满挑战和竞争以及关心政治的环境。你周围都是很有能力的同事，当你做出愚蠢或错误的事情时，他们会让你难堪，但也很乐意帮助你。这是一个非常有益的环境。

约翰·巴丁的职业很具有典型性。他在普林斯顿大学读研究生，在那里成为了杰出的物理学家、诺贝尔奖得主尤金·维格纳（Eugene Wigner）的第二名博士生。维格纳的很多学生都成了这个领域的领袖人物。后来巴丁来到贝尔实验室工作，那里雇佣了很多聪明又年轻的物理学家。以下是他对实验室氛围的描述：

> 贝尔实验室在固态理论方面拥有非常优秀的团队。实验室在组织设计上的特点是，没有所谓的理论小组，理论学家的办公室彼此离得很近，他们可以随时进行交谈，但向不同的实验小组汇报。因此，理论与实验之间的互动很紧密。多数图纸是由理论学家和实验者共同完成的。在那里度过的时光非常令人兴奋，因为大家对于将量子理论应用于制造电话系统的新材料充满了巨大的热情。

在贝尔实验室工作期间，巴丁发展了半导体理论，这一理论最终引发了晶体管的革命性发明（因为这项工作，他和两名同事获得了 1956 年的诺贝尔奖）。后来巴丁离开贝尔实验室，来到伊利诺伊大学。在那里，他对超导电性很着迷。超导电性有可能实现中世纪时科学家对永动机的梦想。那是一个没有摩擦力的机器，从原理上讲，它可以永远不停地工作。1957 年他为后来成为领域基准的理论做出了贡献，并因此与两位同事分享了 1972 年的诺贝尔奖。以下是他对为什么离开贝尔实验室的解释：

> 1951 年我离开贝尔实验室，来到伊利诺伊大学的一个原因是，我认为超导电性是纯理论的东西，没有实际的应用，因此在学术环境中进行研究会更好。弗里德·塞茨（Fred Seitz）是尤金·维格纳在普林斯顿大学的第一位学生，也是我多年的好朋友。他和几位同事从卡内基技术学院（现在更名为卡内基梅隆大学）出来，在伊利诺伊大学建立了固态物理学小组。我想，如果我来到这里，和已经存在的小组一起工作，他们将会在固态物理领域投入巨大的努力。事实确实如此。这个小组从诸如加州理工学院和麻省理工学院等地方吸引来了杰出的研究生。如果他们想研究固态物理学，他们的教授会把这里作为首选，把他们送过来。

对于科学、艺术、商业和政治来说，地点的重要性不亚于购买房产的重要性。距离重要的研究实验室、期刊、院系、研究所及会议中心越近，新的观点就越容易被接收到。与此同时，靠近有影响力的机构也存在不利的一面。没人比唐纳德·坎贝尔更清楚这一点。他警告年轻的学者，太早置身于高竞争、充满压力的环境会使他们面临什么样的危险。这些警告不仅仅适用于学术界：

> 我确实认为环境很重要。“十大联盟”（The Big Ten Universities）的副教授每年要完成5篇论文，并要连续5年才能获得终身教职。这种体系远远没有弗朗西斯·克里克（Francis Crick）所在的英国体系完美。在英国体系中，你不需要年年都发表作品，但仍可以基于人际间的尊重留在体系中。这样压力会小得多，学者们拥有更大的探索自由，可以尝试一些事情，而不必担心失败。
>
> 人们会对这些条件做出适应性的反应，他们努力在5年中每年拿出5篇论文。然而，速度和数量的压力减少了他们进行创意活动的自由，也降低了他们写作完整手稿的能力。
>
> 看，你现在有两份工作可选，它们都需要你承担合理的教学职责。在其中一份工作中，你将面临要么作品被出版，要么出局的压力。而在另一份工作中，你觉得自己很胜任，压力较小。你会选择哪份工作？我的观点很明确，选择那份不用为终身教职地位担心、可以自由地进行知识探索的工作。

对于科学、艺术、商业和政治来说，地点的重要性不亚于购买房产的重要性。

正如我们从这些人的生活中学习到的许多其他事情一样，对于什么地方最适合于发展创造力，没有放之四海而皆准的秘诀。搬到信息与决策中心去当然是合理的，有时这甚至不可或缺。对于某些领域来说，全世界真的只有一个地方可以进行学习和实践。然而在学术行为最密集、压力也最大的地方，也可能存在着不利的方面。哪里是最恰当的地方？不幸的是，没有绝对的标准答案。

创造力不是由外部因素决定的，而是由人们坚决要做成某事的决心决定的。选择什么地方需要对个人特点与他们所从事的任务进行权衡考虑。比较内向的人希望在走到聚光灯下之前，先让自己的表演达到完美；而比较外向的人在职业生涯的一开始就很喜欢竞争的压力。然而，无论在哪种情况下，选错了环境可能都会妨碍创造力的施展。

能够带来灵感的环境

我在一间小石头屋子里完成了本书第 1 章的草稿。那间小屋子大约 65 平方米，从两扇法式窗户向外看，可以看到科莫湖（Lake Como）东面的支流。它位于意大利的北部，靠近阿尔卑斯山的山脚。大约 500 年前，隐居的僧侣住在这里，它在供奉蒙特塞拉特夫人（Our Lady of Monserrat）的小礼拜堂的旧址上修建而成。早期的小礼拜堂在很久以前就滑入湖中了。现在透过它的窗户，在月桂树、橡树、雪松和山毛榉茂密的枝杈间，我可以看到小礼拜堂原来所在的岩石下面，巨大的湖面向南流动着，就像惊人的巨龙在努力挣脱锁链。

小屋的墙壁上有以前的居住者留下的涂鸦。他们同样有幸被洛克菲勒基金会选中，到塞尔贝洛尼别墅（Villa Serbelloni）度过一个月，希望宏伟的景观、穿过森林的小路以及充满浪漫色彩的废墟能够激发出新颖的学术思想。“几百条小径，几千棵松树，无尽的是风景，”这是哈佛的来访者草草写下的诗句，“一代又一代的客人，上万次的体验，实现了共振的和谐。”加州大学洛杉矶分校的诗是这样的：“太阳照在水面上，波浪闪闪发光，小鸟站在树枝上吱吱地叫，贝拉吉奥（Bellagio）的钟声昭示着新一天的诞生。小礼拜堂里的学者们：这里真是人间天堂！”还有一首诗来自英国的萨塞克斯大学（Sussex University），它的结尾是：“……我们的涂鸦，令人愉快，在这个树木环绕的礼拜堂里，我们品尝着学习树上的苹果。”

对于创新的希望，这里有丰富的先例。毕竟几个世纪以来，诸如小普林尼（Pliny the Younger）、达·芬奇、诗人朱塞佩·帕里尼（Giuseppe Parini）和伊波利托·涅埃沃（Ippolito Nievo，他曾在西西里岛上写到，他“愿意用巴勒莫【Palermo】一个月的时间去交换贝拉吉奥的 24 小时”）等人都曾到访过塞尔贝洛尼别墅所在的贝拉吉奥村，他们在这种神奇的氛围中试图重新焕发自己的创造力。弗朗兹·李斯特（Franz Liszt）在这里停留时写道：“我感到大自然围绕着我……激起我灵魂深处的情感反应，我尝试着把它改写成音乐。”

从别墅的最高点，人们至少能够看到沿着湖的其他三个类似的别墅。一个是齐普雷西别墅（Villa Monastero），以前是修道院，现在意大利物理学家对它进行了维修，在那里进行夸克和微中子的探讨。另一个是科里纳别墅（Villa Collina），它曾是德国总理康拉德·阿登纳（Konrad Adenauer）的私人隐居所，现在是德国政治家聚集的场所。还有一个是威格尼别墅（Villa Vigoni），它由拿破仑时期一位伯爵修建，现在被用于召集意大利和德国科学家举行会议。这些山岭中的清新空气、杜鹃花的香味、湖水支流中闪烁的老教堂尖顶的倒影，这些都被认为能够促使人创作出美丽的绘画、华丽的音乐以及深邃的思想。

尼采选择在临近的恩加丁（Engadine）的凉爽气候中写作《查拉图斯特拉如是说》（*Thus Spake Zarathustra*）；瓦格纳（Wagner）喜欢在拉维罗（Ravello）的别墅中创作音乐，在那里可以眺望静静的蓝色第勒尼安海（Tyrrhenian Sea）；在阿尔卑斯山中，靠近亚得里亚海的别墅里，彼得拉克（Petrarch）能够获得写诗的灵感；20 世纪早期的欧洲物理学家似乎在爬上山顶仰望星空的时候会产生出最深奥的理念。

许多文化都认为，物质环境会对我们的思想和感受产生深刻的影响。中国的圣贤选择在岛上雅致的亭子里或陡峭的凉亭里写诗；印度婆罗门（Hindu Brahmins）退隐到森林里去发现隐藏在虚幻表象背后的现实；基督教修道士很擅长选择最美丽的自然之所。在欧洲国家中，特别值得欣赏的山地或平原以前一定建有修道院或寺院。

美国也存在类似的模式。位于普林斯顿的美国高等研究院（Institute for Advanced Studies）和位于帕洛阿尔托（Palo Alto）的行为科学方面的同类机构都坐落在景色优美的环境中。在教育考试服务中心（Educational Testing Services）总部，小鹿蹑手蹑脚地走过洁净的地面。任何称职的公司都会将它的研发中心建造在起起伏伏的草地上，或者能够听到海浪的地方。阿斯彭（Aspen）会议在空气稀薄、令人陶醉的落基山脉中召开，而索尔克研究所（Salk Institute）像克里特寺庙一样活跃在拉荷亚（La Jolla）悬崖上。人们认为，这样的环境能激发思维，恢复头脑的活力，促进创造力的产生。

不幸的是，没有证据（也许永远都不会有）可以证明，令人愉快的环境能够引发创造力。尽管确实有很多富有创造力的音乐、美术、哲学及科学成果是在极其美丽的环境中被创造出来。如果它们的作者被局限在车水马龙的城市小巷中或者贫瘠的乡村旷野中，是不是就不会创造出同样的成果呢？没有一个研究能回答这个问题，而且富有创造力的作品是独一无二的，因此很难实施一项控制实验。

> 当有准备的头脑身处美丽的环境中时，他们更有可能发现观点之间的新联系，以及自己正在应对的问题的新视角。而至关重要的是要具备一个“有准备的头脑”。

然而，富有创造力的人的陈述强烈地表明，他们的思维过程与物质环境是有关系的。但是其中的关系不是简单的因果关系。美景发挥的作用并不像一颗银子弹，可以将新观念射入头脑中。相反，当有准备的头脑身处美丽的环境中时，他们更有可能发现观点之间的新联系，以及自己正在应对的问题的新视角。而至关重要的是要具备一个“有准备的头脑”。这意味着除非进入这种环境的人对问题已经有了深入的感知，并具有解答问题所必需的符号技能，否则什么也不会发生。

例如约翰·里德记得在他的职业生涯中发生过两个当时特别具有创造力的事例，其间相隔了几年。这两件事都需要认识到公司正面临的主要问题，并草拟出解决方案。就像大多数富有创造力的时刻一样，最重要的是问题的界定，而不是解决方法。在这两种情况中，里德给自己写信，洋洋洒洒写了 30 多页，详细描述了公司在未来几年将面临的问题、危险和机遇，以及为充分利用它们可以采取的步骤。有趣的是，两封信都是在里德远离办公室，表面上很悠闲放松的时候写的。一次是在加勒比海的海滩上，还有一次是在佛罗伦萨的公园长椅上。以下是他对写第二封信的过程的描述：

> 我给自己写过很多信，其中一些我会保留着。在第三季度之前的9月份，我感到很疲惫，周六、周日都在工作。于是我去意大利待了一个星期，只是想放松一下。我先去了罗马，在那里住了几天，然后去了佛罗伦萨。我早早起床，四处漫步。我坐在公园的长椅上，大约从早上7点一直坐到中午，然后下午去参观博物馆或做其他事情。我在一个笔记本上写了一篇长长的文章，写的是正在发生的事情以及我所担心的事情。它有助于我理清思路。接下来在第三季度末我进行了组织变革。最近我拿出原先的备忘录，令人吃惊的是，我在佛罗伦萨写的内容和最终实施的变革竟然有80%~90%是一致的。

两封信都是自发的、偶然的，尽管它们所处理的问题已经在里德的头脑中酝酿了很多个月。在他回到总部后，又用了数月的时间将好主意与坏主意进行了区分，这一部分是通过与朋友和同事讨论完成的。在找到解决方法之前，又过去了几个月。但是如果没有“海滩上的信”以及“长椅上的信”，里德不一定能找到如此新颖的视角来看待公司所面临的问题。

这个例子会让我们想到这样一个问题，那就是“海滩”和“长椅”实际发挥的作用有多大。当然，并不是任何人坐在海滩或长椅上都能想出解决花旗公司问题的创造性方法的。问题是，如果里德待在曼哈顿的办公室里，他是否还能想出这个问题及解决方案呢？虽然这个问题是无解的，但证据显示，不同寻常的、美丽的环境其实有助于我们更全面地、从新颖的角度来看待形势。

人们在美丽的自然环境中如何度过时间似乎也很重要。只是坐着观赏很好，但悠闲地漫步似乎更好。希腊哲学家中存在一种逍遥学派，他们喜欢在学院的庭院里来来回回地走，同时一边讨论观点。弗里曼·戴森在英国剑桥接受的教育更多受益于与导师在校园里漫步时进行的内容广泛的谈话，而不是在教室听到的或在图书馆里读到的知识。后来在纽约的伊萨卡（Ithaca），也是通过类似的漫步，他吸收了物理学家理查德·费曼具有革命性的观点。"我从来不去上费曼的课，从来不与他进行任何正式的交往。事实上，我们一起散步。散步占据了我和他一起度过的大部分时间，就像旧时的哲学家会在安静的隐居地四下漫步一样。"新一代的物理学家们趴在电脑屏幕前，他们也能产生同样有趣的想法吗？

给普通人戴上一个电子寻呼机，在一天中随机选取时间让他们评价自己的创造力水平。他们通常会报告称，在开车、散步或游泳的时候，他们最有创造力。当进行只占据一定量注意力的半自动化活动时，一部分注意力会空闲下来，在不存在有意识的意图的情况下，观点之间会建立起连接。对问题投入全部注意力并不是产生富有创造力的想法的最佳途径。

当进行有意识的思考时，思维被强制沿着线性的、符合逻辑的，因此也是可预测的方向前行。然而在散步时，注意力会聚焦于周围景色，部分大脑空闲下来进行平常不会进行的联想。打个比方说，这种大脑活动发生在后台，我们偶尔才会意识到它。由于这些想法没有处在注意力的中心，因此它们可以自行发展。不需要对它们进行指导，不必贸然批评它们或让它们做辛苦的工作。当然，正是这种自由和玩乐的态度使得人们有可能进行悠闲的思考，想出具有创造力的规划与答案。只要我们想到感觉是对的联系，它就会跃入我们的意识。令人信服的联系可能出现在我们躺在床上半梦半醒的时候，或者在浴室里刮胡子的时候，或者在树林里漫步的时候。在那些时刻，新颖的观点看起来好像是来自上天的声音，是我们问题的谜底。之后，当我们试图将它与"现实"进行匹配时，最初的想法可能就变得不重要了。在才华闪耀的洞见能够被认可和应用之前，还需要做很多艰苦的评价与细化工作。但是如果没有最初的灵感，创造力便不可能显现出来。

因此，马萨葡萄园岛（Martha's Vineyard）、大特顿山（Grand Tetons）或

大苏尔（Big Sur）之所以能激发创造力，可能是因为它们能提供新颖而复杂的感官体验（主要是视觉体验，但也包括鸟鸣、水声以及空气的味道带来的感觉），人们由此会感到震惊，注意力则摆脱了常规，被诱惑着追随新颖而迷人的观点。不过我们不需要对感官体验投入全部注意力，要留下足够多的心理能量对问题进行潜意识的探索，以获得富有创造力的构想。

能够激发灵感的不只是旅游局认可的地点。乔治·法鲁迪的一些最好的诗篇是在集中营里每天面对死亡时写出来的。伊娃·蔡塞尔被囚禁在监狱中时，获得了受用一生的观点。正如塞缪尔·约翰逊（Samuel Johnson）所说，没有什么能像得知自己几天后将被处死一样令思维骤然集中起来。生命受到威胁的情况，就像自然美景一样，会促使头脑去思考什么才是最本质的。其他同样能激发灵感的环境还包括宁静的风光等。

创造最有灵性的环境

虽然新颖而美丽的环境对产生洞见具有催化作用，但创造力产生过程的其他阶段，比如准备阶段和评价阶段，似乎更得益于熟悉、舒服的环境，即使这些环境并不比阁楼更好。巴赫没有远离自己土生土长的图林根（Thuringia），贝多芬在非常阴暗的住所里创作了他的大部分作品，普鲁斯特在光线暗淡、贴着软木的书房里写出了杰作，爱因斯坦只需要在伯尔尼最简朴的住所里的一张饭桌上就可以写下相对论。当然，我们不知道巴赫、贝多芬、普鲁斯特和爱因斯坦在生命中某个时刻是否被雄伟壮丽的景象所激励，然后用余生精心细化由此得来的灵感。有时,一次令人敬畏的经历就能为一生的创造力工作提供给养。

> 虽然复杂的、令人兴奋的环境有助于提供新的洞见，但大部分创造的过程却需要比较单调乏味的环境。

虽然复杂的、令人兴奋的环境有助于提供新的洞见，但大部分创造的过程（在灵光闪现前需要很长时间的准备期，之后需要同样长时间的评价期和精心制作期）却需要比较单调乏味的环境。在创造力产生的这些阶段中，环境也很重要吗？

在这里，我们有必要对宏观环境和微观环境（即个人生活在其中的社会、文化及制度背景和个人在其中工作的直接环境）进行一下区分。从较广泛的背景来看，不言而喻，一定量的过剩财富是必需的。创造力的中心，比如鼎盛时期的雅典，10 世纪的阿拉伯城市，文艺复兴时期的佛罗伦萨，15 世纪的威尼斯、19 世纪的巴黎、伦敦和维也纳，以及 20 世纪的纽约，都是富足的、面向全世界的。它们成为文化的十字路口，来自不同文化传统的信息在这里汇集。它们还是社会矛盾交织的核心场所，通常被种族、经济或社会群体间的冲突撕扯着。

不仅国家可以，机构也可以促进富有创造力的观点的产生。布朗士科学高中（Bronx High School of Science）以及贝尔研究实验室因为在促进产生重要新观点方面的实力而成为传奇。每所大学或智囊团都希望能够吸引未来的明星。这类开放的环境能够提供行动的自由、对观点的激励以及对未来天才的尊重与扶持。众所周知，天才一般都有脆弱的自我，需要温柔、体贴的照顾。

多数人对宏观环境做不了什么。我们对自己所生活的社会，甚至对我们所工作的机构都无能为力。然而我们可以对个人的环境加以控制和转化，让它有助于提升个人创造力。由于这个原因，我们可以从富有创造力的个体身上学习很多东西。他们一般会煞费苦心地确保自己能放松而不受干扰地专心工作。具体的做法取决于个人的性格和工作风格，但重要的是，要拥有符合个人需要的特殊空间，在这个空间里，他感到舒服并有控制力。肯尼思·博尔丁（Kenneth Boulding）偏爱在可以眺望科罗拉多落基山脉的小屋里思考和工作，还经常泡在热水浴缸里以汇集想法。乔纳斯·索尔克喜欢在工作室里工作，那里除了有他所需的资料外，还有一架钢琴和画架。黑泽尔·亨德森住在北佛罗里达一个相当偏僻的社区里，以避免市中心的各种干扰。以下是她对自己日常事务的描述：

> 每天早上我会跑大约 3 公里，我有一个特别的跑步地点，那里景色

非常美，离这里大约1.6公里。那里有好看的盐沼，可以远远眺望城市。如果你向左边看，会看到大片的荒野。那里有我最喜欢的蓝色苍鹭和麻鹬，还有鱼儿在跳跃。你能感觉到这种热热闹闹、生机勃勃的环境。如果向右看，你会看到有着一片小小尖顶的美丽小城，一切都非常和谐。你知道，在那里自然体系与人类体系之间维持着某种平衡。

罗伯逊·戴维斯在多伦多以北80公里的家中精心写出了情节错综复杂的小说。那是一片有着丰富化石的史前海滩，“在一个很好的位置向下看，向山谷下的多伦多望去，我们能够看到灯光，并很高兴自己不住在那里”。社会学家埃莉斯·博尔丁（Elise Boulding）曾像僧侣一样，按照既定的规程工作，她认为这有助于保持创造性思维的节奏：

清晨我会散步和反思。在1974年，我的很多时间是跪着度过的，在修道院后面做祈祷。我不确定现在是否还会那样做。1991年的我与1974的我非常不同。我还会进行一些阅读和反思，你知道就像圣徒和那些经历灵性之旅的人一样。我用很多时间进行冥想，在天主教修道院里度过大量的时光。我很珍惜祷告的时间。在1974年，我遵从着祷告的时间，和他们一起吟诵。再重申一次，我不确定现在是否还会那样做。当时一切都很宁静，我有很多时间只是看着窗外的群山，陷入沉思。

在芬兰，很多人都知道佩卡（Pckka），他是一位上了年纪的拉普兰人（Lapp），正式工作是监督芬兰最北面的社会服务。不过佩卡游历过很多地方，他用假期去西藏学习僧侣的信仰和生活方式，或者去阿拉斯加寻找正在消失的因纽特（Inuit）文化。当他在赫尔辛基为政府工作时，只有觉得召开会议的办公室感觉是对的，他才会坐下，否则他就不坐，而是乘电梯下楼，来到街道上。他会在街上到处转，直至找到一些他喜欢的树枝、石头或花朵。他把这些东西带回办公室，摆放在桌子或文件柜上。当他觉得环境看起来宁静而和谐的时候，才会开始工作。不得不和佩卡打交道的人通常觉得，他即兴而作的内部装饰有助于他们把会开得更好，制定更令人满意的决策。

伊丽莎白·诺埃尔诺伊曼是一位富有革新精神的德国科学家、成功商人（几年前，一本商业杂志刊登了德国100名最有影响力的女性，她排在第二位），她精通让环境变得个性化的艺术。她的办公室由15世纪的农舍改造而成，房间里摆放着典雅的古董家具。她的家位于康斯坦茨湖（Lake Constance）边，家里摆满了书和反映她个性的稀罕玩意。她的很多时间是在旅途中度过的（仅仅是开车，她每年的里程就能高达8万公里），因此她的汽车也是重要的工作空间。在司机开车时，诺埃尔诺伊曼会进行阅读和写作，周围是她最喜欢的录音带、一瓶瓶的矿泉水、一沓沓的便签纸以及一捆捆的彩色圆珠笔。无论到哪儿，她都随身携带着自己熟悉的微观环境。

> 我们常常在家里摆满体现我们独特性的东西，就是这类东西把房子变成了家。

在某种程度上，每个人都试图去做诺埃尔诺伊曼和佩卡所做的事情。我们常常在家里摆满体现我们独特性的东西，就是这类东西把房子变成了家。在我们搬到位于蒙大拿的夏季居所时，为了让陌生的环境变得熟悉起来，我的妻子会在壁炉台上放两只彩色的木头鸭子。这两只鸭子已经跟随我们很长时间了。当鸭子沿着墙安稳地待下来之后，空洞的房间立马变得舒适惬意了。

在家里我们需要一个具有支持作用的象征性的生态环境，这样我们才会觉得安全，放下防御，继续完成生活的任务。在某种程度上，家的象征物代表了自我最本质的特点和价值观，它们有助于让我们变得更独特。一个家如果没有个人化的格调，缺少指向过去或导向未来的东西，就会变得没有生气。充满有意义的象征物的家很容易让它的主人知道，他们是谁，他们应该做什么。

在一项研究中，我们访谈了两位女士，她们都已经80多岁了，住在同一栋高层公寓的不同楼层。当问及家里什么东西对她们来说有特殊意义的时候，第一位女士茫然地看了一圈客厅，那里就像一间陈列室，摆放着相当昂贵的家具，可是她说自己想不起什么特别的东西。对于其他房间，她的回答都一样：没什么特别，没有什么具有个人意义的东西。而第二位女士的客厅里摆满了家人和朋友的照片，从姑妈和叔叔那里继承来的瓷器和银器，以及她喜欢的或打算阅读的书籍。走廊里挂着她的孩子和孙辈的绘画作品。在浴室里，她已故丈夫刮胡子的用具摆放得像一个小小的神龛。两位女士的家准确地反映出她们的生活。第一位女士每天的生活按部就班，过得毫无情感；第二位女士的日程则丰富多彩、令人兴奋。

当然，以某种方式装饰房间并不能让一个人的生活奇迹般地变得更富创造力。其中的因果关系同样非常复杂。把家装饰得比较独特的人可能一开始就比较有创造力。不过拥有一个能强化个性的家，有助于增加施展个人独特性的机会。

常言说得好，男人的家就是他们的城堡，因为人们在家里会比在其他地方觉得更安全、更有控制力。不过在我们的文化中，越来越多人说，他们的汽车是能够让他们感受到最深切的自由、安全与控制的地方。很多人把汽车称为“思考机器”，因为只有在开车的时候，他们才感到放松，能够反思自己的问题并正确地看待它们。一位接受访谈的人说，大约每个月会有一次，当焦虑感太大时，他会在下班后坐进车里，花半个晚上的时间开车从芝加哥前往密西西比河。到那儿后，他停好车，看半个小时的河水，然后开车返回。回到芝加哥的时候，曙光已经照亮了湖面。长途驾车就像一种焦虑治疗法，帮助他解决情绪问题。

通过各种方法，汽车可以变得更加个性化。汽车的颜色、配饰以及音响系统都可以让我们拥有在家的感觉。汽车既提供了私密性，又提供了移动性。除了汽车，办公室和花园也是可以用来精心布置的空间，以此来反映个人独特的感受。对于我们周围的环境，并不存在什么完美的模式。有助于保持和发展个性，从而有助于提升创造力的环境就是可以反映我们自己的特点，让我们很容易忘记外部世界、聚精会神地从事手头工作的环境。

设定最舒适的活动节奏

不只是布置个性化的物质生活环境能够提升创造性思维。另一种方法也很重要，那就是设定我们所从事的活动的节奏。曼弗里德·艾根几乎每天都会弹奏莫扎特的钢琴曲，以避免线性思维；作家马德琳·恩格尔（Madeleine L'Engle）也是如此；马克·斯特兰德在花园里遛狗并工作；黑泽尔·亨德森每天要努力解决她协助组织起来的各种环保团体的问题，在花园里散步是她恢复清醒头脑的方法。有些人骑自行车，有些人看小说，有些人烹饪，有些人游泳。同样，不存在规划我们行为的标准方式。但是，重要的是，不要让偶发事件或常规活动决定我们要做的事。

伊丽莎白·诺埃尔诺伊曼很少在其他人吃饭的时候吃饭，她会按照自己的需要严格安排日常生活。理查德·斯特恩拥有这样一种生活节奏：

> 我赋予时间一种节奏，这种节奏能够让我履行各种职责，比如作为一位父亲、一位丈夫——虽然我并不能总是做到最好，即使作为一名大学教授、同事及朋友也是如此。

然后他用更具体的表述说明了他所说的“节奏”的具体含义：

> 我认为它类似于其他人的节奏，也就是说任何人都会有一套自己的习惯，将生命中某一段时间设定为独处或与人合作的时段。无论如何，他会为自己制定出某种日程。这并不只是外在的现象。对我来说，它与生理自我和精神自我之间的关系，以及与外部世界的关系都存在着很大相关性。其构成要素可能像每天早上看报纸一样普通。很多年前，我常常这样做，但有些年不再每天早上看报纸了，这改变了我一天的节奏。每天傍晚的某个时候，当血糖降低时，有人会喝一杯葡萄酒，并会期待这个时刻。当然在一些时间里，人们会从事工作。

大多数富有创造力的人很早就发现了自己最好的生活节奏，比如什么时候睡觉、吃饭和工作。而且他们会遵守这种节奏，即使受到做其他事情的诱惑也不会改变。

大多数富有创造力的人很早就发现了自己最好的生活节奏，比如什么时候睡觉、吃饭和工作。而且他们会遵守这种节奏，即使受到做其他事情的诱惑也不会改变。他们穿着舒服的衣服，只与意气相投的人交往，只做自己认为重要的事情。当然，不得不与他们打交道的人可不喜欢这种特质，因此富有创造力的人通常被认为是怪异的、不好相处的也就不足为奇了。行为的个性化模式可以让人们免于做出预期，这样便不用分散注意力，可以专心致志地干重要的事情。

类似的控制也会扩展到时间安排上。一些富有创造力的人的日程安排得非常紧凑，他能提前两个月告诉你，某天下午的3点到4点之间他会在做什么。另一些人则放松得多，他们甚至对当天晚些时候要做什么都不清楚，并且为此感到自豪。同样，重要的不是应该遵守严格的日常安排还是进行灵活的安排，而是成为自己时间的主人。

更长跨度的时间也显示出同样的结构。弗里曼·戴森和巴里·康芒纳相信，每隔10年左右应该做出重大的职业改变，以避免变得厌倦。其他人似乎喜欢利用一生的时间在自己狭窄的领域一角不断进行更深入的探索。不过在接受访谈的人中没有一个曾说过，他们之所以会做某事是因为在那个特定的时期，这件事是社会所期待的事情。

这样看来，环境能够以不同的方式影响创造力，这部分取决于人们处于创造力产生过程的哪个阶段。在准备期，人们收集可能导致问题出现的各种要素，此时有序而熟悉的环境被认为有助于他们将注意力集中到有趣的问题上，而不会受到“现实”生活的干扰。对于科学家来说，这种环境就是实验室；对于商人来说，就是办公室；对于艺术家来说，就是工作室。在下一个阶段，与问题有关的想法在潜意识中酝酿，此时换个环境可能会更有帮助。壮丽的风景或异国文化等新奇刺激会令人分心，使得潜意识的心理过程能够进行原本用线性逻辑来处理问题时不可能进行的联系。当意想不到的联系以洞见呈现出来以后，熟悉的环境再一次承接了接下来要完成的任务。在领域的庄严氛围中，评价与精心制作阶段能够被更有效地实施。

然而在任何时刻，最重要的是对环境、行为及日程安排进行巧妙地设定，使它与我们的生活保持和谐。如果这个地方像科莫湖边的别墅一样迷人，那很好。如果命运将你丢到了劳改营，那将是一个巨大的挑战。在任何一种极端情境中，对于意识来说，重要的是要找到方法让它的节奏与外部环境相适应，并在某种程度上将外部所遭遇的事情转化为自己的节奏。通过对地点和时间进行调解，我们会体验到自己独特存在的真实感，以及与宇宙的关系。从这种理解出发，我们随后便可以轻而易举地形成新颖的想法和具有独创性的行为。

日常生活的含义很简单：确保你工作与生活的地方能够反映你的需要和品位；应该有可以让你全身心投入活动的空间，也应该有激发创意的空间；周围的物件应该有助于你成为自己想成为的人。想一想你是如何使用时间的，思考你的日常安排是否反映了最适合你的节奏。如果你不确定，那么去不断尝试，直到找到工作与休息、思考与行动、独处和与其他人共处的最佳时间安排。

创造一个和谐、有意义的时间与空间环境能够帮助你变得具有创造力。它也许能帮助你实现个性的生活，抛弃令人感到无聊或失控的生活，并让其他人认识到人类境况中与生俱来的独特性及成长的可能。然而创造出这样的生活并不能保证别人就会把你看作天才,或看作在历史上举足轻重的有创造力的人物。要实现具有历史价值的创造，还必须满足其他一些条件。例如，你必须很幸运；为了在某个领域中出类拔萃，你需要有合适的基因；还需要身处适当的历史时期。接触不到领域，潜力只是徒劳。有多少刚果人本可以成为伟大的滑雪运动员？真的没有巴布亚人能够对核物理做出贡献吗？最后，如果没有学界的支持，即使最有前途的天才也不会得到认可。但是如果说创造力是不受我们控制的，那么，过富有创造力的个人生活则是我们可以控制的。从最终满足感的角度看，后一种也许是最重要的成就。

创新者小传

乔治·斯蒂格勒（George Stigler，1911—1991），男，美国经济学家兼教师，芝加哥大学经济学教授。因在信息经济理论与公共监管理论上做出的贡献而获得诺贝尔经济学奖，并且曾荣获美国国家科学奖章。他的著述包括 *The Organization of Industry*、*Essays in the History of Economics* 等。

肯尼斯·博尔丁（Kenneth Boulding，1910—1993），男，美国经济学家、哲学家、教师、作家（诗人）。曾荣获美国经济学会的约翰·贝茨·克拉克奖（John Bates Clark Medal）和泰德·伦茨国际和平研究奖。曾担任美国经济学会等组织的主席，与他人共同创办了 *Journal of Conflict Resolution*。他的作品包括 *The Economics of Peace*、*The Image*、*Beyond Economics: Essays on Society,Religion, and Ethics*。

CREATIVITY

第二部分
创新者的生活轨迹

富有创造力的人的成就在很大程度上受到运气的影响，但是，除了运气等外界因素外，使他们能够对文化做出杰出贡献的是影响他们生活的个人决定。他们让生活符合自己的目标，而不是让外界力量支配他们的命运。

第7章 童年和青少年

在一生中始终驱动我前进的是好奇心。我对事物，哪怕是周围微小的事物都充满了不可思议的好奇。

神经心理学家布伦达·米尔纳
Brenda Milner

阅读和写作有关杰出创新者的故事有一点偷窥的性质，这有点像观看名人秀，比如《富人和名人的生活方式》(*Lifestyles of the Rich and Famous*)。在这个节目中，某人被允许躲着偷看让我们羡慕嫉妒恨的人们的起居室和卧室。然而，反思出类拔萃的人从童年到老年到底发生了什么，有非常合理的理由。他们的经历说明：过一种从多方面看比大多数人更丰富、更令人兴奋的生活是可能的。通过解读他们的生活，我们可能想出一些方法，打破常规，突破遗传及社会条件的限制，让自己过得更充实。

> 这些富有创造力的人的成就在很大程度上受到运气的影响，比如天生具有出众的基因，拥有支持性的成长环境，或者碰巧在适当的时机处在适当的地点。

确实，这些富有创造力的人的成就在很大程度上受到运气的影响，比如天生具有出众的基因，拥有支持性的成长环境，或者碰巧在适当的时机处在适当的地点。但是很多和他们一样幸运的人却并不具有创造力。因此，除了运气等外界因素外，某些人之所以能够对文化做出杰出贡献是缘于影响他们生活的个人决定。他们让生活符合自己目标的需要，而不是让外界力量支配他们的命运。我们也可以说，这些人最显而易见的成就是他们创造了自己的生活。他们实现这种创造的方法值得我们去了解，因为所有人都可以将它运用到自己的生活中，无论我们是否能做出富有创造力的贡献。因此，接下来的内容不是轻松有趣的娱乐，而是对如何扩展人类潜能的探讨。

关于天赋的蛛丝马迹

在我们的文化中（或许在所有的文化中都一样），我们最珍爱的一些故事都与小英雄有关。如果某人非常受人尊敬，人们会普遍希望能够在他生命的早期找到其将成为伟人的迹象，以证明和解释后来的成功。以下就是一个这样的故事：

> 随着雾气渐渐散去，一个个光秃秃的山顶从阴影中显露出来，在阳光下闪耀着。一个正在牧羊的男孩把手伸进披肩的口袋里，摸出一块干面包，费力地咬着。他的狗朝着山谷的方向找寻了一阵子，似乎下面的黑暗中正发生着什么。山谷里有一个旧磨坊。此时母羊开始躁动起来。空气中的紧张气氛让一只一岁的小羊感到惊恐，“咩咩”地叫开了。
>
> 然后牧羊的男孩听到上山的石头路上响起了嗒嗒的马蹄声，一个骑马人的身影立即从山下的阴影中显现出来。这个陌生人会是谁？他只在身边挂着一把细长的剑，所以他不会是一位武士。他没有穿戴任何代表牧师的神职标志，看上去也没有游商那样谨慎小心。不过他肯定不是农民，因为他穿着华贵，蓝丝绒的紧身裤配着金色的斗篷。那么还有什么样的人会到这里来呢？谁能在公元 1271 年如此轻松地骑马穿行于托斯卡纳（Tuscany）荒僻的山岭呢？
>
> 骑马人对男孩微笑着，在马鞍上挪动了一下位置。他的眼睛落在远处的地平线上。

“嗯，我猜我迷路了。我想找到从佛罗伦萨到卢卡最近的路，但赶了整整一晚上的路后，我好像远离了有人居住的地方。请问，我们在哪儿？”他问道，转向男孩说：“你叫什么名字？”

牧羊的男孩指着与太阳升起的东方相反的方向说：“如果你沿着这条小溪向下走大约 9 公里，会到达穆杰洛河谷（Valley of the Mugello）。左边是去佛罗伦萨的路，右边是去卢卡的路。我叫安吉奥罗，是邦多纳的儿子。”

骑马人点点头，然后打了个哈欠。他环顾四周像黄褐色大海一样起起伏伏的山脊，然后好像要把自己从睡梦中摇醒一样，他翻身下了马鞍。

“亲爱的圣母啊，我太累了。安吉奥罗，我真希望你能有一些新鲜的羊奶，从昨天中午以后我就没再吃过东西了。别担心，我会多付给你钱的。”他一边说一边把挂在腰带上的红色皮制钱包里的硬币弄得叮当响。

安吉奥罗拿出他放在花岗岩石板后面的一块奶酪和一罐奶。他对骑马人抱歉地说他没有面包了，不过那位绅士从他的鞍囊里取出了一块新鲜的板栗馅饼，和男孩一起分着吃。

他们安静地吃了一会儿后，男孩禁不住问：“大人，我能问您为什么要去卢卡吗？我敢打赌你不是这儿的人。”

“你猜对了。我出生在波河（River Po）边的伦巴第（Lombardy）。我的主人是维斯康提的泰鲍多（Teboldo）。今年早些时候，他被封为圣格雷戈里（His Holiness Gregory）罗马教皇，这是第 10 世的名称。两天前我从罗马的弗拉米尼亚斯（Flaminian）大门出发，去完成他委派的任务。”

安吉奥罗并不完全明白这些话是什么意思，但他是一个好奇的孩子，于是接着问道：“那是什么任务？”

骑马人笑着说：“尊敬的教皇想让最好的工匠去罗马，把永恒的罗马城建成它应有的美丽样子。我的任务是找到杰出的建筑者、雕刻家和画家，说服他们为教皇服务。”

男孩想了一会儿，然后说：“您怎么去发现谁是最好的工匠呢？”

“哦，有的人提问题，听工匠们讲述自己的故事；有的人看教堂里、宫殿里的作品。”骑马人的脸上浮现出一丝洋洋自得的表情。“不过我有我自己特殊的测试方法。我会让被认为很优秀的工匠徒手画一个直径大约一肘长的圆形。如果他真的很棒，应该能画得很圆。但是没有人能不用圆规或通过一端固定在中心的线绳来画出完美的圆形。”

安吉奥罗在昨晚烧火的灰烬里翻找了一会儿，最后找出一根被烧成炭的木棍。“您的意思是像这样吗？”他问道，并在他们刚才坐着吃饭的石板上熟练地画出了一个完美的圆形。

教皇的使者挠挠头，他看看男孩，看看石头上的圆形。他把目光转向山岭，此时它们都沐浴在阳光里。“不错，真的不错。会画自然界里的东西吗？你画过人或动物吗？”

这回轮到安吉奥罗微笑了。他瞥了一眼胖胖的公羊，它正在男孩的脚边晒太阳。牧羊的男孩只用了寥寥数笔便把公羊描画得惟妙惟肖，好像只要上帝赋予它呼吸，它就能活过来。从罗马来的骑马人陷入了沉思。

这个故事讲的是伟大的画家乔托（Giotto）是如何被发现的。所有意大利的学生都听过或读过这个故事，也许还不止一次。学校的课本上有这样的插图：安吉奥罗在石头上画着圆形，使者在一边震惊地看着；或者安吉奥罗在画羊，骑马人吃惊地抱着头。这个故事继续讲到使者如何把男孩带到著名的契马布埃（Cimabue）的作坊，让他在那里学习绘画。很快那个男孩被人们称为乔托，并开始创作出一幅又一幅令人震惊的作品。他的名气很快超过了他的主人，并成为意大利，乃至整个基督教国家中最伟大的画家。欧洲大多数受过教育的人都知道这个故事，而且很喜欢读。

不幸的是，就像很多故事一样，这个故事更多地反映了我们的心理需求，而不是真实情况。最近我在一所顶尖大学的图书馆里搜寻了有关乔托童年的资料，我找到了关于他的 102 部著作，却没有一部著作提供了乔托童年的信息，其实他头 30 年的生活都没有留下任何记载。一部典型的传记是这样开头的：

“根据历史文献的记载，乔托生于 1266 年，出生地是佛罗伦萨北方山区穆杰洛的韦斯比亚诺（Vespignano di Mugello）。从文献来看，我们对他的青年时期无从知晓，只有一些传说故事。其中可能只有他在阿西西（Assisi）的艺术生涯的开始部分是事实，不过即使这些内容也不是很清楚，而且很难被证实。”

所有著作都认为乔托的风格非常新颖，他让已经凋亡的绘画艺术重新复活，并为一个世纪后的文艺复兴铺平了道路。然而他是否很早就表现出天赋仍是一个谜。围绕他的生活所杜撰出来的传说说明我们多么需要可预测的、讲得通的事件。如果某人很杰出，我们便希望相信，在他生命早期就存在着每个人都能看到的明显迹象。无论是莫扎特、爱迪生或爱因斯坦，一定在他们生命的早期就展现出了天赋。

事实上，我们不可能基于对某人早期天赋的评判来断定一个孩子是否在将来具有创造力。

事实上，我们不可能基于对某人早期天赋的评判来断定一个孩子是否在将来具有创造力。一些孩子确实在某个领域表现出早熟的迹象，比如莫扎特在很年轻的时候就成了一位颇有建树的钢琴家、作曲家；毕加索还是个小男孩的时候就能画出很不错的画；很多伟大的科学家上学时跳过级，他们思维的敏捷程度常常让大人们吃惊。但是也有很多孩子早期并没有显露出成功的潜质，历史书中也没有留下任何记载。

有些孩子可能表现出了惊人的天赋，但他们不是富有创造力的，因为创造力涉及改变做事的方式或思考的方式，需要精通旧有的做事或思考方式。无论一个孩子多么早熟，他都无法做到这一点。莫扎特十几岁的时候可能已经像当时在世的音乐家一样有造诣了，但除非他创作音乐的方法被人们认真对待了，否则他无法改变人们演奏音乐的方法。要实现这一切，他至少需要用 10 年的时间来熟悉作曲领域，然后才能创作出令人信服的作品。如果富有创造力的人的真实童年与其他许多普通人的童年没什么差别，那么人们会倾向于杜撰出吸引人的故事，给他们普通的童年带上光环。

我们都知道这类故事是如何编造出来的，因为我们常用它来让自己或者我们孩子的生活变得更有趣、更合理。例如，小詹妮弗在初中文学杂志上发表了一首诗，很快她的父母便开始跟朋友们说，詹妮弗三四岁的时候说过什么人小鬼大的话，她多么喜欢听童谣，很早就开始认字了，等等。如果詹妮弗后来成了一名真正的作家，那这些童年故事可能会更聚焦于她的早熟。并不是因为有人故意想更改事实，而是因为在故事一遍遍被讲述的过程中，作为“事后诸葛亮”，我们会强调其中重要的部分，而把与故事主旨相矛盾的细节去掉。这是我们内在一致性的需要，而且听众也会更喜欢这样的故事。每讲述一遍故事，詹妮弗的童年就会变得愈发卓越不凡，由此神话便诞生了。

▲被好奇心牵引

孩子不可能具有创造力，但所有富有创造力的成年人都曾经是孩子。因此合理的做法是，问一问富有创造力的人在还是孩子的时候是什么样的，以及什么类型的事件影响了他们早期的生活。然而，当我们仔细审视这些具有杰出创造力的人的童年生活时，却发现很难从中找出一致的模式。

一些轰动世界的人物，从一出生就显得很出色；也有很多人小时候并没有表现出过人的天赋。年轻时的爱因斯坦并不是一个奇才，温斯顿·丘吉尔直到中年才显露出政治家的才华，托尔斯泰、卡夫卡和普鲁斯特小时候并没有给大人留下未来会成为天才的印象。

我们实施的访谈也是如此。一些被访谈者，比如曼弗里德·艾根或作曲家、音乐家拉维·香卡（Ravi Shankar）十几岁之前就在各自的领域中展露出了非凡的天赋。而其他人，比如化学家莱纳斯·鲍林或小说家罗伯逊·戴维斯在 20 多岁才开始崭露头角；在旗公司前 CEO 约翰·里德在 40 多岁的时候做出了影响银行业的决策；意大利忠利保险公司（Assicurazioni Generali）总裁恩里科·兰道（Enrico Randone）在将近 80 岁的时候对自己所领导的公司产生了巨大的影响；当约翰·加德纳成为约翰逊总统的首位健康、教育和福利部长时，他已经 50 多岁了，并且刚刚发现自己具有政治天赋；巴里·康芒纳差不多也是在50多岁的时候放弃了学院科学，开始从事环保活动。在所有这些大器晚成的例子中，早年的情况充其量只是他们最终所展现出来的非凡能力的一个开始。

童年时是否是天才与成年以后是否富有创造力没有直接关系，令一个人变得富有创造力的似乎是对周围事物具有超乎寻常的强烈好奇心。实际上每个对领域做出创新贡献的人都曾记得生命中感到敬畏的事情，都可以说出很多有关尝试解决这些难题的奇闻轶事。

一个很好的例子就是查尔斯·达尔文年轻时候的一个故事。一天，达尔文在家附近的树林里散步，他注意到一个巨大的甲虫正忙着要躲到树皮下面。年轻的达尔文收集甲虫，这只甲虫是他没有收集过的。于是他跑到大树边，抠掉树皮，抓住了那只甲虫。而且他发现那里还躲着两只。甲虫太大了，他一只手只能抓一只，于是他把第三只甲虫放在嘴里，一路跑回家。在路上，那只甲虫试图顺着他的喉咙逃跑。

维拉·鲁宾7岁的时候，一家人搬到了郊区。她从卧室的窗户向外看，第一次看到了满天繁星。这种体验太令人震憾了。她说从那以后，她便想不出除了研究星星，还能怎样度过一生。物理学家汉斯·贝特记得自己从5岁起，最美好的时光就是和数字玩耍的时候。在8岁时，他就列出了一个长长的表格，在上面算出了2和其他整数的乘方。不是因为他特别擅长数学，而是因为他比别人更喜欢做这件事。约翰·巴丁是唯一得过两次诺贝尔物理学奖的人，他在上学时很优秀，从三年级跳到了七年级，但直到10岁时才开始对数学感兴趣。从那以后，数学成了他最喜欢的消遣，一有时间他就解数学题。莱纳斯·鲍林也获得过两次诺贝尔奖。上学前，他在爸爸的药店里帮忙混合药物，因此爱上了化学。物理学家约翰·惠勒回忆道：“那时我应该是三四岁的样子，坐在浴缸里，妈妈在给我洗澡。我问她宇宙有多远……世界有多远……以及比它们更远的地方。当然这让她大吃一惊，就像我之后常常为物理学感到吃惊一样。”

罗伯逊·戴维斯在学校里不停地写作，获得了很多奖项。伊丽莎白·诺埃尔诺伊曼是欧洲公众舆论研究方面的前辈，年幼时，她便建立起了想象的社区："小时候我最喜欢的玩具不是娃娃，而是木块建起的村庄，里面有树木、房子、篱笆、动物和非常不同的房子，比如市政厅。在10~12岁的时候，我会用两三天的时间来构想出村里人发生的故事。"从注册专利的数量和种类来说，雅各布·拉比诺是最多产的发明家之一。小时候他住在西伯利亚，从小就对爸爸的制鞋机非常着迷。从那以后，他探索并尝试搞明白遇到的每一台机器。神经心理学家布伦达·米尔纳对自己进行了如下描述：

> 在一生中始终驱动我前进的是好奇心。我对事物，哪怕是周围微小的事物都充满了不可思议的好奇。我妈妈过去常认为我只是对其他人的事情很好奇。但是我不只对人好奇，还对周围的事情好奇。我是一个善于观察的人。

社会学家戴维·瑞斯曼说："如果你问什么驱动着我，我会说是好奇心。"不过这些人中没有一个，包括达尔文和瑞斯曼，曾被认为是天才或具有天赋的孩子。然而，他们具有强烈的兴趣和好奇心，至少对周围环境的某个方面会非常关注。无论是对声音还是对数字，对人还是对星星，抑或对机器还是对昆虫，必然存在着强烈的爱好，而且这种爱好通常持续一生。

确实，这些童年的记忆可能更容易受到扭曲，更容易引发传奇故事，让我们错误地相信天才在早期就显露出非凡的能力，比如乔托的故事。也许这些故事很大程度上只是马后炮式的杜撰，然而我有理由相信它们不是。在八九十岁高龄，人们对自己最初的强烈爱好的描述会比较具体而实际，因此显得更真实。有时还会有实实在在的证据，比如童年时造的旧望远镜；很多年前给予他们启发、被翻烂的一本书；少年时期写的诗或画的素描。因此，虽然这些人可能没有很早取得成就，但他们似乎很早便开始探索并发现周围世界的某个部分。

然而，这种强烈的兴趣来自哪里呢？这是一个非常重要的问题。不幸的是，我们不得不等到对创造力比现在有了更多了解之后，才能得到明确的答案。

此时我们所能给出的最好的答案是，孩子们会对能让他们在竞争资源上具有优势的活动感兴趣。其中最重要的资源是意义重大的成人的注意与赞美。尽管在后来的生活中，富有创造力的人学会了热爱自己所从事的工作，但最初这种兴趣通常来源于竞争优势。因为跳跃和翻筋斗的能力而受到认可的孩子，可能会对体操感兴趣。因为绘画出众而比朋友们得到更多好评的孩子会对美术感兴趣。

> 重要的不一定是天赋的绝对数量，而是在特定环境中所具有的竞争优势。一个天赋平平的女孩可能会对音乐产生强烈的兴趣，如果周围人比她更不擅长音乐。

重要的不一定是天赋的绝对数量，而是在特定环境中所具有的竞争优势。一个天赋平平的女孩可能会对音乐产生强烈的兴趣，如果周围人比她更不擅长音乐。相反，一个非常擅长数学的男孩可能不会从事数学事业，假如他的哥哥被大家认为非常具有数学天赋，而他却不得不生活在哥哥的阴影中。他可能选择发展自己第二擅长的事情，开始对其他事情感兴趣。

在有些情况中，竞争优势是遗传的结果，也就是说，是与生俱来的优势。特别是对于具有音乐、数学天赋的孩子来说，出众的表现势不可当，人们除了认可它之外找不到别的理由（当然前提假设是周围人懂音乐或数学）。在这种情况下，孩子们通常是继承了前辈们的天赋，并会变得越来越有兴趣发展它。在其他情况中（也许是大多数情况），最初的好奇心是由社会环境中的某些特点激发出来的。1983 年诺贝尔物理学奖获得者苏布拉马尼扬·钱德拉塞卡是印度第一位获得诺贝尔物理学奖的科学家的侄子。还是个小男孩的时候，家庭中的每一个人都期望他能效仿这位卓越的叔叔。钱德拉塞卡知道，如果想得到亲戚们的认可和赞美，他最好对科学产生兴趣。

然而，并不是每一位富有创造力的科学家都是从孩子时起就对科学感兴趣的，也不是每一位富有创造力的作家从很早就开始写作了。乔纳斯·索尔克年轻时换过职业，最终他发现了小儿麻痹症疫苗，这种疫苗被以他的名字来命名。

乔纳斯·索尔克的故事是普遍存在的职业转变的典型例子：

> 还是个孩子的时候，我想学习法律，这样就可以进入国会，制定公正的法律。那时我大约 8 岁或 10 岁。后来我决定学医，其中与我妈妈有很大关系。她觉得我不会成为一名优秀的律师，因为每次与她争辩，我都赢不了。

卓越的德国诗人希尔德·多明在妈妈去世之后，在自己接近中年时才写出了第一首诗，开始发表诗作就更晚了。简·克雷默（Jane Kramer）是具有开创性的电视制作人，后来成为哥伦比亚大学新闻学院（Columbia Journalism School）的校长，但在 20 多岁之前，她都不知道自己想从事什么职业。乔治·法鲁迪在发现自己画不好画之后才转向写诗的，而另一位诗人安东尼·赫克特说：

> 在很年轻的时候，我觉得自己最大的爱好是音乐，而不是诗歌。我想这对成为诗人是一种抑制。我总是从音乐的角度来考虑，一直非常努力地尝试去取得音乐方面的成果。我思考和希望的都是把诗歌转化为抽象的音乐。我必须明白的事情之一就是停止这种想法。这需要付出巨大的专注与决心。

即使如此，这些人或许并不知道什么形式的好奇心（对周围世界保持开放的态度，有兴趣去了解世界）能让生活过得尽可能充实。

几乎没有人的人生道路会像化学家伊利亚·普里高津（Ilya Prigogine）的一样迂回。他是流亡到比利时的俄国贵族的儿子，于 1977 年获得了诺贝尔奖。年轻的时候，他主要对哲学、艺术和音乐感兴趣，但家人坚持认为他应该学习一门受尊重的职业，因此他进入了法学院。在阅读刑法期间，他开始对罪犯的心理产生了兴趣。由于不满足于肤浅的知识，他决定要更深入地理解大脑的机制，这促使他开始学习神经化学。进入大学的化学系后，他意识到自己最初的兴趣或许太野心勃勃了，并开始对自组织系统的化学过程进行基础性的研究。

然而普里高津不断受到最初的好奇心的激励，他逐渐认识到分子行为的不可预测性可能对一些基础的哲学问题会有所启发，比如选择的问题、责任的问题以及自由的问题。虽然牛顿和爱因斯坦发现的物理定律具有确定性，表达了可以被应用于过去和未来的必然性，但普里高津发现，在他所研究的不稳定的化学系统中，化学过程是无法被预测的，而且一旦发生便不可逆转。

> 如果你说宇宙是确定的，具有某种自动化，那么我们应该怎么看待“责任”呢？这个问题成为了所有西方哲学的重要主题。对我来说，我们似乎必须在否定人文传统的科学观点以及试图破坏我们从科学中学到的东西的人文传统之间进行选择……对于这种对立，我是非常敏感的，因为我从人文科学转向了自然科学……然而我在热力学中的所学证实了我的哲学观点，并给予我力量，使我能够继续更深入地阐释时间及自然的法则。因此我想说，这就是人文观点与科学观点之间的一种联系。

人文探索与科学探索的协同作用对普里高津很有帮助。除了阐释基本的热力学过程之外，他的观点还启发了自然科学与社会科学中的各类学者。他创造的、为人们所熟悉的概念，比如“耗散结构”和“自组织系统”，已经被用于城市规划及人格发展的探讨中。然而就像普里高津所研究的分子系统一样，单从他最初的兴趣来看，我们无法预测出他的职业生涯。他的好奇心、父母的期望、知识环境所提供的机会以及他的实验结果之间，发生了微妙的相互作用，由此形成了他所提出的概念体系。

▲来自父母的影响

在大多数情况下，负责激发并引导孩子兴趣的人是他们的父母。有时父母对孩子智力发展的唯一贡献是像成年人一样对待他们。

在大多数情况下，负责激发并引导孩子兴趣的人是他们的父母。有时父母对孩子智力发展的唯一贡献是像成年人一样对待他们。唐纳德·坎贝尔在方法与理论上的很多新颖贡献丰富了当代心理学，他觉得自己很幸运，因为他的父母从来不用居高临下的语气跟他说话，并耐心聆听他对各种各样成人话题的观点。唐纳德·坎贝尔是有这种感受的众多被访谈者之一。小说家罗伯逊·戴维斯所说的话代表了很多被访谈者的情况：

> 我的父母和其他所有的父母很相似。如果他们之间存在100个不同点的话，那么也很难说清楚它们是什么。不过有一点令我非常感激，那就是他们非常宽宏大量。他们从来不拒绝孩子们的任何事情，只要这事对孩子们有帮助。他们对我非常慷慨。由于我表现出了对教育的渴望，因此他们帮助我接受了很多教育。他们还通过言传身教帮助我在音乐和文学方面打下基础，并把我送到能够接受相关教育的地方。因此我有充分的理由感激他们。尽管我们在观点上经常会存在很大分歧，但我始终觉得他们对我非常宽容慷慨。

在其他情况下，整个家庭都会被动员起来帮助孩子培养兴趣。伊丽莎白·诺埃尔诺伊曼和她的每个姐妹都被委派了一个姑姑、姨妈或叔叔、舅舅，每个月负责至少带她们去两次博物馆和听音乐会。她说每个姐妹都拥有自己独特的专业领域是很重要的，经常被带去看芭蕾的孩子就不会被带去参观艺术博物馆，反之亦然。这样手足之间的竞争被减少到最小，个人兴趣得到了强化。

伊莎贝拉·卡尔（Isabella Karle）是世界顶尖的晶体学专家，是电子衍射分析和X射线分析等新方法的先驱者。她对童年的回忆很具有典型性。她的父母是波兰移民，只接受过很少的正规教育，而且收入有限。然而，即使在最艰难的大萧条时期，伊莎贝拉的妈妈也会从生活费中省出钱来，让全家人到东海岸度两周假。父母带孩子们去图书馆、博物馆，去听音乐会。在上一年级之前，伊莎贝拉的父母已经教会她用波兰文阅读和写字了。“他们非常擅长引导我们去认识世界，”伊莎贝拉说，“尽管他们的资源很有限。”在读了15年书后，她成了非常优秀的学生，获得了化学博士的学位。在学习化学之前，她的兴趣集中在历史小说上。在上高中二年级之前，她没有上过科学方面的课程。当时有位辅导老师建议她上一门科学课，这样会比较容易进入好大学。在包含生物、化学和物理的课程清单中，她随便指了指中间的一个。她说：“化学太让我着迷了。”即使孩子不需要在早期就发展对某个领域的兴趣，以便在今后展现出创造力，但早期富足而多样化的生活对未来也会很有帮助。

对于不得不与贫穷或社会地位低下的背景进行抗争的孩子来说，父母强有力的影响尤其必要。在缺少其他优势的情况下，比如无法进入好学校或者没有良师益友，如果再没有父母的支持与引导，孩子几乎没有成功的可能。著名的爵士钢琴演奏家奥斯卡·彼得森（Oscar Peterson）记得，当他还是个小孩时，他的父亲（加拿大铁路的一名搬运工）每次跟车从蒙特利尔到温哥华时，都会给他安排练习一段钢琴曲的任务。他父亲一回到家，就会检查奥斯卡是否完成了家庭作业。如果没有，他的屁股就会挨踢。家庭对奥斯卡最重要的影响是，让他建立起了强烈的自律与自信，并鼓励他热爱音乐：

> 他们不会试图限制我，让我遵守规矩。他们看着我做事并会对我说："我认为你知道更好的做法。如果你照照镜子，仔细地去看，你就知道你并不打算那样做。那不是你。”由此他们让我知道，他们对我有着多么大的期望，甚至比我当时能做到的更大。
>
> 我的家庭首先给予我对音乐的热爱。他们帮助我学会欣赏我所听到的一些音乐，那让我一跃而进入中等水平。他们还教授给我一套生活的个人准则，避免我陷入当时很多音乐人陷入的一些麻烦。他们让我觉得只要我想做，我就能做好，由此我获得了自信。

从家庭中吸收到的自尊与自律对奥斯卡·彼得森后来的生活很有好处。当时爵士界面临着强烈的诱惑，他的很多同辈沉溺于性、毒品和酒精的诱惑中，但出于对父母及他们价值观的尊重，彼得森一直坚持走正路：

> 他们让我知道，他们永远无法忍受或接受吸毒。我不会说出他的名字，但一位非常著名的音乐人曾提供给我可卡因，我猜那是可卡因，不对，很抱歉，应该是海洛因。他称之为：“海洛因的冲击。”我坦率地对他说：“如果我这样做，就永远都不能回家了。”这件事比其他任何事情都令我害怕。我想不出，如果我沾染了恶习后回到家，将怎样面对妈妈，更不

用说爸爸了。我没有理由这样做。并不是因为我怕他会对我做什么，而是怕这会彻底摧毁他。我不知道自己该怎么向他解释。

非裔美国历史学家约翰·霍普·富兰克林（John Hope Franklin）记得，他的父亲是一位律师，总是在阅读，因此他在成长中逐渐认为，阅读是成年人日日夜夜应该做的事情。他记得母亲总是给予他充分的鼓励与支持。富兰克林认为父母为他的人生提供了智慧与道德的基础：

你知道，我的父母都受过很好的教育。我妈妈是学校老师，毕业于罗杰威廉姆斯大学（Roger Williams University）的教师培训项目，我爸爸上的也是这所大学。他们在那里相遇。之后爸爸在亚特兰大的莫尔豪斯学院（Morehouse College）继续深造，并从那里毕业。后来他学习的是法律，在一个律师办公室中攻读法律。1900年左右，这种情况经常发生。他以第二高的分数通过了律师职业考试。他毕业于密歇根大学（University of Michigan），在印第安准州（Indian Territory）（当时还不是一个州，俄克拉何马也不是一个州）取得了律师资格。因此，父母对我的智能发展以及社会发展产生了巨大的影响。从他们那里，我看到了学习、阅读等这类事情的价值，还学到了诚实与正直。在后来的生活中，我不必疑惑自己是否应该做或不应该做某些事情。由于他们的影响，这已经成为我不可分割的一部分。

获得诺贝尔化学奖的曼弗里德·艾根从爸爸那里学会了演奏音乐，懂得了什么是高标准的表现。历史学家威廉·麦克尼尔（William McNeill）的父亲也是一位历史学家，他对职业的综合性观点影响了儿子的职业发展。弗里曼·戴森充满感情地回忆起他的父母：

嗯，我非常幸运，拥有这样的父母。他们俩都是非常了不起的人。我的父亲既是一位作曲家又是一位管理者，这是很不寻常的组合。它大大地激励了我，让我觉得一个人拥有做很多事情的自由，并且能把它们做好。我母亲也很不同寻常，她是一名律师，阅读非常广泛。事实上，她陪伴我的时间比爸爸更多。他们的个性都很强，但依然让我拥有做自

> 己的事情的自由，即从事科学的完全自由。他们俩都不是科学工作者，但他们理解科学是什么。

父母的影响并不总是正面的。有时这种影响会给人留下紧张而矛盾的感觉。黑泽尔·亨德森以自己的妈妈作为榜样，但怨恨她对具有家长作风的丈夫太顺从。谈到自己的父亲，她说：

> 他有些独裁，因为男人被认为就应该那样。妈妈在争执中从来没有赢过。我不想像爸爸那样，尽管我认识到权力是有用的。嗯，在某些方面我确实很想像他，我想像他一样高效，但我不想被轻视，不想成为受气包。因此我的童年充满了紧张，到底该拿它怎么办？尽管我从来没有说出来，或者当时也没有这样想，但我最后决定要把爱与权力结合起来。

父母常常被孩子的兴趣吓到，这对艺术家来说尤其常见。美国桂冠诗人马克·斯特兰德一开始对绘画感兴趣。“当我宣布自己想成为画家的时候，我的父母不太高兴，因为他们担心我没法维持生计。当我说自己想当诗人的时候，情况更加糟糕。他们认为所有的诗人都三餐不继，或者酗酒、自杀。”乔治·法鲁迪在转向写诗之前，不得不选修大学中的很多科目以取悦他的父亲。我们的样本所代表的那一代女性会因为希望以科学作为职业，而受到父母的阻止。她们成为物理学家或化学家的机会是什么？较好的做法是先努力成为高中老师。

他们取得成功的主要原因之一是他们的真诚和坦率，这是他们从以身作则的父母那里学到的美德。

正如以上引述所表明的，父母不只是知识或知识学科的源头；他们的作用也不仅局限于向他们的孩子展示某种职业，提供接触学界的机会。他们最重要的贡献或许在于塑造了孩子的某种性格。许多被访谈者提到父亲或母亲在传递给他们某种价值观方面的重要作用。其中最重要的价值观可能是诚实。大多数被访谈者说，他们取得成功的主要原因之一是他们的真诚和坦率，这是他们从以身作则的父母那里学到的美德。罗伯逊·戴维斯的父母都是作家，他这样谈及自己的父母：

> 他们对自己的作品非常真诚。他们对我的教养不应该被说成是严格的，因为他们并不苛刻严厉。但我是在一种宗教氛围中长大的，因此对真相、真理怀有极大的尊重。父母时常引用《圣经》，因此我时刻牢记着，上帝是不会被欺骗的。

德国物理学家海因茨·迈尔莱布尼茨将两位学生培养成了诺贝尔奖获得者，他认为科学导师的责任并不只是要自己做到诚实，还要确保自己的同事是诚实的：

> 我不知道“诚实”一词是不是最好的词汇。你要在工作中不断寻找真理，必须进行自我批评，必须想到一切事情可能与你所认为的相矛盾，一定不要掩饰错误。整个氛围都应该如此，这样每个人都会这样做。当你领导一个实验室或机构的时候，你必须努力帮助那些诚实的人，帮助那些不只为他们的职业而工作，还在尽力减少其他人工作的人。这是教授应该承担的最重要的任务，也是非常根本的任务。

为什么人们都认为诚实如此重要？虽然基于被访谈者所在领域的不同，他们的回答千差万别，但都具有一个共同的核心。自然科学家们说，除非他们对实验的观察结果是诚实的，否则便不会从事科学，更不用说具有创造力了；社会学家们强调，除非同行尊重他们的诚实，否则他们观点的可信度就会受到损害；艺术家和作家所说的诚实意味着真诚地面对自己的感受和直觉；商人、政治家和社会改革家认识到在他们的人际关系中，以及对于他们领导或从属的机构来说，诚实是非常重要的。在任何一个领域中，如果你不诚实，为了自己的利益有意识或无意识地扭曲证据，你都无法获得最终的成功。大多数被访谈者为拥有诚实的父母，并以他们为榜样而感到幸运。

只有在少数情况中，父母的影响完全是负面的，孩子会希望自己未来不要像他们那样。孩子不希望像父母那样总是争吵，唯利是图，对生活充满抱怨。不过总的看来，父母对这些富有创造力的人拥有好奇心以及对生活的积极态度产生了巨大的影响。即使父母已经不在人世了，这种影响依然会存在。

▲失去父亲

与父母的重要性明显不一致的事实是，很多富有创造力的人，特别是富有创造力的男性，早年便失去了父亲。在我们的样本中，3/10 的男性和 1/5 的女性在成长到十几岁之前就失去了父亲。

新兴的肿瘤生物学的创建者之一乔治·克莱因便是如此。在一本书中，他详细描述了父亲的死对他生活的影响。他认为驱动自己傲慢的自主性和责任感都源于不用害怕父亲，也没有父亲可以依靠。没有父亲的小男孩也许会觉得非常自由，可以做自己想做的任何事情。与此同时，他也会感到巨大的负担，因为他必须不辜负他认为的已故父亲对自己的期望。

没有爸爸的男孩可以随意想象父亲是什么样的。他不必站在强大而爱挑剔的父亲面前来证明自己。而另一方面，他没有机会成长为爸爸的朋友和伙伴。这种关系凝固了，在孩子记忆中，父母是万能的。他始终记得父母的高要求。这种矛盾心理可能塑造了富有创意者复杂且通常是扭曲的人格。在题目为《没有父亲》(*The Fatherless*)的文章结尾，乔治·克莱因写道：

> 父亲、弟弟、我的儿子、我的创造者，你永远都不会让我去了解你，你永远都不会压制我、征服我，把我塑造成你想让我成为的样子，成为我永远都不会成为的人，除非我能告诉你……我想告诉你什么？也许只想告诉你：活着真好，谢谢你让我有可能活着。如果你还在人世，我可能会让你痛苦不堪，但是如果你已经死了，我就永远都不会拥有生命。

尽管几乎没人对失去父亲表达出如此的洞见和悲伤，但在多数情况下，父亲的早亡似乎都在儿子的心里留下了深刻的印记。韦恩·布斯生长于摩门教家庭。在摩门教中，父亲被视作上帝的代表，他们几乎就像神一样。因此，当看到父亲去世时，年幼的韦恩感受到的是双重的打击。首先，对于失去父亲，他自然会产生悲痛之情。其次，这是对他最基本信仰的打击。如果父亲非常强大，那他怎么会死？强烈的悲痛再一次转化为了不寻常的收获。在高度等级化的摩门教家庭中，年龄很小的他就取代了已故父亲的地位，获得了最年长男性才能拥有的尊重与高期望。韦恩·布斯的职业生涯反映了他早年的矛盾心理。一方面，他在教学、文学研究和评论上表现出对秩序和传统的尊重；另一方面，他不断质疑已经被接受的真理，70多岁时仍保持着像年轻人一样的好奇心。

有时父亲虽然活着，但实际上儿子跟父亲已经没有什么接触。印度音乐家拉维·香卡就属于这种情况：

> 我必须谈一谈我父亲。他是一位探索者。在某种意义上，他一直在探求知识。在每一门学科上，从梵文到音乐，他都是一位非常博学的人。他的职业是律师，就职于伦敦的枢密院（Privy Council）。当国际联盟（League of Nations）在日内瓦成立时，他就在为国际联盟工作。在接近50岁的时候，他在法国开始研究政治学。在生命的最后五六年，他放弃了所有事情，开始在哥伦比亚大学和纽约的基金会中做印度哲学方面的演讲。在不同的场合，他赚了很多钱，但从来不攒钱。他对我们没有什么照顾。妈妈很早就和他分开了。他娶了一位英国夫人，我只听说过她的事情，但从来没见过她。从童年起我就看到妈妈很不快乐，很孤独。但是你知道，她是一个非常了不起的女人。她将全部的精力、时间以及一切都用在了孩子们身上。由于我们的钱很少，让我们兄弟接受教育真的令她很为难。
>
> 正如我所说，我父亲本来就是一个很孤僻的人。他不和家人住在一起。我很少看到他。把与他相处的时间全部加在一起，我估计也就两天、三天或一个月。最长的一次是在日内瓦，我们相处了两个星期，当时他在为国际联盟工作。在那之前我已经有两个月或两个半月没见过他了。因此很不幸，我和爸爸没有什么交往，尽管我非常尊重他、喜欢他。我在成长过程中也很孤单，因为我是家中最小的孩子。妈妈是我最好的朋友。

影响孩子们今后生活的并不是没有父亲的事实，而是他们从这个事件中演绎出来的意义。父亲的亡故既有可能破坏儿子的好奇心和抱负，也有可能提升它们。重要的是丧失父亲的孩子是否有足够的情感与认知支持，以把这种父爱的丧失解释为他必须承担起成年人的责任的标志，需要他更加努力，不辜负期望。此时妈妈就变得至关重要了，因为在多数情况下，正是为了保护和安慰妈妈，孩子才变得非常努力，并取得了成功。

> 影响孩子们今后生活的并不是没有父亲的事实，而是他们从这个事件中演绎出来的意义。父亲的亡故既有可能破坏儿子的好奇心和抱负，也有可能提升它们。

父母的亡故通常会产生复杂的影响。布伦达·米尔纳很崇敬爸爸，在她8岁的时候，她爸爸死于肺结核。他曾经是一位钢琴家、《曼彻斯特卫报》（*Manchester Guardian*）的音乐评论员。由于他的工作可以让他很多个上午都待在家里，因此他负责布伦达的教育。他教给布伦达运算表，让她读莎士比亚。父亲的死是布伦达人生中“最糟糕的情感经历”。这次事件后，布伦达被科学所吸引，这一部分是为了避免受到富有艺术性的妈妈的过度影响。当与妈妈分开时，布伦达会感到非常爱她，但与妈妈在一起时，只要在同一个房间里超过一刻钟，她们就会争吵起来。“我想展示，我在做我自己的事情，而不是我妈妈的事情。”对于追求科学的决定，她这样说道，“这也许是自私的，但当你还是个小孩时，和一个将那么多感情投入到你身上的人住在一起会导致幽闭恐惧症。”

在某些情况中，失去父亲的孩子可以从更大的团体中获得支持。在莱纳斯·鲍林父亲去世的时候，波兰其他药剂师承担起了照顾这个9岁男孩的责任。每天放学后，他会去不同的药店，帮助爸爸的同事们准备药品，由此进一步发展了他对化学的最初兴趣，这种兴趣最早是在爸爸的店里帮忙时培养起来的。失去父亲没有让鲍林对周围世界失去兴趣：

> 我不认为自己曾坐下来问过自己，现在我该做什么？我只是继续做自己喜欢做的事情。在11岁的时候，我最喜欢阅读。我读了很多书。在我爸爸临去世前几个月，也就是我快9岁时，他曾说过我对阅读非常有兴趣，已经读了《圣经》和达尔文的《物种起源》。他说我似乎喜欢历史。我还记得上初中一年级的时候，有一门古代历史课。我非常喜欢看

这本教科书，所以在开学的头几个星期就把整本书都看完了，还到处寻找有关古代世界的其他资料。11岁的时候，我开始收集昆虫，阅读有关昆虫学的书籍。12岁的时候，我努力收集矿石。我找到了一些玛瑙，那是我在威拉梅特谷（Willamette Valley）所能找到并认识的唯一矿石。不过我阅读了矿物学方面的书籍，从书上把矿石的属性表抄下来，其中包括硬度、颜色、条纹和其他属性。13岁时，我开始对化学感兴趣。当认识到化学家能够将某种物质转变为性质完全不同的其他物质时，我觉得很兴奋。这就是我学习化学的开始。它让我很有兴趣。氢气和氧气能够形成水，钠和氯能够形成氯化钠。元素构成的不同物质混合后会形成化合物。从那以后，我把很多时间用在了更好地理解化学上，这意味着真正地理解这个世界，理解宇宙的本质。

虽然富有创造力的成年人常常要克服失去父亲的打击，但让－保罗·萨特（Jean-Paul Sartre）的格言“父亲能够给儿子的最好礼物是早亡”，却是一种夸大。有太多富有创造性的个体拥有温暖且积极向上的家庭背景，因此我们不能得出这样的结论，即艰难困苦或矛盾冲突是释放创造力欲望所必需的。事实上，富有创造力的人在童年时要么特别能够得到支持与帮助；要么非常贫困，得不到足够的教育或者生活非常具有挑战性。

父母的社会等级也会影响孩子。许多富有创造力的人出身非常贫寒，也有许多人出身于高知家庭或上流阶层。几乎没有富有创造力的人出生于广大的中产阶层。我们的访谈对象中人约有30%的人，他们的父母是农民、贫穷的移民或蓝领工人。但是，他们并不认同自己下层阶级的地位，对孩子的成长抱有很高的期望。心理学家伯尼斯·诺嘉顿（Bernice Neugarten）的父亲是一位欧洲新移民，没有上过什么学。在大萧条时期，他勉强能够维持生计。伯尼斯上大学时有一次放假回到内布拉斯加的家中，她的爸爸问：“你喜欢上大学吗？”伯尼斯解释说，她开始产生了自卑感，因为在芝加哥大学里周围有那么多博士生。“那是什么？”她爸爸问。伯尼斯回答：“爸爸，如果你上大学，只是拿到学士学位，那你读得还不够。人们会继续攻读，取得被称为硕士学位和博士学位的东西。”这时她爸爸向她摇动着手指说：“那你应该得到它们。”

富有创造力的人中大约只有 10% 的家庭是中产阶级。大约 34% 拥有身为知识分子的父亲，比如教授、作家、交响乐团指挥或科学家。25% 出身于律师、医生或富有的商人家庭。显而易见，出生于经常从事知识活动的家庭，或者出生于认为教育能改变社会地位的家庭会对个人成长有所帮助。

▲立一面反省的镜子

在回顾童年时，我们的感想不可避免地会受到当下环境以及这些年来所经历的事情的影响。比较幸福和满足的人可能会想起比实际情况更多的愉快往事，而受到生活伤害的人或许会把更多的不幸投射到过去。我们确实知道，一些拥有积极自我的成年人会用更带赞许的措辞来描述自己的童年。目前仍不清楚的是，哪一个是因，哪一个是果？这些成年人是因为他们拥有更幸福的童年，所以才具有积极的自我概念的吗？或者是因为他们父母的自我概念是积极的，所以他们记忆中的童年比较幸福，因此他们也就具有了积极的自我概念？

我曾对一些艺术家进行过时隔 20 年的访谈，并发现了一种有趣的模式。1963 年时，一位特别成功的年轻艺术家说自己的童年非常正常，甚至是田园诗般的宁静幸福。他特别向我保证，在艺术家的自传中读到的各种冲突和紧张关系从来不曾出现在他的生活中。但 10 年后，这位艺术家在事业上遇到了困难。他的绘画作品不再流行，评论界和收藏家都避开他，他的作品销量一落千丈。此时，他开始提到童年生活中不那么美好的事件了。他爸爸为人冷漠而且严厉，他妈妈固执己见、占有欲强。他不再像 10 年前那样会谈起在果园里度过的美好夏日时光，而是念念不忘小时候他经常尿床让他的父母非常惊愕。

> 无论如何，人们都会面对让过去与现在保持一致的强大压力。屈服于这种压力，人们会提供一种主观的事实，无论它与过去客观的事件是否相符。

又过了 10 年，这位已经不再年轻的艺术家的事业可谓一败涂地。人们非常不喜欢他的作品，他经历了两次棘手的离婚，严重依赖药物，还在努力控制酗酒问题。此时在他对童年的描述中，父亲和叔叔都是酒鬼，动不动就对他拳脚相加,而且在情感上很专横。这样的孩子成长为失败的成年人就不足为奇了。他对童年哪个版本的描述更接近真相呢？他接受的治疗是否帮助他更清楚地看到被压抑的过去？或者是不是“乐于助人”的治疗师为他提供了为什么他会失败的解释？我们无法断言哪个选项是正确的。早期的成功可能只是一种侥幸，而后来的失败才是不幸的童年注定会导致的结果。或者艺术家的失败并不是因为他自身有什么过错，而是因为艺术品位与市场的变幻无常。无论如何，人们都会面对让过去与现在保持一致的强大压力。屈服于这种压力，人们会提供一种主观的事实，无论它与过去客观的事件是否相符。

因此，在富有创造力的成功者的记忆中，童年之所以基本上都是温暖的，可能是因为他们都很成功。为了与当下相一致，他们的记忆优先选择过往的积极事件。如果传记作者确信富有创造力的人的童年一定饱含着痛苦，那么他们也许会找到我们的访谈没有提及的不幸遭遇的证据。与之类似，如果传记作者确信富有创造力的人一定拥有幸福的童年，那他们肯定也能找到很多相关的证据。问题似乎不在于客观事实是什么，而是孩子们如何理解、诠释这些事实，他们从中获取了什么样的意义和力量，以及对于后来生活中遇到的事件，他们如何理解自己的记忆。

▲受惠于良师的谆谆教导

令人奇怪的是，学校对富有创造力的人似乎都没有什么影响。人们经常觉得，即使学校有影响，那也是抹杀孩子们在校园外寻找兴趣的好奇心。学校对于爱因斯坦、毕加索或艾略特所取得的成就究竟发挥了多大的作用呢？从记录上看，情况很糟糕，特别是考虑到我们在正式的教育系统中投入了那么多努力、资源和希望时。

虽然学校本身很少被作为鼓励的来源被提及，但学校里的个别老师常常能唤起、保持或引导孩子的兴趣。物理学家尤金·维格纳相信，他在布达佩斯路德教会高中的数学老师拉兹（Laszlo Ratz）激发了他和其他一些同学对数学的兴趣，这些同学包括数学家约翰·冯·诺依曼（John von Neumann）、物理学家里奥·西拉德（Leo Szilard）和爱德华·特勒（Edward Teller）。“没有一个人能像拉兹一样引发孩子们对某门学科的兴趣”，显而易见，这位老师一定做了某些正确的事情。

什么使得这些老师这么有影响力？有两个主要因素比较突出。第一，老师关注这些学生，相信他们的能力并给予关照；第二，老师关照的方式是给他们布置额外的任务，提出比其他学生更大的挑战。在维格纳的描述中，拉兹老师很友善，他把自己的科学书籍借给有兴趣的学生，给予他们个别指导和特殊的测试，以挑战他们卓越的能力。罗莎琳·耶洛虽然接受的是物理学的训练，但获得了诺贝尔医学奖。她记得她对数学的兴趣是在10年级的时候被激发出来的。当时她12岁，老师是里皮先生（Mr. Lippy）。以下是她对这位老师以及其他对她产生过影响的老师的描述：

> 我是一个好学生，他们总是给我布置很多额外的作业。里皮先生是我的几何老师。他把我带到办公室，给我一些数学难题，这些题是给全班同学布置的作业之外的题目。化学老师也是这样。

约翰·巴丁大约也是在这个年龄开始对数学感兴趣的，他受到了一位老师的影响。这位老师注意到了他的能力，鼓励他，并给他建议去做哪些题目。因为这种额外的关注，约翰·巴丁10岁时学习了初中的代数，并在数学竞赛中赢得了年终大奖。第一位给予莱纳斯·鲍林密切关注的老师是他读中学时的化学老师威廉·格林（William V. Greene）：

> 他给我上中学二年级的化学课，为此我得到了化学课两年的学分。我是二年级化学课上唯一一名学生。有几次他让我在放学后多留了一个小时，帮助他操作弹式量热器。

要保持对某个科目的兴趣，十几岁的孩子必须喜欢这个科目。如果老师把学习任务设定得特别难，学生就会觉得非常沮丧和焦虑，不会对它有兴趣，也就不会喜欢上这门科目。如果老师把学习任务设定得太简单,学生会感到厌倦,也会失去兴趣。老师的艰巨任务是要在挑战与迎合学生能力之间找到恰当的平衡点,这样学生才会有学习的兴趣和愿望。

虽然我们样本中的学生在几十年后变得非常出名,但令人奇怪的是,其中很多人都不记得曾与某位老师有过特殊的关系。科学以外的领域尤其如此。这也许是因为早熟的数学能力更容易被发觉,老师们似乎更愿意鼓励未来的科学家,而不是有艺术天赋或对人文学科更敏感的学生。事实上,老师们有时会被一概抹黑,被认为都具有同样的缺点。乔治·克莱因认为除了一位老师以外,其他老师都很平庸。而且作为一个十几岁的孩子,他觉得相对于从课堂中学到的东西,他在与同学的争辩中学到了更多的哲学与文学知识。神经心理学家布伦达·米尔纳还记得上学时她是多么泄气,因为她不会画画、唱歌,或者做其他老师认为"有创造力的"事情。由于她特别争强好胜,虽然不擅长学校重视的技能,但她转向了自己擅长的科目,而且特别卖力:

> 我经常回到家把白天做的糟糕的针线活拆掉,大哭一场。当我试着画一幅五大湖区的地图,却没法把它们连接起来时,也会大哭。在晚上,我最喜欢做的是代数方程。我觉得那是一种乐趣。但是我不擅长那些需要手巧才能做好的事情。学校总是奖励艺术作品以及所有我不擅长的东西。我从来没有因为擅长拉丁文和代数而获得认可。

还有一些人记得自己更喜欢课外活动,而不是学校的课程。当罗伯逊·戴维斯赢得了学校颁发的大多数文学奖时,他开始觉得自己是一位作家了。当约翰·巴丁在竞赛中超过年龄比他大的同学时,他便知道自己很擅长数学。伊丽莎白·诺埃尔诺伊曼在学校里如鱼得水,是因为老师认为她写的诗非常优美。在布达佩斯路德教会学校里,未来的诺贝尔物理学奖获得者为拉兹老师设立的每月竞赛感到兴奋不已。每个月在校内的数学期刊上,老师会发布一套新的题目,学生们可以在闲暇时间里进行讨论。到月底时,解题方法最巧妙的人便会得到同伴和老师的称赞。

孤独的青春期

任何人在十几岁的时候都不太好过。在这个人生阶段，无论父母给予孩子多少关切，无论社会文化在缓解成人与青少年之间的冲突方面是多么宽容，都无法避免 12~20 岁的孩子出现紧张状态。青春期的孩子突然要面对各种任务，比如适应身体的改变、调节性欲，在与家人、同伴保持联系的同时学会独立自主。这会导致各个方面的苦恼。

> 具有天赋的青少年必须花时间发展自己的兴趣和天赋，这通常意味着与其他青少年相比，他们独处的时间更多。因此总体来说，他们的快乐较少。

具有天赋的青少年不仅不能免于这些苦恼，还要克服一些特殊的障碍。例如，他们必须花时间发展自己的兴趣和天赋，这通常意味着与其他青少年相比，他们独处的时间更多（练习音乐、写文章或解数学题）。因此总体来说，他们的快乐较少（尽管在独自一人时，他们明显比同龄人的痛苦少）。

具有特殊天赋的年轻人与普通年轻人相比，性意识较弱，并且较晚从家庭中独立出来。在他们的发展中，这是一个重要的因素，这意味着他们会在受到保护的、爱玩耍的人生阶段中度过更长时间。在这个阶段里，孩子们更容易完成实验和学习。性活跃的青少年会很快融入基因设定的程序中，如果他们太早获得独立，那么便要承担社会责任，比如找工作和养育孩子，以致他们没有什么自由来尝试新观点和新行为，而这对于发展创造力是至关重要的。与此同时，对性不太感兴趣、比较依靠父母的青少年可能不太受欢迎，是一个典型的书呆子。

不受欢迎的另一个原因是，在同龄人看来，强烈的好奇心和专一的兴趣是很怪异的。独创性的思考与表达方式也让他们显得多少有些可疑。不幸的是，一个人不可能同时做到既杰出又平常。富有天赋的孩子的父母们经常为此感到焦急，并想方设法让自己的孩子变得受欢迎，他们没有意识到其中存在着固有的矛盾。在青春期时，有人气或与朋友关系密切是一种共性，它促使年轻人能融入同伴的文化中。如果同伴群体本身喜欢智力活动，就像乔治·克莱因和其他一些人的情况，那么融进同伴文化有利于天赋的发展。但是大多数情况并不是这样。孤独虽然是令人痛苦的，但有助于保护青少年的兴趣，避免天赋被那个阶段典型的忧虑所削弱。

在我们所访谈的富有创造力的人中，没有一个人认为自己在青春期时很受欢迎。其中一些人的青春期似乎很平静,而另一些人在回想起那段日子的时候，却满是经过伪装的恐惧，几乎没有人怀念十几岁时的时光。他们共同的特点是被边缘化，即感到自己在圈子外面，跟大家不一样，只是置身事外地观察同龄人的奇怪仪式。当然，被边缘化的感觉在青春期时很普遍，但富有创造力的人拥有的创造力绝不是空穴来风。

其中一些人，比如社会学家戴维·瑞斯曼认为这种局外人的角色是很必要的。事实上，它具有积极的作用：“边缘化对我很有利，我只和班里的好学生以及校内的好朋友进行交往，不过有时我也会因为自己的观点而被他们边缘化，甚至被隔绝。”有些人长期生病，这使他们不能去上学，不能与同伴交往。物理学家海因茨·迈尔莱布尼茨曾卧床三个月，学年中剩下的时间则在瑞士的山里休养，以从肺病中恢复过来。布伦达·米尔纳和唐纳德·坎贝尔抱怨自己年轻时协调能力差，因此很不擅长休育运动或跳舞。这些人之所以能够坚持他们富有创造力的事业，是因为他们比其他孩子更孤单。当发现自己被排斥在外时，他们能够利用这一点，而不是悲叹自己的孤独。

那些在智力上早熟的人，比如约翰·巴丁、曼弗里德·艾根、恩里科·兰道和罗莎琳·耶洛，经历的是另一种边缘化。他们升入了更高年级，因此在成长过程中周围都是比他们年龄大的青少年,他们无法与同学们建立亲密的友情。约翰·加德纳回忆道：“我在学校里升级升得很快。那时还允许孩子想升多快就升多快，只要你有能力。所以我在5年里学完了8个年级的课程，结果就是我的同学们都比我大、比我壮。”

相对于其他领域，在某些领域中，学校里的表现会更重要。对于数学和科学，中学的优秀表现对进一步深造是必要的。要想被好的大学接受，进而进入好的研究生部，高级课程中的好成绩虽然不是充分条件，却是必要条件。这是今后从事相关事业的必要步骤。然而，对于未来在艺术和人文学科方面的创造力，中学时的表现却是一个糟糕的预测指标。

一些年轻的艺术家，尤其是视觉艺术家，对学术科目不感兴趣。他们的在校时的成绩通常也反映了这一点。也许正是因为这个原因，当法国人想贬低某人的智力时，就会用“像艺术家一样蠢”这种说法。伊娃·蔡塞尔是一位颇有成就的艺术家，她的陶瓷作品在很多家博物馆展出，包括纽约现代艺术博物馆。她说在家里她不被认为是一个聪明的孩子（与叔叔迈克尔·波兰尼、卡尔·波兰尼以及堂兄里奥·西拉德比较，情况确实如此）。她告诉我们，在 17 岁的时候，一次去听音乐会，她听到在后面几排座位上有一对夫妇在谈论她：“她的祖母非常聪明、博学。她妈妈真是一个美人，现在看看她……”

多才多艺的加拿大艺术家、音乐家、电影制作人迈克尔·斯诺承认，中学时他不是一个出色的学生，对于高中二年级时被授予艺术奖他感到挺吃惊。拉维·香卡 10 岁时便跟着一个乐队到处旅行，从那以后他的教育都由他的导师，一位年长的音乐家来实施。

兴趣也会代代相传

在某些情况下，兴趣直接从童年延续到了后来的生活中。而在另一些情况下，这种连续性是迂回的。莱纳斯·鲍林对宇宙的物质构成的兴趣始于他在爸爸药店里帮忙的时候。伊丽莎白·诺埃尔诺伊曼对公众舆论的兴趣和价值观可以追溯到她的想象游戏。在游戏中，想象出来的居民居住在她修建的玩具村庄中。弗兰克·奥夫纳回忆起早年生活中发生的一个重要事件：

> 我知道自己一直想玩机械装置，并想制造出类似的东西……在六七

岁的时候，我们家住在纽约，我记得自然历史博物馆（Museum of Natural History）里有一个地震仪。它有一根触针，会沿着烟熏的鼓状物工作，还有几个很重的铅锤。我问爸爸它是怎么工作的，爸爸说："我不知道。"那是第一次……你知道，像所有的孩子一样，我曾经认为爸爸是无所不知的。我对它的工作原理非常感兴趣，最终把它搞明白了。

特别有趣的是，在奥夫纳的一生中，一些最重要的发明都与触针沿着鼓状物移动有关。例如，他发明了水晶式笔尖记录器，"它使心电图的效率比以前提高了100倍"。他还完善了第一台脑电图描记器。不过奥夫纳从这种兴趣的连续性中没有看出什么特殊的意义。当我们向他指出这一点时，他只是耸耸肩，不予理会。

在另一些情况下，成年人会向孩子重新提起前辈们的兴趣。C. 范恩·伍德沃德改变了我们对美国南部的历史的理解，他这样追溯自己对历史的兴趣：

兴趣来自个人的成长经历和对它的某种强烈感受。我常对我的学生说："如果你对这个科目不是真的很感兴趣，对它没有强烈的情感，那就不要研究它。"

我成长的地方非常重要，那是美国南北战争结束后、南方各州开始重建的时代。人们的谈论形成了我最初的记忆。打赢战争的不是胜利者，而是谈论并思考这场战争的人们。我生长于曾经拥有奴隶的家庭，我们家是种植园主，生活在一个小镇上。我爸爸是小镇公立学校的监管者。

艺术家埃伦·兰洋（Ellen Lanyon）的外祖父在1893年从英国的约克郡来到美国，为世界哥伦布博览会（World's Columbian Exposition）绘制壁画。埃伦是他最年长的孙辈，因此他觉得自己注定要继承外祖父的事业和他富有创造力的精神。

大约12岁的时候，我的外祖父去世了。我爸爸和妈妈把他留下的绘画工具收在一起，外加几管新颜料，在我12岁生日的时候把它们送给我。你知道，这是一种姿态，是在传递火炬或某种东西。于是我开始画画，尝试画的第一幅画是我的自画像。我能够非常准确地回忆起画画的那个房间以及所有的一切。我不知道后来那幅画怎样了。我想妈妈还留着它，把它放在什么地方。无论如何，我认为那是一种设定好的开始方式。

物理学家海因茨·迈尔莱布尼茨的故事体现了最明显的代与代之间的连续性。他是戈特弗里德·莱布尼茨（Gottfried Wilhem Leibniz）的后代。他们之间虽然相隔250多年，但生活的一致性令人震惊。《不列颠百科全书》（*Encyclopaedia Britannica*）将戈特弗里德·莱布尼茨称为“哲学家、数学家和政治顾问”。迈尔莱布尼茨是一位杰出的核物理学家，并且是德国政府的科学顾问。戈特弗里德·莱布尼茨是1700年成立的德国科学院（German Academy of Sciences）的创始人之一。迈尔莱布尼茨曾担任德国科学院的主席。戈特弗里德·莱布尼茨在德法战争结束后，尝试重新建立起两国在知识领域中的合作，为此他被选为法国科学院的外国成员。大约250年后，迈尔莱布尼茨因为同样的原因获得了同样的荣耀。戈特弗里德·莱布尼茨发展了“思维的代数”，根据这种理念，所有的推理被认为都可以还原为基本要素的有序组合。迈尔莱布尼茨研究了一种程序，通过这种程序，可以将电视和报纸上的故事分解为基本命题，以评估其真正的价值。

> 对于些富有创造力的人来说，他们的兴趣似乎在出生前就注定了；但对另一些人来说，他们后来的事业好像完全出于某种机遇，或是在早年生活过去后，兴趣不知从哪里突然冒了出来。

不过，我应该补充一点，虽然对于一些富有创造力的人来说，他们从童年到老年的一生似乎天衣无缝；或者有些人的兴趣似乎在出生前就注定了；但对另一些人来说，他们后来的事业好像完全出于某种机遇，或是在早年生活过去后，兴趣不知从哪里突然冒了出来。

与命运对峙

我们经常会想生活是以命中注定的方式展开的。在现代精神分析理论出现之前，我们就相信婴儿期和童年期所经历的事件会塑造我们的成年期，比如俗语说的，“小树不直，大树歪”、“七岁看老”。自弗洛伊德以后，这种观念当然更是成为了常识。无论我们的心理有什么疾患，都是童年未解决的情结的延续。引申开来，我们会从过去寻找当下问题的原因。当然在很大程度上，这种假定是正确的。

然而，思考这些富有创造力的人的生活，我们会发现一种不一样的可能性。如果未来真的是由过去决定的，那么我们应该能够在这些叙述中看到更清晰的模式。但是令人震惊的是，各种各样不同的开始都通向了卓越不凡的未来。一些被访谈者是早熟的孩子，甚至是奇才；但另一些人的童年则很平常。一些人早年生活坎坷，失去了父母或经历了各种各样的艰辛；但另一些人则拥有幸福的家庭生活；还有少数人的童年很平凡。有些人遇到了能够给予他们鼓励和支持的老师；有些人则被忽视，遇到了糟糕的老师。有些人很早就知道自己将来会从事什么职业，有些人则在长大成熟后改变了方向。有些人很早便得到了认可，有些人的认可则来得较晚。

这种模式或者没有模式都显示了与通常的命中注定论所不同的发展方式。无论是基因还是早期的生活似乎都没有一劳永逸地完成对我们的研究对象的塑造。与之相反，随着时间的流逝，他们不断受到外部事件的冲击，遇到好人和坏人，经历或好或坏的改变，他们必须设法应对生活中出现的任何事物。不是被事件所塑造，而是他们塑造了事件，使之符合他们的目标。

很多孩子一开始像我们样本中的个体一样有天赋或者更优秀，他们后来半途而废，可能是因为缺乏决心，或者因为遇到了太严酷的形势。他们没有遇到知心的老师、幸运的机会（将他们引向学术方向），也没有让他们保持热情的导师或工作。因此，我们的被访谈者都被好运眷顾，他们不仅拥有天赋，而且足够幸运，能够利用从天而降的机会。

根据这种观点，富有创造力的生活仍是注定的，但决定它的是随着时间而改变的意愿——取得成功、理解这个世界以及无论采用什么方法都要解开宇宙之谜的坚定决心。如果父母很有爱心，时常给予激励，那很好，那正是孩子们创建未来所需要的。如果父母亡故，那很不幸，但年幼的孩子能够做什么？舔舐伤口，充分利用这个事件让自己变得更强大。

当然还有一个遗留问题，那就是这种坚定的决心、无法遏制的好奇心来自哪里？或许这个问题过于简单化了，因此没有什么意义。好奇心的来源有很多：遗传决定的敏感性、早期令人兴奋的经历。另外，如果弗洛伊德是对的，那么其中还包括被压抑的性兴趣。也许，准确地知道好奇心的种子来自哪里并不重要，重要的是当兴趣显露出来的时候，要辨认出它、培养它，并提供机会让它发展出富有创造力的生活。

创新者小传

布伦达·米尔纳（Brenda Milner，1918—　），女，加拿大神经心理学家（出生于英国），她的研究主题包括颞叶的功能、记忆障碍以及单侧大脑受损对大脑组织的影响。她曾荣获艾萨克·沃尔顿·基拉姆奖（Izaak Walton Killam Prize）、赫尔曼·冯·亥姆霍兹奖（Hermann von Helmholz Prize）、拉尔夫·杰拉德奖（Ralph Gerard Prize）。

恩里科·兰道（Enrico Randone，1911—1998），男，意大利律师、保险业高级经理，就职于意大利忠利保险公司，从1979年开始便担任总裁兼董事会主席。

奥斯卡·彼得森（Oscar Peterson，1925—2007），男，加拿大爵士钢琴家、作曲家，当代音乐高级学校（Advanced School of Contemporary Music）创办人，曾任纽约大学校长。曾在钱宁·荷姆斯乐团（Johnny Holmes Orchestra）、卡内基大厅爱乐乐团中演奏爵士乐，曾出访美国、欧洲国家和苏联。他获得过若干荣誉学位，获得过13次*Down Beat*杂志的钢琴奖、埃迪逊奖（Edison Award）、加拿大勋章、加拿大艺术委员会的荣誉奖和四次格莱美奖。他创立了奥斯卡·彼得森奖学金、伯克利音乐学院，他创作的曲目包括 *Canadiana Suite*、*Hymn to Freedom*、*Fields of Endless Day*、*City Lights*，写作的书籍有 *Jazz Exercises and Pieces:Oscar Peterson New Piano Solos*。

→ **约翰·富兰克林**（John Hope Franklin，1915—2009），男，美国历史学家、教师。曾荣获西德尼·胡克奖（Sidney Hook Award）并成为美国精英学生协会（Phi Beta Kappa）的成员。他的作品包括 *From Slavery to Freedom: A History of Negro Americans*、*George Washington Williams: A Biography*、*Race and History: Selected Essays 1938—1988*。

第8章 成年后的生活

我已经结婚 57 年了，我非常重视家庭。我的两个已到中年的女儿以及她们的孩子对我很重要，我们彼此间非常亲密。

心理学家约翰·加德纳
John W. Gardner

直到最近，富有创造力的人才可以通过师从名家来学习技能，或者通过试错来自学某个领域的知识。大约 200 年前，只有极少数人能够接受高等教育，他们主要是学者和牧师。哥白尼是一位教士，他自学了数学和天文；孟德尔是一位修道士；伽利略接受的是医生的训练。如今，我们无法想象一个人大学时学习某个领域，后来转而研究另一个领域。即使是诗人和画家，人们也认为他们应该取得高等学历。

大学教育与职业选择

对于很多被访谈者来说，大学和研究生时期是他们人生中的最佳时期。正是在这个时期，他们发现自己的理想和职业变得明确起来。他们通常来自小地方，在那里人们觉得他们很古怪。大学里有能够欣赏他们独特性的环境及老师。

对有些人来说，上大学使他们能够首次宣布自己的独立。戴维·瑞斯曼选择攻读法律，而不是他爸爸中意的医学。像多数从事科学研究的女性一样，伊莎贝拉·卡尔不得不说服父母这是比做老师更好的职业。约翰·加德纳原本想当作家，后来决定学习心理学。十几岁的时候，安东尼·赫克特喜欢音乐和数学，后来被文学所吸引，成为一位诗人。

不过这段时期并不一定轻松。莱纳斯·鲍林虽然很聪明，但也不得不努力完成大学的日程安排。在如今的本科生看来，这种日程安排是不可能完成的。莱纳斯·鲍林根据朋友父母的建议，上了俄勒冈州农学院（Oregon Agricultural College）：

> 我会做些临时工作以赚点小钱，比如为大学工作，除掉草地上的蒲公英。我把一根棍子在装有砷酸钠溶液的桶里蘸一蘸，然后把它刺进蒲公英的嫩枝里。我每天都要砍木头，把它们砍成合适的大小，以便可以塞进女生宿舍的炉子里。每周我还要切两回牛肉，把牛肉切成牛排或待烤的肉。每天我都要拖厨房的地板，那是非常大的厨房。在大二结束时，我得到了一份铺路的工作，就是在俄勒冈南部的山里铺上柏油路面。

即使在大学里，未来创造者的表现也很少会超出预期。当布伦达·米尔纳在剑桥和其他 12 名学生一起参加大学测验时，她被一位同学的聪明才智所折服，她觉得他的理论观念在她之上。布伦达确信那位同学将改写考试的标准，她无缘“第一名”了，会失去得奖学金的机会。“但是结果很好玩——他没有参加那次考试。他很聪明，但不专注。我想他可能在伦敦的某间后屋里，浴室里有老鼠或其他东西。我在考试中表现很好，因为有那个人做榜样。”同样地，罗莎琳·耶洛回忆道：

> 在大学里另外一个女孩和我一起选修了几门课程。在上物理化学课时，她得了 90 分，我得了 60 分，其他人只得了 30 分。她在康奈尔大学攻读硕士学位，导师是汉斯·贝特，但当她丈夫从军队退伍回来后，她辍学了几年。最终她拿到了博士学位，但并没有什么真正的建树。从本质上说，她可能比我聪明，但没有像我一样的驱动力。

米尔纳将它称为“专注”，而耶洛称之为“驱动力”，这是她们超越更聪明的同学的优势。对于令自己不同于同伴的品质，富有创造力的人提到最多的是好奇心，其次是专注力。如果没有这种品质，他们便无法坚持艰苦的工作。从很多方面看，好奇心和专注力就像阴阳两面。为了实现创新，人们需要两者的结合。首先需要对外界刺激保持开放的态度，其次要保持内在的专注。第一个是玩乐性质的，第二个是严肃认真的。对于第一个品质，事物和观点本身就是人们研究它们的目的；而第二个则是以竞争与成就为导向的。

如果说老师在高中时能够帮助富有创造力的个体的发展，那么在大学里更是如此。首先，他们可以激发一个人对某个学科的潜在兴趣，提供适当的挑战，引导他们成就终生的事业。其次，老师通常会以各种方式发挥影响，以使学生被学界中重要的人物注意到。学习自然科学的大学毕业生不太可能进入优秀的实验室，除非他们的老师给实验室负责人写一封热情洋溢的推荐信。如果老师愿意利用自己的影响力牵线搭桥，那么对于学习文学或艺术的学生发表自己的第一首诗或第一幅绘画作品将具有极大的帮助。没有老师的积极支持，硕士学位（甚至博士学位）对于职业发展来说都不具有多大的价值。

在大学生涯的早期，伊莎贝拉·卡尔就遇到过这样一位老师：

> 他是韦恩州立大学（Wayne State University）第一位对我产生个人兴趣的教授。他说：“你肯定要读研究生，对吗？”我说：“那是什么？”他向我做了解释，我说那听起来像是一个好主意。因此在我读密歇根大学的几年里，我们一直保持着联系。他建议我选什么课程，告诉我什么会令我感兴趣。他真是一个好人。

当安东尼·赫克特在军队里时，他就听说了约翰·兰塞姆（John Crowe Ransom）。他一退伍，就在凯尼恩学院（Kenyon College）办理了入学手续，师从这位年长的诗人。兰塞姆不仅在《凯尼恩评论》（*Kenyon Review*）上发表了赫克特的第一首诗（“那是我写作事业的开端”），而且当英语系的老师生病时，兰塞姆还雇用赫克特给大一新生上英语课（“那是我教师生涯的开端”）。

从事某一职业需要坚定的决心和一些好运气。事实上，幸运是接受我们访谈的大多数人最常提及的成功原因。在恰当的时间、恰当的地点、遇到恰当的人是在某一领域中起飞的必要条件。除非学界注意到这个人，否则他很难对领域做出富有创造力的贡献。即使那些看起来最与世隔绝、与文化最疏离的人也是如此。如果马丁·路德的观点不是在当时德国知识分子生活的中心被宣扬，很难想象它们能传播得这么远。如果卡夫卡在乌尔都（Urdu）写作，或者他没有引起维也纳评论家的注意，那么很难想象他的作品能够产生这么大的影响。

几乎所有接受我们访谈的女性科学家都提到，如果没有第二次世界大战，她们很可能上不了研究生，得不到奖学金，做不了博士后，当不了大学老师。由于很多男性去参战了，而教授需要研究生的协助，因此他们勉强接受了这些女生，使她们有机会获得更高水平的教育。1941 年，当罗莎琳·耶洛成为伊利诺伊大学的物理学研究生时，她是该校的第二位女性学生，而第一位是在 1917 年被录取的。“为应不应该录取我进入研究生院，他们发生了争执。”她说。这几乎也正是布伦达·米尔纳、伊莎贝拉·卡尔和玛格丽特·巴特勒讲述的故事。如果这些女性早出生 10 年，她们很可能无法在各自的领域中做出富有创造力的贡献。

能给予支持的伴侣

我们样本中的个人一般都拥有稳定而美满的婚姻。艺术领域中的有些人一开始会拥有活力四射、丰富多变的性生活，但多数人和最初的伴侣保持着 30 年、40 年，甚至长达 50 多年的婚姻关系。

其中一个例外是耄耋之年的布兰德利·史密斯（Bradley Smith）。这位摄影师在回答什么样的人生成就令他最骄傲时，简单明了地答道：“也许是做爱。”他声称自己 6 岁时在性方面就变得很活跃了，而且从来没有衰退。当被问及什么激励他进行艺术创作时，他说：“我想，可能是性和歌曲。如果要求我简单地说出什么促使我不断前进，那么我认为性和音乐为创造力的本能提供了营养。我想，没有它们人就会失去生气。”雕刻家及电影摄影师迈克尔·斯诺表示赞同：“嗯……创造力很重要的一个方面是性或性欲……用通俗的语言来说就是，我依然欲火中烧，不过那时更棒（指的是30年前）。”一位音乐家的妻子在访谈结束后，当着丈夫的面对我们说：“他没有告诉你们，在这一生中激励他的是许多女人？”作家们描述了年轻时他们热情如火的浪漫生活，但最终他们都安于家庭生活。

当被问及最令他们感到骄傲的成就时，很多被访谈者（男性和女性几乎一样多）都提到了家庭和孩子。

不过大多数人的性生活模式是比较沉稳的。最近的研究显示，放荡、对婚姻不忠的人的数量远远少于之前的估计。当被问及最令他们感到骄傲的成就时，很多被访谈者（男性和女性几乎一样多）都提到了家庭和孩子。在解释是什么使他们取得了如今的成就时，有几个人指出配偶的帮助不可或缺。这些回答并不是敷衍。

汉斯·贝特是20世纪初最重要的物理学家之一，也是20世纪末一些重要的物理学家的老师。他主动说道：“妻子对我的生活影响很大，她带给我幸福。在结婚前，我从来都不是非常快乐。我有过快乐的瞬间、也曾一整个星期都很快乐，但自从结婚后，我始终是快乐的。吃饭时我们会聊很多，我们都很喜欢在山里散步。”经历了54年的婚姻后，这是很不错的总结。安东尼·赫克特用几乎同样的说法描述了自己的婚姻：

> 我觉得从很多方面看，我是一个踉跄前行的人，犯了很多错，浪费了时间，而且不快乐。并不是说我以前不快乐，而是快乐的时光总是很短暂。但是自从和海伦结婚以及我们的儿子出生后，生活中便充满了平静的幸福，它让一切看起来都是值得的。

罗伯逊·戴维斯结婚54年了。当初遇到妻子时，他们都在老维克剧院

（Old Vic）开创舞台事业。她是提词员（prompter），对经典保留剧目的台词了如指掌：

> 莎士比亚在我们的婚姻中扮演了重要的角色，他是语录、笑话和参考资料的来源，它们如此深邃微妙。我觉得自己特别幸运，因为我们在一起的时光太美好了。这就像一场冒险，我们还没抵达终点呢。我们还将继续交谈。我发誓，对于婚姻来说，交谈比性更重要。婚姻对我的工作帮助很大，因为妻子为我排除了障碍，这样我就可以不受干扰地投入工作了。

赫克特赞同这种说法："对我来说，写诗最需要的似乎是安静和时间。如果你有一位理解这种需求的配偶，那么她会负责不让你受到干扰，让你拥有时间和安静的环境。"所有婚姻稳定的被访谈者都反复说到配偶在这方面的作用。他们就像具有保护性的缓冲器，抵御着外界干扰的入侵。莱纳斯·鲍林的妻子是他大学时的女友，在妻子去世前，他们走过了 58 年的婚姻生活。他对年轻学者提出了不合时宜的建议：

> 你应该去俄勒冈的科瓦利斯（Corvallis），俄勒冈大学就在那里，四处找找有没有专业是家庭经济学的年轻女性。这种情况就发生在我身上。我认为自己很幸运，我妻子觉得她的生活责任和快乐来自家庭、丈夫和孩子。她最好的贡献在于让我能够免受家务问题的干扰。她会把所有这些问题都解决了，这样我就可以把全部时间投入到工作中。从这方面看，我真的很幸运。

约翰·加德纳的政治事业遭遇很多压力，他相信他之所以能保持头脑清醒，主要是因为和谐的家庭生活：

> 我们已经结婚 57 年了，我非常重视家庭。我的两个已到中年的女儿以及她们的孩子（4 个外孙）对我很重要，我们彼此间非常亲密。我认为这是一种重要的平衡，尤其是对于活跃的生活而言。这也有益于粗暴的生活，比如工作中需要进行斗争、在公开场合中维持领导地位，等等。

不可避免的是，也会存在关系紧张的婚姻。在某一领域中取得富有创造力的成果对一个人来说已经够有压力了，而应对伴侣却更加困难。事实上，令人奇怪的是，这些人通常感到有保持婚姻关系稳定的强烈责任感。约翰·里德在结婚 27 年后离婚了。在妻子生病住院治疗的一年中，他正处于事业快速上升的时期，但是他仍然从工作中抽出时间照顾从 2 岁到 12 岁的 4 个孩子。“我用那一年的时间做他们的好爸爸。回想起来，那是我做出的最好的投资决策。从满足感的角度看，养育孩子比为公司赚钱更有回报。”雅各布·拉比诺和妻子已经结婚 60 年了，他的妻子很有哲理地总结道：“和发明家一起生活就像成了‘高尔夫寡妇’，不过只有星期天不是。”

拉维·香卡 1967 年和第一任妻子分居了。几年后，他遇到了现在的妻子，他们在相遇 12 年后结了婚：

> 相信我，我现在觉得非常幸福。我找回了曾经失去的平静。我以前到处奔波，从来没有在家庭中投入时间。你知道，我必须责备自己是一个不顾家的人。不过现在我第一次有了这种美妙的体验。我的妻子不是表演音乐人，但她是一位音乐家，还是一位舞蹈家。她非常体谅人，对我很有帮助。我爱她，现在我感到很平静。

样本中的女性也觉得，丈夫让她们可以无牵无挂，专心从事工作。回答生活中什么事情令她感到最骄傲这个问题时，雕塑家妮娜·霍尔顿说：“让我感到骄傲的是一个混合物，其中包括我幸运地拥有很好的家庭生活、一位我爱的丈夫，他是最了不起的。另外还有我对很多事情的兴趣，特别是对雕塑。所有这些让我的生活很圆满，甚至是令人惊叹。”历史学家、剧作家娜塔莉·戴维斯在普林斯顿教书，她丈夫在多伦多教书，两人聚少离多。他们每天会给对方打电话，大多数周末会一起度过。

另外，丈夫经常会作为妻子的导师，在她们职业生涯的起步阶段给予帮助。玛格丽特·巴特勒说，她之所以能克服雇主对女性科学家的怀疑，很大程度上是因为“我能得到丈夫的大力支持”。1945 年，伊丽莎白·诺埃尔诺伊曼在较有经验的丈夫的帮助下，创立了民意调查机构。关于平衡家庭与工作之间的关系，发展心理学家柏妮丝·诺嘉顿对职业女性的建议是：

> 你可以用放松的方式来应对，这比绷得紧紧的更好，如果你有条件这样做。我丈夫很理解这一点，他说："按你喜欢的方式去做，我会尽量帮助你。只要孩子们能得到照顾，我就没有什么可担心的。想怎么使用时间就怎么使用。"这是非常重要的。我有一些女性朋友，她们的丈夫在那些年里没有提供很多支持。我说的是 40 多岁、50 多岁的时候，不是 90 多岁。

然而，不平等的性别角色同样给这些富有创造力的女性的婚姻生活带来困难。埃莉斯·博尔丁会演奏大提琴，在大学学习的是音乐。毕业一年后，她结婚了。她丈夫肯尼斯当时已经是一位享有国际声誉的经济学家了。他把社会学文献以及实现世界和平的新观点介绍给了埃莉斯，世界和平是埃莉斯最关注的问题之一。她获得了社会学的硕士学位，准备在社会学领域中开创自己的事业。后来埃莉斯生育了 5 个孩子，彼此之间都相隔两岁。她非常喜欢孩子，但照料孩子的 10 年让她的事业远远落在了丈夫的后面。之后她一直被丈夫的阴影笼罩着，这很不容易。埃莉斯用了很长时间才走上自己在学术之路，找回了自信。

诗人希尔德·多明嫁给了一位杰出的古典学者。尽管他们的婚姻很牢固、很幸福，但希尔德觉得丈夫嫉妒她对诗歌的尝试。当她第一次把自己写的一首诗拿给丈夫看时，他酸溜溜地说："好吧，看看小猫扯了些什么。"直到丈夫死后，希尔德才开始全力写作，不久她便成为德国最著名的诗人之一。

如果两个个性很强的人之间存在着紧张状态，婚姻关系就很难维系。不过大多数时候双方会友善地离婚，并且会出于友情而时常探望彼此。黑泽尔·亨德森（后来再婚了）说：

> 10 年前我离婚了。我和前夫依然很友好，但我不得不学会面对这样的事实，那就是我做不了传统文化所定义的那种妻子。他完全有权利再

找一个妻子。我们直到女儿长到 18 岁才离婚，我认为我们很好地履行了职责。我们的关系不错，和女儿的关系也很好。

布伦达·米尔纳说，她的丈夫曾在事业上给予了她巨大的帮助。后来他们虽然离婚了，但布伦达坚持认为："他也许是我最好的朋友。我们之间根本没有怨恨，而是正相反。直到今天我们依然对对方很有影响。"

富有创造力的个体对婚姻关系的叙述千差万别，它们不能证明任何观点。不过他们的叙述可以驳斥人们普遍持有的一种观念，那就是富有创造力的名人通常拥有复杂的人际关系，而且感情不专一、反复无常。真实的情况似乎正相反：这些人很清楚，持久专一的关系能够最好地保障他们内心的平静，而这正是他们专注地进行富有创造力的事业所需要的。

"创造"一个职业

创造力很少是某一时刻的产物，更多是一生的成果，就像达尔文慢慢积累事实和假设，最后提出了具有划时代意义的进化论。

创造力很少是某一时刻的产物，更多是一生的成果，就像达尔文慢慢积累事实和假设，最后提出了具有划时代意义的进化论。的确，在数学与科学领域中，一些短小的论文常常足以造成整个领域的改变。比如 1905 年爱因斯坦有关狭义相对论的文章。再比如物理学家弗里曼·戴森认为自己的科学地位是由 1948 年发表在《物理评论》上的两篇论文确立的。这两篇论文花了他 6 个月的时间去苦思冥想，几个小时的时间去解答，又用了 6 个月的时间才把它们写出来。然而，即使在这种例外的情况中，我们把大事件发生前的岁月，把接受训练和进行思考的时间都加上，创造过程才能显现出它真正的长度：它远远比人们注意到某一关键事件时它所表现出来的长度更长。

大多数富有创造力的成就是对某个领域长期投入的结果，对该领域的兴趣可以追溯到童年，在学校期间会继续下去，并持续到大学、研究实验室、艺术家的工作室、作家的阁楼或企业家的办公室中。根据个人所处的领域不同，职业道路也会存在很大差异。诗人的职业生涯与高能物理学家或银行集团 CEO 的职业生涯非常不同。即使在相同的子领域中，男性与女性的职业路径也会很不一样。在这样多元化的群体中，是否存在某些共性？

从某种意义上说，富有创造力的个体的职业生涯都很类似：它们不是寻常意义上的职业。大多数人进入一个组织，从初级水平开始，从事若干年指定的任务，然后以较高的水平离开。在这段时期，我们事先或多或少地知道自己要干什么，如果我们不做，其他人也能做这份工作。工人一开始可能是工具匠，离开时是工头；老师干了 30 年后，可能当上了校长；士兵也许晋升为军士；年轻的律师最后成了律师事务所的合伙人，等等。这些任务相对固定，我们会去适应它们。现在进入后工业化经济之后，这种模式可能变得不那么严格了。但是如果大多数人都不再继续遵循为他们设定的职业路线了，那我依然会感到很吃惊。

与之相反，富有创造力的人通常不得不创造出他们将从事一生的职业。在弗洛伊德之前，没有人能成为精神分析师；在怀特兄弟之前，没有人能成为航空工程师；在加凡尼、瓦特和爱迪生之前，没有人能成为电气技师；或者在伦琴之前，没有人能成为放射科医生。这些人不仅发现了思考和做事的新方法，而且成为他们所发现的领域的第一个实践者，使得其他人可以在这个领域中拥有一份工作。因此，富有创造力的人本没有职业，他们创造了职业。另外，这些先驱者必须创造一个追随他们理念的学界，否则他们的发现很快就会湮灭在浩瀚的文化中。弗洛伊德必须把内科医生和神经学家吸引到他的阵营里；怀特兄弟必须说服其他机械师，航空业将是一个可行的行业。职业只可能发生在学界中，如果一个人想从事尚不存在的学界中的职业，那么他就必须创造出这个学界。这就是创造出新领域的人们所做的事情。

但是，作家、音乐家和画家是怎样的呢？这些都是很古老的职业。富有创造力的诗人创造了写诗这种职业的说法显然是错误的，然而从某种意义上看，这也是事实。每一位在历史上留下印记的诗人、音乐家或画家都必然发现了一种前人没有发现的写作、作曲或绘画方法。因此，虽然画家所从事的职业是古老的，但他们绘画的方法却是不断创新的。我来举两个例子，一个来自科学领域，另一个来自艺术领域。它们可以说明职业中的创造力涉及什么内容。

罗莎琳·耶洛的父母没有受过什么教育，但他们给孩子们读书的机会，希望他们能上大学。不知什么原因，罗莎琳认为这与基因遗传有关，她一直坚信，自己能够以某种方式改变世界。她保留着一张自己 3 岁时的照片。在照片上，她戴着拳击手套，哥哥躺在地上，她则高高地站着（她哥哥在邮局工作）。在学校里，她发现自己喜欢数学：

> 我擅长数学，总的来说，我是一个好学生。我学习刻苦，当他们想让我做额外的功课时，我会积极响应。

我们问她："你这样做是因为他们要求你这样做吗？或者因为你把它看成是通往成功的道路？"她这样回答：

> 不，我没有把这看成是通往成功的道路。我这样做是因为我喜欢。你知道，物理老师奥蒂斯会用实例来证明物理学原理。你必须证明这些实例是对的。他会把验证实例的任务交给我。这很有趣。我愿意花额外的时间做这些事情。

在高中和大学期间，罗莎琳幸运地遇到了一些认识到她的能力与积极性的科学及数学老师，他们不断用更难的任务来挑战她。在这个阶段，她还阅读了居里夫人的传记，从那以后，居里夫人就像一位相隔遥远的榜样。20 世纪 30 年代，她在大学里形成了这样的观点（她那一代的大多数科学家都持有这样的观点）："物理是世界上最令人兴奋的领域。"她对人工放射性极光尤其感兴趣，她觉得那会是打开很多科学领域的工具，在化学与生物学领域中也会变得非常重要。

由于那时物理学发生了一些重大的突破，因此罗莎琳的大学老师建议她继续读研究生，成为物理学家。当时几乎没有有关纯物理学的工作。即使像尤金·维格纳或里奥·西拉德那样伟大的物理学家，他们最初也会迫于父母的压力而选择工程专业，以便在必要时可以退回到被普遍认可的职业上。罗莎琳热爱物理学，但为了保险起见，她学习了速记法，这样如果其他道路都行不通，她还可以找份秘书工作。

不过她是幸运的。一部分是因为第二次世界大战让研究生院出现了很多空缺，她被伊利诺伊大学接受，得到了助学金并得以参与研究。同时还发生了其他幸运的事，那就是出现了新一代的技术，其中包括回旋加速器、电子感应加速器。所有新机器使得研究同位素成为了可能，罗莎琳觉得同位素的特点将带来重要的科学应用。

1947 年，布朗克斯退伍军人管理局医院（Bronx Veterans Administration Hospital）雇用了她，让她在放疗科工作。其他人都是医学博士，而罗莎琳从来没有上过生物课。由于跟医生有紧密的工作关系，她开始自己学习辐射物理学方面的知识，即如何能帮助病人治疗疾病，解决生理上的问题。1950 年，她与内科医生所罗门·伯森（Solomon A. Berson）合作，几年后成立了放射性同位素服务科，后来这个科室成了核医学科。以前没有这样的科室，罗莎琳是核医学的“发明人”之一。现在人们可以在这个领域中找到常规性的工作，但在半个世纪前，这个领域根本不存在。

在核医学实验室工作期间，罗莎琳参与了最终使她做出最重要突破的一系列实验。在尝试找出为什么有些人会罹患糖尿病的过程中，她的实验室成功地运用镭 H，不仅测量出身体产生的胰岛素，而且测量出了肽激素和抗原，由此有了放射免疫分析法（radioimmunoassay method）的发展。1959 年，罗莎琳和所罗门第一次用这种方法来研究糖尿病患者血液中的胰岛素浓度，很快它被成功地运用到了其他数百例糖尿病患者的诊断中。为此，罗莎琳获得了医学研究领域中最令人渴求的一些奖项。1976 年，她成为第一位获得基础医学研究的艾伯特·拉斯克奖（Albert Lasker Prize）的女性。1977 年，她获得了诺贝尔生理学奖或医学奖。

罗莎琳的职业生涯完全不符合常规，只有基础物理训练是常规性的。但是从那之后，她选择了至今仍很年轻的辐射物理学专业。后来，她成为首批将辐射物理学运用于生物问题的科学家之一。她是第一个发现可以用放射同位素来测量人类身体中发生的状况的人。在她的职业生涯中，她没有对所做的事情设计过蓝图，但是她拥有很多有利的条件取得成功：物理学理论的发展；出现了制造和测量辐射的大型机器；战争的剩余推动力以及第二次世界大战本身（它使罗莎琳获得了所需的教育机会）；支持她的父母；童年时期给予她鼓励的老师们以及已确立的学界（在这里是医学界）对她的认可。这些都使她发展新学界的尝试成为了可能。如果没有这些有利条件罕见地汇集在一起，罗莎琳便不太可能实现如今的成就。不过她必须自己把这些条件拼凑在一起，没有指导手册可供参考。她是如何做的呢？

罗莎琳对自己成功的解释非常简单："我一直对学习很有兴趣，对利用所学也兴趣盎然。"从本质上说，她用一生的时间与医生们交流，找出他们遇到的问题，试着找出通过实验来解决这些问题的方法。实验结果很少是决定性的，于是她会反思自己在实验中的发现，与同事讨论，进行一些新实验。在有趣的结果出现之前（如果她很幸运），这个循环会重复若干次。以下是她对自己的主要发现的描述：

> 有些事情发生了，你才会认识到它的发生。这就是放射免疫分析发展的方式。我们在检测一个假设，即糖尿病会迅速破坏胰岛素，而这就是成年糖尿病患者体内缺少足够胰岛素的原因。于是我们标记胰岛素（即用化学方法给胰岛素做标记，这样我们便可以测量它的位置和吸收率），发现胰岛素并没有迅速消失，而是消失得更缓慢了。因此我们必须检验为什么它消失得更慢了，从而发现了抗体。接下来我们试着确定抗体的数量。当这样做的时候，我们意识到反而能够测量胰岛素了。一开始我们没打算发展放射免疫分析法，它从一个不相干的问题中显现出来。等

发现了放射免疫分析法时，我们认识到：“啊，我们可以用它来测量所有东西！”

这段描述让发现的过程听起来很容易。寥寥数语概括了数年令人激动而又艰辛的工作。然而，无论重大的突破发生在艺术领域、物理领域、诗歌领域还是商业领域，总体的轮廓都相同。由于某个人在不断学习新知识，并且非常想实施学到的新理念，因此发现了新的做事方法。将罗莎琳的职业生涯与一位艺术家的职业生涯放在一起，也许是一种有趣的比较。

1994 年，当我访谈迈克尔·斯诺时，多伦多的街灯上都悬挂着印有他创作的最著名形象的旗帜。那是一个性感迷人的女性身体的轮廓，名叫“行走的女人”（Walking Woman）。这些旗帜显示的是他的三场回顾展，其中一场占据了巨大的安大略省美术馆（Ontario Gallery of Art）的大部分当代展示空间。另外两场位于城市其他部分的时尚场所中。与此同时还在举办他的创作音乐会，他的一些实验电影也正在展播。访谈那天，他接到了几个长途电话。里斯本的来电是关于明年秋天展览他的作品的。巴黎蓬皮杜中心（Center Pompidou）的电话谈的是他们那里的一些雕塑被毁坏了，希望借用他的绘画作品填补比利时艺术家勒内·马格利特（Rene Magritte）在作品展中的空缺。迈克尔·斯诺的事业达到了很少有艺术家能够企及的最高点。就像其他富有创造力的艺术家的职业生涯一样，他的职业路线也不符合任何现有的模式。

我母亲是一位很杰出的古典钢琴家，直到 90 岁时，她仍在演奏。虽然她不是专业钢琴家，而且从来没有想成为专业的，但她真的演奏得非常好。她想让我上钢琴课，但我拒绝了。她尝试了很多方法来说服我，但我就是不想学。大概是在上高中二年级的时候，我碰巧在收音机上听到了爵士乐，我从来没听过类似的东西，它让我很震惊。我开始对爵士乐感兴趣，非常狂热地听所有的爵士乐，去认识有共同兴趣的人。我也想那样演奏，于是开始尝试自学。

我们家有两架钢琴，一架在楼上，一架在地下室。我经常在地下室弹奏。有一次我妈妈下楼听到了我的演奏，她在我发现之前，听了一会儿，然后我们开始交流。她说的第一句话是："你在弹奏钢琴，你怎么会弹的？"我说："嗯，我只是开始对弹奏钢琴有兴趣了。"她说："你应该上钢琴课。"我回答："不，我弹得挺好。"

后来斯诺加入了实验爵士乐队，用了几年时间在纽约当地的现场音乐中学习，并成立了自己的乐队，录制了一些唱片，最后对加拿大当代音乐的发展产生了相当大的影响。

> 艺术家、音乐家和作家通常只能依靠自己的技艺，面对着市场力量的变幻莫测以及人们品位的变化，却无法仰仗机构的保护。

在他所从事的其他艺术形式上，斯诺也是相当离经叛道。上高中时，他学得比较好的科目是绘画，所以他决定上艺术学校。在那里，他遇到了一位对他影响很大的老师。这位老师对他的作品给予回应和评价，指点他应该看什么书，看哪些艺术家的作品。他还建议斯诺把几幅作品提交给安大略艺术协会（Ontario Society of Artists）的一个集体展览。"他们接受了我的作品，这引起了一些轰动，因为以前还没有学生的作品被接受过。"大学毕业后，他的抽象绘画开始受人关注。不过像许多同时代的人一样，斯诺不愿受到两维空间的局限，对购买自己作品的人会如何使用它们心存怀疑，担心它们会被作为"装修方案"的一部分。因此他转向了雕塑、摄影、全息摄影和电影制作，探索了各种可以利用的媒体和材料。尽管如此，那时他仍感到很困惑，对自己没有信心。20 世纪 60 年代中期，他第一次意识到自己成为了真正的艺术家：

是的，那几乎是令人尴尬的。在某种程度上，它取决于外界的认可。确实是这样。电影《波长》(*Wavelength*) 在一个电影节上获了奖。我一下子出名了,赢得了 5 000 美元的大奖。我根本没想过这部作品能流传下去。我只是想，我要拍这部电影，希望它很不错。然后它就得奖了，我因此得到了公众的关注。他们让我带着电影去欧洲参加巡演，我的电影被收在一个系列里。由此我有了自己的事业。

尽管所有开辟新天地的富有创造力的人都必须创造属于自己的事业，但艺术家、音乐家和作家尤其如此。他们通常只能依靠自己的技艺，面对着市场力量的变幻莫测以及人们品位的变化，却无法仰仗机构的保护。难怪很多颇有前途的艺术家会半途而废，以教书、修复旧房屋、进行工业化设计作为避难所，而不是在前途未卜的职业领域中一直挣扎。那些能坚持不懈并取得成功的人不仅在操作符号方面富有创造力，而且在塑造自己的未来及事业方面更有创造力。他们开创的事业使得自己在不断探索自己所处的奇特宇宙的同时，还能维持生存。

让知识繁衍下去

根据发展心理学家埃里克·埃里克森（Erik Erikson）的观点，人到中年时最典型的任务是繁衍后代。其中包括传递某人的基因和模因。前者指的是生育孩子，后者指的是向后代传递自己的理念、价值观、知识和技能。当知道自己的一部分在自己死后还能继续存在于世时，人们可以更从容地面对死亡。

繁衍的方法，一种是身体上的，另一种是文化上的，两者之间存在着不一致。罗马人有一句俗话：书籍或是孩子，两个都拥有是多么困难。事实上，在很多文化中存在着这样的情况，那就是人们认为写书的人，比如早期的基督教教徒或信仰佛教的和尚，不应该有孩子，至少不应该有法定的孩子。当然也存在很多著名的例外情况，本书描述的人们便属于此列。多数被访谈者有孩子，而且他们非常重视孩子（对于最令人骄傲的成就这个问题，最普遍的回答是“我的孩子”）。另外，他们有机会看到自己的学生或追随者传承他们的理念。

历史学家约翰·富兰克林说：

> 我在芝加哥大学教授的那些博士们，他们是我的骄傲，他们中的很多人现在已经成了杰出的历史学家。他们就职的范围很广，从各类政府

服务部门的工作人员到各种机构中的主任。他们写作了大量的作品，主要是关于19世纪的，那正是我的专长。因此，除了我自己的创造力之外，我想说我的知识对他们的投射也令我获得更多的满足感。他们吸收了我教给他们的知识，拓展了在协助我的过程中学习到的内容，并且在以某种方式复制我的事业。

拉维·香卡表达了类似的想法，但强调了与研究生关系的另一个方面，即年轻人对年长伙伴的影响：

我觉得当我和音乐家在一起时，也就是在我的学生当中时，我更加富有创造力。在我教授他们时，他们围绕着我，哪怕只有一个人，我也会变得更有活力，音乐像泉水一样喷涌出来。所有我学过的以及所有我想过的都冒了出来。通过这样做你会不断成长，你知道吗？在进行教学时，你同时也在学习，因为不用尝试你就在做新的事情。

物理学家海因茨·迈尔莱布尼茨也从与学生关系的角度回答了“最令他感到骄傲的是什么”这个问题：

然后我来到慕尼黑，有了这些学生，并能够完成比单打独斗时更多的事情。他们渐渐独立起来，这真是令我难忘的事情。你知道，教学不同于从书本上学习。你所要做的是呈现自己，无论你是否喜欢这样做。你希望学生可以通过观看，通过感受老师的感受来学习。

布伦达·米尔纳不想要孩子，因为她觉得自己不适合母亲这个角色，不过她清楚地表达了繁衍的重要性：

一个人无法实现长生不老，但你可以通过另一种方式来继续发挥影响，赫布就是通过他的学生来继续发挥影响。我只是他众多学生中的一个。他教授过各种各样的学生，他们虽然进入了不同的领域，但你能够看到赫布的思想的影响。即使你看一看我的前夫彼得，也会发现他受到了赫布很大的影响。它让你成为不断前进的洪流的一部分，即使你已经很老了。

活跃在不同的舞台

尽管富有创造力的个体最明显的特征之一是全身心地投入到他们的项目中，但专心致志并没有妨碍他们深入参与历史性和社会性的问题。有时这种参与发生在一个人在某个领域中已经声名显赫之后，有时也可能像经纬线一样交织在某人的整个成年期中。我们样本中的一些人曾冒着相当惊人的风险为自已的信仰辩护。其中引发最大担忧的两个问题是环境破坏（包括核军备竞赛）和越南战争。在 20 世纪的后 50 年中，这两个问题让富有创造力的人们行动了起来。

1954 年，莱纳斯·鲍林赢得了诺贝尔化学奖，并被至少一份出版物列为有史以来最伟大的 20 位科学家之一。此后他把精力转向了抵制核战争的行动中。他组织集会和示威游行，在此期间时常被警察拘留。尽管如此，1962 年他被授予了诺贝尔和平奖。物理学家维克托·韦斯科夫（Viktor Weisskopf）将很多精力投入到反对军备竞赛的斗争中，他是忧思科学家联盟（Union of Concerned Scientists）的委员会成员。

本杰明·斯波克（Benjamin Spock）的育儿书被认为是世界上销量仅次于《圣经》的作品。他也成为了核军备竞赛的积极抗议者，后来又强烈地反对越南战争。他也被警察拘留过几次，最后尝试建立第三党派来竞选美国总统，以实施他的信念。巴里·康芒纳也采取了类似的做法，为了组织环保活动，他放弃了如日中天的科学事业。他还参与了美国总统的竞选，但没有成功。尤金·麦卡锡（Eugene McCarthy）也参与了总统竞选，不过他是以美国参议员的身份参与竞选的，因此不涉及职业道路的改变。

演员爱德华·阿斯纳（Edward Asner）参与了很多有关统一和反战的活动；摄影师布兰德利·史密斯因为试图组织路易斯安那州和密西西比州的棉田工人而被一度关押在南方的监狱里；艺术家李·内丁（Lee Nading）因在通往核设施的道路上画上了巨大的符咒标记，而被司法长官拘捕，罪名是污损公共财产；娜塔莉·戴维斯为了抗议越南战争而将自己放逐到了加拿大；约翰·加德纳放弃华盛顿位高权重的职位，组织了诸如同道会的草根运动；乔治·法鲁迪在集中营中度过了很多年，因为他是犹太人。

纳吉布·马哈福兹的惊险故事很好地说明了一位正直的艺术家会遭遇怎样的麻烦。马哈福兹很腼腆，不善交际，他喜欢开罗有闲阶级梦幻般的生活节奏："大学毕业以后，我想找份工作，拥有新的生活方式：工作到下午，傍晚时四处转转，去俱乐部或咖啡馆。"当他在小说里逼真地描述同胞们的所作所为和所思所想，以及在整个埃及过去几代人的价值观发生了怎样的深刻变化时，引起了政府的不满，他被软禁了数年。之后，具有讽刺意味的是，他对人民生活的客观描述也使伊斯兰派系疏远了他，后者认为他不尊重宗教的绝对权威，甚至有意冒犯。此时马哈福兹签署了一份声明，公开谴责"文化恐怖主义"，其中这样写道："埃及的审查不再是一种政府职权，而是原教旨主义的枪炮。"警察发现了一份死亡黑名单，马哈福兹排在最靠前的位置。于是政府为他提供了全副武装的保镖。不过，与其他受到威胁的知识分子不同，马哈福兹拒绝接受保护。1994 年 10 月的一个傍晚，当这位 82 岁的小说家在其他几位作家的陪伴下，走向他最喜欢的咖啡馆，准备放松一下时，一辆轿车在他身后停下来，一个人跳下车，拿刀刺入了他的后背。

> 驱动这些人在各自领域中取得新突破的好奇心和奉献精神，也引导他们去解决社会及政治问题，而其他人则可能满足于现状，选择不去理会这些问题。

当然这些倾向并不表明富有创造力的人必然会对周围的世界感兴趣，愿意卷入其中，为自己的信仰付出巨大的代价。但是这些描述驳斥了广为流传的相反的结论，那就是杰出的艺术家和科学家非常自私，只专注于自己的工作，不关心世界上发生的其他事情。其实正相反，驱动这些人在各自领域中取得新突破的好奇心和奉献精神，也引导他们去解决社会及政治问题，而其他人则可能满足于现状，选择不去理会这些问题。

▲开创事业之外的新天地

随着富有创造力的个体开始变得功成名就，他们不可避免地会承担更多的社会责任，甚至会参与激进的活动。发生这种情况，主要有两个原因，一个是内部的，另一个是外部的。

当富有创造力的人的事业进展变慢或失去挑战时，内部的因素便会发挥作用。例如，某个科学分支或艺术风格可能会发展到尽头或变得过时了，这些领域里的人就得转移兴趣。20 世纪 20~30 年代席卷物理学界的知识骚动已经大幅消退了，而其他科学分支吸引了年轻聪明的研究者的兴趣。爵士乐不再像 50 年前那么风光，小说据说会消亡，绘画是一种倒退。那些将一生奉献给这些事业的人在尝试寻找更肥美的牧场。情况还可能是，领域依然很刺激，但某人自己已经江郎才尽，或者感到太受自己专业的局限，或者受制于实验室及工具的缺陷。当发生这种情况时，大学里的科学家也许会想办法当系主任或院长，投资者转向做咨询师，而艺术家则渴望获得一份教育领域的工作。

外部的因素来自环境施加给个人的多元化压力。对于很多管理职位来说，请到一位受人尊敬的大人物是一种巨大的资产。政府机构和私人基金会很乐意它们的高管拥有富有创造力的名声，另外还会特设非常有吸引力的工作。诱惑富有创造力的人接受这些职位的通常不是金钱，也不是权力，而是去做重要的事情，并且他有能力做成这些事的感觉。

样本中的多数女性科学家，比如玛格丽特·巴特勒、罗莎琳·耶洛、维拉·鲁宾和伊莎贝拉·卡尔，将大量的时间用于在全国各地的高中做演讲，告诉女孩们数学课的重要性，以免她们进入大学后想学习科学专业时，发现自己没有足够的数学基础而不得不放弃。她们觉得很多聪明的女性正是缺乏这种远见而荒废了生命。这四位女性科学家都参与了各种各样的科学协会，特别是那些为女性科学家服务的协会。巴特勒还积极参与当地的政治事务，罗莎琳就辐射安全问题进行广泛的演讲。

富有创造力的科学家迟早会被卷入政治及科学管理，如果他们擅长于此，便能拥有第二或第三职业，“做上帝的工作”而不只是做他们自己的工作。曼弗里德·艾根仍在哥根廷的马克斯·普朗克学院运营着他的大型实验室，他希望在那里演示无机分子中的选择过程，以揭示生命在地球上出现之前的进化过程。不过他将越来越多的时间用在了诸如代表德国科学基金会批准经费及会员资格，以及到处参加官方会议等活动上，他也在演奏钢琴上投入了越来越多的时间。

另一位德国科学家海因茨·迈尔莱布尼茨在转换职业之前，从事了很长时间的教学和研究工作，而且成就卓越。20世纪50年代，他在格勒诺布尔（Grenoble）建立并管理了欧洲的第一个核研究反应堆。后来，他辞去了那里的工作，接受了德国国家科学基金会主席一职。在工作中，他代表研究项目游说政府官员和政客，监督研究经费及研究员资格的管理，并努力使科学界在媒体中保持正面形象。当再次辞去这些职务时，他开始写烹饪书，这些书很畅销。同时作为科学界充满智慧的老人，他会以非正式的身份参加一些会议，发表一些文章。

人们很容易以为，至少艺术家、音乐家和作家能够不受干扰，追随他们的灵感，在自己与世隔绝的工作室里创作。然而情况并非如此。罗伯逊·戴维斯在描述自己的工作时表示，内部及外部的力量都让他不能专心于写作：

> 那时我非常忙碌，因为刚刚完成了一部小说，正处于要出版的阶段。那意味着要与出版商进行大量的协商，要校正他们编辑的版本，还要做其他诸如此类的事情。这些事情非常花费时间。同时我还被安排了几个公开的演讲，我必须为此做准备，因为我觉得公开演讲很令人痛苦，而且不喜欢讲一些浅薄愚蠢的东西。
>
> 然后我不得不为新书而到处旅行，你知道，如今的作家已经不能仅仅是写书了，他还必须到处去做宣传，朗读书中的段落，与人们进行交流。
>
> 我还要把自己的文章汇集起来，准备放入渥太华的国家档案馆。这比我想象的更麻烦。另一件让我感到费劲的事情是，在过去几年中，一

位传记作者写了一本有关我的书。我必须很可笑地找到一些自己婴儿时期的照片以及诸如此类的无聊东西。我很难对此说："不，我不愿意提供这类照片。"因为传记作家都是很有决心的人，如果你不按他们希望的去做，他们会自己找到一些照片，天知道那会是些什么照片。所以你必须圆滑而乖巧。

戴维斯的叙述强调了富有创造力的人在成功之后，可能会从事另一项任务，那就是保存他们的生活记录。信件必须分类、贴上标签，以便存档。文章要进行收集和注解。绘画作品被收藏在博物馆中，传记记录了他们的回忆。当诗人、音乐家和艺术家变得声名显赫时，会有越来越多的委员会和协会邀请他们加入。人们会征求他们对批准经费的意见；记者会打来电话，问他们对宗教、性及政治的看法。正如戴维斯所说：

如今作家所面临的问题之一是，人们希望你公开露面，成为某种公众人物。人们希望知道你对政治、世界事务等的看法。其实你对此知道的并不比其他人更多，但你不得不配合他们，否则人们就会说你耍大牌，对你做出一些恶毒的评价。

当然，这种对富有创造力的个体无所不知的期望最终会冲淡他独特的见解和真正的专长，让它变得很廉价。不只是作家会面临这样的苦恼。物理学家尤金·维格纳也表达了相同的看法：

到 1946 年，科学家还必须兼任公共服务人员，他们要从科学的视角对社会及人类问题发表见解。大多数人对此很享受，虚弱是人类的共性……我们有权利，甚至也许有义务对重要的政治问题畅所欲言。但是对于大多数政治问题，物理学家并不比路人知道得更多。

▲寻找接班人

对于那些在有生之年已经建立起机构的人来说，最担忧的事情之一就是接班问题。谁将继续领导这家公司？现在的头儿退休之后，谁将继续领导这个实验室？离开了那个为机构奉献了一生的人之后，机构还能生存下去吗？这些问题特别重要。没有什么人会赞同庞巴杜侯爵夫人（Marquise de Pompadour）的告别语："我们死后，将会洪水滔天。"

罗伯特·高尔文在做摩托罗拉CEO的最后三年中，他把大部分时间用在了选择"合适的"接班人。错误的选择意味着可能危及一个雇用了上万人、充满活力而繁荣的公司的未来，这是他用自己一生的精力创建起来的。

伊丽莎白·诺埃尔诺伊曼在第二次世界大战刚刚结束的1945年，创办了她的民意调查机构。她将这个机构从夫妻店扩张为同类公司中最大、最受尊重的一家，雇用了几百名全职员工以及数千名兼职员工。这个机构的成功很大程度上要归功于她与德国社会及政治领袖们的个人交往，也归功于她在抽样方法上的突破以及她的驱动力。现在她已经70多岁了，为机构的未来感到担忧是可以理解的。那些为她工作的人当中，谁最有可能继续保持公司的声誉和成功？

乔治·克莱因在斯德哥尔摩的卡罗林斯卡医学院建起了研究肿瘤细胞的大型实验室。他离退休还很远，但也开始花费更多时间来讨论为他工作的五六十名科学家中，谁有可能接管实验室。要领导实验室走向成功，这个人必须才华出众，有经营头脑而且大公无私。例如，如果克莱因选择的接班人太在乎自己的事业，甚至不惜侵占其他人的创意，那么最好的研究人员可能会疏远他，他们会离开，转而为其他机构效力。机构是很脆弱的。如果它们的成功主要靠一个富有创造力的人，那么其未来的生存更会受到威胁。

▲永远没有时间盈余

这些富有创造力的成功者没有很多可以自己支配的时间。很难想象他们会感到厌倦，或者会愿意花哪怕几分钟的时间去做他们认为不值得做的事情。伊娃·蔡塞尔说："当一些与我同龄的人问我该做些什么的时候，我说，'你一定要有一件痴迷的事情。'你一定要总是很忙，而不能总是很闲。"布兰德利·史密斯相信，一个人是为了避免重复和厌倦才被迫变得富有创造力的。“信息时时扑面而来，你没时间感到厌倦。”

> 这些富有创造力的成功者没有很多可以自己支配的时间。很难想象他们会感到厌倦，或者会愿意花哪怕几分钟的时间去做他们认为不值得做的事情。

在 70 岁、80 岁或 90 多岁的时候，他们可能不再像早年那样野心勃勃了，但他们依然像以前一样专注、高效和投入。约翰·富兰克林轻声笑着说：“当周五到来的时候，我也会说，‘感谢上帝，终于周五了。’因为接下来我可以在家里不受干扰地工作两天了。”他们的工作（也就是将他们全部的技能集中运用到他们自己选择的、有价值的目标上）通常至死方休。所以，为什么要把他们在做的事情称为工作呢？也许更应该称之为玩耍。

每个文化中的大多数人都会将自己的人生投入到社会所设定的方案中。他们关注其他人关注的事情，体验其他人体验的事情。他们进入学校，学习应该学习的知识，从事能够得到的工作，根据当地习俗结婚生子。他们不知道除此之外还能怎么做。如果大多数人都不是墨守成规的人，如果我们不能指望水管工、老师、医生各司其职，那么我们还可能拥有稳定、可以预测的生活吗？与此同时，只有当少数人不按常理出牌时，文化才能得到发展。我们研究的这些人在前进的过程中制定出了他们的规则，将运气与专注结合在一起，直到他们能够形成一种“生命主题”，这个主题既能表达他们的独特见解，又能使他们得以谋生。

遭遇厄运与灾难

到目前为止，我们已经清楚地看到，像其他人一样，富有创造力的人也不能免于失望和不幸。然而他们是幸运的，因为他们拥有一份事业，这会使他们尽量少惦记着生活中已经发生或将要发生的不幸。

在谈到父母或配偶的亡故时，偶尔会有一位被访谈者黯然落泪。成年人可能遇到的最严重的打击——白发人送黑发人，在少数情况下会给被访谈者留下永恒的情感伤痕。这些人的生活经历中不乏这些悲剧以及诸如战争、入狱、失败、经济困扰等其他不幸，但伤痛没有变成使他们消沉的情感沼泽，而是帮助他们坚定了继续前行的决心。

最持久的伤痛是由专业方面的导师造成的。苏布拉马尼扬·钱德拉塞卡仍记得60年前，当伟大的天体物理学家亚瑟·爱丁顿爵士（Sir Arthur Eddington）轻视他的科学前途时，他所感到的羞辱。弗兰克·奥夫纳仍为读研究生时论文指导导师的嫉妒行为感到伤心。这位导师阻止他利用早期的工作机会，并在背后玷污他的声誉。

我们经常问女性被访谈者，作为女性，她们在职业生涯中遇到了怎样的困难。她们对这个问题的回答可以很好地说明这些富有创造力的人具有将伤痛缩减到最少的能力。大多数人否认性别偏见或者对女性的双重期望对她们的生活产生了巨大的消极影响。比较普遍的态度似乎是"有什么其他的新问题"和"让我继续谈谈需要做的事情吧"。并不是说她们感觉不到女性在职业上所面临的困难。事实上，她们会慷慨激昂地谴责女性不得不承受的特殊压力。不过她们看不出这个问题关系到她们自身。维拉·鲁宾的回答很具有代表性：

> 我觉得自己一直很天真。在遇到障碍时，我不认为自己很把它们当回事。我觉得那些设置障碍的人只是不明白我真的想成为一名天文学家。我会忽视它们或者不把它们放在心上，所以我不认为自己曾遇到过障碍。总的说来，我只把它们看成是缺乏支持。在读大学和研究生的时候，老师们总是劝我学点别的，因为他们不需要天文学家……我可能会找不到工作……我不应该研究这个。我只是不去理会那些劝告，从来不把它们当回事。我想成为天文学家，不在乎他们是否认为我应该或不应该这样做。因此不管怎样，我很有自信。
>
> 诸如此类被我克服的问题对我似乎没有多大影响。一定有很多人，

尤其是很多女性，也曾想成为天文学家，但这些建议产生了影响，所以她们没有成功。

由信心和对自己感兴趣的宏大事业的投入（比如鲁宾对天文学的热爱）所产生的这种“天真”，就像是富有创造力的个人与破坏他们个人目标的熵之间的缓冲器。

然而熵无法永远被控制住，死亡迟早会阻挡住发现之旅。甚至更糟，身体健康状态变差，生命的最后几年就被毁掉了。历史学家威廉·麦克尼尔 73 岁时仍能在他乡间的隐居之地砍木头，过着充满活力的生活，但在访谈结束时，他沉思着说：

嗯，有一件重要的事情你没有谈及，那就是良好的健康状况。你知道，这意味着你的身体运转正常，不需要给予特别的关注。要想有所作为，这绝对是至关重要的。我曾想，如果拖着多病的身体，如果严重的疼痛或其他病痛扭曲了你对世界的体验，那会发生什么？如果那样，整个世界都会变得不一样。当然有些不幸的人忍受着长期的疼痛，或者忍受着某种长期的生理障碍，但我从来没有遇到过这样的状况，所以不知道那是什么感受。不过在我看来，头痛欲裂地起床做事似乎是非常困难的。

正如麦克尼尔所指出的，疼痛是那么可怕，它迫使我们不得不去注意它，因此使我们无法集中精力做任何事情。长期疼痛会让我们停止手中所有重要的工作。当然，正如他提到的，有些人甚至能克服这样的障碍。蒙田（Michel de Montaigne）是 16 世纪最有创造力的人物之一，他患有肾结石和其他各种疾病。但是他坚持到处旅行、参与政治活动，并写出了著名的篇章。史蒂芬·霍金（Stephen Hawking）因为患有肌萎缩性脊髓侧索硬化症，只能坐在轮椅上，不能行动，甚至不能控制声带。但是他依然发展了宇宙理论，周游世界各地。从这方面来看，我们样本中的群体还是很幸运的。他们一直到最后都很健康，不用担心自己的创造力是否能战胜长期的疼痛。

创新者小传

→ **伊莎贝拉·卡尔**（Isabella Karle，1921—　），女，美国实验化学家、晶体学专家。曾荣获美国海军的卓越文职人员奖（Superior Civilian Award）、女工程师学会的年度成就奖、化学先锋奖、密歇根大学的科学与工程领域女性终身成就奖、美国晶体学协会杰出往届主席奖、瑞典皇家科学院爱明诺夫奖（Gregori Aminoff Prize）。

→ **拉维·香卡**（Ravi Shankar，男，1920—2012），印度锡塔琴演奏家、作曲家，全印广播电台（All-India Radio）器乐合奏指挥。他游历世界各地，在洛杉矶创立了紧那罗印度音乐学校（Kinnara School of Indian Music）。加州大学、英迪拉卡拉森吉特大学、印度国家音乐、舞蹈和戏剧学院、美国全国录音艺术科学院和联合国儿童基金会曾授予他荣誉学位。曾荣获印度总统莲花装勋章（Presidential Padma Bhushan Award）。他创作过两部锡塔琴协奏曲和管弦乐协奏曲，还创作过一些芭蕾与电影的配乐。

→ **柏妮丝·诺嘉顿**（Bernice Neugarten，1916—2001），女，美国社会科学家，成人发展及衰老研究领域的先驱者。她是美国教育委员会会员，老年医学会前主席。曾荣获国际老年学协会克里默奖（Kleemier Award）、布鲁克代尔奖（Brookdale Award）和美国心理学会终身成就奖。她与人合著或编辑的作品包括*Society and Education*、*Personality in Middle and Late Life*、*Middle Age and Aging*、*Adjustment to Retirement*、*Social Status in the City*、*Age or Need*、*Public Policies for Older People* 等。

→ **罗莎琳·耶洛**（Rosalyn Yalow，1921—2011），女，美国医学物理学家。因在放射免疫检定法的发现与发展上做出的贡献获得了 1977 年诺贝尔生理学或医学奖，还荣获过国家科学奖章。她曾担任美国内分泌学会的主席，著述颇丰。

→ **迈克尔·斯诺**（Michael Snow，1929—　），男，加拿大艺术家、爵士音乐人、电影摄影师，耶鲁大学高级电影课程教授。曾荣获布鲁克大学和诺瓦艺术与设计大学的荣誉学位，荣获过古根海姆奖、加拿大勋章。他的绘画作品曾在 1967 年世界博览会、安大略美术馆、国家美术馆等地展出。加拿大音乐创作者联盟等唱片公司录制过他的钢琴独奏和乐队演出。

→ **本杰明·斯波克**（Benjamin Spock，1903—1998），男，美国儿科医生、精神病学家、作家、活动家。曾获得过 1924 年奥林匹克运动会金牌、家庭生活图书奖（Family Life Book Award）和国家紧急事件公民特权委员会颁发的托马斯·潘恩奖。他曾是人民党的总统候选人，他的著述包括 *The Common Sense Book of Baby and Child Care*、*A Better World for Our Children* 等。

→ **乔治·法鲁迪**（Gyorgy Faludy，1910—2006），男，加拿大诗人、翻译家。曾荣获多伦多大学的荣誉博士学位。他的作品包括 *Selected Poems*、*Villon Ballads*、*A Keepsake Book of Red Byzantium*。

第9章 创造力与年老

我把人类看成是进化过程的产物，应该说是创造力的进化。我们现在成为了过程本身，或者过程中的一部分。

生物学家乔纳斯·索尔克
Jonas Salk

学者们对于年龄与创造力之间的关系仍存在很大争议。最初研究这个主题时发现，30 多岁时人的创造力会到达巅峰，只有不足 10% 的伟大贡献是由 60 岁以上的人做出的。然而，关于什么应该被算作伟大贡献的理念发生了改变。如果我们观察总产出，情况就不同了。在人文学科中，年龄在 30~70 岁之间的人的贡献数量基本上没什么波动，科学领域中也存在这种趋势，只有在艺术领域中，60 岁以后的贡献会出现大幅下降。不过在我们的样本中，生产力并没有出现下降，如果有什么不同的话，那就是晚年的贡献反而增加了。莱纳斯·鲍林在 91 岁时说，他在 70~90 岁之间发表的论文比之前几个 20 年中的都多。

> 随着年龄的增长，保持不变的不仅是作品的数量，还有作品的质量。他们的职业生涯中一些最令人难忘的成就是在晚年做出的。

最近的研究显示，随着年龄的增长，保持不变的不仅是作品的数量，还有作品的质量。他们的职业生涯中一些最令人难忘的成就是在晚年做出的。威尔第（Giuseppe Verdi）在80岁时完成了歌剧《福斯塔夫》（*Falstaff*），从很多方面看，这是他最好的歌剧之一，风格与之前的作品非常不同；本杰明·富兰克林在78岁时发明了双焦镜；弗兰克·劳埃德·赖特（Frank Lloyd Wright）在91岁时完成了他的杰作之一古根海姆美术馆（Guggenheim Museum）；米开朗琪罗89岁时在梵蒂冈圣保罗教堂中绘制了精美绝伦的壁画。因此，尽管许多人也许在20多岁时在该领域的表现就达到了巅峰，但改变符号领域，由此对文化有所贡献的能力其实在老年时反而得到了提高。

什么会随着年龄的增长而改变

在访谈中我们提出了一个问题：在生活了20年或30年后，他们发生了什么重大改变，特别是工作方面的改变？他们的回答很好地说明了这些富有创造力的人是如何看待变老的过程的。

一般来说，被访谈者不觉得50多岁和70多岁，或者60多岁和80多岁有很大的差别。他们认为自己的工作能力并没有减退，从本质上说目标也与以前相同，他们做出的成就的质量和数量也与以前几乎没有区别。他们完全没有一般老人对身体健康状况的抱怨。这不是个别现象，甚至那些80多岁的被访谈者也仍对自己的身体状况持有非常积极的态度，尽管他们能清楚地感觉到某些身体功能的衰退。

令人奇怪的是，当汇总所有的回答时，对改变持有积极态度的人几乎是持消极态度的人的两倍。出现这种乐观情况，一部分可能是因为在访谈的情境中，人们倾向于展示自己最好的一面。但是鉴于我们得到的回答通常是坦率真诚的，因此我宁可相信他们的回答。毕竟，这些人为自己塑造了独特的人生，他们能够富有创造力地应对生命的终点也就不足为奇了。

对于最后二三十年中发生了什么变化，答案自然而然地落入了4个基本类别中。它们是体力、认知能力、习惯和个人特点，以及与学界或与领域的关系。

另外，这 4 个方面的变化既有积极的作用，也有消极的作用。

▲体力与认知能力

正如我们所预料的那样，最常被提及的改变必然与身体或头脑的表现能力有关。只有大约 1/3 人说这方面有所衰退。鉴于我们通常认为晚年是凄凉的，因此这种结果怎么可能是真实的？

心理学家很早就将心智能力分成了两大类。第一类被称为流体智力（fluid intelligence），也就是快速反应的能力。它与迅速做出反应、准确而快速的计算有关。通过让一个人记忆一串数字或字母，识别内嵌在复杂图形中的图案，或者从逻辑关系或视觉关系中推导出结论的方法可以测试流体智力。这种智力被认为是天生的，几乎不受学习的影响。其中不同的组成部分都是在生命早期达到了巅峰状态，比如有些测试十几岁的孩子表现得最好，有些测试则是 20 多岁或 30 多岁的人表现得最好。到了晚年，这些技能都会出现一些衰退。

第二种类型的心智能力是晶体智力（crystallized intelligence），它更多地依赖于后天的学习而不是先天的能力。它涉及做出明智的判断，在不同类别中辨识出相似性，运用归纳及逻辑推理。这些能力主要依靠的是反思，而不是快速反应，而且随着时间的推移，它们会逐渐增加，至少在 60 岁以前是这样。在我们的样本中，被访谈者认为甚至到了 90 岁，他们的这种心智能力依然在提高，或者至少是保持稳定不变。

在查看访谈内容时，我们发现最普遍的抱怨是活力下降，或者行动变慢了。对于表演家来说，这个问题尤其突出。拉维·香卡对过去充满怀念，就在 10 年前，他还像一阵旋风一样，在英国灌制唱片，飞到印度给电影配音，飞到加州参加音乐会，不会遗漏任何一个活动。但是现在 74 岁的他更喜欢待在家里，不急不忙，专注于教几个学生，有选择地参与一些演出。

少数科学家还提到他们变得更慢，也更小心了。物理学家汉斯·贝特说，

88 岁时他在计算上会犯更多的错误，尽管他比以前对错误更加警觉了。另一位物理学家海因茨·迈尔莱布尼茨在 80 多岁时觉得，自己做事的兴趣增加了，但有些力不从心。社会学家詹姆斯·科尔曼（James Coleman）回忆，20 年前他经常穿梭于不同的城市，私访一家家旅店，连续工作 4 天 4 夜，只睡几个小时，而现在他再也不能那样了。

不过也有差不多相同数量的人说，在晚年，他们的心智能力没有改变，或者有所提高。这种说法通常是被访谈者在 60 多岁或 70 多岁时提出的。这种积极说法的基础是，由于他们的经验更加丰富、理解力更强，他们能比以前更快、更好地完成事情。例如，当 70 岁的罗伯特·高尔文接受访谈时，他说现在他的商业决策变得更精明、更有效了，深入学习让他能够更好地理解国际贸易中所涉及的各种力量：

> 通过在世界各地旅行，我们知道有些市场是开放的，而有些不是。欧洲市场非常开放，日本市场则非常封闭。我们本能地知道那是不可容忍的，但不知道该对此说点什么，不能就此写一份花哨的备忘录。于是我们返回校园，从学者那里进行学习。学者们提出了一个重要的概念——庇护所原则（the principle of sanctuary）。在战争时，商业上就会采用这种原则。我们本能上知道的东西一下子变得更清晰了。对于国际贸易问题，我们能够进行更敏锐、更迅捷的思考了。

巴里·康芒纳觉得与几十年前相比，他现在更机敏，知道的更多了；伊莎贝拉·卡尔相信，经验为她提供了比以前更复杂的知识；一些人同意诗人安东尼·赫克特的看法，认为时间磨砺了他们的技能。所有这些积极的发展都是晶体智力以及为了自己的目标运用文化中可以获得的信息的能力的例证。就我们的样本而言，男性与女性提出的积极结果及消极结果的比例为 1∶1。

▲习惯与个人特点

人们报告的第二类改变涉及克制与态度。在 1/4 的时间里，它们会被提及，而且积极的结果多于消极的结果。消极的改变一般包括压力太大，时间太少，责备自己没有学会避免过度投入。其他相关的问题包括变得缺乏耐心，为没有保持身体健康而感到愧疚。

积极的结果包括不再对自己的表现感到那么焦虑，变得不那么有紧迫感了，并且展现出了更多的勇气、信心，更愿意冒险。一些被访谈者表达了与安东尼·赫克特相同的看法：

> 我可能比以前更相信无意识的直觉了。我不像以前那样刻板，从我诗作本身的特性和结构就能看出这一点。它们在韵律和总体设计上变得更自由了。我早期的诗作比较严谨刻板，体现出想避免任何错误的意愿。现在我不太为此担忧了。

一些被访谈者提到，他们从过去工作的错误或受到的批评中学习到了一些东西。这种学习可能是很痛苦的。当花旗公司经历股价大跌，在市场中损失惨重，约翰·里德责备自己没有预见到这一切，他认识到自己必须改变领导方式了：

> 在过去 10 年中，我做企业的方式发生了很大改变。我不认为自己失去了朝气或创造力，但我不再那样随意了。我没有了那种绝对的热情。当你意识到自己可能犯错时，那种热情就会减少。我非常明确地知道自己的不足，对它们相当敏感。对于现在我在做的事情，我能做得很好，但那是磨练的结果，不是自然而然的行为。我强迫自己去做这些事情，非常努力地完成他们。但是这很有趣，到目前为止，我做过的大多数事情都是有趣的。

作为历史学家，C. 范恩·伍德沃德可以通过出版作品的新版本，比较容易地来纠正自己的不足：

> 嗯，我学到了更多东西，改变了自己的想法以及我的作品的推理与结论，例如有关吉姆·克劳（Jim Crow）的书。我已经出过 4 个版本，正考虑出第 5 个版本，每一次都会有变动。这些变动主要来自我受到的批

评，这些批评大部分来自年轻一代。我认为作为历史学家，有可能犯的最严重的错误就是对新事物无动于衷或轻视它们。你知道在历史上没有什么是持久不变的。作为书写历史的人，我也在改变，只希望不是越变越糟糕。

几位被访谈者逆转了时间压力造成的消极影响，他们成了自己的主人。我们在这里同样会看到，对某人的时间及心理能量的过度需求，既可能产生积极的影响，也可能产生消极的影响，这取决于个人如何应对。

但是，即使一个人能够成功地应对迅速增长的需求，他也不可能完全掌控时间。以下是伊丽莎白·诺埃尔诺伊曼对自己工作方法的改变的描述：

它们变得更有条理、更系统化。在过去 20 年里，为了应对时间的严重缺乏（这种情况变得越来越严重），我想出了很多方法。我以为情况会有所好转，但时间依然变得更缺乏了。

天文学家维拉·鲁宾非常形象地描述了对时间的需求：

最大的挑战在于为了获得足够的时间来做科学研究，你必须应对专业会议、各种组织及委员会。女天文学家如果有问题，她们可以在一天中的任何时候来找我。每天我会花一个小时来做这类事情。保持做科研的时间真的很困难，我依然非常想搞科研。

我比大多数人有优势的地方在于，我不用教学。不过我觉得人们对我们所能完成的事情的期望变得很高。电话、电报和电脑为他们提出高期望提供了便利。运气不好的时候，我每天会收到 17~24 封电子邮件。大多数时候我勉强能处理完邮件。我会收到很多预印本、重印本和信件。我没有秘书，秘书在某种程度上能帮些忙。如果我阅读所有这些预印本、重印本和信件，那么整整一天，我就只能处理这些东西。

就习惯和个人特点而言，男性和女性提到消极结果的比率是相等的，而女性提到的积极结果是男性提到的两倍。显然富有创造力的女性对晚年的生活调节得不错。与男性相比，她们特别会提到内心更加平和，压力更小了。维拉·鲁宾说：

> 30 年前与现在完全不同。我曾质疑自己是否真的能成为一名天文学家。在职业生涯的早期，我心存很多疑惑，其中一个很大的就是它能否真的实现。我停不下来，我无法放弃，成为天文学家对我来说太重要了。这种想法一直被认为是不可能实现的。我也不确定它是否可行，不确定自己能否成为一名天文学家。

▲与学界的关系

另一个改变涉及与同事、学生及机构的关系。积极结果的数量再一次与消极结果的数量相当，但出现了一个有趣的差异：所有消极的结果都是男性提出的，而提出积极结果的男性与女性各占一半。当年事已高，他们会失去机构正式成员的身份，男性显然会因此更失落。因为退休后他们的声誉和权力会减弱，对此他们会感受到更大的痛苦。尤金·麦卡锡很久之前就离开了美国参议院；社会学家戴维·瑞斯曼因为不喜欢到处旅行，所以不再参加学者们的会议；物理学家维克托·维斯科夫像许多同行一样，不再参与活跃的研究。

随着年龄的增长，还有可能获得在学界中更中心的地位，或者与学界发展出新的联系形式，特别是与学生的联系。

然而，随着年龄的增长，还有可能获得在学界中更中心的地位，或者与学界发展出新的联系形式，特别是与学生的联系。乔治·斯蒂格勒在他编辑的享有盛誉的期刊上投入了更多时间；拉维·香卡正计划在印度政府为他建造的中心教授传统音乐；人类学家罗伯特·莱文（Robert LeVine）减少了去非洲查看现场工作的次数，而用更多时间来训练来自不发达国家的学生；曼弗里德·艾根在哥根廷领导了一个大型实验室，与 12 名博士生密切合作，并活跃在各种科学协会及政府机构中。

▲与领域的关系

对于在过去几十年里，他们的生活发生了什么改变这个问题，最后一类回答与知识的获得无关。提及这个类别的回答占所有类别的 17%。与前面积极结果和消极结果基本持平的情况相反，这些回答一律都是积极的。似乎是因为获得更多知识和不同领域的知识，人生前景就永远不会令我们失望。我们会失去体力和认知能力，也会失去权力与显赫的社会地位，但我们始终能接触到符号领域，直到生命的终点，它们依然能带给我们更进一步的回报。

一些人拓展了自己所在的领域，例如妮娜·霍尔顿对学习青铜雕塑产生了浓厚的兴趣。一些人开始进入与原来工作相关的分支领域，比如弗里曼·戴森开始为大众读者写科学读物，他的热情就像当初进行科学研究时一样高涨，后来他还拥有了一份数学物理学家和作家的双重职业。一些人发现了全新的兴趣，比如海因茨·迈尔莱布尼茨在不做德国国家科学基金会的主席之后，写起了烹饪书。

还有些人仅仅希望能进行更广泛的阅读，探索被忽视的知识领域。他们会宣称，在过去的岁月里，他们学会了更充实地享受生活。这种改变与年龄增长或个人决定的关系不大，它是由与环境的互动、领域本身的逻辑所决定的。画家埃伦·兰洋这样描述过去几十年中自己风格的改变：

> 人们根据我的很多早期作品给我贴上了富有经验的原始派艺术家的标签，因为我画的是芝加哥的街景。但这些画受到了 14 世纪锡耶纳（Siena）蛋彩画画家的影响，这样就有了以质朴天真的方法来表现预先构想好的东西的风格。我并不天真，只是采用了特定的风格。在后来的 40 年中，那种风格是相当适合的。它是当时美国意象，特别是地区意象的一部分。之后有一段时期，我想创作尺寸巨大的作品，于是开始画油画。在接近 60 岁的时候，我碰巧开始根据照片创作。那些照片都是家庭的老照片。我根据报纸、体育照片以及在意大利找到的旧影印页进行创作。它们都是人物画，都是怀旧的风格。你知道，在那时根据照片创作是一种禁忌。我实际上通过照片，将一种空间或模式转移到了画布上。它是一种照片的视角，反映了曾经发生的某个情境，一些照片上的人已经亡故。

这样做的第二个理由是记录我自己的历史，适时地建立起个人纪录。前面的经历结束了，我可以把它放到一边，继续前行。那对我很重要。由于意象改变了、移动了，因此作品也改变了。

接下来我开始画丙烯画。当时丙烯颜料改进了很多，人们可以用它进行创作。我用了大约5年的时间来学习使用丙烯颜料。如今大多数人甚至不知道丙烯画不是油画。在这个过程中，我认为自己应该转变绘画内容。于是我做出了另一个理智的决策。我选择画物体，但不是静物写生。我画过各种各样的东西。可以说正是在那时，我的作品开始变得非常超自然了。物体开始有了自己的生命。它渗透到了与舞台魔术、早期的物理及化学实验相关的整个系列中。那大约开始于1968年，至今相关的作品仍涉及广泛的领域。然后舞台制作中相继出现了动物、鸟类和昆虫。我涉及的绘画领域不断增加，并且得到了不断发展。

这段引用很好地说明了领域是多么取之不尽用之不竭。不同的绘画媒介（蛋彩画、油画、照片、丙烯画）、不同艺术的历史影响、不断改变的情感重点以及对经验不断地反思和经验的相互作用提供了无穷无尽的途径，使得兰洋可以用一生的时间去探索。正是这个原因，领域的改变始终被认为是积极的。它们允许一个人即使在身体不济、社会机会变得很有限的情况下，也能保持创造力。

山外有山

我们很容易看到，为什么这些人对年老的态度比我们预期的更积极。他们中的每一个人仍在深入地参与令人兴奋、带来回报的任务，即使他们最终无法完成这些任务。就像爬上顶峰的登山者，在环顾四周、欣赏壮丽的景色之后，他们会欣喜地看到旁边更高的山峰。他们永远不会失去令人激动的目标。演员爱德华·阿斯纳在讲述目前吸引他注意力的东西时，表达出了整个访谈样本所具有的情感状态：

> 我想向大家更好地展示自己的表演能力。我通过各种方式，利用各种机会来这样做，尽可能多地表演。收音机、广告、旁白、纪录片的解说、舞台剧、电视、电影……什么都无所谓。我渴望把事情排得满满的，渴望不断追求与实现。

我们问被访谈者，他们目前需要应对的挑战是什么，什么目标比其他事情更吸引他们去付出精力。所有人的回答都是热情洋溢的，他们非常详细地描述了自己正在从事的事情。显而易见，就像阿斯纳一样，每个人仍“渴望不断追求与实现”。唯一的例外也证实了这个结论。在接受访谈时，弗里曼·戴森表示自己没有什么特别的工作要做。他说，这是他非常具有创造力的时期，因为在富有成效的爆发之前，闲散是必要的。“我无所事事地到处闲逛，这可能意味着我正处于富有创造力的时期，尽管只有到以后你才知道它是不是。”

一些被访谈者，比如专栏作家杰克·安德森（Jack Anderson），让外部事件来决定自己需要应对的挑战。他确信会出现有趣而且重要的问题，为他提供参与其中的机会：

> 我一直设法让自己正在做的事情成为最重要的任务。我给自己正在做的事情赋予很高的优先级，让自己充满动力。过去我取得了一些成就，但那已经做完了，已经过去了。我很高兴自己做得不错，但对今天没有任何意义。重要的是当下我做什么，以及未来我将做什么。

这种以未来为导向的态度很具有代表性。样本中几乎没有人对过去的成功念念不忘，每个人的精力都集中在要去完成的任务上。

最常见的挑战是，在接下来的一年里要完成一本书并写四五篇文章。有些人则有很棒的研究计划要完成。伊莎贝拉·卡尔的回答是一个很好的例证。她深奥的技术术语也难以完全掩饰激动的心情：

> 嗯，我现在正在研究在细胞膜上生成了通道的缩氨酸系统。它将钾离子从细胞的一侧输送到另一侧。在这项工作上，我正与印度的一位研

究者合作。他能够进行分离和提纯。我这样说是因为很多自然产物具有许多差异细微的版本，除非你能区分开各种各样不同的版本，否则就无法培养晶体，因为它不能恰当地复制。分子必须以特定的方式进行复制才能产生晶体。他已经准备了材料，并培养了晶体。事实上，使用相同的材料，在不同的溶剂中会培养出多少有些不同的晶体。我目前正在查看第三种晶体形式。每一种晶体都显示出了通道形成的方式。存在一种螺旋肽，它的内部有一个大大的弯曲，两个肽像沙漏一样连接在一起（她用手比画了一下）。其中一端是疏水的，那意味着它们与某种构成细胞壁的材料是兼容的。而另一端是亲水的，它们吸引水或有极性的物质。因此这种晶体内的通道充满了水，但在两个部分的中间，通道被氢键中断了。如果你有一个水分子，那么它将无法通过两个部分的中点。这些材料被用做抗生素，那就是它们发挥作用的方式。在生物化学、生物物理学领域中，发现运输离子的方式非常重要，因为我们的身体正在以各种各样的方式输送离子，以便从我们吃的食物中吸收身体所需的矿物质。

另一个回答也显示出被访谈者所从事的任务的多面性。那是罗莎琳·耶洛对她近期安排的描述，其中包括科学研究、制定政策、家庭时间以及公共服务，这些事项交织在了一起：

让我们来看看。2 月 24 日我在纽约市的纪念医院（Memorial Hospital）做了演讲，下午 4 点到 6 点在西奈山医院（Mount Sinai Hospital）与科学界的女性会面，然后我赶赴迈阿密参加东部学生的研究会议。第二天我要做有关内分泌腺的系列讲座。然后我回到纽约的家中，并来到奥本大学（Auburn University），在那里进行为期三天的研究和交流。然后我去参加了在匹兹堡召开的有关光谱学的会议，接下来在新奥尔良出席了一个关于分析化学的会议。我回到家，然后前往斯图尔特日校（Stewart Country Day School），给 7 年级到 12 年级的学生做演讲，然后再去奥尔巴尼。所有这一切都发生在一周里。

昨天，我给纽约科学院的成员做演讲。下周我要去位于加州的劳伦斯·利弗莫尔国家实验室（Lawrence Livermore National Laboratories）。我是劳伦斯·利弗莫尔实验室和洛斯阿拉莫斯国家实验室（Los Alamos National Laboratories）的顾问委员会的成员。我将做有关辐射的演讲，并与女性群体进行交流。

然后我去看女儿、女婿和外孙，29 日返回家中。31 日我动身去纳什维尔（Nashville），在范德比尔特大学（Vanderbilt University）进行了两天的演讲，接下来两天在希沃恩（Sewanee）的南方大学（University of the South）做演讲。之后我回到加州。美国化学学会（American Chemical Society）正在举行为期三天的座谈会，这个座谈会借用了我的演讲标题“辐射社会”。从那里回来后，我要去拉斯维加斯参加美国核医师学会（American College of Nuclear Physicians）有关辐射的会议。

对于像巴里·康芒纳、乔治·克莱因、伊丽莎白·诺埃尔诺伊曼这样已经在负责机构（企业、研究实验室）的人来说，主要的挑战在于帮助机构继续发展下去。以下是罗伯特·高尔文对自己如何继续参与摩托罗拉的事务的描述：

交出公司的直接领导权，不再对运营进行管理后，我希望在公司中仍能保持活跃和影响力。我逐渐对我认为在未来几十年，而不是在未来几周、几个月将对公司业绩产生巨大影响的因素投入了更多的注意力。我认为存在一些重要的基本因素，它们也许能够提升公司的执行能力。对我来说，其中最重要的是我在职业方面的创造力和挖掘领导人潜力的能力，它们都与预测未来以及承担责任有关。

某些人发现，他们面对着意料之外的挑战。乔纳斯·索尔克本来计划为科学政策及慈善事业做贡献，而这时艾滋病开始在全世界流行。索尔克认为这个挑战太有吸引力了，让人无法抗拒。他重返实验室，试图找到预防这种疾病的免疫学方法，就像很多年前他发现脊髓灰质炎疫苗一样。柏妮丝·诺嘉顿十几年前从芝加哥大学的教授职位上退下来，可是她读到有关贫穷孩子状况的统计资料，为此感到深深的担忧，于是重新回来进行全职的政策研究。

这种投入也许会被解读成工作狂，除了取得成就，完全无法享受生活的其他方面。但是这种说法没有抓住要领。对于他们中的大多数人来说，工作是令生活变得充实圆满的方式。电视制作人罗伯特·特钦格（Robert Trachinger）展示了这一过程的多面性：

> 我现在真的很想享受生活。我已经放松下来。我一直是一个工作很拼命的人，属于A型人格。我患有高血压，过去经常需要吃药。现在我不再吃药了，练练瑜伽和太极拳。教学仍是我非常喜欢的事情，因为我从学生那里得到了很多爱、很多回应。这对我很重要，因为我的一部分仍是孤独的犹太孩子。我现在有足够的钱，可以不工作或者不为了钱进行教学，也能过着舒适的生活。我很喜欢去欧洲，教导欧洲的年轻人，协商学校（我正开始创建）的事务以及有关电视及电影制作系的事情。我提醒他们要对引入的电视形式特别小心，因为那是一种文化霸权主义。欧洲大多数人观看的是美国的电视节目，这侵蚀了他们的文化。我们探讨这些价值观，如何成为负责任的电影制作人及电视制作人，而不只是取悦观众或赚很多钱。
>
> 我要学习，读书就是我的课程。阅读让我非常着迷。如果你上楼，会发现我收藏了1 500~2 000册图书，其中很多我还没读过，但我希望自己年老的时候能读它们。我会有越来越多的读书时间。我会给年轻人提出建议。从任何方面看，我都不是一位圣人，但我毕竟活了67年，确实感知到并明白了一些事情。

人生的最后一个任务

> 作为人类，这个任务对于我们的充分发展至关重要。它在于将我们的过去和现在融会成一个有意义的故事，在临近生命终点时与我们自己达成和解。

根据埃里克·埃里克森的理论，在人生中人们心理发展的最后一个阶段的任务被他称为实现完整性的任务。如果我们活得足够长，如果我们解决了成年期所有的任务，比如发展可行的同一性、发展令人满意的亲密关系、成功地将自己的基因及价值观传递给了后代，那么就剩下最后一个任务了。作为人类，这个任务对于我们的充分发展至关重要。它在于将我们的过去和现在融会成一个有意义的故事，在临近生命终点时与我们自己达成和解。如果在晚年，我们回顾过去，充满了迷惑和遗憾，不能接受我们已经做出的选择，希望得到另一种机会，那么很可能产生绝望。用埃里克森的话说就是："有意义的老年……能够满足完整传承的需要，完整的传承给予生命轮回不可或缺的洞察。在临近死亡的时候，能够既超脱又积极地关注生命，这种力量形式被我们称为智慧……"

完整性的概念意味着配合的能力，也意味着联系自己以外的其他人的能力。埃里克森认为老人的智慧是基于同一性的新定义，它可以用"我就是比我活得更长的事物"这句话来总结。如果在走向生命终点的时候，我认为自己的任何东西都不可能继续存在下去，那么绝望感就可能产生。但是如果我与一些更持久的存在体是一致的，那么就能为我的生存提供一种连接感和延续感，从而远离绝望感。如果我爱我的孙辈，热爱我所完成的作品或我为之而战的事业，那么我一定会觉得自己是未来的一部分，即使我已经死去。乔纳斯·索尔克将这种态度称为"做一个好祖先"。

在研究中，我们不直接探究被访谈者是否或在多大程度上获得了生命的完整感。不过对于一个问题的回答多少能够说明，什么存在体被作为了他们同一性的核心。完整感有可能围绕着这个核心发展出来。这个问题就是"在你一生所成就的事情中，什么令你感到最骄傲"。对于研究完整性，这肯定不是一个理想的问题，因为"骄傲"一词令有些被访谈者感到退缩，而另一些人太满足于挑出一个特定的成就，以此作为最大的骄傲。不过总体说来，他们的回答以某种方式暗示了他们认为自己一生中做出的最有意义、最重要的事情是什么，因此，那也是他们与未来的主要连接。

对这些回答进行分类很简单，因为从根本上看，它们都属于一类。正如我们对如此成功的群体的预期一样，他们在事业上的成就是首选答案。大约

70% 被提及的、引以为傲的成就都与他们的工作有关。然而，40% 的女性以及 25% 的男性（平均 30%）将家庭作为最令他们感到骄傲的事物。以下是两位男性对自己做出这样回答的解释：

> 嗯，从孩子那里我获得很多满足与骄傲。我的孙子、孙女太可爱了。当他们行为不端时，我不必为此担心，因为我可以把他们交给他们的妈妈。我猜想孙子孙女是生出来陪爷爷玩的。我的孙子、孙女都很漂亮，给我带来了很多乐趣。我的孩子中有一些遇到了问题，但基本上他们发展得都不错。对于他们所取得的成就，我感到很开心。我也会担忧那些遇到问题的孩子。我比担忧自己的问题更担忧他们。相对于我自己的成就，他们的成就更令我开心。

> 我的妻子和孩子很忠诚，努力让家庭保持最好的状态。我的婚姻很稳定，这真的是非常幸运。我认为它对于我的某种性格是至关重要的。如果我不觉得自己的一部分生活挺好，如果我的孩子遭遇了失败，或者我离婚了，那么我可以肯定，它会影响我的写作和教学。我想我就无法进行同样积极进取、富有活力的教学了。

正如第二段摘录所显示的，对家庭的骄傲通常与对工作的骄傲交织在一起。我们甚至可以得出这样的结论，尽管家庭最先被提到，但其重要性是从属于写作与教学的重要性的。这听起来似乎是：家庭之所以非常重要，是因为它使作家能够将全部精力集中到工作上。事实上，家庭和工作通常密不可分，很难根据一个回答就说名气与成就更受重视，因为它们提高了家庭的福祉，反之亦然。但是，对于这些取得了卓越成就、久经世故的人来说，在叙述人生时，也许会有更多样、更深奥的主题。这似乎证明弗洛伊德令人迷惑的简单解答是正确的。对于幸福生活的秘密，他的回答是："爱与工作。"通过这两个词，他几乎把所有的选项都囊括了。

对被访谈者的回答进行更细致的考察后，另一种有趣的模式出现了。一些被访谈者主要谈到的是感到骄傲的外在原因，比如他们做出的巨大贡献、获得的认可与奖励、在同行中的知名度。其余 30% 强调的是内在原因，比如他们的成就可以推动文化的发展，或者出色地完成一项困难的工作带来了成就感和满足感。

物理学家约翰·巴丁虽然提到了外在原因，但更强调了他所从事的事业的内在重要性：

> 我想最令我感到骄傲的是超导性的理论。让我最出名的两件事是与同事合作发明了晶体管以及提出了超导性理论。当然，晶体管比超导性具有更广泛的影响，但超导性的挑战更大。这一理论对物理学的其他领域产生了很大的影响。从理论贡献上看，它为思考原子核以及高能粒子的结构开辟了一些新方法。因此我认为它对于更深入地理解宇宙具有更大的贡献。

有些回答集中在自己的作品卖了多少册、自己对大型研究组织的领导，或者自己的作品在最重要的展览中被展出等方面，都是围绕着工作履历中最辉煌的部分来说。经济学家乔治·斯蒂格勒对这个问题做出了干脆直接的回答：

> 我想令我感到最骄傲的事情是给其他人留下了深刻印象的成就，比如我获得了两个领域中的诺贝尔奖等。从我职业生涯的发展来看，那些事情以及其他类似的职业成就是最令我感到骄傲的事情。

> 为什么女性倾向于强调外在的成就呢？也许是因为女性比男性更难获得认可，因此当她们得到认可时，认可对她们具有更大的意义。

然而其他诺贝尔奖获得者提出的理由都是内在的。对于那些在各自领域中几乎触碰到成就巅峰的人来说，也许只有那些取得卓越成就的人才能奢侈地不看重世界级成就的重要性。对这些回答进行细致地分析后我们发现，对某个问题赋予太大的重要性是不明智的。当我们意识到 40% 的男性给出的回答是内在的，而没有一位女性做出内在的回答（每位女性都认为最令她们感到骄傲的是成就的外在部分）时，这种做法的不明智就变得很明显了。

这些女性享受自己的工作，敬畏工作的重要性，但对成就所能带来的声誉和权力不太感兴趣。很难找到一位女性科学家能像维拉·鲁宾那样热爱自己的工作，也很难找到一位女性艺术家能像伊娃·蔡塞尔那样投入，或者找到一位女性历史学家能像娜塔莉·戴维斯那样对自己的职业感到那样骄傲。那么为什么女性倾向于强调外在的成就呢？也许是因为女性比男性更难获得认可，当她们得到认可时，认可就对她们具有更大的意义。无论如何，这种矛盾性说明，试图脱离某个人的全部背景来诠释单独一个回答是不可靠的。伊莎贝拉·卡尔一开始给出了一个相当外在的回答，而在访谈的其他部分中，她的回答听起来无疑是对工作的精神内核更感兴趣：

> 从获得了各种各样的科学奖项以及被选为“精英”学会成员的角度来看，我已经成功了。我被邀请到世界各地的大学进行演讲，所有这些都很好。但是我认为最大的满足感来自工作，我从中找到以前无人知晓的自然奥秘。看到各种分子的形态，以及它们如何相互作用，能够带给我很大的满足感。我认为这是非常个人的体验，就像有人能从完美地演奏贝多芬的音乐或画出一幅佳作中感受到满足一样。

被访谈者的回答错综复杂，我们从中条分缕析，得出这样的结论：和其他人一样，他们的个人叙述也强调了“工作”与“爱”这两大主题。从这两个主题中，他们构建出有关过去的有意义的故事，并建立起通往未来的桥梁。他们比大多数人幸运，因为许多人的努力并没有产生很大的成果，但他们却声名远播。没有证据显示，与生活充实、为人坦诚的水管工相比，获得一两个诺贝尔奖的人具有更多的智慧，或者更有可能不被绝望困扰。

面对无限的宇宙

在接受访谈的时候，所有被访谈者依然积极地投入于体现他们两大人生主题的家庭生活与工作项目中。不过他们的兴趣通常会扩展到更宏大的范围，比如政治环境、人类福祉，甚至是宇宙的未来。有趣的是，在进入晚年后，似乎没有一个人求助于宗教信仰。死亡的恐惧并没有逐渐逼近，他们还不必寻求信仰的慰藉。年轻时寻求信仰的慰藉会被认为是怪异的。一些人，比如社会学家埃莉斯·鲍尔丁一开始就有很强的宗教信仰，他们会继续保持自己的信仰。当不存在仪式化的信仰时，更广泛的信念似乎会变得更明显，即对具有终极意义的宇宙的信念。这种信念使被访谈者充满了敬畏、尊重和好奇。

如果说谁的经历中曾改变过信仰，那非儿科医生本杰明·斯波克莫属。他曾承担了诺曼·文森特·皮尔（Norman Vincent Peale）这样的信奉正统基督教的人的职责，将过度纵容溺爱的理念引入了美国的儿童教养领域，毁了全民的性格。在90多岁的时候，斯波克开始写一本有关灵性的书。他对灵性的理解与对制度化宗教的理解相去甚远：

> 很不幸，灵性不是一个时髦的词，也不是一个惯用的词。那是因为我们是一个如此非灵性的国家，我们认为谈论灵性多少有点陈腐。"那是什么？"人们问。对我来说，灵性意味着非物质的东西。我并不想说它是神秘的事物，只想将它运用到普通人的寻常生活中。灵性是诸如爱、乐于助人、宽容、欣赏艺术，甚至是艺术中的创造力这样的东西。我认为艺术中的创造力是非常特殊的。为了用文学、诗歌、戏剧、建筑、园艺等进行表达，创造出美好，就需要利用高等级、高类别的灵性。即使你无法创造出美好，它至少有利于你欣赏美好，从中获得享受和启发。因此它完全是非物质的，其中也包括宗教。

在陶艺家伊娃·蔡塞尔充满传奇的一生中，她一直设法帮助贫穷的人，并将自己的艺术天赋部分用于推动左翼事业，她真心诚意地相信，这能让世界变得更加美好。现在她80多岁了，在客观看待自己的过去的同时，对于自己的动机是否最明智变得不那么确定了。尽管没有遗憾和失望，但她发现自己能够绝对信赖的只有自己创作的作品以及古老的"做好事"的目标：

> 我在思考如何将自己积累的智慧传递给孙女。我想到要告诉她的事情之一是，一个人要努力做好事，努力创造出什么东西。我发现我的职

业对于让生活变得有意义是非常有帮助的，因为一旦你完成了一个罐子的创作，它就在那儿，它证明了你生活的价值，你的生活不再轻于鸿毛。毕竟你经历过，最后你会离开人世，但它证明了你的存在……

接下来是为社会做好事的问题。不要忘记，所有与我们同时代的人以及我们自己都是为某种宏大的意识形态而活着的。每个人都认为他应该要么在西班牙战斗，要么为其他事情去死；大多数人会因为某种原因而进监狱。到最后事实证明，没有任何意识形态值得你去牺牲任何东西。我们甚至都很难确定地将为个人做好事作为目标。我们也很难明确地知道，应该为某个意识形态而活还是应该为做好事而活。然而我可以告诉你，做罐子肯定没有错。做罐子的时候你不会给世界带来任何苦痛与罪恶。

马克·斯特兰德认为，诗人的责任是证明并记录体验。这是我们每一个人都具有的更宽泛的责任的一部分。我们都有责任通过自己的觉悟来保持宇宙的有序性：

是的，我认为这来源于一种道德感。我们停留在人世的时间很短暂。我认为这是一种幸运的意外事件。一旦出生，我们就有义务去注意。在某种程度上，这会涉及很广的范围。据我们所知，人类是宇宙中唯一具有自我意识的生物。我们甚至能够成为宇宙的意识形式。我们的出现让宇宙能够看到它自己。我对此并不了解，但组成我们的材料也是构成星星或构成飘浮在太空中的其他东西的材料。不过我们的组合方式使我们能够描述活着是怎样，去见证我们是什么。我们的大多数体验就是去见证。我认为活着就是做出反应。

物理学家约翰·惠勒苦苦思索得出的观点听起来与斯特兰德的立场很类似。这是所谓的人择原理（Anthropic Principle）之后的探索，是因为我们的存在所以世界才存在的观念，也是通常由神学家及哲学家所持有的理念。根据他们的说法，宇宙之所以存在，是因为我们意识到了它。也许宇宙的存在只是因为我们意识到了它，不过，作为科学家的惠勒喜欢清楚地阐释这种模糊的观点，以便进行检验：

就在此时，一个观点激励着我。它可能完全是错误的，但除非进一步探究，否则我无法判断。我们周围正展现出伟大的景象。通过某种方式，我们在创造世界方面发挥了重要的作用。托马斯·曼（Thomas Mann）在某篇生动的文章中表达了这种观点。如何能以一种清晰的方式来表达这种观点，使它变得可以被检验呢？我决定尝试一下。我阅读了德国哲学家海德格尔的作品，与有可能在这个问题上给我启发的每一个人交流。将所有这一切都聚焦于一个能够被确定为是还是否的特定问题上是很好的做法，但目前整个事情太巨大、太不成熟，较好的做法是先培育它。

乔纳斯·索尔克除了进行免疫学的研究，操心学院的事情，以及担任慈善基金会的委员会成员之外，多年来他还在思考进化论在影响文化与意识发展过程中所具有的更宽泛的含义：

我一直对一些更宏大、更基础、有关创造力本身的问题感兴趣。建立索尔克生物研究所（Salk Institute for Biological Studies）的初衷就是想让那里成为磨练创造力的场所，成为研究创造力的中心，探究那些在人生过程中展现出这种特性的个人。我把人类看成是进化过程的产物，应该说是创造力的进化。我们现在成了过程本身，或者过程中的一部分。从那个观点看，我对自己所称为的万有进化产生了兴趣。在生命起源之前的进化（我的叫法）、物质世界、化学世界的进化、生物进化、超生物的进化（我的叫法）、心智本身以及大脑与心智的进化中，进化现象是显而易见的。现在我开始就目的论的进化（Teleological Evolution）进行写作，也就是有目的地进化。我的目标是设法以有目的的方式来理解进化和创造力。

年轻的科学家经常会带着某种不快来看待年老的科学家。他们嘲笑惠勒、斯波克、索尔克等老科学家，并暗示他们应该好自为之，因为进入老年后，他们似乎把所有的谨慎小心都抛在了脑后，打破学科的界限，开始操心宏大的存在性问题了。然而有时我们有理由不把他们的尝试看成年老昏聩时的自大与自夸，因为我们样本中的例子指向的是不同的方向。年老的科学家和艺术家将几十年的时间投入到各自领域狭小的分支中。当在自己的学科中做出了重大贡献后，他们会有一种解放的感觉。他们开始探索艺术工作室或科学实验室以外的世界。在这样做的时候，他们所探究的问题几乎肯定比早年所应对的问题更棘手。因此他们就应该打消这个念头或者应该被嘲笑吗？或者相反，我们应该为批评他们的人而感到难过，因为这些人只能从单一学科严格的、通常也是枯燥的标准来判断人类的探索？

当然，这些问题更像是一种修辞技巧，没有什么实际意义。就我看来，这些富有创造力的人正在进行的探索恰恰是让他们的人生阶段变得如此令人激动、如此有价值的事情，很难想象还有什么其他的方式能实现这种人生。而且，在任何单一的领域中都无法找到智慧与完整性。他们需要一种打破学科界限的、更广阔的视角，需要一种可以将所知、所感以及自己的判断整合起来的理解方法。事实上公众认为这种任务是不可能成功的，不可能像以往一样，因为他们在艺术、商业或科学上的贡献而获得某个文化领域的认可。然而到这个时候，渴求智慧的人们知道，不虚度人生的关键不在于获得很多这样那样的成功，而在于在构成我们最私密的生存本质的纤维中，有着怎样的确定感，也就是我们的存在与宇宙的其他部分存在着有意义的联系。

创新者小传

→ **C. 范恩·伍德沃德**，（Comer Vann Woodward, 1908—1999），男，美国历史学家、作家，美国南部历史学家。曾荣获班克罗夫特奖（Bancroft Prize）、美国艺术和文学学会奖、普利策奖、美国历史学会终身成就奖以及历史学金奖。他是美国艺术和文学学会的成员，写作了许多学术文章和 11 本书，其中包括 *Tom Watson*、*Agrarian Rebel*、*Origins of the New South*、*The Strange Career of Jim Crow*。他编辑过的作品有 *Mary Chestnut's Civil War*。

→ **爱德华·阿斯纳**（Edward Asner，1929—　），男，美国演员。曾荣获 5 次金球奖和 7 次艾美奖。美国演员工会主席，出演过多部戏剧、电影和电视剧，他的作品包括 *The Mary Tyler Moore Show*、*Roots* 和 *Lou Grant*。

→ **杰克·安德森**（Jack Anderson，1922—2005），男，美国记者、作家。普利策奖获得者。他的作品包括 *The Anderson Papers*、*Fiasco*。

→ **罗伯特·特钦格**（Robert Trachinger，1924—2010），男，美国教育家、广播节目执行官，美国广播公司电视台副总裁。曾荣获艾美奖纪录片奖。他负责开发并最先使用了慢动作录像、手持录像机和水下摄像机。他是加州大学洛杉矶分校的传播学教授，也是一位国际性的讲师、咨询师，还是富布莱特学者。

→ **约翰·惠勒**（John A. Wheeler, 1911—2008），男，美国物理学家、教授。因研究黑洞而闻名，曾被评为古根海姆学者，荣获过阿尔伯特·爱因斯坦奖、恩里科·费米奖、富兰克林奖章、国家科学奖章、赫茨菲尔德奖（Herzfeld Award）、国际尼尔斯·玻尔奖（Niels Bohr International Award）、奥斯特奖章（Oersted Medal）和奥本海默纪念奖（Oppenheimer Memorial Prize）。除了发表过许多专业论文之外，他的著述还包括 *Geometrodynamics*、*Spacetime Physics*、*Gravitation*、*Frontiers of Time* 和 *Quantum Theory and Measurement*。

CREATIVITY

第三部分 特定领域中的创造力

虽然不同的创造力过程中有些共同点，但为了了解其中具体的情况，我们必须单独探究每个领域。从非常抽象的层面看，物理学与诗歌中产生的创造力很相似，但其中也隐藏着非常有趣的差别。

第10章 文字领域

写作是一种人格分裂的过程。你是一个感性的人，这在某种程度上让你才思泉涌；同时你也是一个理性的人，它让你知道自己想要什么样的词句。

德国女诗人希尔德·多明
Hilde Domin

在本书的第三部分，我们将更细致地探讨特定领域中的创造力。正如第4章所示，虽然不同的创造力过程有着非常重要的共同点，但为了查看其中具体的情况，我们必须单独探究每个领域。从非常抽象的层面看，物理学与诗歌中产生的创造力很相似，但其中也隐藏着许多有趣的东西。因此本章以及接下来的两章会呈现某个领域中的一些案例，从而更详细地理解在文化变革的创造中都包含着什么。

首先我们来简要分析一下5位作家（3位诗人和2位小说家）的目标和工作方法。从作家开始探究很合理，因为在所有的文化领域中，文学可能是当今世界最容易理解的领域。要让外行（我也属于此列）理解理论物理学家是如何工作的可不是一件易事，然而，我们都阅读故事，在某种程度上都会写作，因此专业作家的技艺并不深奥。

即使在多少比较同质的文学领域中，依然存在着巨大的差异。不仅小说家与诗人之间存在着明显的不同，而且在每个子领域中，就各种细节而言，也存在着数不清的差异。例如，在长期延续的诗歌传统中，诗人汲取的是哪一部分；作家采用的是经典模式还是实验主义模式；他们偏爱什么流派，等等。尽管在最细致的分析中，每位作家都是独特的，但5个概括的分析却提供了文学创造所涉及的共同内容。在查看案例之前，思考一个综合性的问题也许会有所帮助，那就是为什么我们会对文学感兴趣。

世界上最古老的符号系统是那些围绕语言内容和规则组织起来的系统。第一个讲述真实的或想象出来的事件的故事，以及祖先们的神话及篝火边的故事，大大拓展了人类体验的范围。诗歌的韵律和节奏创造了一种有序的模式。对于几乎不了解大自然神秘莫测的秩序的人们来说，诗歌一定被认为是神奇而非凡的。当发现写作能够在脆弱的大脑之外保存记忆时，文字的领域开始成为人类进行表达最有效的工具之一，也成为人类最感到骄傲的方面之一。也许只有绘画、舞蹈和音乐是同文字一样古老的领域，而技术和算术可能是同时出现的。

如果没有故事和书籍，我们的所知只会局限于自己发生的事情或者我们认识的人所发生的事情。有了书籍之后，我们可以参与希罗多德（Herodotus）的埃及之旅，或者和路易斯（Lewis）、克拉克（Clark）一起完成抵达太平洋的史无前例的旅程，或者想象几百年后前往我们星系之外的地方生活会是什么样的。

然而更重要的是，文字可以让我们更好地理解我们自己。在记录真实的或想象的事件的过程中，作家通过给短暂的体验流的不同方面命名，在语言中让它们变得更持久，从而阻止了它们的消失。在阅读及背诵文章中的句子或段落时，我们能回味它们的形象和意义，从而能够更准确地理解我们的感受和想法。稍纵即逝的想法和情感被文字转化为了具体有形的想法和情感。从这种意义上说，文学创造了我们本来无法感受到的体验，它们将我们的生活提升到了更复杂的层面。

文学不是通过简单地呈现信息来达到效果。它们的效果存在于形式上的特性，比如语句的音乐性、想象力的鲜明生动。当被问及直觉和才智哪一个更重要的时候，科学家倾向于说："当既有直觉又有才智的时候，效果会最好。"作家马德琳·恩格尔（Madeleine L'Engle）对这个问题的回答是："你的直觉和才智应该彼此配合……就像做爱，那样效果才会最好。"两个回答的内涵都是相同的，但哪一个效果更好呢？想象直觉和才智在一起做爱可能更会吸引我们的注意力，让我们思考思维的辩证过程中包含着什么。这也是更准确的描述，因为它让我们注意到才智与直觉相互融合，那不是干巴巴的功能性连接，而是类似于爱恋的关系。因此对于作家来说，文字的选择、形象与故事的构建就像信息的内容本身一样重要。

很多作家觉得这是一种很有价值的挑战，他们把自己看成是园丁，他们的任务就是不断"培育"出新的主意。

有人说所有的故事都被讲完了，再也没有故事可讲了。作家的工作最多就是旧瓶装新酒，以一种新的方式来重新讲述自有人类以来就存在的情感状态。然而很多作家觉得这是一种很有价值的挑战，他们把自己看成是园丁，他们的任务就是不断"培育"出新的主意。假设一种鲜花每年春天开放，如果园丁懈怠了，那么花园里就会长满野草。

本章记述的作家都具有一个共同点，那就是都很热爱自己的职业。他们对自己的领域具有近乎宗教般的尊重，相信圣约翰的福音"太初有道"。同时他们也知道，文字的力量在于他们如何使用，因此他们非常享受摆弄文字的乐趣，扩展它们的意义，用新颖的方式连接不同的词汇，不断打磨文字，直到它们熠熠生辉。虽然他们在和文字玩耍，但同时也会非常认真。他们全身心投入到想象世界的创造中，对他们来说，这个世界和他们所生活的物质世界一样重要。如果没有他们创造出来的符号避难所，"真实"世界就不会那么有趣。所有作家都觉得正是写作给予了他们同一性，如果不能写作了，那么他们的生活会失去意义。与此同时，5 位作家的目标和方法却是非常不同的。有的作家觉得自己有一个要传达的中心思想；有的作家倾向于对体验做出更多的回应；有的作家强调传统；而有的作家很随性。

成为见证者

在接受我们访谈时，马克·斯特兰德正住在盐湖城，并在犹他大学教书。不过他出生在东部，最近他和家人回到那里居住了。斯特兰德因为他的诗作而获得了很多荣誉，其中包括获得美国“桂冠诗人”的称号。像大多数富有创造力的人一样，他没有太看重自己。当我们问他在这个人生阶段，他所面临的最重要的挑战是什么时，他答道：“有时是训练小狗不要在屋里拉便便，有时是设法把一些工作做完。”

斯特兰德没有自命不凡的诗歌理论，但这并不意味着他不重视自己的职业。事实上，他对诗歌的看法像其他人一样严肃认真。他的写作题材来源于死亡的现状：出生、爱与死亡就像是被嫁接在他的诗句上。为了赋予这些永恒的主题一些新意，他必须进行大量的观察、阅读和思考。斯特兰德认为自己的主要能力是能够注意到生活的质感与节奏，对多面的、不断变化而又循环往复的体验流具有很强的接受能力。说出有新意的东西的秘诀在于有耐心。如果反应太快，那么这种反应可能流于表面，是一种陈词滥调。“把你的眼睛和耳朵张开，”他说，“把嘴闭上。保持尽可能长的时间。”然而生命是短暂的，所以耐心对诗人来说是痛苦的：

> 我认为诗歌需要放慢速度，它需要一遍一遍阅读同样的东西，真正去品味它，住在它里面。不要着急去发现诗歌里发生了什么，而是去感受音节之间的摩擦，一个词如何让步给另一个词，感受一个词与接下来的各个词之间关系的合理性。

斯特兰德说他开始写诗的时候经常脑子里并没有什么特定的想法，促使他开始写作的只是写的愿望。写作对于他来说（就像对本章探讨的其他人一样）

是一种必需品，就像水对于鱼儿或者飞翔对于鸟儿一样。在写作过程中，当一个词引出另一个词，一个形象让另一个形象呼之欲出的时候，主题就会呈现出来。这是寻找问题的过程，是所有富有创造力的工作的典型过程，无论是艺术工作还是科学工作：

> 我会匆匆写下几个词，那是一个开始。这可能发生在我阅读其他东西的时候。每次的情况都不同，没有一定的规律。我所做的事情有一个奇妙的方面，那就是你不知道什么时候一个主意会冒出来，也不知道它来自哪里。我想这与语言有关。作家是对语言具有更强接受能力的人，我想他们能看到字里行间的一些东西，这使他们能改变词句或改善它们以前的呈现方式。

> 我不知道这些主意是从哪儿来的。对我来说这是一个很大的谜，但还有很多事情也是未解之谜。我不知道为什么我是我，不知道为什么我会做现在做的事，甚至不知道写作是不是找出解答的一种方法。我想这是不可避免的，你对自己了解得越多就会写得越多，但那不是写作的目的。我写作不是为了更了解自己，而是因为它给我带来乐趣。

不过乐趣这种说法似乎低估了斯特兰德的写作方式。这是一个永远没有终结的过程，几乎会让诗人对它过于着迷。“我总会在头脑的深处进行思考，总有事情在那里盘旋。我一直在工作，即使那是无意识的，即使在和人们交谈或做其他事情的时候。在头脑深处的某个地方，我在写作，在仔细斟酌。头脑的另一部分在检查我所做的事情。”事实上，斯特兰德试图避免的主要问题之一是，当他太投入地写作一首诗时可能会发生的某种心理崩溃。在这样的时刻，为了避免暴跳如雷，他想出了各种仪式来分散自己的注意力，比如玩一会儿纸牌、遛狗、做些“没有意义的琐事”或去厨房吃点零食。开车是一种特别有效的喘息机会，它迫使斯特兰德把注意力集中在路面上，从而减轻了他的思想负担。中间的休息让他恢复了精神，能够以更清醒的头脑重返工作。

还存在一种相反的危险，那就是写不出东西。斯特兰德也曾有这样的经历。

在搬到犹他州之后，他有好几个月都写不出像样的诗。对于以写作来定义自己的人来说，写作障碍不仅仅是麻烦的，更像进入了昏迷状态。因此当一切进展顺利的时候，写作或许是一种乐趣。但是在写作盛宴与写作饥荒之间，这种脆弱的思维流常常会受到威胁。而且，即使在最好的情况下，通过写诗来实现基本的富裕也是不可能的。但斯特兰德没有抱怨其中的艰难。他觉得能够做自己热爱的事情就是一种特别的恩典，因此对那些抱怨自己的生活多么艰难的艺术家很不能忍受。他没有受害者的牢骚，接受我们访谈的所有人都没有发牢骚。

在第 5 章中，我引用了斯特兰德对完全沉浸在写作流中的描述，但这种状态不能保持很长时间："我从来不可能一整天都保持在那种思维框架中。它来了又走了。如果工作状态很好，它就在那里。我会处在恍惚之中，我和周围的一切都断开了。我正在创造一个自己的空间，一种我可以在里面工作的精神空间。"

他的注意力集中起来，然后放松；注意力的焦点一会儿清晰，一会儿模糊，正是这种动态的视角改变使得好作品被创作了出来。

斯特兰德的工作方式似乎在高度专注于评价与保持轻松的、非评判性的开放体验之间不断进行着交替。他的注意力集中起来，然后放松；注意力的焦点一会儿清晰，一会儿模糊，就像心脏的收缩与舒张。正是这种动态的视角改变使得好作品被创作了出来。如果没有开放性，诗人可能会错失重要的体验。但是一旦体验被记录在意识中，他便需要用专注的、挑剔的方法来将它转化为生动的语言形象。这种语言形象能将诗的本质传递给读者。

虽然对诗歌很着迷，但斯特兰德意识到自己不能以这种专注的状态工作比现在更长的时间，也就是一天工作不能超过几个小时。另外，写作事业只有在更广阔、更世俗的现实背景中才有意义。一些艺术家对自己的创作太投入了，他们对原始的体验失去了兴趣，但斯特兰德欢迎寻常的生活，他喜欢在院子里闲逛，和家人一起进餐，去远足，做演讲，甚至去购物。

> 这些活动让我脱离我自己。诗歌也让你重新做回你自己。在做平常的事情时你的注意力在其他地方。你不会去关注自己正在创作的东西，那是完全由你塑造的东西。你和其他人一起参与了这些冒险，那很有趣。和妻子、儿子及同事一起做事情很有趣，拜访他人也是有趣的。

马克·斯特兰德能够坦然面对自己在世界中的位置，家庭、工作，甚至他的狗都令他感到舒服自在。他知道他擅长自己的职业，这体现在他引人注目而准确的语言中。通过见证生活，他学会了这种语言。在他还是个孩子的时候，没有任何迹象可以预测他未来的事业。他的父母努力争取舒适的中产阶级地位，他们鼓励自己的儿子拥有很好的表达能力、阅读能力，希望他广见博闻，但是对于斯特兰德成为一位诗人则完全不在他们的计划之中。他们有很好的理由担心，这样的职业可能永远也无法实现财务上的富足。事实上，到45岁时，一些人已经开始考虑退休了，而斯特兰德仍没有一份稳定的工作。

> 我不想要稳定的工作。我知道其他人比我过得好。我有意选择不去上大学，不在大学里证明我自己，因为我想我会在课堂上睡着的。我需要某种实际存在的挑战，以保持思维的机警、活跃和敏感，至少足以让我写诗。但是生活在纽约，到处凑钱，打各种零工，乘车上下班，进行太多的阅读等诸如此类的事情是具有破坏性的。它破坏了我的专注，于是我们必须离开。

斯特兰德搬到了犹他州，在那里经历了一场可怕的“诗歌干旱”后，他的诗句开始再次流淌出来。耐心地观察和聆听周围的事件，在充满热情地投入写作与对嘲讽的不屑一顾之间，他已经找到了最适合他的意识偏好的模式，成为一个不装腔作势、非常准确地记录生活的诗人。

以文字为庇护所

在接受访谈的所有作家中，只有希尔德·多明最把文学看做是现实的替代物，是躲避生活中残酷一面的庇护所。70多岁的时候，她在德国文学界获得了很高的地位。她的诗读者面很广，而且还被收入了官方的高中教材。她获得一些享有盛名的奖项，被邀请参加了许多文学评判委员会。但她的生活中充满了艰难与不幸，如果不能用诗句有序的韵律表达自己所遭遇的混乱，那么她能否活这么久是值得怀疑的。

多明一开始在德国海德堡大学（University of Heidelberg）读法律，与哲学家卡尔·雅斯贝尔斯（Karl Jaspers）和社会学家卡尔·曼海姆（Karl Mannheim）一起上课。在上大学时她爱上了一位教授，一位著名的古典学者。很快，希特勒在德国掌握了权力，多明是犹太人，他们俩开始了持续近30年的流亡之旅。一开始他们去了罗马，多明的丈夫在那里有很多同事。但是在法西斯治下的意大利，犹太人也很容易受到迫害，于是他们去了西班牙，然后又去了多明尼加共和国，最后他们来到了美国。幸亏她丈夫的人脉和名气，他们没有遭遇到物质上的艰难，但精神上的痛苦也是很难承受的。他们不得不依靠朋友的帮助，经常无法参加社交活动，不得不学习新语言和新技能，总会担心留下来的家人和朋友的命运。这造成了她长期的一种心理错位状态。

第二次世界大战后，多明和丈夫返回德国，最后她的丈夫在大学里谋得了教职，教授的是西班牙艺术。在流亡之前，他是这个研究领域中的先驱。在那时多明给丈夫帮忙，做些类似秘书、翻译和编辑的工作。1951年，她开始写诗。以下是她对自己如何开始这份事业的描述：“一天晚上，我开始写诗。我对自己所写的东西没有想法，但我开始写了。它就这样发生在我身上。就像坠入情网，或者像被汽车撞到。就这样发生了。”促成她写诗的因素是妈妈的去世，这让她充满了幻灭感。在她与丈夫的共同生活中，虽然一直得到丈夫的保护，但这次危机还是让她感到孤独而无助。“这就是为什么我突然……投入了语言。”

进入符号世界后，作家便可以逃避无法承受的现实。当把痛苦的体验转化为文字时，诗人就卸掉了一些负担：

> 我猜想情感变得充实了。你知道自己的内在是什么，现在你能看着它了。你是不是会说这是一种催化剂？是的，我想是这样。你从情感中

> 暂时解脱出来。下一位读者会接替作者的位置，不是这样吗？如果他与作品产生了共鸣，那么将轮到他成为作者。然后他也会得到解脱，就像作者一样。情感也许不会完全一样，但你可以说，它们以某种方式产生了和谐的共鸣。

多明的文字技巧并不是在早期或突然显现出来的。在最初学习了希腊语和拉丁语之后，她开始对语言产生兴趣，后来又学习了意大利语、法语、英语和西班牙语。在学习这些不同的语言时，有一个现象让她很着迷，那就是同一个词在一种语言中具有一系列的含义，而在另一种语言中又会有完全不同的意义；还有就是一种语言比另一种语言更能准确地表达某些情感。她阅读了大量的书籍，特别钟爱莎士比亚的十四行诗以及歌德的作品。通过帮助丈夫翻译西班牙诗人的一些经典作品，她学习了一些语言技巧。在所有这些语言中，她觉得最吸引她的是德语，她的母语，她无法生活在不说这种语言的地方。她重新回到德国，在那里她的亲人被杀害了。“在语言中寻求庇护是很正常的，”她说，“就像音乐家在音乐中找到庇护，或者画家在色彩中找到庇护一样。”

▲与学界的斗争

从她开始写诗到诗作被发表，经过了6年的时间。那是很艰难的一段日子。她的丈夫曾是她的导师和保护者，但对多明想发表自己的作品，拥有独立的文学事业的想法却嗤之以鼻。一开始他支持她的尝试，后来他变得愤愤不平，用了很多年的时间才接受了多明的名声比他更响的事实。但是在多明写出第一首诗时，他便极不情愿地承认这是真正的诗作。他的认可增强了多明的决心。更不祥的是来自学界的阻碍，这几乎让她失去了继续写诗的勇气。她认为，正因为对周围发生的许多明争暗斗还一无所知，她才有勇气继续写下去：

> 我那时非常天真。我不知道自己怎么会这样。我不相信文学阴谋或诸如此类的事情。对我来说，工作就是工作，而且一直是这样。在那时做女人也是很难的。长得漂亮是一个劣势，如果你不想成为人们希望你成为的那种女人。不过诗歌本身可以获得成功。我的诗在没有任何阴谋

的情况下获得了成功。

像许多作家和画家一样，多明在有关艺术家的两种相反的典型之间摇摆不定，备感折磨。一种是理想化的版本，在这个版本中，无论前进的道路上遇到什么障碍，天才都能取得成功；第二种是基于经验的，它承认嫉妒的、敌对的批评可以让艺术家销声匿迹：

> 马拉美（Mallarmé）说诗歌就像火箭，它能自己向上升。那也许是对的，但嫉妒有时会让它停下来。我想“嫉妒”这个词是恰当的。但是不能这样说，你知道，这是很久以前的事情了。这也许是不再年轻的一个好处，没人想和你上床了。

多明对艺术领域中女性特别容易受伤害非常敏感。样本中没有一位女性科学家暗示，性利益是她们获得成功所不得不付出的代价，但在艺术家的陈述中，有蛛丝马迹显示这种情况并非完全不存在。一部分正是因为此，天真对于艺术领域中的长期成功才会具有很大的帮助。天真的艺术家不会在酝酿阴谋或对付阴谋上浪费时间，这使他们能够将全部的精力投入到绘画或写作中。当然这只有在天真的艺术家同样也是幸运的时候才有作用，因为有可能在对发生了什么或为什么会如此都一无所知的情况下，你就被学界彻底毁掉了。

即使是现在，多明的名气很大，但她仍觉得自己是文学界的局外人。在不得不为文学奖项而评估手稿时，她也会专注于作品的价值，而不去考虑作家的性格和政治背景。事情本来就应该是这样，但多明说事实很少如此。“当我做评委的时候，我是一个令人讨厌的人，因为我看的不是人而是诗作。有些人不是这样，因此很快评奖委员会里就不会有我了。”虽然她一直处在权力斗争的边缘，但在帮助年轻作家提高写作技艺方面投入得很多。每周她都会收到几十份手稿，它们来自一些雄心勃勃的诗人，向她征求建议。如果她认为作品不可救药，便会把它寄回并附上纸条，感谢作者的信任。如果在诗句中看到了潜力，她便会用几个小时的时间给作者写改进的建议，建议他简化，删掉多余、松弛、不必要的内容。她的诗读起来像日本俳句，充满清瘦的骨感。

▲实话实说

多明知道自己的诗是深层情感的催化剂，而且通常是痛苦的情感，比如母亲的亡故所带来的抑郁。为痛苦的事情找到合适的词汇来表达便开始了疗伤的过程，通过形式和风格，诗人重新获得了对悲剧性事件的控制。不过要想诗作发挥这样的作用，就必须绝对真实、毫不退缩地直面现实。多明认为，这种能力是她成为诗人最强有力的条件。“我认为自己是真诚的，那就是为什么我的诗能够直抵人心的原因,无论读者的年龄和社会地位如何。坦诚永远是动人的，因为很少有人坦率真诚，不是吗？我不会在文字上绕弯子。”

就像许多被访谈者一样，多明认为父母功不可没，她认为妈妈塑造了她的性格：

> 那是我的本性。我认为它来自我的父母。我的童年非常美好，因为我不需要撒谎。我所受的教育让我对别人很信任。如果你在很小的时候学会这一点，你就会对此确信无疑，即使后来你遭遇了不好的事情。总的来说，信任产生信任，不是吗？
>
> 我学会了保持沉默，但没有学会撒谎。这是因为我妈妈。我可以跟她说很多私密的事情。其他小孩不想说我们去了什么地方，那我会告诉妈妈：“我们去了这儿，去了那儿，但如果其他孩子的妈妈给你打电话，你不要告诉她们。”妈妈总是泰然处之。我想对于孩子来说，最重要的事情就是在家里他是否愿意敞开心扉，直言不讳。

坦诚对于诗人很重要，其原因至少有两个。第一个是如果意识形态或过度的乐观影响了自己呈现体验的方式，那么诗歌真实的内容就会被玷污。第二个是，诗人必须对自己真诚，不断评价自己的作品，不能让一厢情愿的想法阻止自己改进作品。“对于每一种艺术来说，你都必须是自己的批评家，”多明说，“如果你真的达到了很高的标准，那么你必须同时既是作者又是评论作品的人。这是矛盾的，但你必须是矛盾的，否则便无法生活在这个世界中。”富有创造力的人必须拒绝接受学界的智慧，但他们也必须将学界的标准整合到严格的自我批评中。为此，他们必须学会实现投入与超脱之间的辩证平衡，任何创造力过程都具有这样的特点：

> 你必须和自己保持距离。难道你不觉得吗？你要在非常靠近与隔开一段距离之间变换，始终身处其中又置身其外。你拥有越多的技能与技巧，便越能够同时既置身其中，又保持一段距离，并且知道自己正在做什么。例如，你删除一个词，一开始你把这个词写出来，然后再删掉。当你变得更熟练时，你在写的时候就把它删除了。写作是一种人格分裂的过程。你是一个感性的人，这在某种程度上让你才思泉涌；同时你也是一个理性的人，它让你知道自己想要什么样的词句。

然而当现实太混乱、艺术再也无法带给它秩序的时候，毫不退缩的坦诚可能是危险的。多明的一些挚友，大屠杀中幸存下来的犹太作家，因为欧洲的种族主义和法西斯主义重新抬头，因而在绝望中自杀了或变得精神错乱。她也感受到了他们的痛苦，但不准备低头认输。她仍希望诗歌能帮助年轻人找到通往更美好世界的道路：

> 如果你真诚地写诗，真诚地读诗，那么你会变成一个独特的个体，并建立起避免变得循规蹈矩的防御措施。如果你给年轻人读诗，这是我经常做的，我会走进校园，甚至走进监狱，我觉得你能让人们断了投机取巧的念头，不再想成为绣花枕头。始终直面正在发生的事情，不要把目光移开，那是你所能做的。你无法改变世界，但我想你能够改变一个人，让一个人决定不去同流合污……
>
> 你不应该看自己是否被接受或不被接受，你应该看自己的内心。孔子说，你应该聆听自己内心无声的声音。这就是诗歌的作用。

在诗歌中得到解放

安东尼·赫克特是一位抒情诗人，他的诗发表在许多的诗集、《纽约客》及其他重要的杂志上。他得到过所有重要的基金会授予的基金，他的作品获奖无数，包括 1968 年获得了普利策奖。赫克特的诗像水晶一样剔透，优雅得几近完美，他的诗非常注意形式，可以用维瓦尔第（Vivaldi）的协奏曲来类比他的作品。他经常会使用十四行诗，或者 600 多年前中世纪时使用的一种抒情诗（canzoni）。这些诗的形式规则很严格，甚至连但丁都抱怨，根据这些规则来写诗，就像在自己身上挂上了锁链，他再也不会以那种风格来写诗。然而矛盾的是，正是遵守这种要求严格的规则，诗歌才能将作家和读者从原始体验的混乱感中解放出来。

赫克特童年时的主要兴趣一开始是音乐，后来是几何，这并不是巧合。这两个领域属于最有序的符号系统，任何对它们予以关注的人都必须遵循有序的思维和情感模式。赫克特的早年生活非常混乱：他爸爸的企业失败了三次，每一次他们家不仅因此失去一切，而且还债台高筑。家里的气氛也非常不平静，他曾感到不同寻常的焦虑与孤独。

> 我的第一个兴趣是音乐，完全是因为它很抽象，可以将我与周围的一团糟隔离开。我热爱音乐，经常在收音机上听音乐。我收藏了一些唱片，反复播放它们，直到烂熟于心。最终我可以用同样的方式记住诗歌。我真的能记住整支交响曲，知道每种乐器在哪里进入，在哪里退出，以及它们各自的特点。我非常专注地听，虽然不能读乐谱，但我觉得自己确实非常了解这些乐曲。正如我所说，音乐的伟大之处在于它是独立的，完全不会被任何事物所污染。虽然还是个小孩，但我会嘲笑那些总是将音乐与某类感伤的事件联系起来的人。你知道，"他们在演奏我们的旋律"这种说法对我来说毫无意义。贝多芬的奏鸣曲与任何情感事件都无关，因为我不希望这样。我希望它是纯粹的音乐。
>
> 高中时我有一位几何老师。我的几何学得特别好，而且成为几何课的荣誉学生。我非常喜欢几何，还是因为像音乐一样，它是抽象的。我想我小时候最喜欢的两个东西可能就是音乐和数学。

对艺术领域，比如对音乐或诗歌的追求，以及对科学领域，比如对几何的追求，都不是因为想要实现某种外在的目标（写一首诗或证明一个原理），而是因为当完全沉浸在其中时，他可以摆脱日常生活中所感受到的威胁与压力。这是多么奇妙啊！矛盾的是，正是我们发明出来限制并聚集我们注意力的抽象规则给予了我们自由自在的感觉。

当赫克特上大学，开始学生生活（对于所有人来说，学生生活都是有价值的）的时候，他体验到了暂时的解放，那更多的是身体上的解放。然而，田园牧歌式的校园生活持续的时间并不长。他被征募入伍，在欧洲目睹了步兵团一半的战友死的死，伤的伤。战争的残酷给他留下了深深的创伤，他不得不在作品中抚平它们。艺术再一次拯救了他。战争结束后，赫克特返回学校，遇到了很好的导师和同事，发现最适合他的是诗歌而不是音乐，而他对诗歌的追求后来发展出了非常成功的事业。

> 总是有许许多多无谓的纷扰与徒劳无益的事情，所以我觉得写诗是一种非常有意思的行为。对我来说，写诗不像对某些人，比如金斯伯格（Ginsberg）那样。我这样说并非不尊重他，而是表示他写诗的方法与我的完全不同。他是在给自己的思维活动做评注，而我在设法创建一个正式的结构。一旦有了主题，我的工作就是将潜意识中获得的素材汇聚在一起。
>
> 我可以给你举一个例子。那是写我们的儿子诞生的一首诗，他出生于1972年，当时正在下暴风雪。1972年时越南战争还没有结束。我不知道这是如何逐渐形成的，我那时正处在半睡半醒的状态，意识到自己正在思考的事情一定与事件的随机性有关。如何存在着随机性，例如在性交与怀孕的过程中存在着随机性。下雪也存在着随机性，就像儿子出生那天晚上，雪花会落在哪里，会堆积多少雪都是随机的。战场上士兵的阵亡也是随机的。我知道如果自己能找到方法将它们写在一首诗里，那么所有这一切会以某种方式合成一个整体。
>
> 虽然现在我在谈论着观念，但对我来说，诗歌通常是从词汇开始的。因此，我经常在黑暗中跳下床想要匆匆写下来的会是一些具有特定顺序的词。它们将成为未来完成的诗作的核心。我更多地是从词汇的角度来思考，而不是从其他事情的角度，比如某种观念。

像所有其他的作家一样，赫克特通过广泛的阅读来学习写诗。他把诗背下来，直到它们“成为我血脉的一部分”。然后他用若干年的时间以他崇拜的诗人的风格来写诗，比如约翰·多恩（John Donne）、乔治·赫伯特（George Herbert）、托马斯·哈代（Thomas Hardy）、艾略特（T.S. Eliot）、约翰·兰塞姆（John Crowe Ransom）、华莱士·史蒂文斯（Wallace Stevens）、奥登（W.H. Auden）。在发展出自己的风格之前，吸收前辈的风格是很有必要的。一个人只有沉浸在领域中，才能发现是否还有做出富有创造力的贡献的空间，以及自己是否有能力这样做。

诗歌无论怎样都是曾经的诗歌，只是新的诗人有意给它增添了一些新发明。但是如果他不知道以前的诗歌是什么样的，便无法给它增添新意。你决定成为诗人的唯一原因是你曾读过诗。在某种直接意义上，诗歌依赖于过去整个的诗歌传统。一旦你接受了这种观点，那么你就必须决定，在以前纷繁的诗歌中，你最感兴趣的是什么。由于有非常多的素材没人喜欢或没人在意，因此，始终都有非常多的诗歌可以写。需要花很长时间你才能获得某种鉴别力，做出明智、合理的区分，什么好、什么不好，什么已经有人做过了，现在需要做什么，哪些素材与以往所有的素材都不同，等等。这一切都需要花费时间。

> 尽管诗歌是强有力的，但它不能解决所有问题。精通一种符号规则，比如诗歌或物理，并不能保证一个人也能将秩序带入领域规则以外的事件中。

尽管诗歌是强有力的，但它不能解决所有问题。精通一种符号规则，比如诗歌或物理，并不能保证一个人也能将秩序带入领域规则以外的事件中。诗人和物理学家只要在工作，他们也许能舒适地享受职业所带来的美好秩序。但是当他们回到日常生活中，不得不面对家庭问题、时间压力、疾病和贫穷时，他们也像其他人一样脆弱。这就是为什么在工作中投入越来越多的时间变得那么有诱惑力——成为工作狂就会忘记日常生活。发展诗歌技能也没有解决赫克特的所有问题。他的第一段婚姻在结婚 7 年后破裂了，在接下来的 10 年中，他觉得自己在瞎折腾，浪费时间，他为此感到很不快乐。他认为 1971 年的第二次婚姻让他回归了平衡状态，让“每一件事情看起来都是值得的”。

令人愉快的责任

马德琳·恩格尔最出名的是她的儿童故事（成年人对此也同样有兴趣），但她写过各种各样的书，在后来的几十年里几乎每年写一本。她 27 岁结婚，丈夫是一名演员。在接下来的 40 年中，丈夫是她“最好的编辑”。他们的三个孩子是她工作中的灵感，在 40 岁的时候，随着《时间的皱纹》（*A Wrinkle in Time*）的出版，她的事业开始变得很成功。这本书获得了享有盛名的纽伯瑞奖（Newbery Award）并成为她的“经典三部曲”中的第一本。

恩格尔 5 岁的时候就开始写故事了，尽管她还想成为演员和钢琴家，但她知道写作会成为自己真正的事业。大学毕业后，她在剧院工作，并开始出版自己的故事。她依然演奏钢琴，这类似于马克·斯特兰德通过开车或做琐碎的杂务来缓解过度聚集在工作上的精力。恩格尔用音乐来帮助自己清理头脑，并重新感受理性以外的体验。

> 弹奏钢琴对我来说是一种摆脱阻塞的方法。如果我被阻塞在生活中，或被阻塞在自己所写的东西中，只要有可能，我便会坐下来弹奏钢琴。它的作用是打破来自意识与潜意识之间的障碍。意识想占领主导，拒绝让潜意识发挥作用，产生直觉。如果我能弹奏钢琴，那么它便会打破意识的阻碍，我的直觉将能够自由地提供想法。因此这不只是一种爱好，还是一种乐趣。

恩格尔早年在学校里的经历是令人沮丧的：“在中学时，我有一些糟糕的老师。他们认为，既然我不擅长体育运动，那么我便不够聪明。我不为他们学习，在学校里什么也不学，直到进入高中。我学到的东西都是在家里学的。后来上高中时，我遇到了一些好老师，在大学里又遇到了一些非常优秀的老师。”不过，糟糕的学校经历以及身体上的不利因素（膝盖有问题）并不只带来消极的结果。由于老师和同伴都避开她，恩格尔将童年的很多时间都用来阅读和思考。如今她觉得，如果当时与同伴能够快活地交往，具有成功的人际关系，那么她便不可能写书。就像我们样本中的大多数个体一样，她的创造力最初体现在能够将不利因素转化为有利因素上。后来在高中和史密斯学院（Smith College），她发现了能给予她支持与帮助的老师。正是在大学的写作工作室中，她确信自己将以文学作为职业。

从另一方面看，家庭环境从一开始似乎就起支持作用。她的父亲是一位派驻国外的通讯记者。他和恩格尔的妈妈结婚比较晚，恩格尔是他们唯一的孩子。他们都很繁忙，既没有推动她，也没有阻碍她。他们既没有批评恩格尔的才能，也没有过度地赞许她。恩格尔认为，太多的鼓励和太多的阻拦一样无益。在她家里，艺术表达被认为是生活中正常的一部分。在她 17 岁的时候，父亲去世了，在那个至关重要的时刻，母亲的无私对她产生了很大影响：

> 父亲去世的时候，妈妈做了一件最棒的事情，我认为那是非同寻常的。我妈妈是南方人，她的家人都认为我应该回家照顾寡居的母亲。而妈妈竭尽所能让我获得自由，让我去上大学。她完全不阻拦我，不希望我为了她而放弃自己的工作。因此我能够在大学毕业后去纽约，开始做自己的事情，而不会为此感到内疚。我尽量挣钱谋生，写了我的第一本书，在大学时这本书就已经写了一半。

恩格尔描述的情况对很多富有创造力的女性来说都很熟悉，但男性对此几乎没有什么了解。女性觉得对自己的原生家庭负有责任，并以某种方式扩展到对亲戚的责任。样本中的男性觉得对妻子和孩子负有很大的责任。如果他们不能担负这份职责，可能会感到万分内疚。但是他们的责任感通常只局限于丈夫和父亲的角色，而女性的责任感常常会包含庞大的亲属网。

▲人文精神的幸存

恩格尔作品的中心主题围绕着对希望的追求。她的小说，即使读者对象是孩子，也通常会涉及世界末日的情节，但最后总有一个圆满的结局，因为主要人物即使在最严酷的环境中也没有放弃希望，他们在逆境中学会了仁慈与宽恕。就像路易斯（C.S. Lewis）或托尔金（J.R.R. Tolkien）的故事一样，他们都认为强大的邪恶力量总是想把世界变得混乱一团，而纯真之所以能取得胜利是因为它拒绝采取简单省事的解决方法，即使在它很方便使用暴力的时候，也不会那样做。恩格尔觉得，在媒体无法对现实作出有意义的理解时，提醒读者当今存在的这些严酷的现实尤其重要。

> 电视广告对生活应该什么样提供了如此奇怪的观点，很多人却信以为真。

电视广告对生活应该什么样提供了如此奇怪的观点，很多人却信以为真。不是只要你买对了商品，生活就会简单舒适，不会再出现任何问题；也不是如果你买了合适的保险，就万事大吉了。那不是生活真实的面貌。可怕的事情会发生。我们正是从这些事情中学习人类不可思议的复杂。去年冬天我读了一本名叫《拥有自己的影子》（*Owning Your Own Shadow*）的书，作者是罗伯特·约翰逊（Robert Johnson）。他的理论之一是阳光越亮，影子就越黑。这通常是真的。

在恩格尔的写作过程中，她最初感受到的是写作的乐趣，继而是对自己作品的责任感。她知道自己的书会影响很多读者，所以她很在意不要传递有害的信息。即使当书中的人物遭受苦难，似乎山穷水尽时，她仍相信：“你必须让他们得以解脱，拥有某种希望。我不喜欢绝望的书。这类书会让你想，‘啊，生活毫无价值’。我希望让他们认为，这种努力虽然很困难，但它是值得的，最后会苦尽甘来。”

尽管黑暗侵袭，但总会有一线光明。这不只是恩格尔写作时的修辞手法，也是她对现实生活的态度和信念。

哦，与30年前相比，我现在对世界少了一些理想主义。整个20世纪都是艰难的，但最后30年从很多方面来看尤其糟糕。如果30年前我收听6点钟的新闻，那么我不会相信它。战争遍布整个地球。而另一方面，南非有了一位黑人总统。即使可怕的事情发生的时候，也会发生美好的事情。30年前我们不相信苏联会解体。它就像天气，是不可预测的。令人吃惊的是，尽管发生了所有这些事情，但人文精神依然幸存了下来，而且很强大。

▲宇宙万物是相互关联的

如果说恩格尔的中心主题之一是人文精神的幸存的话，那么她的另一个中心主题就是作用与反作用、宇宙层面与微观层面的事件之间的相互联系。她的描述中充满了业力[①]的网络，其中身体细胞内的暴力会在星星之间反射。她的书是科幻与中世纪道德故事的混合体。在《时间的皱纹》一书中，她利用了粒子物理学和量子力学，在《微核之战》（*A Wind in the Door*）中利用了细胞生物学，而《倾斜的星球》（*A Swiftly Tilting Planet*）将德鲁伊教（druids）的歌唱魔法和相对论结合起来。像大多数富有创造力的人一样，恩格尔的贡献在于将似乎毫无共同之处的领域结合起来。

很多想法来自潜意识。你甚至不知道它们来自哪里。我尽可能广泛地阅读，阅读了很多有关粒子物理学和量子力学的书籍，因为对我来说，这些书是令人兴奋的。它们涉及存在的本质以及有关它的一切。

打开原子的中心，我们了解到的一件事是：任何事情都不是孤立发生的，宇宙万物存在着相互的联系。物理学家最喜欢的一个短语是“蝴蝶效应”，它表示如果一只蝴蝶在这里飞舞并受了伤，那么星系中几千光年以外的地方都能感受到这一事件的影响。宇宙紧密地相互联系。他们的另一个发现是，凡事都不能被客观地研究，因为查看某事就是改变它，也会被它所改变。这些都是非常有吸引力的观点。我现在正在读一本有关“必须注意光”的书。就像大树在森林里倒下，如果它没有被听

① 业力（Karmic）是指个人过去、现在或将来的行为所引发的结果的集合。——译者注

到，那么便不会产生任何声音。视觉也是如此，除非被看到，否则就不存在光。

恩格尔相信，讲故事是避免人们彼此远离，避免文明生活的结构分崩离析的重要方式。帮助人们保持和谐的人际关系是她的核心任务之一。她相信自己的使命是反思自己从生活经历中学到的东西，并与其他人分享，特别是和孩子们分享。

> 在美国我们不再珍视老年人的智慧，而在一些原始部落中，老年人很受尊重，因为他们掌握着部落的“故事”。我认为，作为一个国家，我们正面临着失去故事的危险。有计划地废弃，不放过任何东西。它不仅冲击着冰箱和汽车，也冲击着人们。我拥有不同年龄段的朋友，我认为这很重要。年代之间的孤立很可怕，年代隔离是最糟糕的隔离之一。

▲冒着失败的风险

像许多其他富有创造力的人一样，恩格尔认为自己的成功很大一部分应归因于冒险的能力。在个人生活中，她是爱冒险的，她尽量遵从内心认为对的事情，甚至当内心的感觉有违常规和社会环境的期望时也是如此。她藐视常识，以编辑和评论家认为对年轻读者来说太难阅读，对成人来说太幼稚的风格来写作，即使其中的科学概念和哲学思想对成年人来说也不那么容易理解。因此，用了10年时间，她不同寻常的故事才被出版。在一家出版社决定出版《时间的皱纹》之前，这份手稿在两年半的时间里一直被拒。“你都说不出哪家主要的出版社没有拒绝过它，所有出版社都不想要它。”但是恩格尔从来没有为了求稳妥而尝试妥协。

她还记得在这种背景下的一件趣事。那时她正处于职业生涯的早期，被邀请给西海岸的一个女性群体做演讲。她准备了幽默的讲稿，巧妙地回避了会引发争议的问题。她把讲稿拿给丈夫看，他说：“嗯，亲爱的，它非常有趣。但是他们不是付钱请你去逗她们大笑的。他们觉得你有一些可说的东西。太胆些，把它们说出来。”恩格尔说：“于是我那样做了。我学会了冒险，并认为这是好事。”

以下的文字很好地总结了恩格尔的个人信条，它反映了到目前为止对她非常有帮助的倔强性格：

> 人类是唯一可以失败的生物。如果蚂蚁失败了，它会死掉。但是我们被允许从错误和失败中学习。那就是我学习的方式，一败涂地后再站起来，重新开始。如果我不可以随心所欲地失败，那么我永远也不会开始写另一本书，永远也不会开始一件新的事情。

理解便是宽恕

小说家、文学教授理查德·斯特恩（Richard Stern）记得他童年时的三个成长阶段。第一个阶段是当他接触到口语讲述时，第二个阶段是当他学会阅读时，最后一个阶段是当他试着自己写作时。每一个阶段都极大地扩展了他的世界。理查德写的第一部小说是他还是婴儿时爸爸给他讲的故事。

> 我最初的记忆是有关躺在黑暗中的故事。我发誓我有感觉，但我想那可能是我看见了自己婴儿床的条板。我知道我在房间的右侧，在同一间房间的左侧是我的姐姐，她比我大 4 岁。在房间的中央是我的爸爸。每个晚上他都会走进来，给我们讲故事。他非常擅长讲故事。他的声音和故事现在还在我的耳边萦绕。后来我在我的小说里用了他在故事里杜撰的人名。

斯特恩很早就开始看书了。他最先阅读的是童话故事，它们对他产生了很大的影响，甚至妈妈担心他会因为过度兴奋而生病，并禁止他再从图书馆借书。斯特恩想出了借书的办法，继续贪婪地阅读。当然，广泛阅读是作家学习掌握文学的方法。斯特恩的说法与学界其他人的说法是一致的：“我认为没有不读书的作家，没有作家不会被书籍、故事和诗歌迷住。”

最后，作为史蒂文森高中（Stuyvesant High School）的新生，斯特恩第一次体验到了作家的成功。像通常的情况那样，成功虽然不大，但令人难忘。它证实斯特恩具有写作的能力，并第一次让他尝到了令人陶醉的被赞赏的滋味。

> 洛温塔尔（Lowenthal）先生是一位很棒的老师。我现在仍能清楚地记得他有着高高领子的蓝西装，大鼻子、大喉结和一头黑色的头发。他问谁想写个故事。我一直在读故事，所以就写了一个。我的故事让全班同学都笑了，而且得到了洛温塔尔先生的赞扬。我知道这很重要。

在这件事之前，斯特恩曾想成为高级法庭的法官。还是一个年轻的犹太男孩时，他被布兰代斯法官（Brandeis）和卡多佐法官（Cardozo）的生活所激励，他们是一本名为《9个老男人》（*The Nine Old Men*）的书中的人物。他相信这是自己所能追求的最高理想了。然而在体会了洛温塔尔先生课上的极度喜悦后，他感到自己未来的方向在于写作。他从来没有犹疑不前：16岁的时候他进入了北卡罗来纳大学（University of North Carolina），并且认识了一群诗人和作家，他们成为一生的朋友。他们有文学社、文学杂志。总之，所有这一切构成了小小的学界。斯特恩从大学进入哈佛，然后来到艾奥瓦州作家工作室（Iowa Writer's Workshop）。在那里可以通过写小说，而不是写学术论文来获得博士学位。

在艾奥瓦州，他的小说开始大量出版。1951年，他的一篇故事被收入了享有盛誉的《欧·亨利最佳短篇故事集》（*Best O'Henry Stories*）。正是在那里，他开始创作带给他小说家声誉的作品《一个名叫戈尔克的男人》（*Golk*）。同样重要的是，他在艾奥瓦州为文学杂志《西部评论》（*Western Review*）工作，结识了一些那个时代最有影响力的作家，并与他们建立起了友谊。索尔·贝洛（Saul Bellow）和菲利普·罗斯（Philip Roth）与他变得格外亲密，最后贝洛和斯特恩都在芝加哥大学教书。在斯特恩旅行期间，他还认识了欧洲一些最杰出的作家。托马斯·曼给他留下了特别深刻的印象。诸如此类的交往是成为富有创造力的作家所必需的，因为首先它们为评价自己的作品树立了标杆。其次它们提供了竞争，激励一个人去超越自我。另外，它们提供了有益的批评。同样重要的是，它们对一个人的进步提供了至关重要的机会和信息。

正如我们已经多次看到的，一个人通常是为了恢复某种秩序而求助于写作的。玛德琳·恩格尔担心宇宙的混乱会威胁到人文精神的生存；安东尼·赫克特有感于战争的愚蠢；希尔德·多明为纳粹主义的悲剧及母亲的死所深深触动。斯特恩也会利用写作来祛除某些罪恶。在他的眼中，罪恶似乎更具有个人性质，不那么引入注目，与寻常生活中的折磨更为相关。也许一个人会说，他的本意是探索精神熵对生活造成的破坏，比如受到阻碍的情感、自私的行为、背叛以及不可避免的失望。这些情况就像砂砾，作家要用文字的棉花把它们包裹起来，以减轻痛苦：

> 这种工作非常了不起的一个方面是，你所拥有的每一种感情，甚至每一种消极的感情，从某种意义上说都是宝贵的。它们是你的建筑材料，是你的石头，是你用来构建作品的东西。我要说转化消极情感非常重要。因此我告诉自己，也试图这样教导想成为作家的学生：不要畏惧痛苦。它是宝贵的，它是你的金矿。

> 我知道自己的有些事情是恶劣的、卑鄙的、反常的、脆弱的或存在其他这样那样的问题。我从来没有谈及它们，也许永远都不会谈及。不用谈论它们，我便能从中汲取力量。正如我在前面说的，作家利用那些事情，它们是作家的素材。

为了克服存在的痛苦，人们必须诚实地对待自己，承认自己的错误和弱点。他们要像外科医生一样，愿意深深地剖析灵魂中溃烂的痛处。

为了克服存在的痛苦，人们必须诚实地对待自己，承认自己的错误和弱点。他们要像外科医生一样，愿意深深地剖析灵魂中溃烂的痛处。拒绝承认或反复琢磨令人失望的事情会消耗掉太多的精力。当被问及在生活中遇到的最大障碍是什么时，斯特恩是这样回答的：

> 我想那是自我中没有价值的部分。可以用虚荣、骄傲、失望、嫉妒等来描述它。我非常努力地去克制它。非常幸运的是，我有足够的积极

情感可以抵消掉暴躁、易怒及怨恨。我曾因为怨恨而让比我更有才华的同事和同伴失去了勇气。我想说主要的障碍是自己。

发现生活中的问题比纠正问题更容易。像大多数诚实对待自己的人一样，斯特恩知道虽然怀着所有最美好的意愿，但世界上依然会存在怨恨，一些没有得到回报的抱负令人难以释怀，一些过往的选择引发懊悔。相对来说，我们比较容易宽恕其他人的弱点。斯特恩赞同帕斯卡（Pascal）的格言，“理解便是宽恕”。事实上，他觉得成为作家最令人兴奋的机会是选用恶棍或罪犯作为作品中的角色，然后展示什么使这个人物变成了这样。更困难的是宽恕自己，但写作对此也会有所帮助。毕竟作家也是人类的一部分，在他解释人物是如何堕落的时候，在某种程度上他也原谅了自己。能够编写故事的一个乐趣在于为读者的生活增添意义：

当读者在对称性、人物和情境中起起落落，享受其中的乐趣、感到自己的理解在加深时，作者便获得了最大的回报。他们感到快乐，而这与我创造的东西有关。我给孙子、孙女，给我的小外甥、小侄女讲故事。在讲故事的时候，看到两个、四个或五个孩子的脸上呈现出专注的表情，是世界上最美妙的事情之一。我认识一些演员，我认为他们的工作和我的工作是相通的。在书中或舞台上塑造生活会使人类变得可理解，它让观众一下子明白了那里发生了什么，那是什么。

用文字对抗现实的混乱

正如这5个例子所暗示的，文字领域确实非常有力。它使我们能够认识到自己的情感，用持久而共有的特性来描述它们。通过这种方式，作者和读者都能与直接的原始经历保持特定的距离，开始结合背景思考，并解释在其他场合会有怎样的本能反应。诗人与小说家对抗着现实的混乱。希尔德·多明构建了一个文字的避难所，在那里行为与情感都是可以理解的；马克·斯特兰德记录了转瞬即逝的体验，否则它们便会被遗忘；安东尼·赫克特构建了美丽的形式，以阻止命运的变幻无常；玛德琳·恩格尔试图找到我们细胞内发生的事件与星星之间的联系；理查德·斯特恩留下了人类赋予生活意义的记录。在大多数情况下，正是这种抗争起到了启发灵感的作用。

所有这些作家在做出自己的贡献之前都必须沉浸在文学领域中。他们贪婪地阅读，选择自己偏爱的作家，记住他们喜欢的作品。总之，他们尽可能多地内化他们认为最好的作品。从这种意义上说，他们自己成了文化前行的规范与标杆。

他们中的每一个人迟早会成为文学界的一分子。他们结交老作家，被先锋派的学校及期刊所吸引，他们与其他年轻作家有着密切的联系。最终他们通过教授文学，参与评审和编辑等成为学界的守门人。他们对死去的作家很着迷，但他们与现存作家的关系常常存在着问题。多明悲叹文学“黑手党”的混战；斯特恩感觉到同辈之间充满怨恨的嫉妒。然而无论如何，如果作家想被领域注意到，他们就必须与领域中的社会组织达成妥协。

作家之间另一个相似之处是，他们都再三强调理性与非理性、热情与克制之间的辩证关系。无论我们将其称为弗洛伊德的潜意识（童年的性压抑阴魂不散）还是荣格的集体无意识（种族原型的积淀），或者将它视为意识阈限之间的空间（在这个空间里，以往的印象随机结合，直到碰巧产生了一个新联结），显而易见的是，所有作家都非常重视半夜突然冒出来“你必须写这个”的声音。

每个人都赞同聆听潜意识的声音是必要的，虽然不是充分的。当心灵未知领域中冒出来的情感或想法接受理性的分析，被命名、归类、苦苦思索并与其他情感或想法进行联系的时候，真正的工作才开始。正是在这个时候，技能开始发挥作用：作家利用以前的作家使用过的庞大的词汇、表达及形象库，选择最适合当前任务的内容，并且知道在需要的时候，如何创造出新的表达。

为了这样做，拥有超出文学的广博知识会很有帮助。多明利用了多门语言的知识；赫克特利用了音乐与几何的知识；恩格尔利用了量子物理和微生物学的知识。能够将不同领域的情感及观点编织在一起，是作家表达他们创造力的一种方式。爱情与死亡也许几千年都没有改变过，但每一代人理解它们的方式都会不同，它们也投射了我们对生活其他方面的理解。

当作家们施展自己的技艺时，他们所遵循的方法存在着很多相似点。他们所有人都随身带着笔记本，以备记录“缪斯”的声音，它通常会在清晨光临，作家仍躺在床上，处于半梦半醒时。大多数人多年来保持着记日记的习惯。他们通常从一个词、一个短语或一个形象开始创作，而不是从一个概念或一个计划好的结构开始。作品会自己不断发展，而不是依据作家的意愿，但作家挑剔的眼光通常会监督着它的发展。这一过程中存在的困难是，作家必须同时关注两个互相矛盾的目标：不要漏掉潜意识声音所传达的信息，还要把它装入一个意识的恰当形式中。第一个目标要求开放的感性,第二个目标要求理性的判断。如果这两个过程没有保持动态平衡的状态，那么写作流就会干涸。这种平衡需要数小时极端的专注，之后作家会感到精疲力竭，他们必须变换主题，去关注其他比较世俗的事情。然而，在工作过程中，富有创造力的写作对于拥有自己的世界是近乎完美的做法。在笔下的世界中，“真实”世界中的错误都被纠正了过来。

创新者小传

→ **马克·斯特兰德**（Mark Strand，1934—　），男，美国作家，美国国会图书馆桂冠诗人。曾荣获美国诗人学会的爱伦·坡奖（Edgar Allan Poe Award）和波林根诗歌奖（Bollingen Prize in Poetry）。他的作品包括 *Sleeping With One Eye Open* 和 *The Continuous Life* 等。

→ **希尔德·多明**（Hilde Domin，1909—2006），女，德国评论家、翻译家。曾荣获 Rilke-Preis 和 Bundesverdienstkreuz 等奖。她的作品包括 *Nur eine Rose als Stutze* 和 *Ich will dich*。

→ **安东尼·赫克特**（Anthony Hecht，1923—2004），男，美国诗人、评论家、教师，美国国会图书馆诗歌顾问。曾荣获普利策诗歌奖、波林根诗歌奖、露丝·莉莉诗歌奖（Ruth B. Lilly Poetry Prize）。他的作品包括 *The Hard Hours*、*The Venetian Vespers*。

→ **马德琳·恩格尔**（Madeleine L'Engle，1918—2007），女，美国作家，曾荣获纽伯瑞奖、塞阔雅奖（Sequoya Award）、女王奖（Regina Medal）、全美英语教师协会颁发的艾伦奖（Alan Award）和可蓝大奖（Kerlan Award）。她有 40 多部作品，其中包括 *A Wind in the Door*、*The Irrational Season*、*A Swiftly Tilting Planet*、*A Severed Wasp*、*An Acceptable Time*、*Certain Women*、*Troubling a Star*。

→ **理查德·斯特恩**（Richard Stern，1928—2013），男，美国作家、教师。曾荣获美国艺术和文学学会小说奖以及小说荣誉奖章（Medal of Merit for the Novel）。他的作品包括 *Golk*、*National Shocks*、*Noble Rot* 等。

第11章 生命科学领域

要想成为重要的科学家或举足轻重的学者，必须进行大量的工作，承担大量的痛苦。

生物学家爱德华·威尔逊
Edward O Wilson

我们不确定祖先发展出来的第一种系统知识的形式是什么。当然，对植物和动物进行分类，对健康与疾病的理解一定属于最早的知识体系之一。如今被我们称为生物学的领域，涉及的是生命的形式与过程，它是人类尝试理解自己所生活的世界的基础方法。

除了物理学领域之外，对于其他任何领域来说，当今的知识与祖先们的知识之间的差异都没有生物学的知识差异更大。4 000 多年前，在所有主要的文明中心，比如美索不达米亚、埃及、印度和中国，文字出现前猎人和牧民慢慢积累起一些有关草药与动物种类的知识，这些知识开始被小心地记录下来。1 500 年后，亚里士多德对动物进行了更科学的分类，他的一个学生对植物进行了科学的分类。但是直到最近几个世纪之前，没有人理解生理过程，比如消化、呼吸、血液循环以及神经系统的功能。根本不存在细胞、细菌、病毒、遗传和进化等概念。祖先对生命过程的看法与我们能够看到的大相径庭。

生命科学现在变得非常多样化和专门化，我们需要几十个例子才能说明这个领域是由什么构成的。即使在 100 多年前，诸如德国探险家、博物学者亚历山大·冯·洪堡（Alexander von Humboldt）这样的人便可以将当时地球上的科学家已知的所有生物知识都浓缩在 4 本书中。如今没有任何人能够全面地论述这门学科中哪怕是很小一部分的内容。本章将集中探讨三个改变了生命科学领域的人，尽管这三个案例研究仅代表众多可能的研究方法中的少数几个。

对秩序的热爱

爱德华·威尔逊（E.O. Wilson）是我们这个时代最有影响力的生物学家之一。他完成了 300 多篇技术论文以及许多书籍，其中两篇获得了普利策奖。他对蚂蚁的分类、生物多样性的概念、保护多样的生命形式的必要性、昆虫的化学通信的研究以及海岛生态系统的研究做出了重要贡献。不过他最广为人知的也许是被称为“社会生物学之父”，他为了从进化选择价值的角度来解释人类行为及社会制度而进行不断尝试。在这个过程中，他被深深地卷入了思想形态上的争论，一时间在学界内部和外部树敌无数。然而威尔逊不去理会这些，而是坚持着职业上的理想。这是严格的实地调查与充满灵感的洞见之间不寻常的结合，这些洞见将其他人认为无关的事实与原理联系在了一起。

他目前的目标是实现社会科学与生物的伟大整合，这个目标是从他的经典著作《社会生物学》（*Sociobiology*）开始的：

> 我看到一种状况正在形成，其中我将在社会科学的基础上投入大量的注意力。由于我学习了一些分子及细胞生物学，因此我认为要创造生物学与社会学之间的知识大融通，就需要利用进化生物学家的方法来精选社会科学中的要素，并对其进行重新打磨。到目前为止，进行知识大融通的需要仍不被理解，很多人说这是不可能的。那些说不可能的人会激励我们去展示其可能性。那会让整个领域为之兴奋。

▲拥有钢铁般志向的博物学家

威尔逊一生不停地工作。痛苦的童年带给他一些不安全感，他决定用百折不挠的雄心来克服这种不安全感。这种雄心来自充满骄傲、克制与牺牲精神的南方传统。这些便是当今心理学术语所说的动机不足，它是为了补偿早年令人不快的经历。不过也存在着积极的动机，即对生命世界的着迷与热爱，特别是对那些最卑微的动物，比如蚂蚁和白蚁。威尔逊 10 岁的时候想成为一位昆虫学家。阅读了几期《国家地理》杂志以及和朋友一起去了一趟华盛顿动物园使他确信，自己最想成为的是探险家、博物学家。

就像许多富有创造力的人一样，威尔逊在上大学之前，一直觉得学校很无聊。在早些年里，男童子军生涯提供了一种环境，使他可以追求自己的兴趣，按照自己的速度学习。人们可能以为视力受损的威尔逊会对鲸鱼、大象感兴趣，但他个性倔强，反而选择观察最小的昆虫。13 岁时，他完成了第一份有关火蚁筑巢的报告。那时火蚁开始侵入南方各州，造成了严重的环境问题。当时他在亚拉巴马州莫比亚（Mobile）上高中，一位当地新闻的编辑决定报道火蚁，并委托年轻的威尔逊写一系列的文章。因为这个项目，他突然油然而升一种责任感与成就感，这开启了他博物学家的职业生涯。

在进入大学前，威尔逊阅读了恩斯特·麦尔（Ernst Mayr）的《系统分类学与物种起源》（*Systematics and the Origin of Species*）。这本书向他揭示了：通过采用自然选择的理论，自然世界中大量的事实都能够以有意义的方式被有序地进行整理。在职业方面，麦尔最先对威尔逊产生了重大的影响，后来他成为这位年轻博物学家的导师以及重要的同事。威尔逊保持着年轻人的好奇与开放，并受到了很多其他的影响。“我想，我有一条接一条通往大马士革的道路。”他这样描述自己的知识之旅。一路上的路标包括詹姆斯·沃森（James Watson）这样的榜样。沃森将基因简化为染色体的双螺旋，他的大胆与独立深深地吸引着威尔逊。他从康拉德·洛伦兹（Konrad Lorenz）那里学会通过行为学观察来解释动物的行为；从地理学家埃尔斯沃斯·亨廷顿（Ellsworth Huntington）那里学习进化生态学的概念。进化生态学试图解释在非常类似的生态位中，比如纽芬兰和冰岛，发展出来的两种文化，为什么会如此不同。最后他从威廉·汉密尔顿（William D. Hamilton）那里学到了亲缘选择的原理。威廉·汉密尔顿有关人口繁殖率的改变的数学模型为理解生命过程打开了另一扇门。从所有这些非常不同的视角出发，威尔逊开始了自己的伟大整合。

随和与固执、对学科的热爱与控制的欲望、大公无私与野心勃勃、善于独处与获得社会接纳、充满乐趣与沉溺痛苦，它们体现了成为一名成功的科学家需要有怎样的性格。

他的个人发展看起来像任何知识分子的发展一样复杂。我们在第3章中看到，富有创造力的人通常会在两种极端的性格之间徘徊。威尔逊提到了几组这样的极端性格，比如随和与固执、对学科的热爱与控制的欲望、大公无私与野心勃勃、善于独处与获得社会接纳、充满乐趣与沉溺痛苦，它们体现了成为一名成功的科学家需要有怎样的性格：

> 在少数领域中，比如在纯数学和理论物理中，聪颖是至关重要的。有趣的是，在这些领域中，最好的成果通常是科学家在35岁时做出的。哈佛大学的毕业生中有不少人是国家科学院的物理学家、化学家和数学家，他们在20年前取得了最佳的成果。他们都是很优秀的人，但你知道他们不会再做出巨大的成就了。
>
> 在其他科学领域中，毅力和志向非常重要。我认为其中还需要有对研究主题的热爱，你愿意投身于它，你能够从特定的活动或脑力过程中获得快乐。无论你发展到哪里或你的运气如何，博物学都是那样。你知道，你可以强迫我成为爱达荷州博伊西（Boise）的邮局管理员。我可能会那样做，而且会成为一个非常快乐的人。我每天清晨和夜晚，还有周末都会在外面工作，还会走进大山里。我可能一直在做这些相同的事情，因为我过去热爱，现在还热爱。
>
> 然而另一方面的事情是不确定感、野心和控制的欲望。科学家希望获

得控制，而控制的方式是创造知识并拥有它的所有权，他既可以通过原创性的发现，也可以通过综合已有的发现（对我来说，承认这些是一件冒险的事情）来获得。有一个愿望让我很着迷，那就是要比世界上任何人都更精通广泛的学科。可能正是这种独特的欲望超出了我对学科的热爱，也让我与这种热爱隔离。我想研究博物学。我想进入这个领域。你知道，365天中我可以有360天与世隔绝，徜徉在雨林和我的图书馆里，过得很开心。

与此同时，我希望感到自己仍有控制力。我不能失去控制，不能被阻止，控制让我被尊重，被看重。必须获得掌控，这就是野心。它表示要不断扩展一个人触及的范围，不断更新、开拓与创新。我认为这些欲望的结合能够成就一位重要的科学家。

我想补充一点，要想成为重要的科学家或举足轻重的学者，必须进行大量的工作，承担大量的痛苦。你不得不面对一定数量的拒绝。你不得不承受激烈的竞争，而且在一段时间里必然会被忽视。然而很多人会把自己看成是孤独的狩猎者或旅行者、探险者，他们在自己原则的引领下，战胜所有不利的条件，最终抵达目的地。虽然这种自我形象充满了浪漫色彩，显得有点愚蠢，但它是造就重要的科学家的强大力量。

▲躲避子弹

在生活中，威尔逊经常不得不容忍竞争与拒绝。这一部分是因为20世纪60年代时生物学领域及学界中的一些历史事件集中发生，它将学科的规则改变得面目全非。

从领域的角度看，正是在那个时期，分子生物学的知识突然经历了指数式的增长。野外考察是博物学家的传统，也是威尔逊所接受的训练，突然之间变得古老而没有意义了。年轻的实验主义者让上一代博物学家中的重要领袖人物自叹不如。他们能够控制细胞内的化学过程，解码遗传指令，并有希望揭示生物创造自身的秘密。换种方式来表达卡尔·马克思的话就是，生物学的重点从研究生命转向了改变生命。

这种知识革命的影响在于：大多数聪明的生物学家被分子的多样性所吸引，旧的分支面临着被晾在一边的风险，很可能招揽不到必要的人才。领域的改变会对学界产生直接的影响：研究经费开始流向实验室，杂志开始更多地登载实验论文，而不是野外考察报告。新一代的生物学家避开旧有的问题，沉浸在细胞过程看似无穷无尽，但又很有序的世界里。托马斯·库恩（Thomas Kuhn）所说的范式转换的极端例子正席卷生物学领域。

在这种情况下，旧分支中的成员最常见的反应是屈服于这种趋势，担任起管理职务，或者以某种方式躺在功劳簿上。威尔逊当时还太年轻或者太坚决，因此没有拱手认输。他找到了一种策略来直面历史的必然性，最终这种策略被证明是成功的。他没有尝试与分子革命进行正面的冲撞，或者否认它的贡献。相反，通过将其他方法，比如将数学建模和人口研究整合到一起，他使得达尔文的博物学以现代的姿态复活过来。以下是威尔逊对他如何保卫自己在领域以及生物学界中的掌控力的解释：

> 必须将我所能找到的最聪明的人汇集起来。对我来说，这意味着学习更多的数学，比我以前认为需要学习的多得多，尽管我的数学天赋有限。这样我就能精通模型建立，于是在 30 岁左右，我开始了自学。在 1957 或 1958 年，我发明了“进化生物学”这个术语。然后讲授进化生物学和种群生物学的课程。我必须告诉你，其中很多都是波将金村[①]，因为在种群生物学的新模型建立及实验中，几乎什么都没有。因此我不得不标榜那些例子，充分利用它们。这就是我 60 多岁的时候，在教学中常要做的事情。
>
> 如今，尤其在哈佛大学，一些非常聪明、拥有非凡数学能力（在多数情况下比我的数学能力更好）的本科生、研究生会听我的这些课程，他们找到了自己的事业。他们不必挤进分子生物学家的群里，在其中寻找道路。他们看到了进入生物学的路径，看到通过数学建模、理论、整

① 波将金村（Potemkin Village）出自俄国历史的一个典故，俄国女皇叶卡捷琳娜二世的情夫波将金为了使女皇对他领地的富足有良好印象，在女皇必经的路旁建起一批豪华的假村庄。波将金村现在用来嘲弄那些看上去堂皇实际却空洞无物的事物。——译者注

合及进化生物学，他们可以拥有成功的事业。其中包括一些非常有才能的人，并且不乏大批 40 多岁，甚至 50 多岁的人，他们都是非常杰出的生物学家。

正如威尔逊所提出的，为了做出能够独立发展的富有创造力的贡献，一个人必须同时改变符号领域和社会体系。单单提出新观点、新事实和新规则是不够的。他还必须让年轻人相信，通过采纳这些新观点，他们能够养家糊口，甚至扬名立万。

然而，20 世纪 60 年代的生物学领域不仅被分子革命的力量所改变，同时也被生物学以外、更宏大的社会文化领域中形成的力量所改变。生物学家的行为开始成为社会普遍关注的问题。“适者生存”的进化理论被认为是为根深蒂固的权力提供了理论上的支持。分子遗传学给科学家的形象蒙上了阴影，因为他们决定我们应该有什么样的孩子，应该有多少。政治道路的分界线也是学术斗争的分界线,而威尔逊尝试实现社会生物学综合的努力正处在火力交锋点上。在这些非常猛烈的冲撞中，他的骄傲与冒险精神发挥了很大作用：

我遭遇了激进的左派，曾与政治运动发生过对抗。学术世界中反文化主流的最后残余给了我力量。年逾古稀的我对不诚实非常厌恶，其中包括一些受人尊敬的学者的不诚实。这让我永远都不想巴结那些对此拍手喝彩的人。

从童年起我就拥有的某些保守的社会价值观，它让我更有个性，更加独立。是的，“独立”这个词就是我想用的词。你知道，作为一个人，我并不喜欢右倾，也不喜欢左倾。我最喜欢的电影是《正午》(*High Noon*)。我不介意拼个你死我活,也不介意扔下徽章,转身就走。在这方面，我对生活的态度是海明威式的。

▲寻找模式

威尔逊通常采用不同的方法，同时进行几个项目。对于富有创造力的人来说，这又是一个共通的模式。这可以避免他们感到厌倦或受挫，它可能产生意想不到的观点。威尔逊通常使用的方法至少有 4 种。第一种是在奇异的地方进行野外考察。这种方法的作用就像是某种“核燃料”，能够提供具体的经验和数据，以备日后的详尽阐述；第二种方法是参加讲座或会议。他可以从中吸收自己感兴趣的领域里其他专家的最新研究成果；第三种方法是夜间工作。在半夜里醒来时，观点之间会出现意想不到的偶然联系；最后是系统性的工作，从早上持续到午后。其中包括阅读、写作、数学建模和画样本。虽然重要的洞见有时发生在夜间工作时，但它们通常是系统性工作及结合其他三种方法的结果：

> 我认为最好的灵感恰恰来自工作中。例如一周之前，我坐在那里吃午餐。在吃午餐的时候，我进行很多研究与写作。在列克星敦（Lexington）有一家我最喜欢的意大利餐厅。他们认识我，便把我的座位安排在了角落里。只要在列克星敦的家中，我每个中午都会在午餐时间工作两个小时。我带着纸，阅读书籍并做记录。
>
> 我当时正在读一本人类学的作品，疑惑为什么在文字出现前的社会中存在着如此巨大的差异，并思索着比如父系社会、财富转移等事情。接下来我看到作者遗漏了从生态学的角度分析问题。他描述的是典型的人种学。他是这样描述的：“哦，好吧，人类行为是很有灵活性的。我们有这样的行为以及那样的行为。”我想说：“不对。这是生态学的问题。你知道，澳大利亚原住民之所以有那种行为，是因为他们的资源分布不均匀，而且缺乏可预测性。而非洲的农业社会之所以与之不同，是因为他们的资源不是不可预测、分布不均的。”诸如此类。于是我开始问：“为什么这些情况沿袭了这么长时间？为什么这些文化差异的细枝末节会沿袭下来？”
>
> 然后我想到了整个仪式化的概念，想到了仪式化以及将仪式编写成法典，这是将某类法典规范神圣化的需要。那一定是文化差异停滞不变的原因。很多事情在文化发展中发挥作用，但是一旦社会确定了某事，并将其仪式化、神圣化之后，那么它就会变得非常稳定。而昨天晚上我听了经济学家阿马蒂亚·森（Amartya Sen）谈论纳什均衡。那是策略的稳

定状态，在我看来它们倾向于凝固不动。你知道，它们一旦被确立，至少在理论上便是凝固不动的了。

我想到，除了仪式化以及它的辅助方法之外，纳什均衡的成就在于它是实现平衡状态的方法，并可以将它们无限期地保持下去。这样经济学家发展出来的策略均衡概念与人类学中文化停滞及仪式化的概念就发生了联系。我只是举个例子来说明过去几天里我是如何思考的。纳什均衡与文化停滞只是在入睡后进入我脑海中的想法之一。就像事情的发生那样，在聆听经济学家谈论纳什均衡时，这种联系进入我的脑海，但它更容易在几小时后我准备上床睡觉的时候出现。这种情况经常发生在我身上，于是我起床开始写作。

不过，威尔逊的大多数工作并不涉及提出综合性的洞见，相反，它们包括缓慢、有条理的工作。在他最近的项目中，有一项是写有关现存最大蚁属的专题论文。这需要他区分并描述散布在世界各地的 600 多种相关的蚂蚁。这是动物中最大的属之一。在准备阶段时，威尔逊手绘了 5 000 多张图。"现在听起来相当怪异，"他承认，"但我发现这样做特别有益。我把它作为额外的工作，类似于某种爱好。"

个人面临的逆境、历史性的冲突以及知识组织的深刻改变，都需要投入大量的关注，并给予积极的回应。走错路的可能性很大，几乎很难找到可接受的解决方案。

对于富有创造力的生活是多么复杂，有一些比威尔逊提供的更清晰的例子。个人面临的逆境、历史性的冲突以及知识组织的深刻改变，都需要投入大量的关注，并给予积极的回应。走错路的可能性很大，几乎很难找到可接受的解决方案。威尔逊用来适应外界紧迫需求的方法，要求他既坚定又灵活；既要雄心勃勃，也要具有无私的好奇心；他既要纯洁得像只小白鸽，也要狡猾得像条毒蛇。通过这种方法，他非但没有被周围重大的改变排挤到一边，而且利用不同领域中出现的观点，创造出了理解复杂生命网络的新方法。

癌细胞的生命

乔治·克莱因探索的也是微小的生命形式，但他所研究的生命形式甚至比威尔逊研究的更小、更致命。克莱因是细胞生物学新分支的先驱者。这个分支被称为“肿瘤”或“癌症生物学”。这个领域源自对染色体构造、遗传变化、免疫学以及病毒在癌细胞生成中所起的作用的研究。就像细胞生物学的其他分支一样，它在本世纪迅猛发展成为知识竞赛。促成这一切的包括分子生物学的发展，研究实验室之间不断的相互影响，以及为了征服癌症而投入的大量资金。如果用最通俗的说法，我们或许可以说癌症生物学试图理解癌细胞是如何形成、发展以及死亡的。传统的肿瘤被严格视为病理学的存在体，医生会想尽办法去除它。新方法依然想了解如何去除它们，但是基于这样一个假设，即如果我们把癌症看成是经历遗传变异和选择的细胞群体，并且有它们自己的遗传及环境历史，那么消除癌症的目标才能被最好地实现。接下来有人会问一个非常重要的问题，那就是为什么这些细胞不服从其他机体部分所服从的生长控制机制?

像我们访谈的其他很多人一样，克莱因所在的领域也是最近才出现的。知识的要素已经存在，但它们没有被整合到一个一致的概念体系中。肿瘤生物学的起源可以追溯到美国研究者裴顿·劳斯（Peyton Rous）在 20 世纪最初 10 年中进行的先锋性研究。但是像大多数科学领域一样，它的发展借鉴了其他相关学科的信息，然后渐渐脱离开母领域，形成一个独立的学科。在气氛高度紧张的知识领域中，研究中心彼此竞争，用他们的发现补充并激励彼此的工作。

> 富有创造力的科学家所面临的困境之一是，如果他们希望自己的观点能延续到未来，那么就必须成为企业家。

乔治·克莱因领导着一个令人兴奋的实验室。这个实验室位于瑞士斯德哥尔摩卡罗林斯卡医学院。来自世界各地的博士生及博士后在他的实验室里工作。克莱因获得资金，协助设计并建立了这个实验室。很多年来，他一直负责实验室的财务状况和研究工作。富有创造力的科学家所面临的困境之一是，如果他们希望自己的观点能延续到未来，那么就必须成为企业家。但是如果他们成为企业家，那么就必须从最初的研究中抽出宝贵的时间。

除了运营这个机构，承担申请经费以及管理等职责外，克莱恩还从事着许多非常不同的事业。他出版了几部文集，将个人的回忆与哲学反思结合起来，命名为《无神论者与圣城》(*The Atheist and the Holy City*)。他对诗歌的强烈兴趣引导他研究了匈牙利伟大诗人约瑟夫·阿提拉（Jozsef Attila）的一生，并写出了自己的诗作。在阅读了本诺·穆勒希尔（Benno Muller-Hill）有关医生的书后，他成了一位主张科学应该承担道德责任的代言人。最后，在参加的许多国际科学会议上，他被一致认为是最擅长总结并整合其他专家陈述的科学家。

▲愉快的悲观主义

克莱因在匈牙利的早期生活远远称不上幸运。父亲在他还不懂事的时候就去世了，给他留下了长期的阴影。一方面他产生了一种“令人难以置信的轻灵”，不必担心父亲的审查。这是让－保罗·萨特对成长中没有父亲的人的状态的描述。克莱因引用萨特的比喻，说道：“在我游向一个新国家的时候，背上不必背着安喀塞斯（Anchises）。”而另一方面，没有父亲的男孩需要承担起与其他男孩不同的责任。他认为自己是家里最年长的男人，应该对周围每个人的福祉负责。

克莱因和妈妈的关系很亲密，他感觉到妈妈在情感上很依赖他。他的主要牵挂变成了满足妈妈的需要，避免让她感到沮丧。即使到现在，他最大的担忧依然是依赖他的人会不快乐，他会让其他人失望。他感到最骄傲的事情是，他有控制自己情绪的能力，因此能够保持和谐的人际关系。

克莱因是犹太人。匈牙利犹太人的文化环境对他的性格产生了决定性的作用。思想正统的祖母特别重要，但更重要的是对存在的神圣性的珍视，以及对一个人应该在人生中实现卓越成就的期望。14 岁的时候，他开始怀疑上帝的存在，经过两个星期的精神危机后，他认为宗教信仰“荒谬透顶”。即使到现在，他仍然相信上帝根本不存在，而对奇妙的生命秘密保持着敬畏之心。他将揭示这个秘密看作是自己的职责。

十几岁的时候，克莱因在学校里遭遇了挫败。尽管充满了抱负，但他觉得从“愚蠢、压抑的老师”那里学不到任何东西。不过有一位老师除外，这位老师对他的所有学生都产生了永久的影响。蒂伯（Tibor）表面上教授的是意大利语和拉丁语，但令学生们难以忘怀的是他对诗歌和艺术的热爱。克莱因仍能背诵但丁的诗句，虽然他不会说意大利语。令人泄气的学校并没有妨碍他学习重要的东西。就像威尔逊一样，克莱因从男童子军中学到了自信和对大自然的热爱。在男童子军中，克莱因成为了最年轻的童军小队长。他仍能回忆起长距离的远足、夜间袭击，以及充满朝气的户外演练结束后，令人愉快的疲惫感。毕竟，学会抵抗疲劳与饥渴有助于建立应对未来所必需的坚韧性。但是当乘火车返回家中时，克莱因会觉得不开心，因为同伴们的谈话既空洞又枯燥。

为了获得智力上的挑战，他转向了另一个不同的群体。当他和其他一些犹太学生走在多瑙河畔时，他们会一起探讨音乐、文学、艺术和数学。这不是学校学习内容的延续。这种同伴群体在中欧国家来说比较常见，而在美国几乎没有。在这样的群体中，最“严肃的”男孩会赢得最大的尊重，敏锐而知识面广的男孩会显示出优越性。在那样的圈子里，没人谈论个人问题，只谈论抽象的观念和审美体验。幸亏有这些探讨，使得他对文化的兴趣依然非常深厚：“我比大多数意大利人更喜欢但丁,比大多数芬兰人更喜欢《英雄国》(*Kalevala*)。”就像所有其他富有创造力的人一样，他的青年时期很多时候是独自度过的。他弹奏钢琴，试图通过音乐、阅读和思考来保持思维的有序性。

几十年之后，克莱因发展出新形式的知识俱乐部。他感觉到专门化的科学互动非常有限，于是开始与志趣相投的科学家通信。这种交流最终发展为波及全球的正式网络。各种各样的知识分子，从物理学家到诗人，与他分享有关宗教、政治、艺术以及日常生活的观点。有时他的作用就像是信息交流站，他会把朋友的信件复制下来再转发给他认为会对此感兴趣的其他朋友。很多这样的信件一开始是口述实录，录制的地点常常是在机场的候机室里或地铁上。装这些通信的文件夹占据了他办公室旁边的几十个柜子。

从某种意义上说，克莱因最终选择医学作为他的终身职业是有些令人吃惊的。童年时的他对唾液、呕吐物或其他生理反应都非常厌恶。他记得自己六七岁的时候，对医生既感到着迷，又感到害怕。然而高中毕业后，医学看起来是唯一可以从事的比较现实的职业。他开始了一份令人尊敬的职业，从事这份职业的犹太人不太可能被排挤。直到 22 岁在病理科进行了一次轮流实习之后，他才开始对实验室研究所包含的探查工作产生了强烈的兴趣。

此时，第二次世界大战就快结束了。在之前受到政府保护的中欧国家中，犹太人的命运变得越来越危险，因为当局政府在纳粹的压力下屈服了。克莱因在布达佩斯的犹太人公会（Jewish Council）工作，是其中一位成员的秘书。他听到人们在悄悄谈论一些不祥的消息，关于德军在其侵占的地区实施的暴行。然而没有人愿意相信这些令人发指的故事是真实的，特别是那些在布达佩斯被同化的犹太中产阶级。

匈牙利政府尽可能长时间地保护犹太人，但 1944 年 3 月 19 日，德军占领了这个国家，建立起法西斯的政权。该政权开始协助法西斯驱逐犹太人。不久之后，克莱因读到了一份地下流传的手稿，其中包括弗尔巴（Vrba）和韦茨勒（Wetzler）的叙述，他们是最先从奥斯威辛集中营逃脱的两名犹太囚犯。叙述很可怕，以一种客观的、不带情感的方式描述了死亡工厂中的细节。这份报告坚定了克莱因尽快逃离的决心。因得知真相而感到兴奋始终是他的知性生活的显著特点，无论真相有多么令人难过。

1944 年 10 月，“箭十字军”（匈牙利法西斯主义者）升级了他们的恐怖行为。11 月克莱因被运送到集中营，但他逃脱了并且取得了伪造文件。他躲藏起来，直到 1945 年 1 月 10 日苏联军队来到这里。摆脱纳粹的恐怖之后，他决定尽快开始攻读医学院。布达佩斯大学此时仍是一片废墟，他和一些朋友步行到了位于国家另一端的塞格德。那里的大学相对来说比较完好，而且可以开始上课了。

当布达佩斯大学刚刚恢复，克莱因就返回了首都，继续攻读医学，并开始研究组织学和病理学。1947 年发生了两起重大的事件。他遇到了伊娃，他的同学，他们相爱了。几乎马上他又被邀请和一群学生一起去瑞典参观。鉴于战争后的匈牙利依然处于百废待兴的状态，因此这样一个机会很难得，只是克莱因对即将离开注定要娶的姑娘感到很遗憾，哪怕仅仅是短期的出国旅行。

瑞典之旅成为了克莱因生命的转折点。他在布达佩斯的研究经验虽然很少，但碰巧符合卡佩森（Caspersson）的需要。卡佩森是斯德哥尔摩卡罗林斯卡医学院细胞研究系的主任，他为克莱因提供了一份实验室的工作。克莱因这样描述自己当时的感受：

> 我仍能感觉到那种欣喜若狂与巨大焦虑混杂的情绪。我的状况看起来完全没有希望。我几乎一无所知。我的医学研究只进行了一半，离拿到医学博士还很远。我不可救药地爱上了在暑假里只认识了 8 天的女孩，而她位于愈发森严的政治屏障的另一边。我完全不会瑞典语。不过我仍决定放弃更舒适的选择，不再继续在匈牙利的研究。

开始新工作之前，克莱因回到布达佩斯待了几天，他和伊娃秘密结婚了。与此同时，匈牙利与西方国家之间形成了铁幕，进入了新的恐怖时期。幸运的是，几个月后伊娃跟随克莱因来到了斯德哥尔摩，在那里他们完成了医学学习。47 年后，他们依然在研究中互相合作，并追求着各自的事业以及完美的婚姻生活。

由于见证了欧洲历史上最悲惨的时期，克莱因成为一个愉快的悲观主义者。他是积极展望未来的无神论者，即使确信生命根本没有意义，他也能感受到快乐。他的目标不是悬壶济世，不是建立起科学王国或者获得成功。他把心流看成是移动的生命力量。重要的是不要感到厌倦，不要让亲近的人失望。“每当我集中精力的时候，我就很快乐，”他说，“‘放轻松’或者休假的想法让我很反感。在正式的宴会上，我会变得惊慌失措，必须坐在很无趣的人旁边。”但是当研究科学问题或从事有挑战的事情时，克莱因觉得自己就像“欢快的小鹿跑过草地”。

▲傲慢与谦逊的共同作用

在瑞典一开始的那些年对克莱因来说并不容易。他不得不在很大的竞争压力中学习一门新语言，开始一种新的生活方式。一开始，实验室技术员一个冰冷的问候就能让他一天都过得很糟糕。他与资深的科学家们一起工作。这些科学家既无趣又冷漠。有一段时间他以为科学研究可能就是一个圈套，会把人引向冷漠的生活。不过几年后他遇到了给他鼓励与支持的导师。

从这个角度来看，访问费城附近的癌症研究所（Institute for Cancer Research）特别令人难忘。美国的科学环境比欧洲的友好很多，也更平等。尽管他当时很年轻，而且缺乏经验，但几乎受到了和资深研究员同样的待遇。对癌症研究所老板的描述代表了实验室领导的优秀典范，克莱因也以此作为自己努力的方向：

> 我的老板是杰克·舒尔茨（Jack Schultz），一个60多岁、充满活力的男人。杰克有着无尽的好奇心，对生活充满了兴趣和人文关怀。他对待我就像我是他失散已久、终于找回来的儿子。他经常让我搭便车，把我从出租房带到实验室。我的大多数遗传学知识来自这些搭车经历。当我们抵达实验室时，旅程并没有结束。杰克的办公室位于长长的走廊的那一头。沿着过道一边走，他会一边把头伸进每间实验室打招呼，或者停下来和遇到的人交谈。他会问他们各种各样的事情，比如孩子的健康状况、妈妈受伤的腿或者周末的旅行，不过问得最多的还是最近的实验。人们看到他的时候都会笑逐颜开……杰克看着、听着、进行解释、提出新实验的建议……有时在我们抵达他的办公室之前，半天过去了，而他的秘书正在办公室里绝望地等着他。

在得到学界的接纳之后，克莱因丢掉了他的“移民情结”，开始了成就他事业的知识探险。在这个过程中，互相对立的性格的不寻常组合对他很有帮助，这是我们在富有创造力的人身上可以反复看到的特点。正如克莱因的朋友所说，他是“极其谦虚与近乎傲慢的固执的混合体”。不管是因为他从来不必遵从父亲，还是因为他体验过正式教育的低效，或者是因为他看到第二次世界大战期间长辈们的无知，或者是因为一些更深层的原因，反正克莱因从来不惧怕权威。

有关克莱因工作方式的一个例子体现了他对不同哺乳动物体内的 B 淋巴细胞发展为肿瘤的洞见。他曾研究过一群非洲孩子，他们尤其容易患上一种被称为伯基特淋巴瘤的肿瘤。人们相信这种肿瘤是由一种病毒引起的。克莱因和其他研究者发现，这类肿瘤中的 97% 都包含后来被称为 EB 的病毒，但这种病毒本身并不能引发肿瘤，因为大多数携带这种病毒的人从来没有发病。那么这个拼图中漏掉了哪一片呢？

此时克莱因开始将各种信息汇总到一起，其中包括细胞生物学、病毒学和免疫学。正是在将那些看似没有联系的观点联系在一起的过程中，他找到了工作中最有趣的部分。他发现患有伯基特淋巴瘤的病人有两条染色体的顶端折断了，并且改变了位置。为了确定这种相互易位所涉及的基因功能，克莱因进行了长时间的艰苦工作。他推测易位的染色体片段包含着控制生长的基因，它会与高度活跃的免疫球蛋白基因发生联系，并被永久地激活，导致细胞不断分裂，形成肿瘤。

起初无论是从染色体的角度看，还是从更微小的基因角度看，他的假设都被认为是“最令人毛骨悚然的推断”。然而这个假设在《自然》杂志上发表了仅仅一年后，世界各地 5 个不同的实验室证实了这个洞见，即染色体相互易位在很多癌症的发展中起着决定性的作用，它让两个不相关的基因非常靠近。

克莱因看到了这个领域的无限远景，而主要的挑战在于将来自各个领域的详细信息整合到一起，这些领域包括基因测序与拼接、“免疫系统千变万化的预见”以及对细胞病理学的理解，然后将这些信息以理解有机体如何运作的方式进行组合。对细胞内世界的复杂性了解得越多，它看起来就会越精彩奇妙。“当你走进去，会发现那是一片丛林，”克莱因说，“那是充满危险与美丽的丛林。”

无穷无尽的旅程

几乎没有人能有幸发现一种新的治疗方法，从而显著改善人类的健康状况。有人会想到爱德华·詹纳（Edward Jenner）和路易斯·巴斯德（Louis Pasteur），他们最先使得预防接种疫苗成为抵御疾病的一种可行疗法；有人会想到约翰·斯诺（John Snow），他在 1854 年发现伦敦霍乱蔓延的原因是百老汇街的抽水机被污水污染了，由此建立起细菌与饮用水的关系；有人会想起塞麦尔维斯（Ignaz Semmelweis），他发现了避免生产感染造成母亲死亡的方法；有人会想起亚历山大·弗莱明（Alexander Fleming），他发现的青霉素挽救了无数人的生命。没有什么能比给人类带来巨大福祉的知识更能给予人满足感。

乔纳斯·索尔克就属于这样的幸运精英。还是医学院的学生时，他加入了匹兹堡大学一个研究脊髓灰质炎的研究小组。在那时，脊髓灰质炎每年都会毁掉数万名儿童的生活。每年夏天，当发病率达到高峰时，妈妈们不敢送孩子参加夏令营，不敢带他们去看电影，甚至不敢带他们去任何可能被传染的地方。

在实验室中识别出病毒不同的病毒株后，索尔克最先在猴子身上，之后在人类身上证明，注射灭活的病毒能够形成抗体，从而预防疾病。被称为索尔克氏疫苗的广泛应用几乎彻底消灭了这种让每个美国人的生活都蒙上阴影的疾病。

这一突破让索尔克成了科学名人。基金会和个人捐助者竞相为他的下一个项目提供资金支持。然而，依然对继续实验室研究感兴趣的索尔克有更高的目标。他现在的目标是，理解从无机物形式到生物生命，最终到超生物观念领域的漫长进化之旅。要实现这种整合，就必须将代表各个人类知识分支的研究者汇集起来。因此他计划利用自己巨大的声誉和强大的资金支持建立一个新的跨学科中心，一个“创造力的熔炉”。在这里不同派别的科学家、艺术家和思想家可以激发彼此的思维。它将成为一个美丽的空间，重建我们这个时代的智慧辉煌，就像歌德的魏玛、美第奇宫廷和柏拉图学院。1960 年，他与富于梦想的建筑师路易斯·卡恩（Louis Kahn）合作，一起建造起索尔克研究院的宏伟建筑。它位于加州南部的拉荷亚（La Jolla），在远眺太平洋的一片树林中，它沿袭了古代希腊庙宇的风格。正是在这些建筑里，索尔克的梦想将被实现。

然而大量历史证据显示，即使是博爱的广施恩惠的人也不能免于搅乱日常生活的熵。巴斯德不得不与反对他使用狂犬病疫苗的强烈批评做斗争；当医学界的所有同事都嘲笑塞麦尔维斯正确但太超前的观点时，他不得不承受着极其严重的精神崩溃。索尔克的第二份事业遭遇了意想不到的障碍，这或许并不令人奇怪。为了建立研究院的科学凭证，创建者一开始雇用了一些传统的生物学家来运营实验室。由于索尔克想拥有一个走民主路线的机构，因此他将大多数权力让与了年轻的同事。不幸的是，当到了将实验室转化为他梦想中的中心的时候，索尔克发现传统的科学家对他的新颖愿景没有产生共鸣。他的同事更愿意将研究院所有的资源都投入更安全、更传统的生物学研究。将天文学家、物理学家纳入到严肃的探讨中，这对他们来说简直是自我放纵，更不要说纳入音乐家和哲学家了。接下来的冲突沿着经典神话故事的脉络发展了下去：创始人被他的雇用者废黜了。索尔克保留了一间办公室和名义上的地位，但无法实施有可能使研究院拔得头筹的想法。

富有创造力的人具有很强的复原力，索尔克没有让失败阻碍他前进的脚步。在一些著作中，他表达了有关进化连续性的想法。他认为在从遥远的过去到未来的进化中，如果我们希望作为一个物种生存下来，就必须遵循这种连续性。身为一些很有权势的基金会的董事会成员，他对研究及慈善发挥着影响力。当艾滋病突然出现时，他再次卷起袖子，回到实验室，希望通过免疫学的手段找到预防这种疾病的方法。但是无论在董事会的会议室中，还是在实验室里，70 多岁的索尔克都遵循着年轻时的理想，那就是减少人类的痛苦，成为“一个好祖先”，这是他的一本书的书名。

▲让不可见的变得可见

索尔克一生努力的方向是去看到隐藏的事物，并让其他人也看到。在最显而易见的层面上，它包括揭示导致脊髓灰质炎的病变过程；在不太明显的层面上，这种努力包括他尝试将非常不同的领域的人们汇聚起来，目的依然是通过交流让不可见的变得可以被看见。这些交流能够引发单一的个人无法想到的新观点，它们只能是互动的结果。以下是他对后来这种创造力形式的描述：

> 我发现，当两套思维互相作用而产生创造力时，那种创造力是非常有趣的，而且令人激动。我能看到它以集体心智的形式被实现。他们是一群思维开放、富有创造力、能够提出更有趣、更复杂观点的个体。所有这些让我有了这样的想法，那就是我们可以引导这个过程，事实上它也是进化过程的一部分。以这种方式产生的观念与在时间进程中出现的基因具有相同重要的意义。在我看来，这些观念之于超生物学的进化就像基因之于生物进化一样重要。
>
> 为了产生那种创造力，个体间的关系必须是和谐的。他们有些想法类似，同时这些想法要具有开放性、接纳性，要有积极的而非消极的态度。其中存在着相互的肯定，是差异间的调和。当你提出新愿景或新观念时，它们又会存在差异。
>
> 任何对话，就像我们现在正在进行的对话，都具有那样的性质。它会让彼此吐露心声，引出思维中最好或最有创造力的一面，让思维运转起来。在这种互动中，每个人都在帮助其他人看到他们所看到的。当今世界需要这种对话来调和差异、解决冲突，帮助我们理解自己的信仰体系代表什么，以及如何调和信仰与知识。

▲科学的人性面

索尔克在被过度保护中长大成人，他妈妈很强势、很专横。她是不懂什么英文的移民，但是她会陪孩子度过很多时间，并对他们有很高期望。“无论我们做什么从来都是不够好，”索尔克沉思着说。童年是一段“甜蜜的逆境”期，他被限制了自由，而且背负着很高的期望。诸如“自助者天助之”“早起的鸟儿有虫吃”或者“有志者事竟成”等古代谚语所蕴含的民间智慧也是童年经常回响在他耳旁的话。以至于索尔克现在依然倾向于用格言警句来进行思考。就像许多富有创造力的人一样，在某些方面他认为自己不像一个成熟的成年人：“我现在 66 岁了，但仍觉得自己是个孩子，似乎我还有很多事情要做。”

早年生活对他的另一个有力影响是犹太人的圣经传统，以及对战胜各种逆境生存下来的许多祖先的模糊意识。他最早的记忆之一是看到士兵们从第一次世界大战的战场上回来。那是 1918 年的休战纪念日游行，当时他只有 4 岁，很想知道这一切意味着什么。这些经历令索尔克对人类的苦难变得特别敏感，并且具有很强的责任感。10 岁时他想成为一名律师，这样就有机会入选国会，制定公正的法律。他之所以打消这些计划，一部分是因为他妈妈怀疑他在辩论中无法获胜。甚至后来当他决定从事医学事业的时候，他的初衷也不是成为一次只看一个病人的内科医生，而是想将科学引入医学领域，“使它对人类具有更大的价值”。

> 我具有强烈的责任感，我觉得自己一生都是这样。别人说我有承担责任的能力，能够负责任地做事，即使困难重重，即使那是不受欢迎的，只要对我来说它是重要的。我知道他们说的没错。
>
> 我认为我们正在谈论的很多特点是天生的，但也会受到环境的激发。在我的一生中，我感知到战争、疾病、痛苦和人类的问题。我想用毕生的精力把世界变成更美好的家园，大幅改善现在以及未来的人类社会。

责任感以及对苦难的敏感帮助索尔克避免了许多科学家会屈从的机械化：

> 我把自己看成是艺术家中的科学家、科学家中的人类学家，以及人类学家中的科学家。我想我的目标与那些对科学本身感兴趣的人不同。可以说我之所以对科学感兴趣，是因为它与人类境况息息相关。我试着理解人性的自然一面，并为它服务。因此我有一个目标，从某种内在的意义看，它是一个人类学家的目标。这就是为什么我会创建这个

地方，设置科学家可以在其中工作的理想环境。我希望他们这样可以更有创造力。

▲意义的模式

索尔克总是会看到新的可能性，这使他与那些对当下有清楚的认识，而无视未来的人产生了矛盾。“真该死，索尔克，”他的一位导师过去常说，“为什么你总要以和别人不同的方式去做事？”作为一名学医的学生，他总是质疑老师的正统观点。像典型的富有创造力的人一样，他总会看到没有穿衣服的国王，而其他人则在赞美国王华美的盛装。在索尔克读医学院的第二年，关于脊髓灰质炎疫苗的基本想法就已经出现了：

> 在某节课上，老师告诉我们可以通过经过化学处理的毒素或类毒素来获得对破伤风的免疫力。在另一节课上，老师又告诉我们，要对病毒性疾病免疫，你不能使用经过化学处理的病毒或非传染性的病毒，你只能让自己被感染上。这给我留下了很深的印象，觉得两种说法可能都不对。我问为什么情况会是那样。我猜老师能给出的理由不会有说服力。两三年后，我得到了研究流感病毒的机会。于是我决定看看老师的说法对流感病毒是不是正确。我没有用化学处理，而是用紫外线对病毒进行了灭活并发现这种方法能够使人对流感病毒免疫。由此就开始证明，一个人可以杀死病毒，使它没有传染性，并可以将传染性与抗原性分离，或者将抗原性与免疫能力分离。那最终导致人们研制出了流感疫苗，如今它正在被广泛使用。
>
> 后来当我有机会研究脊髓灰质炎时，它只是唤起了我相同的想法，于是我也尝试那样做，结果事实证明它是成功的。从那以后，所有涉及病毒的遗传工程及其他项目都延续的是这个原理。所以说我比较愿意寻找模式。我识别出被整合在一起的模式，并看到其中的意义。它是对我在模式中看到的意义的解释。

尽管很成功，但索尔克在他尝试去做的每一件事情上都不断遭遇障碍，无论是癌症研究、自体免疫疾病的研究，还是对多种硬化症的研究。这些研究使他与各种官僚机构、与他观点相左的同行产生了冲突。“这只是一个坚持不懈并占领优势的问题，还要找到方法绕过障碍。”

索尔克最棒的想法通常在夜晚来临。半夜他突然醒来，在花 5 分钟让前一天思考的问题变得形象化之后，他开始“看到联系的展开，就像诗歌、绘画、故事或概念开始形成”。有时当这类观点的联系开始出现在头脑中时，索尔克会感到一种明显的生理反应。这种反应告诉他，他的右侧大脑变得活跃起来了。此刻他或者进入深深的睡眠状态，或者坐在床上，打开灯，把想法写下来。这大约要用 45 分钟到一个小时。通过这种方式，他“在过去几年里，为现在开始的事情积累了数量可观的素材，试图从中理解或看到以这种方式显现出来的主题”。

> 认真地对待梦想和预感，在其他人视为无意义的混乱中识别出有意义的模式，是富有创造力的人区别于其他同样很有能力的同事的最重要的特征之一。

认真地对待梦想和预感，在其他人视为无意义的混乱中识别出有意义的模式，是富有创造力的人区别于其他同样很有能力的同事的最重要的特征之一。当然，只有当一个人已经内化了领域的规则之后，思维的流畅性才能引发创造力。否则很可能梦想到早晨时就会消散掉。如果不坚持劝说其他人，让他们相信自己观点的正确性，如果没有一些好运，那么最初的想法也没有什么机会产生巨大的影响。索尔克曾经有幸具备了所有恰当的条件。

殊途同归

这些生物学家，比如威尔逊、克莱因和索尔克的生活非常不同，却都以不同方式对领域做出了贡献。然而，他们也具有很大的相似性，其中一些是各个学科中富有创造力的人所共有的。

在这三位生物学家的记忆中，童年在某些方面是不幸的，甚至是“不正常的”。其中一位没有见过自己的父亲，另外两位在整个访谈过程中从来没有提及自己的父亲。不过三个人都记得母亲很强硬、要求很高，或者他们在情感上很依赖母亲。每个人在早年都感到了信仰以及传统价值观的支持作用，无论是美国南部的传统还是犹太教的传统。没有一个人是特别聪明的学生，事实上，学校没有给他们留下美好的记忆。对威尔逊和克莱因来说，青春期时最好的学习经历发生在同伴群体中以及男童子军中。

与我们所了解的富有创造力的人情况一样，这三个人表现出我们预料之中的复杂性。他们既是无私的，也是以自我为中心的；既渴望合作，也坚持拥有控制力；他们把自己称为工作狂，在遇到挫败时，极其不屈不挠；他们都敢于冒险，藐视各自领域中的信条。与此同时，他们都不满足于停留在自己专业界限内，分别在艺术、音乐及文学领域内感受多种多样的体验。

事实上，虽然这三位生物学家的职业起点是某一个狭窄领域中的专家（研究蚂蚁、癌细胞的生长、脊髓灰质炎病毒的控制），但在 60 多岁的时候，他们都认为自己本质上是综合体。他们的主要目标是将自己的专业知识与其他领域联系起来，或者与进化过程本身联系起来。然而，他们实现这种综合的方式非常不同。尽管他们都关注各自领域之外的发展，并试图将自己的工作与其他学科联系起来，但索尔克的做法类似于在艺术和科学这两个大相径庭的学科间进行跳跃；威尔逊试图实现特定生物学过程与文化过程的准确“共线”；而克莱因试图将各自独立的生物学知识联系起来，比如病毒学、遗传学和肿瘤学。

他们的职业生涯存在着明显的差异。威尔逊说他 6 岁的时候就知道自己将成为一位博物学家；克莱因从事了医学工作，在他开始对细胞病理学感兴趣的时候，他已经 22 岁了；索尔克的一个理想是帮助他人，成为内科医生是其次的选择。在他们三个人的职业生涯中，朋友和导师扮演了非常重要的角色，但这些关系的种类及发生的时间大相径庭。

到目前为止，这些结论也适用于其他领域富有创造力的个体。那么生物学领域的创造力就没有什么独特的成分吗？如果这三个人成为了作家、律师、物理学家或音乐家，他们也会这么有创造力吗？或者他们是否具有某种特点，使他们容易被某个领域所吸引？

我很难确切地回答这些问题，不过这三位生物学家所具有的一些共同特点在其他职业中较少出现。他们反复提到，他们对他人以及广义的生命世界怀有强烈的责任感。当然，对他人的关怀可能是当了多年生命科学家的结果，而不是他们进入这一行的原因。不过索尔克说过，在 4 岁的时候，他就对从战争中回来的美国军人感到难过。克莱因最近拜访了喀尔巴阡山（Carpathians）山脚的村舍。还是个孩子时，他和妈妈住在那里。当走在门廊上的时候，他感到一阵无法抑制的焦虑。6 岁的时候，当他蹑手蹑脚走过同一个门廊的时候，也会有这种焦虑。想到在屋里午睡的妈妈可能会被吵醒，他就会僵在那里。这只是一连串事件中的一个，这些事件让他感到其他人的幸福要仰赖他。也许这种内疚以及承担着让每一个人都幸福的责任，是使年轻人倾向于选择生命科学作为职业的经历之一。

不过也存在着毋庸置疑的其他原因。他们都非常享受探索新的知识领域所带来的兴奋感；他们都将自己的工作与侦探或探险家的工作进行比较。威尔逊将自己的工作描述为“躲避子弹”；在谈及自己的研究时，克莱因形容它为在很滑的路面上开大卡车。毫无疑问，生物学领域为尝试扩展领域边界的人提供了体验心流的机会。也许正是对生命世界的悲悯与偏爱冒险的组合引发了他们对生命科学领域富有创造力的投入。

创新者小传

→ **爱德华·威尔逊**（Edward O Wilson，1929—　），男，美国生物学家、教师。曾荣获国家科学奖章、瑞典皇家科学院克拉福德奖、世界自然基金会金质奖章、非小说类普利策奖。他的著作包括 *Sociobiology: The New Synthesis*、*On Human Nature*、*The Ants* 等。

→ **乔治·克莱因**（George Klein，1925—　），男，瑞典生物学家、作家（出生于匈牙利），曾荣获法国癌症研究学会的 Prix Griffuel 奖、以色列理工学院的哈维奖（Harvey Prize）。他的作品包括 *Pieta*。

→ **乔纳斯·索尔克**（Jonas Salk，1914—1995），男，美国生物学家、哲学家、作家。曾荣获国会金章（Congressional Gold Medal）和总统自由奖章（Presidential Medal of Freedom）。他第一个成功研制出抗脊髓灰质炎疫苗，发表了许多科学论文，他的著作包括 *The Survival of the Wisest*、*Anatomy of Reality* 等。

第 12 章 创造一个新领域

我们的关注点是解决现实世界中的环境与能源问题。其中不会有学术问题，也没有学科所界定的问题，只有现实世界所界定的问题。

生物学家巴里·康芒纳
Barry Commoner

创造力指的是改变领域某个方面的行为，比如富有创造力的绘画展示了新的观察方法，富有创造力的观点解释了星星运行的方式以及为什么会这样运行。当然有时候领域并不存在。第一位天文学家、第一位化学家、第一位作曲家没有改变某一领域，而是让一个领域从无到有。从某种意义上说，最重大的创造力事件是创造全新符号领域的事件。

> 在尝试建立新领域之前，他们每一个人在现有的科学领域中都很成功。没有人是为了权力、金钱或个人晋升而开始新历程的。

当然，要这样做并不容易。领域中创造力的损耗率非常高，对于新领域来说，创造力的损耗率至少是同样高的。很多人在发明新范式、新观点和新学科方面具有很宏大的想法，但只有极少数人能成功地说服足够多的人来形成一个新的学界。本章中介绍的 4 个人代表了冒险尝试引入新符号规则的典型案例。

在尝试建立新领域之前，他们每一个在现有的科学领域中都很成功。没有人是为了权力、金钱或个人晋升而开始新历程的。他们的生活中充满了对世界福祉的深切关注。在每一种情况下，他们会解决一个核心的社会问题，目的是将人类群体进行重组。由于在现存的领域中，他们看不出如何能有效地解决这些问题，因此这 4 个人都努力发展新的符号表征，建立起致力于解决全球性问题的新的社会机构。这些是他们重要的相似点，但正如我们将看到的，他们的差异也非常显著。

生存科学

巴里 · 康芒纳的名字已经成为生态平衡而斗争的同义词。20 世纪 60 年代，他是最先意识到技术的某些成果（从放射性尘埃到杀虫剂，从石油消费到固体垃圾）会给人类健康带来危险的科学家之一。康芒纳接受的是生物化学和生物物理学的训练，他发现自己对学院科学的抽象化、片段化越来越感到沮丧。他试着通过几本著作来影响公众，并在 1980 年进行了不太成功的美国总统竞选活动。很多年来他领导着自然生态系统的生物学中心（Center for the Biology of Natural Systems），现在他和纽约城市大学合作，继续探索失控的技术所引发的问题以及可行的解决方案。

▲与地球竞争

康芒纳并不是因为某种使命感而开始他的事业的。他在高中时是个好学生。他爸爸是一个移民，以裁缝作为职业。他给康芒纳施加压力，希望他成为一名收音机修理工。然而身为知识分子的叔父鼓励他报考哥伦比亚大学。对于那个时代的犹太男孩来说，这不是容易的一步。在大学快毕业的时候，康芒纳越来越显露出科学方面的才能，有余力继续攻读研究生。有一天，一位生物老师把他叫进办公室，告诉他他将会去哈佛大学。“您是什么意思？”康芒纳记得自己这样问道。“我已经安排你去哈佛大学读研究生。作为一名从哥伦比亚大学毕业的犹太人，你很难找到工作。”于是康芒纳搬到了哈佛大学，在那里他接受了化学、生物和物理的跨学科教育。

在开始了学术事业后，康芒纳遭遇到一些不幸的发展。其中一个是核毁灭的威胁，这是第二次世界大战后笼罩在整整一代人心头的阴霾。在他的著作《科学与生存》(*Science and Survival*)的第一章中，他描述了两个典型的事件。第一个是1965年11月的某个夜晚，美国东北部及加拿大的广大地区由于电力故障而停电了。对于这次故障，让康芒纳印象深刻的是停电的原因。电网中内置了计算机控制装置，它通过关闭整个系统来对猛增的用电需求做出过度补偿。(20多年后出现了类似的情况。为了避免人为控制，人们在股票的买卖中使用了计算机程序，结果导致经纪人无法阻止的出售狂潮，市场因此崩溃。)

第二个事件是内华达州生产碘-131同位素的放射性尘埃被风带到了犹他州的牧场，污染了喂养奶牛的牧草。当孩子们喝了被碘污染的牛奶，碘会沉积在他们甲状腺的细胞内。这些碘的放射性有可能会导致甲状腺肿。

停电事故以及碘-131导致疾病的事件都是人类失去对技术的控制时，有时会产生意料不到的负面反应的例子。大多数人认为这是发展必然要付出的代价，不用太担心。然而康芒纳觉得这些事件不只是技术的副作用，而是我们这个时代重要历史的一部分。跨学科的训练使他能以综合的模式，而不是线性的过程来思考问题，同时长期身为局外人的他也具有批判性的视角。

根据康芒纳的说法，主要问题在于我们不知不觉中向赖以生存的星球发动了战争。一开始科学是改善人类福祉的有力工具，但是当各个分离的领域独自获取知识，对知识应用所产生的整体影响缺乏理解时，它便有可能释放出巨大的破坏性力量。巫师的徒弟启动了一个魔咒，但它一旦发挥了魔力，徒弟便无法阻止它了。这是康芒纳的书中反复使用的一个比喻。

领悟到这一点的并不只有康芒纳一个人。事实上，20世纪60年代成立了一些响应康芒纳的环保意识的团体，比如美国科学促进会提升人类福祉科学委员会及核信息委员会。一段时间后，为了解决环境问题，康芒纳提出了自己的方法。鉴于他的特点以及他所能做的事情，这种方法使他有可能想出可行的解决方案。

▲科学与政治

康芒纳意识到，解决方案不可能只来自科学领域。为了让失控的技术重新回到人类的掌控之中，科学与政治必须联起手来。当涉及应用技术时，科学无疑会将技术卖给出价最高的买家。最终，军方控制着可怕的辐射力量；医药公司从化学成果中获利；农业为了自身的目的而使用生物学。这些赤裸裸的利益团体对保护地球生命的根基没有一点责任感，但任何一方都拥有破坏它的手段。因此我们必须从保持地球生命的共同利益出发，重新取得控制权。

与许多其他感知到技术威胁的人不同，康芒纳始终保持着对科学的信念。他意识到虽然科学会让我们陷入一团糟，但如果没有科学的帮助，我们也不太可能从中解脱出来。因此他继续用科学的方法来判定问题，并寻找解决方案。在这样做的时候，他充满了一名真正学者所具有的博爱精神。

很多年来，他的研究院专注于解决固体垃圾处置的问题。垃圾不是一个时新的主题，但它指数级的增长带来了真实的威胁，而几乎没有人愿意考虑这个问题。而且，这是能够被解决的问题，它可以成为如何应对更复杂问题的典范。就像我们研究的所有富有创造力的人一样，康芒纳不愿意在无法解决的问题上浪费时间。他很擅长区分什么是可行的，什么是不可行的。

康芒纳觉得仅仅展示在垃圾焚化炉中焚烧垃圾会产生危险的污染物二噁英（Dioxin），或者滥用化肥会使我们的饮用水被硝酸盐污染是不够的。这些是重要的知识，但只要从垃圾焚化或使用化肥中依然能获得特殊利益，那么情况就不会改变。他认为，当务之急是让公众知道这些环境危机以及它们的源头。为了实现这个目的，他采用了不同的方式：他写书和宣传手册，与领导人、舆论界人士交流，召开新闻发布会，从有关环保的基金会中取得资金支持，以及发展志同道合者之间的联系。

在这个过程中，他必须打破标准的科学领域，离开学术界。离开大学这个安全的庇护所，是接受过大学教育的人很少敢采取的行为：

我是第二次世界大战前长大的，当时我的一些教授相信学术对社会是负有责任的。当第二次世界大战时期的一代科学家逐渐老去，学术世界开始脱离现实世界。学术工作以学科为导向，受到学科的支配，我认为它变得非常枯燥。因此我所做的事情变得越来越偏离当下学术工作的一般方向，大多数在大学里工作的人是为了获得同事的赞美。但其实我们工作的目的是为了大学以外的人们。

只有跨越学科边界才有可能实现全盘考虑，如果我们想“关闭这个循环”，保持地球生命形式的有机平衡，那么这是很有必要的。

学术生活中流行的哲学是还原论，这和我处理事情的方式正相反。在将生物学与环境问题联系起来时，我使用了“整体论”一词。然而学术世界已经发生了很大改变，与我读研究生时大相径庭。它变得越来越以自我为中心，越来越简单化。我觉得这很沉闷，我没有兴趣这样做。

康芒纳没有让专门化的学术领域对他应该如何处理问题、如何尝试解决方案指手画脚。相反，他让真实世界中的事件引导自己应该关注什么，应该使用什么方法来控制难以管束的技术。特定的威胁，比如有毒废料的扩散，或者饮用水被氮同位素污染，激起了他的干劲：

我们的关注点是解决现实世界中的环境与能源问题。其中不会有学术问题，也没有学科所界定的问题，只有现实世界所界定的问题。我们会特别关注生活在面临这些问题的社区中的人们。我们处理问题的方法是解决它，而不是写一篇适合某一领域或者某些领域的论文。这就是为什么我说我们是无学科的，而不是跨学科的。

这段引用表面上是反知识的，但康芒纳其实在从最基本、最真实的意义上运用科学。他反对的不是系统化的、细致的观察，而是不负责任地运用科学。他也反对对领域知识本身的仪式化崇拜，他认为应该整合我们实际需要的知识，避免其成为历史。

▲与现实抗争

康芒纳称自己是“大萧条时期的孩子”，他总是努力挣扎着实现自己的目标。加之在美国中上阶层的象牙塔中，身为布鲁克林的犹太人，他始终能感知到自己的边缘地位。这两点可能使他一生都保持着非正统的观点。那些没有被学界很好地同化的人有可能发展出怀疑性的、发散性的思维，因而产生出创造力。

就像许多被访谈者一样，康芒纳坚持认为在工作中保持两种通常是相互矛盾的态度很重要。在与自己所做的事情保持情感联系的同时，还要具有非常客观的视角。毫无疑问，他对自己的主题非常关切，他的整个生活模式就是证明。在同事和伙伴中，他的严格和精确是出了名的。每次写演讲稿或新闻稿，他都会一稿一稿地修改多次，直到完全没有含糊和不足之处。

做一个特立独行的人很不容易，在并不存在的领域中坚持自己选择的狭窄路径也是很难的。康芒纳在与大学管理者的交往中遇到过各种各样的困难。管理者不理解他想实现什么；而其他学者觉得他在侵犯他们的领地；当权者想让他闭嘴，不想听到他对核武器和越战的反对之声。他对自己的职责拥有顽强的信念，这使他坚持下去，不会放弃。他也会找些方法来集中思想，避免干扰。就像大多数富有创造力的人一样，一套严格的行为准则能保证他集中精力：

> 嗯，我会拒绝很多事情。我不回信，不做别人请求我做的事情，只是因为这样做能够帮助他们。在我们愿意提供帮助的领域，我们帮助了很多人。但是你知道，人们会打来电话说：“我有一项发明。”任何有关商业的事情，我都不会去碰。一个人只能同时关注一件事，但是我认为我一天可以做两到三件事。

拼接文化 DNA

黑泽尔·亨德森的生活主题几乎与康芒纳的完全吻合。她也在努力发展应对技术问题的新的跨学科或无学科领域。她也将自己的一生奉献给了避免人类破坏我们所生活的栖息地的事业。但是由于她接受的是经济学而不是生物学的训练，因此她的关切点更多地在于消费模式如何影响我们对资源的利用，而不是我们的生活方式会产生什么样的生物化学后果。

亨德森在英国出生并长大，她生长在一个充满爱的传统家庭中，这个家庭尊重严格的性别角色，但亨德森从很小的时候就开始爱上了这个世界：

> 当我 5 岁的时候，你知道，就像你刚刚睁开眼睛，看着周围说道："哇哦，这是多么奇妙的旅行呀！到底会发生什么？我应该在这里做什么呢？"我一生都在问这些问题，而且很喜欢这样问。这让每一天都很新鲜。如果你能让这些问题保持新鲜，并记得当你还是个小孩时的情况，那时你会看着周围，比如你看到了树，忘记自己知道"树"这个词，那么你便不会像从前那样看任何事情了。你说不出任何事物的名称，根本不会对自己的知觉习以为常。每天早晨当你醒来时，就好像那是一个创造的开始。

亨德森生机勃勃、开放地面对生活。这让人想起了美国哲学家皮尔斯（C.S. Peirce）对他所说的"感知"和"识别"的区别。它也类似于魔术师唐·胡安（Don Juan）"让世界停止"的做法。无论是模仿别人的还是天生的，这种感知的新鲜感与她本质上完全一致。

高中毕业后，亨德森做出了两个决定：环游世界，看一看其他人是怎么生活的；不去做自己不喜欢的事情。作为一个新手，她给百慕大的几个度假胜地写信，申请让她来运营酒店，以此交换食宿以及下午的网球课、高尔夫球课。她的提议很快被接受了，她选择了最光彩夺目的度假酒店。这段经历大大改善了她的网球技巧，但更重要的是，这让她看到了摆脱金钱经济、组织小型的互利交换体系的可能性。接下来，在自己创造的职业中，她继续吸收这样的经验。缺少正规教育反而成为一种可以随意乔装的福分。这使她保持着开放的思维，能够从新颖的角度看待全球的经济体系。

▲国家的盲目

亨德森最终决定要投入一生的时间来解决的问题也是很多人有着强烈感受的问题，那就是对自然资源的无情开采，以及贫困国家与富裕国家之间逐渐扩大的不平等关系。虽然我们都知道我们利用能源的方式存在很危险的错误，但是这个问题非常庞大和棘手，这使得我们不愿去尝试解决它。最自然的反应是忽视它。

亨德森之所以能做出富有创造力的反应，是因为她发现了一种阐释问题的方法，这样她以及其他人便可以对此做点什么了。就像所有类似的概念转移一样，她的阐释首先专注于问题一个有限的方面，而不是整个棘手的困境。亨德森决定专注于7个工业化程度最高的国家，衡量它们的发展与获得的财富。她得出结论，这些国家仅占世界人口的13%，但消耗了地球大多数自然资源。由于在衡量国民生产总值的时候，没有考虑到它们所谓的发展对环境造成的危害，因此它们无视现实。她觉得只要这种短视继续下去，全球经济境况只会从糟糕走向更糟糕。

亨德森感到，在这个问题的背后存在着另一个问题，那就是过去几个世纪西方思维在认识论上的偏颇。他们从背景中提取出少得可怜的现实，然后把提取出来的这点东西看成是孤立于其他部分的，进一步增加了这种偏颇。只要依然以这种方式来看待发展，那么我们永远也看不到我们的选择的真正含义。

> 它本质上是一种线性思维。基础的范式是：我们都在沿着从过去到现在再到未来的时间轴前进。在这条轴的某处存在着许多假设，它们涉及什么是发展，以及就物质富足而论，技术精湛与经济增长哪一个是衡量标准。

工业化国家的政策是“没问题的。在议事日程中，最先要做这件事，接下来要做那件事”。他们的整体假设是，问题以哪种方式出现，就以哪种方式解决。我对问题的思考不是这样的。针对某个问题，工业化国家可能会发布某一政策，但实际上你也许需要同时做10件事，因为你应对的是一个相互作用的系统。如果你把系统推到那里并说：“那就是我们今天应该推动的事情”，那么你所做的会在系统中你没有注意到的地方制造无数个副作用。

▲真正的财富

通过这样阐释我们在处理环境问题的方式上存在的错误，亨德森便能够有所作为了。像通常的情况一样，对问题的清楚阐释就暗示出了它的解决方案。清楚地阐释问题是整个过程中最困难的部分，尽管它看起来可能毫不费力。在这种情况下，亨德森有两个目标：让人们理解发展的长期代价；改善对环境政策的系统化的思维模式，而不要采用线性的模式。对于第一个问题，她的立场是：

人民是国家的财富。国家真正的财富是生态系统资源以及智慧、善于解决问题、富有创造力的人民。那才是国家的财富，而不是金钱。这与金钱一点儿关系都没有。我举办过有关金钱的研讨班。我一上来会烧掉一张美元，然后说：“它用来点火很好，但你知道它是没有价值的。金钱是一种追踪系统，它帮助我们追踪交易。”

她采用的不是线性思维：

我认为世界是系统性的、相互作用的。除非拥有问题的系统模型，其中模拟了所有的界面和所有的动态，并且它可能处于一个世界性的生态体系网络中，否则你便不知道向哪里推进。当你有了良好的判断力，对那些系统相互作用的方式有了很好的理解，也许为了产生反馈效应，你需要同时在5个地方实施政策，否则你的政策要么不了了之，没有改变系统，要么它将在其他地方产生糟糕的影响，要么你将在其他某个系统中放大这个问题。

亨德森相信问题在于重新设计“文化 DNA”，或者重新设计激励人们的一套方案，可以引导人们的价值观与行为准则。基础的问题是：

> 你如何精练语言，使它具有类似数学公式的作用？我感兴趣的是社会及组织的 DNA 密码。也就是说，规则的程序如何设定取决于它们的价值。每一种文化都是一种高品质的软件程序，源自于价值体系和一系列目标。每一种公司文化和每一种制度也是如此。因此我喜欢做的事情是为每一个新组织写出 DNA 密码。

▲促成改变

确定了解决问题的总体态度后，人们必须设计一个可以产生作用的方法。重新组织一个 DNA 很难，更不要说整个星球的 DNA 了。正是在这时候，艰苦的工作才真正开始。提出某种概念模型，以解决世界上最糟糕的问题，这样所获得的荣耀似乎很有诱惑力，但是具体步骤却是让其他人去实施。然而亨德森的创造力主要不在于概念层面，她会以实际行动去贯彻自己的想法。与许多坐着不动的环保主义者相比，她的工作更加引人注目。

她是如何做的？她的方法既多样又多变。她写文章和专栏，写有关替代经济的书。她在世界各地演讲，在有可能产生共鸣的国家，比如中国和委内瑞拉，投入时间与政府官员、环保团体建立起网络。她尝试影响 15 个工业化程度最高的国家采纳新的监控国民生产总值的方法，这种方法将技术进步中隐藏的社会及环境成本也考虑进去了。她擅长创建组织，这些组织将实施她的部分愿景。这些团体也许专注于循环再利用、替代经济，或者专注于发展“替代性的国民生产总值”，比如亨德森的国家未来指标（Country Futures Indicator），或者专注于质疑消费主义的环境适当性。

> 使用一个人和某种资源引入 DNA 密码的这种方法，你可以将那种 DNA 密码称为组织的商业计划。寻找那些真正理解密码的人，然后找到基金会

的拨款或其他什么。对我来说，这些年来一直存在的诱惑是，我会在一个组织中停留太长时间，因为我想确保DNA密码被铭刻在组织方法论的石碑上，这样当我再次回来的时候，每个人对这个组织是什么都能达成一致意见。这样就不会出现设计的是一个老鼠，结果出来的是河马的情况。

然而随着时间的流逝，她发现“停留太长时间”是一个错误，因为出于理想主义而和她一起做事的志愿者会受到抑制，变得依赖她。另外她的自我会与企业的成功捆绑得太紧密。因此现在她会尽快将年轻组织的领导权传递出去，不去过多担心她最初的设计是否被完全遵照。

事实上，我是在困难与打击的磨炼中进行学习的。年轻的时候，我比较自我驱动，开创了很多社会改革组织。直到六七十岁时我才明白，如果你想建立一个不涉及钱的社会改革组织，也就是没有金钱的激励，从未来社会将成为什么样的理想化愿景来看，这就是工作，那么你最好不要太自我驱动，不要把想出这个点子或创建这个组织的功劳据为己有。因为你在试图招募理想主义的人才，你不得不对他们说：“你看，薪水不高，甚至可能一开始没有薪水。”你真正能提供给他们的是一种身份，以及对一个令人兴奋的新组织的认同。他们将为这个组织投入全部精力。我越是向后退，退得越快，组织的起步就会越好，运作这个组织的人会有越多的满足感。经过一些年后，我学会了越来越快地离开。

▲制造恶作剧

亨德森如何能实施这些方法？ 30年来她针对全球经济管理不善而采取的游击战取得胜利绝非易事。当然，拥有崇高的目标很有帮助。很少有哪个项目能比亨德森的项目更具有不证自明的合理性，使人们可以为之奉献一生。但是为了不受干扰地继续工作，她不得不采取一些更世俗的做法。她不得不接受自己没有正常家庭生活的事实。投身于她选择的事业，最终导致了和丈夫友好的离婚。另一件她必须放弃的事情是好工作带来的财务保障。不过她悲伤地承认：“我一直知道我是不会被雇用的。上班的第一天我就因为不服从上级而被怒斥。

我会告诉他们怎么做才能更好。所以我意识到我必须创造自己的工作。”

最后，为了保护隐私和在自己的场所表达不合常规的价值观，她搬到了北佛罗里达州的一个小社区里。为了削弱政治对手的攻击，她保持着低调。以下是亨德森对选择在那里生活的解释：

> 我很高兴可以与一个像美国这样的大型系统发生相互的影响，同时又住在一个偏僻隐蔽的地方。那里的人们会说：“你为什么要住在北佛罗里达的荒野之地？”但对我来说，那里很好。因为主流文化会认为这个人是令人不屑一顾的。他们会认为“她只不过是在边缘地带瞎混罢了”。越少人知道你对各种次要系统的影响越好。

住在北佛罗里达州并不意味着亨德森与世隔绝。只要她觉得有价值，便会周游世界各地。真正需要她提供帮助的人会来找她。她的房子里总是有很多来访者，他们都试图搞出和她的企业一样的“恶作剧”。在她独自一人活动时，比如骑自行车、散步、做园艺或洗盘子，或者在她与有趣的来访者交谈时，最好的想法会冒出来。如果不能时常与想法类似的人进行交流，亨德森就无法去实现自己的目标。

亨德森独特的职业一直都不是一帆风顺的。像大多数富有创造力的人一样，她也有她的困难。20年前她曾经历过身心疲惫的阶段。她太投入、太忙碌、太焦虑了。连续不断的旅行和压力让她脖子疼痛。她几乎到了崩溃的边缘。于是她意识到最好“形成自己的可持续运作模式”。就是在那时，她决定搬到佛罗里达去，并改变自己的生活方式。她重新评估了自己的优先级，并认定达到任何目的对她来说都不重要。重要的是她尽了自己最大的努力并乐在其中，不要让自我完全与成功联系在一起。这个决定给予了她平和的心态。现在即使比以前更忙碌，她也不会再感到压力和痛苦了。

支持她不断前进的不是对名气的渴求，而是创建美丽有序环境的使命感。她用夸张的方式说道：

在某种层面上我觉得自己像个外星人，我只是来这里暂作访问。我也具有人类的外形，与各个物种保持紧密的情感依恋。我赋予了自己人的形体，但我还具有许许多多的别的样子。把所有这些都整合为一体对我来说很容易。这听起来很轻率，但它正是我的精神修行。

没有什么人会承认自己像个外星人。但是为了客观看待人类境况，一个人必须能够从一定距离之外来看待自己。为了创造一种新的生活方式，不向过去的传统妥协，这个人必须努力获得这种客观性。与此同时，这个人还必须保持“与物种的情感依恋”。之前我们已经提到过理性计算与热情投入之间的辩证关系是富有创造力者的普遍特点，它对于创造力处于传统领域之外的人可能尤其重要。以下是亨德森对此的说法：

禅宗佛教所说的“执迷–超脱”是一个非常和谐的连续体。你应该始终处于两者皆有的状态。其中存在着阴与阳的连续体，用西方的逻辑是无法理解它的，因为我们只有“要么 / 或者”，然而，这其实是“都 / 和”的逻辑，它表示在执迷与超脱之间、在长远观点、无限观点与具体观点之间存在着持续不断地舞蹈，它们是一个连续体。

迈向和平的脚步

埃莉斯·博尔丁与经济学家肯尼思·博尔丁已经结婚 50 年了，她曾在丈夫巨大名气的阴影下度过了一段艰难的时期。然而在抚养大 5 个孩子，做了 18 年家庭主妇后，她取得了社会学博士学位，并开创了自己的独特事业。像本章介绍的其他人一样，埃莉斯·博尔丁在现实生活的变迁中发现了自己要去解决的问题，并且她首先尝试在已有的领域边界内解决它们。当发现这是不可能的时候，她便会脱离学术界的保障，自立门户，希望发展出应对威胁的新方法。

▲不再有安全的地方

埃莉斯生活中的主题是各个层面上的和平，包括家庭、社区、国家和世界的和平。这是一个逐渐形成的观点，现在埃莉斯为它付出了全部的精力。这个观点始于埃莉斯的童年，那时她住在新泽西：

> 在童年时我对战争的恐惧来自有关第一次世界大战的故事和电影。就像现在的孩子害怕核武器一样，我很害怕所有人会被毒气毒死。小时候我曾幻想，如果发生了另外一场战争，我会去挪威，我出生的地方，跑进大山里，在小木屋中生活，这样就安全了。我妈妈讲的故事都在说挪威是一个很好的地方，而美国在很多方面都不如挪威好。美国是一个自私、贪婪、腐败的地方。我上大四的时候，挪威遭到了入侵。突然之间再也没有安全的地方了。我把这种想法的改变称为内心的剧变，就这样我失去了安全之所。尽管我知道那只是童年时的幻想，但它已经成为了我核心本质的一部分。

在埃莉斯眼里，世界过于相互关联了，以至于任何人都无法退缩到一个安全的避难所里。暴力会瞬间波及任何地方。就像康芒纳和亨德森一样，埃莉斯面对的是我们相互依存的系统本质。她意识到让世界变成安全的唯一方法是，每一个人都为此付出努力。

▲以家庭为基础

为世界和平而努力不是一项微小的职责。事实上，它是一个乌托邦式的想法，听起来天真幼稚。当意识到全球性侵略使自己的生活面临危险的时候，多数人会采取心理学上的捷径，否认或寻找推诿对象。将世界的问题推卸到可处理的对象上会容易得多，比如归罪于原教旨主义者或自由主义组织，而不去想一想自己的行为也可能引发问题。严于律人总比严于律己更容易。然而如果你把世界看成是一个系统，那么显而易见的是，你不可能只改变它的一部分，而其他部分保持不变。

可以说埃莉斯应对和平问题的方法是从基础开始的。像其他富有创造力的人一样，她的才能包括寻找方法，以可操作的方式来处理复杂问题。应对的步骤很简单：首先，我们必须培养能够成为和平使者的孩子；其次，我们必须明白如何实现家庭内在的和谐；第三，我们必须将和谐的家庭与社区、社会联系起来；最后，应该让彼此联系的人们知道他们的全球身份，知道他们是相互依赖的。

> 我逐渐明白，国际非政府组织以及18 000个跨国团体意味着什么。在这些组织中，人们所具有的身份不同于他们的国家身份。那是什么意思？我们如何能深入那些网络中或者利用我们所在的团体？我用了很多时间帮助人们理解，无论他们属于什么团体，事实上都具有世界身份。你看，无论你在本地做什么，无论是罗德俱乐部（Rotary）、吉瓦尼斯俱乐部（Kiwanis），还是所有的服务性社团，无论是教会、商会还是体育运动，没有什么活动范畴不是全球规模的。然而除非你明白当地社团是如何运作的，否则你在其他任何地方的努力都可能是无效的。你必须知道本地的情况。

当然，从复杂性更高的层面来表达和平的问题并没有让任务变得简单，但它让任务变得可以应对，人们能够开始为之做更多事情，而不是绝望地举手投降。埃莉斯从把自己的孩子培养成"和平使者"做起。然后她把自己的观点带到基督教公谊会（Society of Friends），这是贵格会（Quaker）教徒的礼拜堂。从那里开始，她的影响逐渐扩大到更大范围。她是达特茅斯大学社会学系的主任，还是作家、演讲人。就像黑泽尔·亨德森一样，埃莉斯思考用写作来改变人们看待世界问题的方式："我总是在想我们使用的各种比喻，以及它们如何决定了我们对现实的理解。我们该如何改变它。"她的活动扩展到了各类组织，最终她活跃在国际舞台上：

埃莉斯的影响无论扩展到多远，她的活动都牢牢根植于家庭、社区这样的基础上。那就是她的信仰。她将自己的工作称为"源于上帝之爱的行动"。作为一名贵格会教徒，她对上帝的认识并不局限于某种历史解释，而是发散的、不断发展的。但这种上帝的概念非常鲜活有力，使她感到在"有机的整体"中，自己和宇宙发生了联结。她用抒情的表达方式描述了上帝如何对她产生影响："渴望爱的光束照进蒙昧的云朵，照射到远得不可想象的宇宙地平线。让你自己的心里也拥有那样的光束吧。"

尽管拥有强大的信仰以及家庭、社区的有力支持，但埃莉斯的生活并非一帆风顺。有时她选择承受的重担会让她感到精疲力竭。这样的一次危机发生在她 60 岁生日的时候，她说："我突然觉得对自己的生活完全厌腻了。生活让我感到消化不良，我受够了，再也不能承受了。我用了几个月的时间摆脱这种感觉，又有空间容纳生活中更多的体验了。你知道，我并没有完全厌腻，没有完全被阻塞住。我再次实现了某种打开的状态，可以继续前进了。"当心灵的夜幕落下来的时候，埃莉斯就会躲到山中的隐居所里。那里四周环绕着远山和她喜爱的事物，每天进行祈祷和冥想，她能够再次恢复内在的平衡，重新发现自己的精神根基。

释放潜能

约翰·加德纳有许多工作。一开始他在大学里教授心理学，当过一个重要的慈善基金会的主席，被约翰逊总统任命为第一任健康、教育和福利部长，他还写过几本颇有影响力的著作。对于大多数人来说，其中每一项工作都能证明他们存在的价值，但所有这些成就都不能给予加德纳做得足够多足够好的感觉。因为他追求的既不是金钱，也不是权力，即使对于客观的观察者来说，他要为之奋斗的目标也是难以捉摸的。在他们看来，他似乎已经多次实现了目标。

▲水管工的卓越与非凡

> 人们既得不到很好的收入，又做着枯燥无趣的工作，最终会距离幸运越来越远。

加德纳在生活中想实现什么目标？在回答这个问题之前，了解他认为需要解决的主要问题，以及值得为之付出精力的主要目标会对我们有所帮助。从根本上说，加德纳确信我们没有充分施展追求卓越的潜能，而那是每一个人与生俱来的权利。

这会产生两个结果。第一个结果是我们的生活变得死气沉沉，毫无创造性。我们从来没有体验过充分发挥能力时欣喜若狂的感觉。当奥林匹克运动员跑出个人最好成绩时，当诗人想出完美的诗句时（我称之为心流），他们可能会有这种感觉。第二个结果是，人们既得不到很好的收入，又做着枯燥无趣的工作，最终会距离幸运越来越远。随着时间的流逝，这种紧张关系必然会导致社会冲突。正如加德纳看到的，问题在于实现社会公平，即使我们承认个体之间存在着巨大差异。从某种意义上说，这需要一个将水管工也包括进来的有关卓越的概念：

> 在快到40岁的时候，我渐渐意识到美国人所面临的一个严重困境。他们有平等的社会风气，也有描述这种社会风气的词汇，但人们达到某种标准的能力千差万别。因此《卓越》（*Excellence*）这本书的副标题是“我们也能平等而卓越吗”。在我看来，我们必须为优秀的水管工留有空间，使其显示出卓越。它是各种不同层面上的卓越。如果你说只有处于社会最高层的人才是卓越的，那么对于社会中的所有其他人来说，你太漫不经心了。你会说没关系，反正他们无论如何也不是卓越的，他们都只是一些粗俗的人。这样的社会简直太糟糕了。每个人都应该觉得，无论他们的职业是什么，他们都能达到卓越。他们可以成为卓越的机械师、卓越的幼儿园老师、卓越的神经外科医生，等等。正是这种想法让我真正开始试图让人们理解这些理念。但是直到30年后的今天，在人们的头脑中，这些理念仍是混淆不清的。

▲对人进行研究

20世纪60年代末席卷美国主要城市的暴乱似乎证实了加德纳的担忧：被否认具有卓越机会的社会阶层开始反抗了。正是在那个时候，他的创造力真正开始显现出来：他放弃了机构中舒适的职位，尽管在这个职位上他做得很成功。他开始离开基金会及政府部门控制的领域。从根本上说，他觉得对抗社会疏离的方法是让人们对事关自己未来的决定更投入一些。

这意味着组织志愿活动，让人们了解他们的选择，帮助他们在政治过程中获得发言权、取得权力。他的第一份这样的工作是领导全国城市联盟（National Urban Coalition）。这是一个很了不起的团体，它让公司领导、协会领导、少数族裔领袖以及宗教领袖聚集在一起，共同探讨城市中的问题。

> 我的工作是担任这个卓越团体的主席，那是一段非常有趣的经历，因为我走访了城市中最令人不快的地区。我深入每一个发生暴乱的城市，真正全面细致地感知美国人生活的各个侧面。对此我虽然有所了解，但从来没有了解得如此深入。我发现这非常有价值，同时也促使我成立了同道会。在研究为了改造现状人们应该做什么这个问题的时候，我不断触及到政府真正的弊端以及政府流程的缺陷，由此我得出结论，我们需要市民去关注政府。市民对政府的关注很多是通过工会、企业或其他专业团体的游说者来进行的，但没有什么代表公共利益的声音。你知道，那就是代表如何能让这个系统运转、如何让这个城市变得更好的声音。

加德纳成立并担任主席多年的同道会很快取得了成功。在最初的6个月里，它就吸引了10万人。他最后辞去这个组织的领导职务的理由和黑泽尔·亨德森想尽快将领导权转移给他人的理由相同："随着每一年过去，我越来越确信自己得到了答案。对于每一件事情我都得到了自己的答案。"知道所有答案当然很好，但它有两个劣势：这让工作变得无趣，也抑制了合作者的积极性。

因此加德纳继而创立了另一个名为独立部门（Independent Sector）的组织，为全国各种非营利性机构提供讨论的平台。另外他继续进行演讲和写作。在年近耄耋之年时，他回归了自己的第一份职业，以一种新的活力回到大学教书。目前他的兴趣在于研究社区，他感到，如果人们生活在一个道德沦丧的社区，缺乏自省能力的价值观和内在规则，那么个人潜能便不可能充分释放，团体也不可能获得自组织的能力。

▲有责任感地活着

什么使得加德纳能够放弃已经取得的成功，将自己的精力奉献给了社团活动？显而易见，高智商对此起了很大的作用。在上学期间，他的才智总是超越同龄人。然而聪明并不能解释他的内在动机。他本可以利用这种聪明去华尔街赚大钱，或者在政府中取得更高的职位。与之相反，他选择去做有利于公共利益的事情。很大程度上这不是出于责任感，而是因为他真心诚意地相信这是他所能做的最好的事情：

> 我从来不做自己没有强烈动机的事情。我从来不为头衔、权力、金钱做任何事情，除非我对这类东西特别有兴趣。我不知道自己为什么这样做，但我想可能是因为我觉得生命短暂，只想做自己愿意做的事情。如果你有了动机作为基础，如果你做的事情符合自己的价值观，那么我认为其他事物比金钱和权力更能带来安全感。

当然，这还是没有解释这些价值观来自哪里，为什么加德纳认为它们的优先级高于寻常的价值观，并对它们充满了兴致。到目前为止我们可以清楚地知道，对于他的人生选择，不存在单一的解释，若干个解释构成了答案的各个部分。加德纳自己提出的一个主要原因是，在父母的影响下，他的生活充满了强烈的责任感。

在加德纳只有 1 岁半的时候，他的父亲就去世了，父亲没有对他发挥直接的影响。正如我们在第 7 章中看到的，富有创造力的男性常常会出现早年丧父的情况。加德纳的妈妈对他的价值观产生了更直接，但同样有力的影响：

> 我妈妈是一个很强硬、思想独立的人。在她那个时代，她具有超前的有关女性权利和种族关系的理念。她对行为举止有很严格的标准，但这些标准不符合那个时代传统的伪善做法。例如，她不允许我们看不起任何其他种族或团体的人。我们甚至都没有意识到这一点。很多年后，哥哥和我谈起这件事，发现我们都有相同的态度。妈妈在早年将这些态度灌输给了我们。同时她也是非常独立的。群体的所思所想和所作所为束缚不了她。事实上，我真的有这样的印象，那就是如果你很受欢迎，她会觉得也许你有什么问题。她会觉得你做了太多的调和，没有捍卫自己的观点。毫无疑问，这对我和哥哥的成长也产生了一些影响。

早年丧父，以及母亲坚定的公平性和独立性在加德纳的性格上留下了印记。另一个影响是，他的童年是在蓬勃发展、充满乐观情绪的加州度过的。在这种乐观的环境中，他感到欢欣鼓舞，但令他感到遗憾的是，由于经常搬家以及他的早熟，他没有形成社群意识，也没有形成朋友圈。早年边缘化的感觉也促成了他的独立，也许作为一种补偿，他在晚年开始关注社区的重要性：

> 也许是因为我妈妈不愿意接受惯常的思维或者传统的模式，也许是因为我自己有这样做的倾向，或者是因为我没有生长在一个给我设定标准的社区里，反正我从来都可以想做什么就做什么。

加德纳并不是天生就对社会上的不公很敏感，也不是怀着帮助同胞的伪善愿望长大的。在发现自己非常擅长帮助他人的同时，他也发现这样做令人愉快：

> 我十分喜欢管理。不过在29岁前，当我被赋予管理职责时（第二次世界大战期间在军队中），我甚至不知道那是一种选择。如果有人说那是一种选择，我会说："我对此不感兴趣。"因为我从来不觉得自己对帮助人们汇聚他们的力量，达成某个结果有着强烈的兴趣。

同样的事情在24年后再次发生。当时在狂暴的政治斗争中，他被任命为首位健康、教育和福利部长。他发现自己具有成为斗士的能力，而且很享受为了正当的理由而进行战斗。几年后，当城市暴乱迫使他创立了同道会时，他发现自己能联系更广泛的大众，而且乐在其中。正是这些个人经历证实了加德纳的信念，即我们比自己认为的拥有更深厚的潜能，只有外部的挑战或机会才会让我们意识到自己的潜力。他相信我们的潜能被恐惧、低自尊和传统的束缚所埋没、隐藏或禁锢了。

> 我经常会和一些企业高管会面，如果我们谈到这个主题，我会告诉他们，我估计在他们职业生涯结束的时候，只发挥了一半的潜能。另一半将依然处于休眠状态，因为生活没有给它们施展的机会。或者因为他们太早下了结论，认为自己不擅长那件事。他们掩盖了自己的能力。年

> 龄越长，他们越会规避成长所必然包含的风险。一开始你遭遇到一些小失败，这让你认为不应该再去尝试了。这类事情的清单会越来越长。等到中年时，你永远都不要再次尝试的事情清单会很长很长。你可能很擅长其中的一些事情，但它们已经被你一笔勾销了。你选择了自己确定能获胜的一个小范围，你知道自己能成功。你停留在安全的范围内。如果危机与突发情况迫使你离开了小小的安全范围，你就会发现你具有一些自己不知道的才能。

加德纳在不停地学习和成长。他一开始是矜持、超然而冷漠的。这种性格很适合做一个学术研究者，但是作为大型基金会的领导者，却是令人畏惧的，因此他培养出了更友好的举止。与之类似，高度理性的方式对于学术环境来说是恰当的，但对于激励大批民众来说，它就不那么有效了：

> 我想，直到 40 岁我才开始认为自己能用理性之外的方式来应对他人。如果你想影响他们，你就必须这样做。如果你想触动他们，你就必须触及他们的动机，必须来到他们的表面思维之下，触及能推动他们的事物，触及影响他们的热情与令他们顾虑的事物。对于我的部分工作来说（其中有些是自己分配给自己的工作），说服他人的能力以及激发行动的能力都是至关重要的。

换言之，加德纳意识到，要对他所运作的新领域发挥影响，就需要在这个过程中发展新策略，并重新塑造自己的性格。这需要有很大的开放性和灵活性。“为了做成我必须做的事情，我不得不变得更开放，更有兴趣。我享受它以及它的成果。”发现自己擅长做什么并享受做这件事的能力是所有富有创造力者的显著特征。如果这件事碰巧还有利于社群，那就格外幸运了，加德纳的情况就是如此。

全球责任的领域

康芒纳、亨德森、博尔丁和加德纳的共同点是，他们都意识到地球上发生的各种事件是相互联系的，他们的奋斗都是基于这种认识。对于他们试图要做的事情，我们可以这样来表述，他们在尝试发展一个全球性责任的领域，以及履行这种责任的领域。康芒纳强调的是对能源和资源的利用；亨德森强调的是改变我们的生活方式和消费模式；博尔丁注重的是制止暴力；加德纳关注的是受到阻碍的个人潜力将产生的社会影响。每个人的关注点不同，但他们认为因果网络是相互联系的。能源使用及消费模式的改变、和平精神的改变，以及个人成就的改变都会影响到其他方面。其要旨在于，每一个行动都会产生结果；从很多重要的方面来看，地球是一个有着脆弱边界条件的封闭系统；除非采取明智的行动，否则我们很容易会违反这些条件。

从某种意义上说，这种观点并不新颖。很多原始文化已经发展出了对宇宙的系统观，而且它隐含在世界上许多伟大的宗教中。基督教迂回地表达了这种理念，它相信存在着一位无所不知的上帝，他在看着并评价着哪怕最微小的事件,比如一只麻雀从树枝上落下来。东方因果报应的信仰中也隐含着这种意识，它认为每一个行动都会产生无尽的后果，这些后果像涟漪一样会波及后续无数的世代。根据古代琐罗亚斯德教（Zoroastrianism）的信条，每个人都应该为自己污染了水、破坏了土地、让空气中充满了烟而祈祷宽恕。然而，随着近几个世纪科学的迅猛发展，人们对因果关系的直觉逐渐麻木，反而将之视为迷信。人类似乎是无所不能的，它的行为甚至高于自然法则。

本章描述的人们正在做的事情是，在不同的科学领域中重新发现并认真对待这些直觉。他们从生物化学、经济学、社会学和心理学中得出了相同的结论:在孤立领域的规则下前行，不考虑更广泛的后果是危险的。除非我们知道我们能安全地处置核装置的废料，否则建立核装置是危险的。当世界上大多数人还在挨饿受冻的时候,浪费粮食和能源是危险的。忽视人们的精神需求是危险的，不充分利用人们的潜能也是危险的。

但是如何能将这些彼此分隔的知识构建成一个协调的符号领域？西方的科学家最近开始研究系统，不过我们还无法用一种可驾驭的方式来描述这 4 位富有创造力的人正在与之抗争的问题。在很大程度上，我们仍处于近代科学以前用比喻来表征的阶段。其中一个比喻性的描述是希腊的盖亚神话（The myth of Gaia），它将地球描绘为一个有生命、能够自我审查的有机体。另一个比喻性的描述是人择原理，它主张我们的思想和行动其实使得宇宙的存在成为可能。康芒纳、亨德森、博尔丁和加德纳似乎处在比喻和自然法则之间的界限上，准备好从诗情画意的洞见转向系统化的理解。

他们拥有一些共同的、属于智慧先驱的特点。在成长过程中他们都觉得自己处在边缘上。康芒纳之所以如此是因为他是犹太人；亨德森是因为她的忠诚在慈爱的妈妈和强大的爸爸之间被割裂开；埃莉斯是因为挪威与美国的混合教养方式使她对诠释经验具有了两种不同的视角；加德纳是因为失去了父亲，从来没觉得自己属于某个社区，而且总是班里最小的。当现实生活的经历与领域边界相矛盾的时候，他们突破了边界对他们思维的局限。

这 4 个人都反复提到，他们会不断在行动与反思之间、满怀热情与客观应对之间转换。在每一种情况下，这种转换都使得他们能够保持不断学习，不断适应新环境的积极态度。他们的创造力系统地从观点向行动展开，然后通过对行动结果的评估再返回观点。这个循环不断反复。

他们中似乎没有一个人以金钱或名气为动力。相反，驱动他们的是对公共利益的责任感，有时是近乎传统宗教价值观的情感，但更多时候是对自然现象的有序与美好的精神感知，它们超越了任何特定的信条。这是最古老的敬畏在当代的表达，正是这种敬畏感促使我们的祖先形成了超自然的想象。然而他们将这种责任感轻轻地放在肩上，使它更像是一种特权而不是一项职责。尽管他们努力地工作，以改善我们的生活，但他们认为他们从来没有做自己不想做的事情。就像我们研究的其他富有创造力的人一样，心流是他们典型的意识状态。

创新者小传

→ **巴里·康芒纳**（Barry Commoner, 1917—2012），男，美国生物学家、教师、活动家，曾荣获美国科学促进会的纽科姆·克利夫兰奖（Newcomb Cleveland Prize）、美国精英学生协会奖。他的作品包括 *The Closing Circle*、*The Politics of Energy*、*Making Peace with the Planet*。

→ **黑泽尔·亨德森**（Hazel Henderson，1933—　），女，美国经济学家、作家（出生于英国），被纽约医学学会提名为年度市民。她的作品包括 *Creating Alternative Future: The End of Economics*、*The Politics of the Solar Age: Alternative to Economics*、*Paradigms in Progress:Life Beyond Economics*。

→ **埃莉斯·博尔丁**（Elise Boulding，1920—2010），女，美国社会学家、活动家、教师。曾荣获全国女性良知奖（National Woman of Conscience Award）、泰德·伦茨和平奖（Ted Lentz Peace Prize）、美国社会学协会的杰西·伯纳德奖（Jessie Bernard Award）。她的作品包括 *The Underside of History*、*Building a Global Civic Culture: Educations for an Interdependent World*。

→ **约翰·加德纳**（John W. Gardner, 1912—2002），男，美国心理学家、作家、教师。获得过很多大学与学院的荣誉学位，荣获过美国空军杰出服务奖（USAF Exceptional Services Award）、总统自由奖章、美国国家科学院公共福利奖、全美汽车工人联合会社会公正奖（U.A.W. Social Justice Award）、美国劳工联合会—产业工会联合会穆雷绿色奖章（AFL-CIO Murray Green Medal）、克里斯托弗奖（Christopher Award）。他还是都市联盟（Urban Coalition）的主席、同道会（Common Cause）的创始人、肯尼迪和约翰逊总统任期时教育工作小组（Task Forces on Education）的成员以及时代公司（Time,Inc.）的董事。他的作品包括 *Excellence*、*Self-Renewal*、*On Leadership*。

第13章 文化的传承与创造

当你在思考真实的生活是什么样子的时候，悲观主义是一条捷径，因为它是一种目光短浅的生活观。

作家罗伯逊·戴维斯
Robertson Davies

如果没有创造力，世界将不再是现在的世界。我们可能仍会按照基因指示来行动。在我们死后，一生所学都会被遗忘。世界上将没有演讲、没有歌曲、没有工具，没有诸如爱、自由或民主这样的观念。那会是一种非常机械、了无生趣的存在，没有人想参与其中。

为了实现我们所认为的人类的世界，一些人必须敢于突破传统的束缚。接下来，他们还必须找方法记录这些比以前有所改进的新观念或新做法。最后，他们必须设法把新知识传递给后世子孙。我们认为参与这一过程的人是富有创造力的。我们称为“文化”的东西，或者我们从社会环境中内化而来的自我的一部分，就是他们的创造。

制斧者的礼物：创造力与破坏力

如果创造力干涸了，人类毫无疑问将无法生存，无论是现在还是未来。科学家必须为人口过剩、不可再生资源的耗尽以及环境污染想出新的解决方案，否则人类的未来将必然是短暂而野蛮的。除非人文学家找到新的价值观和新的理想来引导我们的活力，否则无望感会泯灭我们去克服前进路上障碍的热情。无论我们喜欢或不喜欢创造力，人类都变得很依赖它。

如果以更乐观的方式再表述一遍的话，那就是在过去几千年中，进化已经从单纯的基因化学物质的变异发展为越来越事关模因的改变（我们通过模因进行学习，然而再将它传递给其他人）。如果我们选择了适当的模因，人类便能够生存下去，否则就无法生存。选择知识、价值观或行为（无论将带来更光明的未来，还是将导致灭亡）的事物不再是我们自身以外的因素，比如捕食者或气候的改变。未来就在我们手中，我们创造的文化将决定人类的命运。

乔纳斯·索尔克将这种进化称为超生物学进化，威尔逊和其他人称之为生物文化进化。其中的理念是相同的：生存不再只取决于生物学设备，还取决于我们选择使用的社会与文化工具。文明的伟大创造，比如艺术、宗教、政治体系、科学和技术，都是文化进化道路上的一个个路标。人类就意味着创造力。

与此同时，不需要很多的思考我们就能意识到，人类生存所面临的主要威胁、我们希望用创造力来解决的问题正是以往富有创造力的解决方案所造成的。从很多方面来看，人口过剩是未来的核心问题，而这是农业进步与公共健康改善的结果。社群的减少以及心理隔离的增加一部分是因为人类的巨大流动。这种改变是由自动推进式工具，比如火车和汽车的发明所带来的。由于科学成功地驳斥了实验方法无法验证的信仰，因此超越物质世界的价值观开始衰落。诸如此类，无穷无尽。例如，这是为什么罗伯特·奥恩斯坦（Robert Ornstein）把人类的发明称为“制斧者的礼物”。它指的是当第一把钢制的斧子被引入对金属一无所知的原始部落时，会发生什么情况。它会让杀戮变得更容易，它撕碎了现存的社会关系的根基以及文化价值观。从某种意义上说，每一个新发明都是制斧者的礼物。当新的模因取得掌控地位后，生活方式就会发生改变。

不只是危险物品的发明，比如蒸馏酒精、烟草、火器以及核反应堆也会造成毁灭整个人类的威胁。即使明显有益的发明也具有意想不到的负面后果。电视扩大了我们体验的范围，它是一个奇妙的工具，但会让我们对过剩的信息上瘾，这些信息满足的是人类最粗俗的共同兴趣。每一种新模因，比如汽车、计算机、避孕药、爱国精神或多元文化论，都会改变我们的行为和思想，都具有潜在的阴暗面。其阴暗面通常暴露得太晚，常常发生在我们习惯这些创新的存在之后。

核能的发展给那些能够抓住这个机会的国家带来了军事和工业上的优势。这是没人会拒绝的机会。然而进入核时代仅仅半个世纪，我们为这笔浮士德式的交易必须付出的代价看起来已经太高了，以至于有可能让我们濒临破产。最近的估计显示，为了安全地处置核废料，美国需要花费 3 000 多亿美元。很多其他国家，比如俄罗斯，可能无法及时开始清理工作。在地球历史的每个瞬间，人类的独创性成功地把地球的很大一部分变成了不适于居住的地方。

> 改变环境的力量越大，产生出不受欢迎的结果以及受欢迎的结果的机会就会越大。

人类的独创性有一个我们总是想去忽略的基本法则：改变环境的力量越大，产生出不受欢迎的结果以及受欢迎的结果的机会也越大。大约在公元前 4000 年，大规模灌溉的发明让美索不达米亚变得非常多产而富有，那是邻国做梦都想不到的盛景。然而幼发拉底河和底格里斯河的水流每年会带走两三厘米厚、富含养分的表土，留下含盐的矿物质。慢慢地，两河之间的肥沃土地逐渐变成了寸草不生的荒漠。

我们再举一个发生在世界另一端的例子。大约在公元 800 年，伟大的玛雅文明陷落了，不是因为它无法应对灾难，而是因为它被自己的成功毁灭了。对于为什么如此复杂的文明会重新变成丛林，存在一个令人满意的解释。也许是因为太多家庭变得富有而强大。这些精英觉得他们不应该再工作了，而每一代人都希望比前一代过得更舒适，拥有更高的生活标准。有太多印第安人部落的首领之间最终爆发了冲突，进而导致残忍的内战。另一种假设是，为了建立宏伟壮丽的寺庙和宫殿，玛雅人用石灰岩的灰泥进行粉刷。石灰岩必须在非常热的熔炉里被熔化。为了供给熔炉燃料，他们砍伐了周围的丛林，由此造成土壤被冲蚀，表层土被冲走，淤泥阻塞了玛雅人用来灌溉梯田的湿地。失去肥料后，田地出产的食物极少，接踵而来的饥荒激起了内乱，导致了混乱和最终的灭亡。创造的力量通常与破坏的力量是联系在一起的。

通过观念影响人类力量的模因也存在类似的模式，即一开始的成功会导致最终的失败。各种宗教原教旨主义的承诺给予人们一套简单的目标和准则。它解放了一些心理能量，因此在一段时间里，奉行这些信条的社会似乎是强大而坚固的。但是负面效应很快显现了出来：当一个国家通过模因汇聚社会力量，而这种模因却是以牺牲其他群体为代价去保障另一个群体的优越性时，不宽容以及仇外的情绪就会导致战争或更糟的情况。

即使创造力的成果没有产生外部的破坏，它们的成功也会为采纳它们的文化埋下危险的种子。通过发明有效的法律体系、管理方法和军事实践，罗马人得以建立了一个富裕而稳定的社会。然而一段时间之后，罗马的贵族认为自己不必再费力了。成功带来的惰性让他们产生了虚假的安全感。廉价的奴隶让他们对节省劳动力的新设备漫不经心。正如在蓄奴的美国南方，致命的自满就像物质丰富带来的舒适这枚硬币的阴暗面一样，不可避免地显现出来。

在工业化国家中，甚至连工程师和技术工人的数量也在逐渐减少。每个人都想成为专业人士，至少是坐在办公桌边的职员。乐观主义者认为，我们的孩子准备要做的是未来基于信息及富有创意的灵活性的职业。然而事实表明，美国申请的新专利的数量也在不断减少，对计算机的使用更多是集中在成为信息消费者，而不是学习如何使用已获得的信息。如果必需性是发明之母，那么安全的富足感似乎就是它机能不全的继母。

纵观历史，我们能够看到一个充满讽刺意味的过程：文化的成功也孕育出了它自身的对立面。当我们变得越富裕，便越没有理由去寻求改变，因此越容易受到外部力量的影响。创造力的结果通常就是对其自身的否定。

在过去，在创造复杂模因方面非常领先的社会能够保持数百年甚至数千年不变，依靠其最初的文化资产继续存在下去。埃及和印度就是如此。但这种奢侈不复存在了，一部分是因为过去几个世纪中创造出来的进步。通信的改善使得信息、技术和资金几乎在全世界是平均分布的。能够最有效地利用这些资源并具有较大决心的人才有可能会控制未来。任何社会都无法再像尼罗河边的帝国，甚至像维多利亚时期的英国一样，在隔绝的状态中独自享受着辉煌。

那么这个错综复杂的故事的结论是什么？目前人们对于创造力依然会毫无保留地欢呼喝彩。被认为富有创造力的人好像不会犯错，他们能够将我们从过去的错误中拯救出来，走向光明的未来。当然有时也会有反对的声音。精神分析家盖扎·罗海姆（Geza Roheim）写到，生命的全部独创性，特别是最后有意识的部分，构成了一个巨大的错误。物质的理想状态应该是无机的，生命只是晶体宇宙在平静阶段的一场发热症、一次短暂的癌症。

更重要的是，大众似乎开始重新思考祖先们所创造的文化的价值。人们对科学、民主以及其他许多人类努力实现的美好事物的信念开始发生动摇，而这不只出现在俄罗斯、伊朗、印度或巴西。传统主义在现代化的日本隐约闪现，探索回归更简朴时代的力量也在美国凝聚起来。恢复共享的价值观、社群意识以及更平静的生活方式会带来巨大的成就。不幸的是，这种回归很可能使人们重新开始相信魔法、占星术、超自然以及某个人种比其他人种更优越的谬论。

> 每一个伟大的进步都包含着新的脆弱性。有些模因在今天是不可或缺的，但在未来可能是一种阻碍。相信进步总是令人满意的就像一开始就抗拒它一样荒谬可笑。

无论是毫不批判地接受还是全盘否定人类的创造力，都会让我们脱离正轨。如果我们能够客观地看待并评判文化，那该多好啊！这个很好，那个很糟。然而历史不是非黑即白的。每一个伟大的进步都包含着新的脆弱性。有些模因在今天是不可或缺的，但在未来可能是一种阻碍。相信进步总是令人满意的就像一开始就抗拒它一样荒谬可笑。

谁来评判创新

到目前为止，我们试图建立两个要点：创造力对于人类未来的生存是必不可少的，同时创造力可能具有令人不快的副作用。

如果认可这些结论，那么人类的福祉便取决于两个因素：提高创造力的能力和发展出新的评价方法的能力，以便用这些方法来评价富有创造力的新观点的影响。首先让我们来关注一下第二条的要求。

为什么我们不能将对新观点的评价留给它们各自的学界，或者市场的“看不见的手”呢？不幸的是，这两个机构都没有准备好应对这项任务。根据定义我们可以看出，学界的成员致力于提升他们在领域的支配权，不太关注文化的其他方面。尽管少数物理学家在第二次世界大战结束后联合起来对社会发出警告，指出核扩散的危险性，但学界作为一个整体却无法抗拒扩大高能物理学的研究与应用的游说。与之类似，少数医生为高科技医学干扰公众健康的过程敲响了警钟，但以美国医学会为领导的学界大多数成员却以增加昂贵的设备和治疗程序为己任。

如果没有任何限制，每个学界自然都希望能够控制尽可能多的社会资源。如果每所学校、每个企业和家庭都有自己常驻的心理学家，那美国心理学会当然会很开心。艺术家的兴趣在于让其他人相信，如果每个人都成为艺术品收藏家，他们的生活会更美好。牙科医生的兴趣在于让我们相信，如果把大部分空闲时间用于口腔护理，我们会更快乐。每一个学界都会欢迎能够帮助他们扩充其对社会资源占有的新观念。

另外，即使不存在自私的或物质方面的原因，每个学界仍会积极推动领域内新观念的实施，而不考虑长期后果。在某个专业狭窄的限制中工作多年的人当然会相信，自己领域内的新发展是最重要的，理应优先于其他领域的发展。很难让一位将毕生精力奉献给高能物理学的物理学家心悦诚服地认为，无论如何不应该支持核技术的发展。

每个学界对自身的成就感到骄傲是可以理解的。如果有人试图从公共利益的角度来评价其贡献，而评价的标准与领域内部的标准相违背时，学界马上会用学术自由、言论自由、思想自由或其他可以利用的意识形态来捍卫自己。在多元化的世界观中，质疑艺术家展示任何他们想展示的东西的权利，都是非常令人厌恶的，无论他们展示的是被亵渎的旗帜、尿罐还是残缺不全的尸体。一想到其他任何人都有权决定什么是好科学，什么是坏科学，科学家就会吓得往后退缩。被授予诺贝尔物理学奖的人除了相信自己所继承的研究世界的方法是唯一可行的方法之外，他别无选择。把伏尔泰的话换种方式说就是，他当然会相信自己的科学是所有科学中最好的，因此，对物理学不可避免的演变的任何质疑都是对科学完备性的攻击。

每个学界都期望社会承认它的自主权，但每个学界都觉得最终的分析应该依据本领域的准则，并且只对自己负责。由于以上所有的原因，指望学界从公众长远利益的角度出发，监督自己富有创造力的观点基本不会有什么效果。

另一个选择是让市场决定创新的价值。就像在其他许多社会过程中一样，我们倾向于相信市场的智慧，并不言而喻地认可了它的重要性。当然，现在每个人都开始认同，所谓的自由市场是像圣诞老人或复活节兔子一样是不真实的。当世界银行向巴西提供数不清的贷款以建立核反应堆时，这笔交易并不是对自由市场的力量做出的反应，而是出于美国几家大型核反应堆建造商的利益。再举一个例子。每个国家，从法国到芬兰，从日本到美国，都在通过补贴农民来保护本国的农业基础，而自由市场是不会这样做的。

但是即使自由市场是真实的，听从它的决定对于人类未来的福祉来说是否明智也值得商榷。首先，市场的决定倾向于以现在为导向。消费者会选择当下能提供优势的产品或技术，不太会考虑后果。我会买一罐能让我每天早晨节省几秒钟的除臭剂，而不去考虑它的喷雾对臭氧层会产生怎样的影响；如果我想买手枪，我可能会买射出子弹速度更快的，即使更高效的手枪可能会导致更多的事故。

批量生产的商品特别容易受到基于短期利益做出的购买选择的影响。快餐因为能够满足我们最基本的口味偏好而大赚特赚。我们这种偏好是从远古时代遗传下来的，那时的人类所需的脂肪和糖类供给不足。汉堡配上薯条和奶昔，对于穴居人来说真是一顿精美的大餐，但对于久坐不动的市民来说就不太健康了。与之类似，电视也很容易受到批评。自从罗马人聚集在竞技场中观看角斗士的相互厮杀以来，我们喜欢看的精彩场面（它是由基因塑造的）并没有很大改变。很难想象看肥皂剧和 MTV 对人类的进化会有什么有益的贡献。

> 应该鼓励艺术家追随他们的灵感；尊重科学家追随引导他们去任何地方的直觉。而另一方面，我们不应该期望社会能够支持在某一领域内被重视，但可能对公众财富有害的创新。

正如我们已经看到的，我们不能忽视进化。能够引导地球未来的文化将会是鼓励尽可能多的创造力的文化，但同时也要以未来人类的整体福祉为基础，对创新进行选择，而不只是从单独的领域出发。我们需要自觉地建立起优先级，使用类似“进化影响分析”的事物，在此基础上才能对新观念做出认可。

这种类型的政策不应该导致外行对思想自由的任何压制。我们应该鼓励艺术家追随他们的灵感；尊重科学家追随引导他们去任何地方的直觉。而另一方面，我们不应该期望社会能够支持在某一领域内被重视，但可能对公众财富有害的创新。

无论在东方还是西方，最伟大的艺术都不是在艺术家设定工作日程的情况下创造出来的，而是在主顾坚持有利于他们自己的特定标准的情况下创造出来的。主顾首要的需求是获得公众的赞美，因此他们想要的艺术必须能吸引公众，给他们留下深刻的印象。从这种意义上说，中世纪与文艺复兴时期由教皇和贵族委托完成的艺术实际上更具民主性。

实现对科学领域的创造力的公开评价可能会更加困难。在大多数科学领域中，知识的边界已经远远超出了普通人的理解，只有相应领域中的专家才有可能做出明智的决定。然而每一个领域中都可以有这样一些人，他们既拥有专业知识，又具有公共利益的意识，能够作为代表来服务于社会利益。

目前评估研究经费的角度要么是领域设定的优先级，要么是由管理部门提供资金的政治议程。也许可以建立某种高于党派政治和学科方式的民间部门，它的构成是那些渴望成为“好祖先”的人，以及当评估某些科学发展是否应该得到社会支持时，愿意代表进化的诉求的人。这类团体不可避免地将主要由老年人构成，因此它很可能受到较年轻的同事的批评，这些同事更关注的是自己科学事业的发展。而另一方面，那些具有较丰富体验的人，以及能够在更广阔的背景中看待自己专业知识的人，更有可能具有冷静平和的智慧，而这些人比较可能是老年人。我们的社会对老年人的期望是微乎其微的，但老年人能够做出让每一个人都受益的重要贡献。

增加创造力的方法

几十亿年以来，进化在盲目地继续着，随机的选择力量对它施加着影响。我们都是偶然被创造出来的。然而现在人类成了地球上最有力，因此也是最危险的力量之一。如果我们希望进化能够以符合我们利益的方式继续下去，那么我们必须设法引导它。这涉及发展出监控新模因的机制，这样我们便能够拒绝那些从长期来看有可能带来危害的模因，而鼓励前景更光明的其他选择。

然而在实施选择之前，必须存在着可供选择的新观念。现在是时候转向这个问题了，那就是有什么方法可以增加产生值得文化去采纳的新颖观念的概率。为了回答这个问题，我思考了可以分别应用于三个层面上的策略。这三个层面是个人、学界和领域，是它们定义了创造力系统。

▲更富创造力的个人

我们已经看到，富有创造力的人所具有的核心性格是两种多少有些相反的倾向：一方面是大量的好奇心和开放性，另一方面是坚持不懈。为了产生新颖的观点并让它取得优势地位，一个人必须同时具有这两种性格。有可能让更多的人具有这两种性格吗？

我们还不能确定。过去之所以不知道答案，是因为我们还不清楚这些性格在多大程度上是由基因控制的。当然，我们的染色体上不太可能只有一个位置存在着开放性基因，因此每个位置上被装入了哪种基因就决定了一个人是否天生好奇或者天生冷漠。不过很有可能的情况是，一些基因指令的组合相互作用，使得一个人偏向于更开放或更不开放。

但是正如我们之前探讨的，生物遗传只是一部分原因，早期的环境也具有重要的影响。积极的家庭体验、支持性的情感环境、丰富的文化传统、接触到很多机会以及高期望，都能激发出兴趣和好奇心。与之相反，不确定的情感环境、机能不全的家庭、孤独、被拒绝和边缘化的感觉似乎能培养出不屈不挠的毅力。大多数人在生命早期会经历其中的一种环境，而不会两者都经历。

然而富有创造力的人似乎更有可能遭遇了这两种情况。约翰·富兰克林生长在非常具有支持性、能带给他丰富刺激的家庭中，但他的种族使他受到了歧视。从社会经济地位来看，伊莎贝拉·卡尔生长的家庭处于社会的边缘，但她的父母非常热情，给予她很多激励和支持。

当然，很多孩子具有类似的背景，却并没有变得富有创造力，而且我们样本中一些富有创造力的人的早期经历并不符合这种类型。我们不可能断言，为了变得富有创造力，一个人必须具有某种家庭背景。但是早期双重模式的经历与后来的创造力可能具有很大的相关性。而且当我们试图在“早期经历”与“创造力”这两个混杂的概念之间寻找因果联系时，我们所能得到的最好结果可能就是这种微弱的关系。不过这总比没有关系好。至少我们可以期望通过提供这两种经历中的要素，来增加具有创造力特点的人的比例。

> 没有学会忍耐孤独的孩子很可能永远也无法非常深入一个领域，从而失去反思和酝酿的机会。

同样的主张也适用于第3章中提到的另一对性格。父母和教育者应该知道，既鼓励独处又鼓励合群的环境有可能增加儿童表达其创造力的机会，哪怕这种增加是极微量的。没有学会忍耐孤独的孩子很可能永远也无法非常深入一个领域，从而失去反思和酝酿的机会。而另一方面，太害羞、太隐遁的孩子需要无私的中间人，比如凡·高或卡夫卡的中间人，否则他们的贡献就会从文化中消失。

与之类似，性别角色的某种灵活性也会有所帮助。如果孩子过于社会化，严格根据性别角色行事，那么他们的创造力可能会受到抑制。从统计上看，具有复杂的人格可能会增加富有创造力的表现。每一种性格的贡献可能都非常小，没有一种是不可或缺的。但是当存在所有这些性格时，便会产生更有利的后续影响。

除了这些激发性因素及人格因素外，当然还存在着重要的认知变量。在这里遗传再一次发挥了重要的作用。我们每一个人都具有特定的优势和倾向，它使我们对某个维度的现实比另一个维度的现实更敏感。但是早期接触某一领域并从事这个领域中的活动的机会，对于开发遗传潜能同样是很重要的。被鼓励提问题的孩子有可能发展出探寻问题的态度；能接触到归纳推理方法的孩子在理解世界方面可能具有优势。

最重要的是，它有助于较早地投入到某个领域中。威尔逊可能比世界上其他人更了解蚂蚁，他从6岁就开始研究蚂蚁了；莱纳斯·鲍林在同样的年龄对化学物质混合的方式开始着迷；拉维·香卡还是孩子的时候就开始专业地演奏音乐了；乔治·法鲁迪在小学的时候就知道自己会成为诗人；维拉·鲁宾不到10岁时就下定决心要成为一位天文学家。重要的是，我们应该意识到以上列举的情况中没有一个是父母强迫的，父母没有要求他们学习化学、音乐、诗歌或天文学，孩子自发的兴趣引导他们去投入其中。父母的作用仅限于提供机会，以及当孩子的兴趣显现出来后，认真地对待它，然后支持孩子的投入，比如鲁宾的父亲帮助她建造望远镜。如果父母喜欢指手画脚，那么孩子的投入可能就不会那么深入。

不过我们所研究的大多数人的起点并没有那么早。事实上，很多人在大学或更晚时候才开始他们最终的职业。但是好奇心引导他们对某个符号领域的掌握达到了其他孩子很少能达到的程度。伊丽莎白·诺埃尔诺伊曼非常投入地玩着虚构村庄的游戏，并且热爱写作；马克·斯特兰德对绘画着迷；雅各布·拉比诺会把手边的机器都拆成零件。

尽管要等到青春期的晚期，一些人才开始专门从事某一领域，但如果他们想变得富有创造力，就必须非常热情地投入这一领域。如果他们没有学会令他们充满信心的技能，如果没有掌握基础知识的经历，年轻人便不会有足够的勇气去改变现状。希尔德·多明虽然直到生命的后期才写出第一首诗，但她曾学习并研究过 6 种语言。无论迟早，掌握某一领域专业化的知识都是至关重要的。在这里，了解基础知识很关键。对于科学家来说，是掌握数学和物理学的基础；对于艺术家来说，是掌握绘画的基础；对于作家来说，是掌握经典作品的基础，这些都是进一步创新的起点。

不过我们还要记住很重要的一点，那就是大多数突破是在被认为不存在联系的信息中找到了联系。跨领域的和领域内的整合是创新的规范,而不是例外。玛德琳·恩格尔从分子物理学中获得灵感来创作她的故事；拉维·香卡设法协调印度音乐和欧洲音乐。几乎所有科学家富有创造力的工作都会跨越物理学、化学及生物学的边界。

即使其他领域并没有直接被整合到富有创造力者的工作中，但它在某种程度上会对他们整体的心智生活产生影响，这说明人们对某一狭窄、枯燥领域里的训练专家所持有的刻板印象是不真实的。音乐、艺术和文学丰富了很多富有创造力者的生活。科学家曼弗里德·艾根在一个室内管弦乐团中演奏音乐；政治家尤金·麦卡锡写作诗歌；陶艺家伊娃·蔡塞尔在 70 多岁的时候开始研究纽约市的种族关系历史，并就此进行写作；商业领袖罗伯特·高尔文收藏古代航海地图，并研究宪法的历史。

这种跨越某个领域的广博性是创造力最重要的特性之一，而当下的学校教育有可能会根绝这种特性。如果没有产生其他作用，我们的研究至少应该让人们意识到狭窄的专业化不能成为主流。它不仅对心灵是有害的，而且会减少令文化变得更丰富的具有创造力的贡献的可能性。

▲学界的贡献

多数人发自内心地相信，如果一个人是富有创造力的，那么无论环境如何，他都能崭露头角。人们对孤独的天才进行浪漫的理想化，这种印象在我们的头脑中根深蒂固，以至于如果提出相反的观点，即如果没有社会和文化的支持，哪怕是最伟大的天才也会一无所成，人们便认为那几乎是对天才的一种亵渎。

然而现实情况似乎不是那样。天时与地利的配合会为具有恰当条件，且碰巧在恰当的时间位于恰当的地点的人提供短暂的机会。本杰明·斯波克是第一位接受过精神分析训练的儿科医生，因此他可以结合弗洛伊德学派的最新观点，写出具有权威性的畅销育儿书。如果早几年，这是不可能完成的任务。如果晚几年，他的书就成多余的了。拉维·香卡跟随家人运营的音乐团体学习音乐。同时代的一批女性科学家因第二次世界大战而受益，当时年轻的男性科学家被征召入伍，因此实验室工作便有了空缺。

我要表明的观点当然不是说外部机会决定一个人的创造力。由此得出的观点虽然朴实无华，但它非常重要：无论一个人多么有天赋，除非学界提供了适当的条件，否则他不会有机会做出任何富有创造力的贡献。那么，这些条件是什么呢?

从我们的研究来看，从社会环境中可以选出 7 个有助于做出富有创造力的贡献的重要因素：训练、期望、资源、认可、希望、机会和回报。其中一些是学界的直接责任，另一些则取决于更广阔的社会系统。如果我们的论点是正确的，那么确保社会更广泛地提供这些机会便能显著地提高创造力。

让我们一一来探讨这些要素。显而易见，对于发展任何天赋来说，训练都是非常重要的。如果迈克尔·乔丹生在不打篮球的国家，那么他永远也无法精进自己的技能，也不会得到认可。一个能将机会与对有潜力的儿童的训练有效配合起来的社会，会提高其成员产生创造力的概率。

> 对于发展任何天赋来说，训练都是非常重要的。如果迈克尔·乔丹生在不打篮球的国家，那么他永远也无法精进自己的技能，也不会得到认可。

当然训练是昂贵的，因此必须做出艰难的选择。应该接受哪个领域的训练，训练的范围应该多大。如今，美国公立学校通过削减艺术、音乐、体育及其他公众认为没有必要的领域中的教育来节省成本。然而总的说来，通过减少学习机会来省钱是社会所能采用的最愚昧的解决方案之一。也许只有乔纳森·斯威夫特（Jonathan Swift）解决爱尔兰饥荒的方法比这更令人反感。

高期望对于杰出的成就来说是必要的刺激，因此也是创造力的必要刺激。高期望一般开始于家庭之中，继而是来自同伴群体、学校和整个社群的高期望。背负着高期望并不是一件令人舒服的事情。身在美国的亚洲青年内化了来自其文化的很高的学术目标，因此他们的自尊相对较低，对他们来说不辜负这份期望是很困难的。年轻的非裔美国人通常具有较低的学术目标，因此他们的自尊比较高。

长期具有艺术、科学或专业成就传统的家庭会为年轻人设定很高的标准。苏布拉马尼扬·钱德拉塞卡和伊娃·蔡塞尔的家族中有若干人获得了诺贝尔奖；海因茨·迈尔莱布尼茨追随着遥远祖先的脚步。当然过分的或不现实的期望弊大于利。在我们的研究中，父母和导师通常间接地表达了他们对年轻创造者的信心，几乎认为他们的优秀是理所当然的，而不是唠叨、挑剔或逼迫他们。

最好的情况是，不仅家庭和学校对年轻人有高期望，而且整个社群和社会也是如此。人们常常会提到民族传统对取得成就的动机的影响。犹太人、美国南方人以及摩门教徒对杰出事业的信念就属于这样的例子。美国主流社会对学术领域中的优秀并没有什么期望。我们比历史上任何其他社会都更期望孩子能够快乐成长，拥有良好的适应能力。日本的父母认为孩子能够也应该学习微积分，而大多数美国父母会对孩子最低程度的学术表现感到满意。如果年轻人觉得父母对学术领域都不是很在乎，他们又怎么可能把它当回事呢？

对于创造力来说，资源很重要，但它的作用是模棱两可的。确实，能够接触到过去最好的范例，买得起必要的资料都会有所帮助。大约 30 年前，我读过一篇有关非洲一个新兴国家的报道。这个国家决定创立一个空间研究项目。他们挑选了一些健康的年轻男性作为候选宇航员。为了习惯航天探测器发射时的重力，未来宇航员会蜷缩在一个桶里，他的同伴则快速地旋转缠在桶上的绳子的另一端。如果他们只有桶和绳子，那么显而易见他们很难对空间探索提出有益的新观点。

然而太多的资源也有可能会扼杀创造力。如果一切都很舒适，其他任何地方都比不上这个地方，那么创新的欲望会变成激动与欢乐，而不是去解决基础性的问题。15 世纪当佛罗伦萨爆发出创造力的时候，它是欧洲最富有的城市之一，是先进信息的中心。与此同时，内部的政治动乱以及外部的威胁正折磨着这座城市，事实上它正在为自己的生存而抗争着。从这些相互矛盾的趋势中我们能学到什么？当然，如果我们希望鼓励创造力，那就必须保证所有有天赋、有兴趣的社会成员都能够获得这些资料和知识资源。我们还应该意识到，一定数量的困苦与挑战能使他们产生积极的动机。

在职业生涯的某一时刻，富有创造力的年轻人必须得到学界中年长者的认可。如果没有得到认可，动机很可能会随着时间的流逝而逐渐消逝，年轻人将得不到必要的训练和机会。导师的主要作用是证明年轻人的身份，并鼓励他们在领域中继续努力。年长者的引导之所以很重要，还因为有数百个观点、联系及过程是书中看不到、课堂上听不到的，而一个人如果想吸引同事们的注意并获得他们的认可，就必须学习这些信息。

在某些领域中，比如科学、数学或音乐，标准化的测验有可能测量出卓越的天赋。因此从古代的中国到如今的美国，测验曾是许多成功文化的重要特征。虽然通过测验做出的客观认可在一些领域中是很重要的一步，但它对于富有创造力者的发展来说只是第一步。亲密的师徒关系对他们是非常重要的。在研究中，我们发现少数人从很早开始就得到了能力很强的成年从业者的教导，很多人在高中阶段得到了认可，剩下的大多数人在大学阶段会拥有一位重要的导师。被导师认可并不是绝对必要的，但它肯定有助于潜能的发挥。

如果年轻人不希望在某项事业上发挥他们的才能，那么训练、期望、资源和认可都是无济于事的。在我们的文化中，大量有天赋、有积极性的艺术家、音乐家、舞蹈家、运动员及歌唱家放弃了对领域的追求，因为他们很难以此为生。在一项对美国青少年的研究中，我们发现 13 岁大的孩子中有近 10% 的人长大后想成为建筑师。据粗略估计，这可能是建筑领域所能接纳人数的 1 000 倍。无论这个领域有多么重要，如果实践它的机会非常少，那么期望它吸引大量人才也是不现实的。在较小的领域中取得成功的人和维拉·鲁宾具有相似之处。维拉·鲁宾认为不能成为天文学家是“不可想象的”。

除了希望之外，一个人还需要拥有在某个领域中发挥作用的机会。有人说 18 世纪和 19 世纪的德国之所以在音乐方面表现出丰富的创造力，是因为每个统治着很多公国的贵族必须拥有一支管弦乐队，一方面是为了自娱自乐，另一方面是为显示自己的优越性。因此总是存在着对新的音乐人才的兴趣，音乐人之间的竞争也如此。巴赫、汉德尔或莫扎特可以毫不困难地让自己的音乐得到演奏，然后接受一群热心的行家的评价。如果说现在富有创造力的古典音乐作曲家比较少的话，可能不是因为人才缺乏，而是因为表现的机会比较匮乏。

这个问题在需要长期专业化的训练，而后来机会突然耗尽了的领域中尤其严重。许多年轻的医生接受了科技程度更高、未来收入更好的学科训练，比如麻醉学或放射学，但发现自己找不到工作，因为保险公司削减了成本，强制医院让病人较早出院。越来越多受过良好训练的数学家、物理学家找不到工作。一些学科，比如深受年轻人喜爱的海洋生物学的岗位空缺一直都相对较少。

确实存在很多事例，显示富有创造力的个人似乎创造出了自己的机会。毕竟爱因斯坦在写出有关相对论的文章时，他只是瑞士专利办公室的一名普通职员。我们还知道，一些学校为他提供了教授职位。毫无疑问也存在着其他类似的事例。但是即使在爱因斯坦这种情况下，如果物理学在 20 世纪初没有达到那种威望，对创新的需求没有增加，那么我们也许可以认为爱因斯坦得到认可的机会非常小，或者根本不存在。在任何情况下，当机会很少的时候仍有少数人取得了成功的事实并不能表明，如果机会更多些的话，就会有更多富有创造力的成功者。

最后，回报，无论是内在的还是外在的，都有助于创造力的发展。毫无疑问，文艺复兴之初对雄心勃勃的项目投入的大量金币吸引了许多年轻的佛罗伦萨人从事艺术。布鲁内莱斯基是 15 世纪第一批加入进来的艺术家之一。哪怕是早一代出生，他便肯定不会从事这项职业了。他出身于一个受人尊敬的专业人士的家庭，这个家庭认为艺术家是微不足道的手工艺者。然而当社会给予艺术家更多的金钱和声望，布鲁内莱斯基及许多有着良好出身的年轻人便有可能设想在建筑、绘画或雕塑领域中谋求职业了。

一方面，以金钱为动机的富有创造力者可能寥寥无几。另一方面，完全不在乎金钱的人同样是极少的。金钱可以让他们免于担忧、免于单调沉闷的工作，可以有更多时间去完成真正的工作。金钱还能扩大机会：人们可以购买必要的资料，如果需要可以雇用帮手，还可以四处旅行，向他人学习。一般人觉得艺术家是不食人间烟火的，但实际上他们像其他人一样要使用金钱。首先他们要用钱来购买日常用品，其次他们用金钱来评价自己的成功。

读一读文艺复兴时期著名的金匠本韦努托·切利尼（Benvenuto Cellini）的自传，你会意识到作为艺术家自我价值的计量器——金钱是多么重要。在切利尼离开人世后的 425 年中，金钱越来越成为衡量成功的主要标尺。与金钱的回报力量相比，荣耀、尊重或良知的重要性在不断降低。人们以为富有创造力的人对金钱激励的反应会低于大多数人，但实际情况不是这样。

与之类似，公众的认可和称赞当然不是真正富有创造力的人所必需的，但他们也不会拒绝认可与称赞。富有创造力的人通常很自负，以自我为中心，但他们同样有不安全感，称赞对他们是有益的。处在先锋地位的富有创造力的人是孤独的，感到被欣赏对他们会很有帮助。在美国一家效率最高的研究机构中（曾多次获得诺贝尔奖），副主任的主要工作是每天拜访每位科学家的办公室，赞叹他们最近的成就，即使他对科学家们正在做的事情知之甚少。这种做法基于一个坚定的信念，那就是拍拍后背能够对创造力的产出产生惊人的作用，当然不能无缘无故地表示欣赏。

公众的认可和称赞当然不是真正富有创造力的人所必需的，但他们也不会拒绝认可与称赞。

内在的回报还能够促使或阻碍富有天赋的人对某一领域的投入。有时一门枯燥的学科会突然变得令人兴奋，或者发生相反的情况。每位科学家谈起 20 世纪最初的 30 多年中物理学的光辉岁月时，都充满了过分乐观的怀旧情绪。如今计算机科学或分子生物学引发了聪明的年轻人同样的热情。不仅因为这些领域可能带给他们财富和名望，还因为它们很有趣，是对智力的挑战，因此是有回报的。

内在的动机很容易被扼杀。乏味的学校教育、感觉迟钝的导师、刻板的工作环境、太大的压力以及行政方面的要求，都有可能将令人激动的智力探险转变为令人厌烦的工作，让创造力的火花就此熄灭。阿伦·凯（Alan Kay）的发明对个人电脑的发展非常关键。他半认真地说，雇用他的公司因为拒绝在他办公室的一角安装一个价值 14 000 美元的淋浴装置而损失了数千万美元，而他大多数的新想法来自淋浴的时候。对创造力最直接的改善措施或许是使人们能够从对某个领域的追求中获得更多的内在回报。我们可以进行相对简单而廉价的干预，未来的效果就可能很显著。

但是很多人认为学界所做的一切都不会有用。因为富有创造力的人是能够排除万难取得成功的人。这种说法可能是对的，但反过来就不对了。没有证据显示，训练和奖励不会增加富有创造力的贡献。

依我看来，如果创造力的系统模型是准确的，那么改变学界，比如让它对新观点变得更敏感、更具支持作用，与产生更多富有创造力的个人一样，都能提升创造力。更好的训练、更高的期望、更多准确的认可、更多的机会以及更强有力的回报都能促进有益的新观点的产生与同化。

领域的贡献

我们很容易看到，如果有更多人采取有创意的行动，那么富有创造力的贡献会如何变得更多。我们也比较容易理解学界在这方面能提供怎样的帮助。而领域所具有的作用就不那么明显了。信息编码和保存的方式与做出富有创造力的改变的难易程度有关系吗？

▲信息的可获得性

在很长时间中，欧洲的知识是用拉丁文记录的。现在学校已经不再教授拉丁文，也没有人说这种语言了。当时可能只有不到 1% 的人有条件把拉丁文学到可以阅读书籍的程度，因此只有这些人能够参与知识分子的对话。另外，很少有人能接触到书籍，当时的书籍都是手写的，非常稀少、非常昂贵。古腾堡发明的活版印刷术以及日常语言的合法化（日常语言很快替代了拉丁语，成为对话的中介），使得信息突然得到了传播，因此欧洲出现了科学创造力的大爆发。在 16 世纪的欧洲，做出富有创造力的贡献之所以变得更容易，不仅是因为有更多富有创造力的人在这时候出生，社会变得更支持他们，也是因为有更多的人可以获得信息，获取信息变得更容易了。

这个例子只是不同时期创造力产生的概率受到影响的众多例子中的一个。知识分子或权力精英通常是故意将知识隐藏起来的，这样他们就可以保持信息上的优势。为了达到这个目的，他们发展出晦涩难懂的语言、神秘的符号以及秘密的代码，对于团体以外的人来说，这些语言和符号都是毫无意义的。美索不达米亚和埃及的祭司阶级以及欧洲的牧师阶层没有兴趣与人平等地分享知识。因此他们完全没有动力让知识的表征变得明了易懂。

这种独自控制知识的愿望有一部分延续了下来。即使那些对自己掌控的信息具有最无私、最民主观点的人，也常常会在不知不觉中让自己所知道的信息无法被大众获得，因为他们使用的语言、风格或解释信息的方法是外行无法理解的。

我们大学英语系的一位同事时常为一些大型法律事务所做咨询，这些法律事务所的资深合伙人请他教年轻的律师如何用英语而不是用律师的术语进行沟通。在法学院里，学生们经常满嘴都是法律术语，这些术语甚至会让律师目瞪口呆。没有接受过法律训练的人完全听不懂。其他领域也是如此：心理学系的研究生学会了如何写专业期刊上那种晦涩难懂的文章。在学界中这有助于进行更快捷、更清晰的交流，虽然它可能不够丰富，无法引起情感的共鸣。在任何情况下，速度和清晰度的要求都会使不了解领域内语言的人无法理解信息。

> 大多数富有创造力的成就依赖于在迥然不同的学科间建立联系。如果知识变得越来越晦涩，彼此隔绝，那么创造力显现出来的机会就会越少。

语言障碍只是使领域孤立于普通大众的一种方式。更普遍的问题是每个领域都变得越来越专业化，不仅它的词汇变得越来越专业，其规则与程序的概念也是如此。最近一位化学教授给一份哲学期刊投递了一篇关于热力学第二定律的文章。编辑将这篇文章发给两位评审人进行评估，两位评审人都认为这篇文章不值得刊载。编辑（他喜欢这篇文章）打电话给作者，告诉他这个坏消息："我真的不能发表您的文章，因为我把它发给两位物理学家做评审，他们都不赞成发表这篇文章。""你把我的文章发给两位物理学家？"作者不敢相信自己的耳朵。"物理学家不明白热力学，你应该征求一下化学家的建议。"在请化学家评估之后，他们得到了相反的意见。

热力学的定律当然既是物理学的核心，也是化学的核心。但是这些定律所表示的过程却非常不同，因此从物理学的角度来看，一个被认为很重要的观点，从化学的角度看却是微不足道的，甚至是错误的，反之亦然。什么造成了学科间存在如此危险的沟通不畅？正如我们一再看到的，大多数富有创造力的成就依赖于在迥然不同的学科间建立联系。如果知识变得越来越晦涩，彼此隔绝，那么创造力显现出来的机会就会越少。

不过一些最新的技术发展确实促进了相反方向的趋势。个人电脑的出现将玩耍与学习融为一体。当每一个人都可以瞬间获得学术方面的参考资料、未出版的科学文章、新闻报道、艺术品的多媒体展示，并可以通过信息网络获得正处于发展中的个人观点时，多种多样的新声音便会加入到学科专业化的讨论中。创造力会因此而受益。

▲知识的条理

识别领域中创新的难易程度很大程度上取决于领域的模因和规则是如何被组织起来的。如果整个群体对美持有共同的标准，那么对于一幅画是否是对这个阶段的艺术的改进，人们便比较容易达成一致意见。如果可以将每一个新创作的音乐作品与已经确立起来的标准进行比较，那么识别音乐方面的创造力便会比较容易。与之相反，如果审美标准很不统一，很大程度上是各执一词，就像第一次世界大战之后的情况，那么就很难确定一幅新的绘画或一段新的音乐是值得被记录下来，传给后代，还是只是一个很快可以被忘掉的创新。

与之类似，数学是一个特别具有一致性的领域，因此比较容易判断一种新的做法是否优于原来的做法。在物理学领域中，这种判断会稍微困难些，而在生物学和经济学领域中则会更困难。社会学和哲学的内部法则网络没有紧密的连接性，因此判断它们的创新是最困难的。如果领域没有被逻辑规则严格地整合在一起，那么学界便很难判断创新是否有价值，因此也很难决定它是否应该被纳入领域。（当然，整合程度越高的领域并不一定意味着它越好。象棋是非常符合逻辑的领域，如果某人发现了一种新的开局组合或有效的残局，那么这个发现立即会被全世界的棋手采用。但这并不意味着象棋比哲学更好。)

领域在创新方面的能力经历了盛衰变化。一个世纪以前，许多科学家认为没有人能提出有关物理学的新观点。大多数物理学家相信，他们所能做的只是整理牛顿的宇宙学说。当然，这发生在 20 世纪头 30 年物理学最富创造力的阶段出现之前,这个阶段是由一系列新发现与新观点引出的。在经过这个阶段后，物理学家不得不从不同的角度来重写原有的物理学。

只有当领域中的不稳定性与能够应对这个问题的人的头脑会聚到一起时，领域才会产生创新。即使是最富创造力的人通常也只能贡献出很少的了不起的新观点，有时只能贡献出一个。对于这个新观点来说，他们是有准备的头脑，而且时机正好。由于爱因斯坦早期有关相对论的文章产生了很大影响，因此只要他活着，人们便期待他会不断让世界震惊。但是爱因斯坦的头脑与物理学领域的伟大会聚在他 40 岁之前就结束了，爱因斯坦后半生的贡献并没有产生很大影响。

有时一种新的思维方式、更好的测量方法，或者新的更好的观察设备能够改变一个领域。领域的改变也会涉及所有这些因素。宇宙的托勒密观点被目前的观点所取代，一部分是因为第谷·布拉赫（Tycho Brahe）在观测台上度过了无数个小时，绘制星星的路线；一部分是因为哥白尼发现了表征行星移动的精确模式；还有一部分是因为伽利略改进了望远镜，使人们能够观察到木星。每当一种更好的表征现实的方法被发现时，它便开辟了探索与发现的新道路。

当涉及将知识传递给下一代时，知识的条理就会显得特别重要了。一个人要想做出创新，他必须先了解领域。如果领域中的知识几乎是无法理解的，那便很少有年轻人会愿意去学习它，因此做出创新的可能性就会比较小。不过有时关于应该如何传递知识的问题，存在着同样有效而相互对立的主张。铃木音乐教学法会让孩子做出令人难忘的表现，但有人认为，这种方法的刻板性阻碍了音乐的表达与创新。任何人看到孩子在接受盖提艺术教育中心（Getty Center for Education in the Arts）倡导的教学法教学之前与之后的作品时，都会惊叹孩子们的绘画突然之间变得成熟而专业了。但是批评者担心，准确无误地传递技法可能会降低创新性。与之相反，目前美国学校里教授的很多新版本的数学课程声称强调的是数学思维与理解，不需要去记忆严格的规则或强调单一的解题方法。对于比较传统的家长和老师来说，这些尝试只会“简化”数学，进一步使我们的孩子在这一重要的领域中处于相对落后的位置。

谁是对的？哪种方法更有可能传递必备的知识？哪种方法更有可能带来富有创造力的成就？这些问题的答案可能落在乏味的中间地带。为了很好地处理数字，把尽可能多的心智操作变得自动化是至关重要的。这就需要一些记忆和练习。而另一方面，为了在现实生活中有效地运用数字，人们对如何进行粗略估计，如何凑整，何时以及如何使用不同的操作必须具有很好的直觉。在这场争论中，我们应该记住的最重要的事情可能是，某一领域的教学没有唯一正确的方法，传递知识的方法应该适合学习者的能力。给已经自学过微积分的 4 岁孩子讲授数学显然是荒唐可笑的（肯定有这样的孩子）。用一种方法教授全班学生同样也是荒唐可笑的。

如果传递知识的正确方法不止一种，那么同样会有很多种错误的方法。当信息不真实、不符合逻辑、肤浅、冗余、不系统、令人迷惑，尤其当信息枯燥乏味时，学生们听懂的可能性就会降低，做出富有创造力的反应的可能性也会降低。

▲心流与学习

我们可以简单地用必要性来解释文化的起源。技术、科学，甚至艺术是我们祖先的一种防御性适应。为了提高生存机会或增加生活的舒适度，他们发明了文化。鲨鱼进化出了更锋利的牙齿，羚羊进化出了更快的奔跑速度，而人类发明了武器和汽车。为了吸引异性的注意力并向对方求爱，一些鸟类会利用五彩斑斓的羽毛或精心制作的巢穴，而人类通过华丽服饰、优雅举止来展示我们的有利条件。从这种意义上说，必要性是发明之母的说法是千真万确的。

这些最基本的原因现在仍在发挥作用。我们有动力去学习、成为专家，去创新、想出新的方法，很大程度上是因为这样做可以获得非常现实的物质好处。我们不再像祖先一样，主要在身体力量或简单的技能方面进行竞争。跑得快、杀死豺狼或猎获雄鹿的能力已经不再重要了，真正重要的是在文化的竞技场中表现出色。在这个竞技场中，复杂的领域定义了相关技能。其中富有创造力的成功，比如获得诺贝尔奖或写出了最畅销的小说，能够带来财富、尊重、仰慕和权力。

我们有动力去学习、成为专家，去创新、想出新的方法，很大程度上是因为这样做可以获得非常现实的物质好处。

随着时间的流逝，要创造出文化的其他原因逐渐显现出来。从很多方面来看，如今这些原因变得比基于竞争获得物质利益的原因更重要，至少在某些时候，对某些人来说是这样。在领域内工作可以从中获得回报，或者其本身就是回报。为一首诗找到恰当的词，发现细胞行为的秘密或者发现用更低的成本制造更好的芯片的方法，本身就是一种令人欣喜若狂的体验，即使没有人知道，之后也没有回报。几乎所有的被访谈者都表达了这些内在回报的重要性。如果他们没有感受到这种快乐，外在的回报便不足以激励他们探索未知领域。

虽然学科中的专家很热爱他们所做的事情，但学生或年轻的从业者常常没有这份感情。尤其是在科学领域中，新手只看到了沉闷枯燥的工作。老师很少会花时间去展示数学或科学的美丽与有趣。学生们学到的是冷冰冰的已有知识主导着这些科目，感受不到专家们所体验的自由与冒险。因此，很难激励年轻人去掌握看起来冰冷而疏远的文化内容就不足为怪了。由此造成的结果是，这些领域中的知识会受到损害，创造力更是稀少。

因此，提升创造力的一个很好的方法是，将尽可能多的心流体验引入各个领域中。成为艺术家、科学家、思想者或行动者，去创建文化这是令人愉快的。然而这种发现的快乐常常没有被传达给年轻人，他们反而转向了被动的娱乐。消费文化永远无法像创造文化一样带给人许多的收获和益处。如果有可能将被访谈者的兴奋与激动传递给下一代人，那么毫无疑问，创造力将得到繁荣与发展。

CREATIVITY

第四部分
实践你的创造力

就像医生查看大多数健康者的身体，从中找到了有助于让每一个人都变得更健康的方法一样，通过研究一些富有创造力的人的生活，我们也能从中提取出让每一个普通人的生活变得更丰富的积极建议。

第14章 让每个人的生活充实而丰盈

出于野心或赚钱的欲望，我也许会同样努力地工作。但是除非我也享受这项任务，否则思想便不会完全集中。

计算机科学家玛格丽特·巴特勒
Margaret Butler

写作本书的主要目的是描述创造力发挥作用的方式，以及当少数人的好奇心与奉献改变了领域时，文化会如何发展。不过本书还有另一个目标，那就是通过借鉴这些人的生活，了解如何让每一个人都变得更有创造力，怎样让我们的生活充满惊奇与兴奋。为了回答这个问题，我会从客观的描述转向方法性的指导。我将展示我对我们所了解的事情的反思，并试着从中推导出一些实用的建议。就像医生查看大多数健康者的身体，从中找到了有助于让每一个人都变得更健康的方法一样，我们也从一些富有创造力的人的生活中提取出了让每一个人的生活变得更丰富的有益的建议。

你也许已经形成了一些有关如何能更有创造力地体验生活的观点。至少你知道富有创造力的人必须克服哪些障碍，为了增加创新的可能性，他们会采用什么策略。在本章中，我将提炼出这些观点的精华，以明确的建议呈现，告诉读者如何在日常生活中运用它们。

这些建议并不能承诺你一定会取得富有创造力的伟大成就。到目前为止我们已经清楚地知道，从个人创造力发展到文化创造力需要有天赋、训练和很多好运。如果接触不到领域，得不到学界的支持，一个人便不会有得到认可的机会。尽管个人创造力可能无法带来财富和名声，但从个人的角度看，它却能完成更重要的事情：让每一天的体验更有生气、更愉快、更有回报。如果我们过着富有创造力的生活，那么无聊和厌倦感就会消失，每个时刻都有可能产生新颖的发现。无论这些发现是否能丰富个人生活以外的世界，富有创造力的生活都能将我们与进化的过程联系在一起。

很多建议来自对富有创造力的人的生活的研究。任何人，无论年龄、性别或社会地位，都可以拥有这样的生活。不过有些建议比较适合父母或其他希望给孩子提供发展创造力的最佳条件的成年人。我们无法改变自己童年时的生活条件，它本可以使我们更有好奇心，因而提高我们的创造力，但我们能够改变下一代的生活条件。我没有每次都指明哪些建议是针对成年人的，哪些建议是针对孩子们的，但我相信读者自有判断力，能做出恰当的区分。

我的假设是，每一个人的潜意识里都具有过上富有创造力的生活所需的心理能量。但是 4 个主要障碍使得很多人无法释放出这种潜力。我们中的一些人被太多的要求搞得精疲力竭，因此很难在一开始就把握住这些心理能量并激活它们。或者我们很容易分散注意力，没有学会如何保护和引导我们所具有的能量。另一个问题是懒惰，或者缺乏控制能量流的自制力。最后一个障碍是不知道如何处置自己的能量。在本章中，我将探讨如何避免这些障碍，释放每个人都拥有的创造性能量。

获得创造性能量

以我们目前的知识，即使神经解剖学方面的专家也无法区分爱因斯坦的大脑和你我的大脑。就信息加工能力而言，所有的大脑都非常类似。在给定时间里，我们所能处理的信息的极限数量也是类似的。不同的大脑处理信息的速度也不存在显著的差异。从原理上说，由于大脑硬件是相似的，因此大多数人能够掌握相同的知识，以相同的水平操作心智。然而，人们在思考方式和思考内容上却存在着巨大的差异。

从有创造力地使用心智能量的角度来看，人与人之间最基本的不同也许在于他们把多少可以自由支配的注意力留给了创新。

从有创造力地使用心智能量的角度来看，人与人之间最基本的不同也许在于他们把多少可以自由支配的注意力留给了创新。在太多情况下，外部必须要做的事情限制了注意力。我们不能指望一个打两份工的男性或一位有孩子的职业女性能留出很多心智能量，来学习某个领域，更不用说在领域中做出创新了。据说爱因斯坦是在伯尔尼的小公寓里一边摇着宝宝的婴儿车，一边在厨房的餐桌上写出他的经典论文的。但是事实上一个人能够同时处理的事情的数量是有限的。当一个人为了生存需要付出全部注意力时，便没有余力可以用来创新了。

不过创造力的障碍通常来自内部。对于一个为保护自我而忧心的人来说，他的全部注意力会被用来监控对自我的威胁。这种防御性是非常可以理解的。受过虐待或遭受过长期饥饿或歧视的孩子，不太可能对新奇事物本身感兴趣或感到好奇，因为为了生存，他们需要付出所有的心理能量。一种极端的情况是，被称为妄想狂的神经症患者会觉得自己极其脆弱，周围发生的所有事情都被解释成意欲威胁自我的阴谋。妄想狂的倾向是心理能量自由发展的一大障碍。存在这种问题的人通常没有足够的心理能量来从客观公正的角度对世界产生兴趣，因此也无法学习很多新东西。

自由使用心理能量的另一个限制是在自我目标上投入了太多注意力。当然我们首先必须照顾好自己的需要，但是对有些人来说，“需要”的概念膨胀到吞噬掉了醒着的每一个时刻。如果一个人全部的所见、所思或所为都必须服务于自我的利益，那么就没有注意力可以用来学习其他东西了。

当一个人非常饥饿或者冷得发抖时，他很难以富有创造力的方式来对待世界，因为他所有的心理能量都被集中在了获得必需品上。当一个人很富有，很出名，并将所有精力都用来获得更多的财富和名气时，他也很难拥有创造力。为了释放创造性的能量，我们需要将一些注意力从可预测的目标上转移开，这些目标是基因和模因在我们的头脑中设定的。与之相反，我们应该用这些注意力去探索周围的世界，而且是为了探索而探索。

▲好奇心与兴趣

走向更富创造力的生活的第一步是培养好奇心和兴趣。因为事物本身的原因而去予以注意。在这方面孩子比成人具有优势。他们的好奇心就像源源不断的光束，满怀兴趣地射向周围的任何事物。被注意的事物不一定是有用的、吸引人的或宝贵的，只要它是神秘的，便值得去注意。随着年龄的增长，在面对世界的雄伟壮丽和异彩纷呈时，大多数人不再为之惊叹，并且失去了敬畏感。没有敬畏感的生活会像例行公事一样单调。富有创造力的人保持着像孩子一样的好奇心，即使年逾九旬，他们也会为奇异和未知的事物感到欣喜。未知的事物无穷无尽，他们的快乐也无穷无尽。

首先，好奇心是发散的。孩子的注意力会被吸引到任何新奇的事物上，比如云彩、虫子、爷爷的咳嗽或生锈的钉子。根据名称我们可以看出，兴趣通常是针对某个特定领域的。90 岁的物理学家可能会对亚原子粒子保持着孩子般的好奇心，但不太可能有足够的注意力去为其他很多事情惊叹。因此某个领域中的创造力通常不会与生活中的其他部分同时出现。爱因斯坦在物理学上做出了巅峰性的突破，但他演奏的小提琴曲是非常传统的。但是将注意力限定在某一领域并不意味着会局限某人所能产生的创造力。事实表明，诸如诗歌、历史、物理或政治这样的复杂领域能够不断扩展探索者的视野。

假设你想培养兴趣和好奇心，那么该怎么做呢？以下这些具体的建议也许会对你有所帮助。

每天都设法为什么事情而感到惊奇。可以是你看见、听见或读到的事情。

停下来看一看停在路边的不寻常的汽车，品尝一下咖啡店里的新品，在办公室里真正聆听一下同事们的谈话。它们与其他类似的汽车、餐点或对话有什么不同？它们的本质是什么？不要假定你已经知道这些是怎么回事，或者假定它们无论如何也没有什么重要性。体验事情原本的样子，而不是你认为的样子。对世界正在告诉你的事情保持开放的态度。生活只不过是一种体验流，你在其中游得越远越深，你的生活就会越丰富。

每天设法让至少一个人感到吃惊。不要做可以预测的自我，说些出乎意料的话，表达你曾不敢表达的观点，问你通常不会问的问题。或者打破你的行为惯例，邀请一个人和你一起去以前从来没去过的展览、餐馆或博物馆。尝试变换你的外表。惯例对于节省精力，以便可以去做自己真正在意的事情是很好的，但如果你还在寻找自己真正在意的事情，那它们会局限你的未来。

把每天让你感到吃惊的事情和你让他人感到吃惊的方式都写下来。大多数富有创造力的人会记日记、笔记或实验记录，目的是让他们的体验更具体而持久。如果你已经不这样做了，那么从一项特定的任务开始也许会有所帮助。每天晚上把当天最让你感到吃惊的事情，以及你最惊人的行为写下来。这是一项很简单的任务，而且你会发现它很有趣。几天之后，你可以重新读一读自己记录的内容，反思过去的经历。让生活变得更丰富的最可靠的方法之一就是不要让经历稍纵即逝。不要让最难忘、最有趣、最重要的事件在发生几个小时后就永远地消失了。把它们写下来，这样你可以在回忆时重现它们。这是避免它们消失的一种方法。几周之后，你也许开始能够看出记录中显现出来的有趣模式，这个模式可能暗示了某些领域值得你去深入探索。

> 整个世界都与我们有关，我们不知道世界的哪一部分最适合我们的自我或我们的潜能，除非我们尽可能多地认真尝试了解世界的各个侧面。

当某件事点燃了你的兴趣火花时，一定要跟住它。当某件事情，比如一个观点、一首歌或一朵花，吸引了我们的注意力时，这种印象是很短暂的。我们太忙碌了，因此不会去进一步探索它们。或者我们会觉得这与自己无关。毕竟我们不是思想家、歌唱家或植物学家，这些事物不在我们的控制范围里。这当然是一派胡言。整个世界都与我们有关，我们不知道世界的哪一部分最适合我们的自我或我们的潜能，除非我们尽可能多地认真尝试了解世界的各个侧面。

如果你花些时间思考如何最有效地实施这 4 个建议，然后开始付诸实践，那么你便会感到在习以为常的日常体验的表面之下，各种可能性在搅动着。这是在收集创造性的能量，是从童年起逐渐衰退的好奇心的重生。

▲发掘日常生活中的心流

除非我们学会享受好奇，否则好奇心的重生不会持续很长时间。熵，著名的热力学第二定律背后的力量，不仅适用于物质系统，也适用于精神系统。当没有特定的事情要做时，我们的思想很快会回归到最可预测的状态，那是一种无规则或混乱的状态。当我们必须集中注意力时，比如穿衣服、开车或工作时，我们便能够将注意力集中起来。但是如果没有外力要求我们集中注意力，思维便会失去焦点，进入消耗能量最少的状态，此时需要付出的努力也是最少的。当这种情况发生时，一种头脑的混乱便会占据上风。令人不快的想法涌入意识，已经遗忘的憾事再次被回想起来，我们会因此而变得沮丧。我们打开电视，或者百无聊赖地读着报纸的广告增刊，或者进行着毫无意义的对话，只有这些事情可以让我们的思维保持平稳,可以避免我们被头脑中涌出的想法吓到。躲在被动娱乐的避风港中，混乱会被暂时控制着，但对于注意力来说，这是一种浪费。与之相反，当我们学会使用潜在的创造性能量，由它产生出自身内在的力量，以保持注意力的集中时，我们不仅能避免沮丧，而且能提高我们关注世界的能力。

我们如何能做到这一点？我们如何能学会享受好奇，使这种对新体验和新知识的追求永远保持下去？

每天早上怀着明确的目标醒来。富有创造力的人不必费劲地从床上爬起来，他们急切地想开始新的一天。这不是因为他们都属于快乐而热情的一类人，他们也不一定有令人激动的事情要去做。但是他们相信每天都可以完成一些有意义的事情，并且迫不及待地想要开始。

大多数人并不觉得自己的行为是有意义的。不过每个人每天至少能找到一件值得为之而醒来的事情。这件事可能是与某人会面，买一个特殊的物品，把植物栽种到盆里，清洁办公室的桌子，写一封信或试穿一件新衣服。比较容易的做法是，每天晚上睡觉前，为第二天选择一项特定的任务。与那一天中其他的事情比较，这项任务应该比较有趣、比较令人兴奋。第二天早上，你睁开眼睛，想象自己选择的任务，在脑海中把它呈现出来，就像播放一段录像，直到你迫不及待地想穿上衣服去完成它。如果一开始你选择的目标是琐碎的，不那么有趣，那也没关系。重要的是采取容易的第一步，直到你形成习惯，然后慢慢地发展为更复杂的目标。最终你所期望的任务会占据一天中大部分的时间，直到你觉得早晨起床是一种特权，而不是苦差。

如果某件事情你做得很好，那么它会变得有趣。无论是写诗还是打扫房间，无论是进行科学实验还是参加赛跑，体验的质量会随着你投入的努力的增加而成比例地改善。赛跑的人也许已经精疲力竭、浑身疼痛，但如果他为此投入了全部的力量，那么他同时也会感到欢欣鼓舞。我们把越多的活动做到优秀、做出风格，生活就会给予越多的内在回报。

产生心流的条件暗示了如何转变日常活动，让它们变得更有趣。无论做什么，都要拥有明晰的目标和期望；关注行为的结果；根据环境中的机会调整技能；将注意力集中在当下的任务上，不要分心：正是这些简单的规则造成了讨厌的体验和愉快的体验之间的差别。如果我决定学习演奏钢琴或学说一门外语，但这样做让我产生了挫折感或厌倦感，我可能会就此放弃。但是如果我将心流的条件应用于学习任务中，那么很可能我会继续拓展自己的创造潜能，因为这样做很有趣。

从每个人都必须做的最平常的活动开始会比较容易。你如何从刷牙、洗澡、穿衣服、吃早餐中或从上班的路上获得更多的乐趣？选取最简单的日常惯例，试着操纵它的心流潜能。你如何将心流的条件运用于在洗碗机里摆放碗盘？如果你认真地对待这个问题，并尝试各种各样的做法，你便会惊讶地发现刷牙是多么有趣。它永远也不会像滑雪或参加四重奏的演奏一样有趣，但它会比观看大多数的电视节目更有意思。

在练习改善几项日常活动的体验品质之后，你会感到自己可以应对更困难的事情了，比如业余爱好或新的兴趣。最终你将掌握最重要的技能，那就是元技能。它能够将任何活动转化为产生心流的机会。如果你充分发展了元技能，那么任何新挑战对你来说都可以成为享受，你正逐步形成保持创造力的连锁反应。

为了能够持续感到乐趣，你需要增加事情的复杂性。正如希罗多德所说，我们不会两次踏入同一条河流。你也无法一次又一次地从相同的活动中获得乐趣，除非你从中发现了新的挑战、新的机会，否则它会变得枯燥乏味。经过很长时间后，刷牙不可能总是有趣的，这种活动缺乏足够的潜在复杂性。确实，一个人可以通过将哪怕最简单的活动与其他事情组合起来，从而保持它的挑战性。比如在刷牙的时候为第二天做计划，或者反思前一天发生的事情。不过通常参与具有无穷挑战的活动会更令人满足，这样的活动包括音乐、诗歌、木工、计算机、园艺、哲学或深层次的人际关系。

大多数领域非常复杂，就算用尽我们毕生的精力，甚至用尽整个人类的生命期，都无法将其穷尽。总会有新的歌曲可以学或可以写。做任何事情总有可能找到更好的方法。这就是为什么创造力（扩展某个领域边界的尝试）可以让生命成为一种享受。

▲习惯的力量

创造性能量被唤醒后，我们必须保护它。我们必须竖起屏障，防止分心；

挖掘渠道，让能量可以更自由地流动；寻找方法避免外界的诱惑和干扰。如果不这样做，熵一定会破坏追求兴趣时需要的专注力，之后思维会回归到它的基线状态——模糊、茫然，总是分心。

我们常常会吃惊地听到非常成功、非常有成效的人说自己本质上是懒散的。这种说法是可信的。这些成功者并不比我们拥有更多的精力，或者比我们更自律。他们只是培养出了一些习惯，使得他们能够完成看似不可能的任务。这些习惯通常都是琐碎的，实践它们的人显得有些怪异。起初很多人对爱因斯坦的衣着习惯感到吃惊。他总是穿着同一件旧毛衣和松松垮垮的裤子。他为什么会这么古怪呢？当然，爱因斯坦不是有意要让人感到不舒服。他只是不愿在决定每天穿什么上费脑筋，这样他可以将精力集中在对他来说更重要的事情上。选择裤子和衬衫似乎只花费很少的时间，为此担忧是不是太做作了？假设每天决定穿什么需要花费两分钟的时间，一年下来就 730 分钟，也就是 12 个小时。现在想一想我们每天反复要做的其他事情，比如梳头、开车、吃饭，等等。然后，不仅要想一想做这些事情需要用多少时间，还要想一想它们对思维造成的干扰。挑选领带可能会让相当于整整 1 小时的思考脱离正轨。难怪爱因斯坦喜欢采取稳妥的措施，总穿相同的旧衣服。

此刻有些读者可能觉察到了矛盾之处。一方面我说，为了富有创造力，你应该对体验保持开放的态度，专注于哪怕最平凡的任务，比如刷牙，让它们变得更有效、更有艺术性。而另一方面我说，你应该保存创造性能量，尽可能多地将日常生活常规化，这样你可以完全专注于真正重要的事情。这难道不是自相矛盾的建议吗？不尽然。另外，即使它是矛盾的，到目前为止你也应该知道，在富有创造力的行为中存在着一定数量的悖论。

> 在任何一种情况下，重要的是不能放弃对创造性能量的控制，不要让它毫无方向地被浪费掉。

同时保持开放和专注并不矛盾的原因在于，这些利用心理能量的相互矛盾的方式都具有一个相似点，这个相似点比它们之间的差异更重要。它们要求你判断在某一时刻，是保持开放更好，还是保持专注更好。它们都表现了你控制注意力的能力，重要的正是这一点，而不是你到底是开放的还是专注的。在你发现自己对某个领域的兴趣超过其他所有事情之前，尽可能对世界保持开放的态度是合理的做法。然而当你发展出了持久的兴趣之后，更合理的做法是尽可能节省精力，这样你可以将精力更多地投入到这个领域中。在任何一种情况下，重要的是不能放弃对创造性能量的控制，不要让它毫无方向地被浪费掉。

在这里，对于有关注意力的“控制”的概念，我需要多说几句。我们应该认识到，控制的一种方法就是放弃控制。冥想的人通过放开执念而扩展了他们的存在。通过这种方法他们想要与表象世界背后的能量、驱动宇宙的力量达成精神上的统一。放弃控制的方法是自我导向的，它受到思想的控制。这与坐在那里聊八卦，被动地消费娱乐节目或让思维毫无目的地漫游是非常不同的。

怎么做才能建立起可以控制注意力的习惯，使你可以根据整体目标的需要，既能够保持开放与接纳，又能够专注而有控制？

管理你的日程安排。我们的生理节律很大程度上是由外界因素控制的，比如太阳的升起、通勤火车的时间表、工作的最后期限、午餐时间或客户的需求。如果它对你有效，那么你完全可以听任这些外界因素，不必劳神决定什么时候应该做什么事。不过也有可能你所遵循的时间表，对于你的目标来说并不是最好的。你的创造性能量发挥的最佳时间可能是清晨或深夜。你能找出一些时间，在这些时间里你的能量是最高效的吗？你能根据自己的目标来调适睡眠，而不是正相反吗？

当大多数人吃饭的时候，也许不是你吃饭的最佳时间。还没到午餐时间时，你或许就感到饿了，你无法集中注意力，因为你觉得心神不宁。或者不吃午餐，而是在下午三四点钟的时候吃些点心最适合你，因为那样你可以发挥最大潜能。对于每一个人来说，可能都存在着最佳的购物时间、访客时间、工作时间及放松时间。我们越多地在最适合的时间中做事，我们就能释放出越多的创造性能量。

我们大多数人从来没有机会去发现，一天中哪些部分最适合我们的节律。为了重新获得这种了解，我们必须注意自己所遵循的日程安排与我们内在状态（我们觉得最适合吃东西、睡觉、工作等的时候）的匹配程度。一旦识别出了理想的模式，我们便可以开始改变周遭的事情，这样我们就可以在最适合的时候做最适合的事。当然，大多数人每天要做的事情不具有灵活性，不能被改变。即使是约翰·里德也不得不遵循办公室的时间表，而拉维·鲁宾不得不根据可以使用望远镜进行观察的时间来调整自己的好奇心。孩子、配偶和老板的需求常常必须优先考虑。不过时间比大多数人所认为的更具灵活性。

需要记住的一件重要的事情是，创造性能量就像任何其他形式的心理能量一样，经过一段时间后才会起作用。创作十四行诗或发明新机器都需要先投入一定量的时间（最低限度的时间）。每个人的工作速度各不相同，莫扎特创作协奏曲的速度比贝多芬快很多，不过即使是莫扎特也逃避不了最低限度的时间要求。因此，从单调乏味的工作和日常惯例中节省出来的每一个小时都能增加创造力产生的可能性。

> 始终忙碌并不是发挥创造力的好方法。每天、每周以及每年应该安排出时间对生活进行考量，回顾你已经完成的事情以及还未完成的事情。

抽时间进行反思和放松。许多人，特别是那些成功者和负责任的人，很把“疯狂竞争”这种形象化的描述当回事。如果他们没有忙于工作，便会感到不舒服，甚至感到焦虑。即使在家里，他们也觉得自己必须始终在忙点什么，比如搞卫生、修整庭院或修理东西。一直保持忙碌是值得称赞的，这肯定比到处闲逛，觉得自己没有价值更好。不过始终忙碌并不是发挥创造力的好方法。每天、每周以及每年应该安排出时间对生活进行考量，回顾你已经完成的事情以及还未完成的事情。这样做很重要。

在这样的时候，你不应该想着去完成任何任务，达成任何决定。你应该为了反思而反思，纵情地享受这份奢侈。无论你是否有意为之，新想法和新结论都会出现在你的意识中。你越少去引导这个过程，这个过程可能会越发具有创造力。最好的做法是将这些反思阶段与对注意力有一定量要求（不要求全部的注意力）的其他任务结合起来，包含做一些身体的运动会更好。促进潜意识的创造力产生的典型活动有散步、洗澡、游泳、开车、园艺、编织和木工。

持续不断的压力和缺乏变化的单调都不利于创造力产生。你应该有张有弛。不过你要记住，最好的放松不是什么事情都不做，而是做一些与你通常的任务很不相同的事情。对于经常伏案工作的人来说，一些最费力的活动，比如攀岩、滑雪或跳伞能够令他们放松，因为这些活动提供了让他们深入到不同体验中的机会。

学会控制睡眠模式也是非常重要的。一些高效的商业人士和政治家为自己每天晚上只需要睡很少几个小时而感到骄傲，他们说较短的睡眠让他们觉得更有活力、更果断。然而富有创造力的人通常睡得比较多，并且说如果减少睡眠时间，他们的观点就不会那么新颖独到了。我们不可能提出一个适合所有人的理想模式。就像其他事情一样，重要的是找到最适合你自己需求的时间长度。如果比所谓的正常睡眠时间多睡了几个小时，你也不必感到内疚。你所损失的清醒时间可以通过清醒时的生活质量得到弥补。

塑造你的空间。我们在第6章中看到，环境对创造力的过程会产生影响。重要的不是环境是什么样的，而是你在多大程度上与之达成了和谐。

在宏观层面上，这个问题可能是住在海边，被群山环抱，住在平原，或者住在大城市的喧闹中，哪一种环境让你感到最快乐。你喜欢四季的变化吗？你讨厌下雪吗？长时间没有阳光一些人的身体会受到影响。有很多原因让你觉得自己被困在目前所住的地方，没有搬迁的可能。但是让自己的一生都在不相宜的环境中度过是一种巨大的浪费。发挥个人层面创造力的初始步骤之一是审视生活环境的选择，然而开始思考实现最佳选择的策略。

在中间层面上，你可以决定在什么样的社区扎根。就价格、中心性、便利等而言，每个城市和乡村都具有分为不同阶层的社区。就像其他事情一样，我们对居住地点的选择是有限的，有些地方只有极少数人住得起，比如加州卵石滩（Pebble Beach）高尔夫球场附近、靠近科罗拉多韦尔（Vail）的狮子头（Lionshead）滑雪道的地方，或者曼哈顿的派克大街（Park Avenue）。尽管过度的房产开发正在使风景慢慢消失，但人们在住所方面仍有很多选择，这些选择比多数人愿意做出的更多。重要的是，我们应该住在不会消耗我们很多潜在能量的地方，比如使我们产生自满情绪的地方或者迫使我们必须与令人无法忍受的环境进行抗争的地方。

从微观层面上看，人人都有很多选择。我们可以决定在家中营造什么样的环境。只要有房顶，即使最贫穷的人也可以对空间进行组织，收集一些物品，让环境变得有意义，发挥创造性能量。

印度婆罗门或传统日本家庭的房屋里几乎没有任何家具和装饰。其理念是提供一种中性的环境，因为这样不会对意识流产生干扰。另一个极端是维多利亚时期的房间，房间里挤满了深色的、笨重的家具和小装饰。在这种情况下，异常充裕的所有物能带给房屋的主人控制感。哪一种方式更好？显然没有一种环境从绝对意义上说是更好的。重要的是看哪种方案可以使你最有效地利用注意力。找到最适合你自己的微观环境并不难：尝试不同的种类，注意你的感受和反应。

空间有助于发挥创造力的另一种方式是遵循“万物各得其所”的格言。为诸如汽车钥匙、眼镜等物品设置常规的存放处，可以节省几百倍的时间。如果你非常了解自己的家和办公室，即使蒙着眼睛也能找到任何东西，那么你的思维过程不会因为找东西而时常被中断。这并不意味着你的书桌或起居室应该始终保持整洁。事实上，富有创造力者的工作空间常常是一团糟，喜欢秩序的人看到这种情况一定会觉得心烦。重要的是他们知道每一样东西都在哪儿，因此在工作时不用时常分心。桌子上堆得乱七八糟的时候，很多人反而能比物品被分门别类存放的时候更能找到文件，能够更好地开展他们的工作。如果整洁的办公桌让你感觉更好，工作更有效，那你就想尽办法保持它的整洁。

空间中的物品种类也会有助于或妨碍创造性能量的分配。珍爱的物品能让我们想起自己的目标，令我们更有信心并集中注意力。办公桌上的奖品、证书、最喜欢的书籍和家庭照片，都能提醒你：你是谁，你所取得的成就，以及你有可能实现的目标。你想去的地方的照片和地图，以及你想读的书，都指示着未来你会做什么。

还有一些物品我们会随身携带，它们创造了一种个人化的、便携的心理空间。在最传统的社会中，人们总会携带几件被认为能增加拥有者的力量的特殊物品。这种“魔力包”或护身符通常包括狩猎中被猎杀的熊的爪子、在海滩找到的一些蛤壳，或者曾挽救过他们的生命、治愈了他们的疑难杂症的草药。把这些东西挂在脖子上可以给人以力量感和身份感。我们也会在钱包里放些能代表自我以及自我价值的东西。孩子的照片、朋友的地址或者写着书名、电影名的餐巾纸，都提醒着，我们是谁以及我们是什么样的人。小心选择随身携带的东西能让我们坦然地面对自己，当机会来临时能有效地利用心理能量。

另一个重要的个人化空间是我们的汽车。汽车已经成为自我重要的扩展，对很多人来说，汽车比家更像一座城堡。在汽车里，他们感到最自由、最安全。在汽车里，他们能够集中精力思考，最有效地解决问题，想出最有创造力的观点。这就是很难让人们不使用私家车，而使用公共交通工具的原因。当然在不久的将来，因为燃油短缺汽车可能会像吃牛肉一样过时。不过与此同时，合理的做法是学会以对环境最有益，对创造力潜能的表达最有益的方式来使用汽车。

令人吃惊的是，多数人对自己的感受知之甚少。有些人甚至不知道自己是否快乐，以及在何时或何地他们是快乐的。

找到生活中你喜欢的事情以及你反感的事情。令人吃惊的是，多数人对自己的感受知之甚少。有些人甚至不知道自己是否快乐，以及在何时或何地他们是快乐的。他们的生活就像毫无特点的体验流，就像在冷漠的迷雾中正在进行着的一系列事件。与这种长期的冷漠正相反，富有创造力的人与自己的情感有着非常亲密的接触。他们始终知道自己正在为什么做事，他们对痛苦、无聊、快乐、兴趣以及其他情感都很敏感。如果感到厌倦，他们会很快离开；如果觉得有兴趣，他们会投入进来。由于他们长期实践着这种技能，因此不需要投入心理能量来进行自我监控。他们不必变得自觉就可以知道自己的内在状态。

你如何能知道自己情感的动态？首先你应该小心记录你每天做的事，以及你对此有什么感觉。你可以填写一个简短的问卷。一周后你就知道自己的时间是如何度过的，以及你对各种活动有怎样的感觉。你可以有创意些，发明出自己的自我分析方法。自知的第一步是对自己将生命花费在什么事情上以及你在做这些事情时的感受有一个清楚的认识。

更多地做自己喜欢的事情，较少做自己反感的事情。经过几周的自我检测后，坐下来分析你的日记或笔记。这也需要一些创造力，但从中抽取出日常生活的主要模式并不困难。这并不比货比三家或研究股市图表更复杂。从长远来看，它是非常重要的。

你也许会发现，与你所认为的正相反，一周中你几乎没有与伴侣好好地交谈过，没有感到很放松。工作中虽然充满了压力和困难，但与看电视的时候相比，你对自己的感觉更好。或者与之相反，工作中的大多数时候你觉得无精打采、无聊厌倦。和孩子在一起的时候，你为什么那么恼火？对与你一起工作的人，你为什么那么没有耐心？当沿着街道漫步的时候，你为什么那么开心？

你也许从来没有找出这些问题的深层原因。也许根本就不存在深层原因。重点是一旦你知道自己日常生活是什么样的，以及你对它的感受，那么获得对它的控制就会变得比较容易了。或许感受的模式显示你应该换工作，或者学会将更多心流带到工作中，或者显示你应该更多地去户外，或者应该设法和孩子一起做一些更有趣的事情。重要的是你要确保自己对心理能量的使用能够带来最高质量的体验回报。

保持创造力的唯一方法是根据你的优势，利用组织时间、空间及行为的技术来对抗生活的耗损。它意味着能够做出节省你的时间的日程安排，避免分心；安排好周围环境，集中注意力；削减没有意义的杂务，汲取心理能量，将其投入到你真正在意的事情上。如果你最大程度地优化了日常生活中体验，那么具有个人创造力就会变得容易许多。

内在特点

在学会释放出惊叹与敬畏的创造性能量，然后学会通过管理时间、空间和活动来保护它之后，接下来的步骤是尽可能多地将这些支持性的结构内化到你的人格中。我们可能认为人格是一种习惯性的思维、感知和行为方式，多少是比较独特的模式。通过这种模式，我们使用自己的心理能量或注意力。一些特点比其他特点更有可能带来个人的创造力。有可能对人格进行塑造，使它变得更富有创造力吗？

构成人格的一些习惯基于气质或特定的基因遗传，它使得一个人非常害羞或非常好胜，或者很不专心。

成年人是很难改变人格的。构成人格的一些习惯基于气质或特定的基因遗传，它使得一个人非常害羞或非常好胜，或者很不专心。气质与社会环境（父母、家人、朋友、老师）相互作用，一些习惯被加强了，而另一些习惯被减弱或压抑了。当我们成长到 20 多岁时，很多习惯已经被牢固地确立下来。我们很难以与自己的特点相左的方式来进行思考、感知或行动。

这虽然很困难，但不是完全没有可能。在我们的文化中，人们会花费数十亿美元来尝试改善自己的外貌，但令人奇怪的是，我们对自己的性格特点却采取了听天由命的态度，就好像我们没有能力改变它。如果将所有花费在节食、化妆品和服装上的精力都转向其他用途，那我们很容易便解决世界上的一些重要问题。精力被这样浪费掉了，因为我们的外貌或体重很难改变，与人格特点相比，它们更多是由遗传指令决定的。当然，改善我们的人格比改善我们的外表重要得多。

改变人格意味着学会新的注意力模式。以不同的方式来看待不同的事物，学会思考新的想法，对体验产生新的感受。约翰·加德纳的性格特别内向，他很害羞、不善社交、感情含蓄，而且不容易动感情。在一定程度上，这些性格很适合他，但在 40 多岁的时候，他成为基金会的官员，他意识到自己让前来向他寻求支持的申请人感到畏惧。在描述自己的项目时，他们希望从加德纳那里获得一些回应、一些信号，而他们得到的只是态度不明朗的沉默。

这时他决定要变得更外向一些。他强迫自己微笑、寒暄，在交谈中表现得不那么生硬。改变这些根深蒂固的习惯并不容易，但点滴的成功都使他成了更有效的领导者和沟通者。在这些领域中，他的创造力最终得到最有力的证实。他没有成为一个不折不扣的外向者，但现在他给交谈中的另一方留下的印象是热情而体贴。这些特点一直是他人格潜在的一部分，但以前他没能展示出来。

如果我们一生都保持着非常刻板或不适合我们所做的工作的习惯，那么创造性能量就会受到阻碍或被浪费掉。因此非常有帮助的做法是，思考如何将我们所了解的富有创造力的人格运用到对日常生活有益的方面中去。

发展我们所欠缺的。所有人最终都会具有一些个性化的特点，这意味着我们会忽视与自身特点相互补的特点。例如，如果一个人非常喜欢竞争，那么他可能很难与人合作。一个凭直觉做事的主观性很强的人通常不相信客观性。尽管亚里士多德在 2 500 年前提出，美德包含着相反特点的折中，比如勇气与谨慎，但我们仍采取了简单的做法，只倾向于某一个维度。

正如我们所知道的，富有创造力的人不符合这一规律。在第 3 章中，我描述了他们身上 10 对具有辩证关系的性格特征。在此我要表明的观点是，每个人都可以加强自己所欠缺的另一个极端性格。当一个外向的人学会像内向者那样体验世界的时候，或者相反，一个内向的人学会像外向者那样体验世界时，那么他们就好像发现了世界的另一个维度，而他们之前失去了这个维度。当一个非常女性化的人学会以阳刚的方式来做事时，或者当一个主观的、注重分析的人决定改变一下，相信直觉的时候，也会出现相同的情况。在所有这些情况中，新的体验会在我们面前展开，这意味着我们可以让生活的乐趣翻倍再翻倍。

一开始，你应该先找出自己最显著的特点，也就是朋友们经常用它来描述你的特点，比如鲁莽、吝啬或聪明。如果你不相信自己的评估，你可以找朋友帮忙。当找到核心特点之后，你可以开始尝试它的对立面。如果你是鲁莽的，那么你可以尝试细致耐心地规划未来的项目或人际关系，而不再仓促为之。如果你是吝啬的，那么尝试挥霍一下。如果你是聪明的，那么尝试让其他人给你解释足球为什么是一种伟大的运动，并根据这些知识来观看一场比赛。不断探索采取相反的特点会带来什么样的感受。

打破习惯有点像敲碎自己的骨头。你之所以应该坚持去体验从非常不同的视角感知世界，是因为你的生活会因此而变得非常丰富。

一开始这会有点困难，看起来像是在浪费时间。如果你喜欢大手大脚，为什么要尝试节俭呢？如果做一个理性的人让你感到很舒服，为什么要相信直觉呢？打破习惯有点像敲碎自己的骨头。你之所以应该坚持去体验从非常不同的视角感知世界，是因为你的生活会因此而变得非常丰富。

时常从开放转变为封闭。富有创造力的人所具有的最重要的双重性也许是：他们能够将处于一个极端的开放及接纳性，与处于另一个极端的专注及努力追求整合在一起。优秀的科学家就像优秀的艺术家一样，必须让他们的思维能够随意嬉戏漫游，否则他们便发现不了新事实、新模式以及新的关系。与此同时，他们还必须能够明智地评估自己遇到的每一个创新，很快把虚假的创新忘掉，集中思维发展并实现极少数有前途的创新。

由于这是一个核心的特点，因此实践它显得尤其重要。选择工作中你经常会做的某项任务，例如写你参与的项目的周报。首先放松思想，如果可以的话看看窗外，或者让你的目光在办公室里毫无目的地漫游。现在试着领会这个项目最重要的问题是什么。不仅要从理性上领会，还要从直觉和情感上进行领会。什么是真正重要的？它的什么方面给予了你很好的感觉？什么令你感到害怕？

或者试着在头脑中想象一些图像，就像电影画面。想象项目中涉及的人，他们在做什么？他们在对彼此说些什么？

然后开始在便笺簿或电脑上写下一些词。它们可以是进入你的脑海、与你对这个项目的感受和影像有关的任何词汇。这些词描述了事实、事件或人。当写下了一些词之后，你看一看自己能否把它们串成一个故事。这应该不是很困难。你在这个阶段看到的故事代表了你对项目最强烈的感受。

正是在这时，重点应该从开放性转向规则性了。你要仔细地选择词汇，牢记部门、事业部及整个公司的目标，以及分析会阅读这份报告的老板的兴趣、品位及偏见。你希望自己的报告是有效的、令人信服的。因此使出你的所有解数，尽可能清晰、简洁地表达你的想法。如果你努力做到了一开始是凭直觉和开放性思考，而后来进行了理性的评判，那么写出来的报告一定会比只采用一种策略时写的更富有创造力。

在人际关系中（与朋友、配偶、父母或孩子的关系），从一端转变为另一端也很重要。为了实现良好的人际关系，很重要的是要聆听对方，试着想象他为什么会说那些话，他有什么感受，以及他是如何看待这个世界的。在必要时，能够转换视角很重要，因为其他人眼中的现实要求你这样做。同样重要的是，与我们自己的信念和视角保持联系。在人际关系中，我们应该能够时刻从我们自己的视角转换为他人的视角。我之所以能看到深度，是因为两只眼睛让我们看到了略微不同的透视图。如果不是用两只眼睛看，而是用四只眼睛看，那我们能看到更多。双重视角再一次让我们所体验的世界变得更加丰富，让我们有可能做出富有创造力的事情。

以复杂性为目标。从一种特点转向其相反特点的能力是让心理变得复杂的条件之一。复杂性是每一种系统的特点，从最简单的阿米巴虫到最复杂的人类文化。当我们说某个事物是复杂的时，便意味着它是一个非常分化的系统，它具有很多不同的部分。同时它也是一个高度整合的系统，各个部分能够顺畅地彼此合作。一个分化而不整合的系统是混乱的，而非复杂的。一个整合而不分化的系统是刻板而冗余的，它也不是复杂的。进化似乎更青睐复杂的有机体，即既是分化的又是整合的有机体。

复杂是人类性格的一个特点。有些人是整合的，但不够分化。他们持有少量的观点、看法或感受。他们是可预测的，给人的印象是无趣、刻板，维度单一。还有一些人能够表达出许多看法，他们是多变的，不断追求新的、不同的事物，但给人的印象是没有核心，没有连续性，生活中没有占支配地位的爱好。他们的意识是分化的，但不够整合。这两种类型都不能令人满意。

正如我们已经看到的，富有创造力的人似乎具有相对复杂的性格。离心的力量和向心的力量都没有占上风，他们能让相反的趋势保持平衡。这两种相反的趋势让有些人转向内部，直到形成了一个坚硬的外壳；而让另一些人转向外部，变得很随意。富有创造力的人是高度个性化的，他们追随自己的榜样，开创自己的事业。与此同时，他们深深地沉浸在文化传统中，学习并尊重领域的规则，只要学界的意见与个人经历不相抵触，他们便会对学界的意见作出回应。复杂是两种相反的趋势之间相互作用的结果。

> 我们需要以对生命奇迹的好奇与敬畏为背景，探索并加强目前所缺乏的特点，学会从开放转变为遵从。

不过，心理的复杂性并不是富有创造力的人独享的奢侈。每一个想充分实现自己潜能的人、每一个想参与意识进化的人，都可以把更复杂的人格作为自己的目标。为了这样做，我们需要以对生命奇迹的好奇与敬畏为背景，探索并加强目前所缺乏的特点，学会从开放转变为遵从。复杂的理念可以让我们更深入地理解为什么实现这一目标很重要。通过充分表达我们能够表达的，我们便能创造未来的能量。

运用创造性能量

到目前为止，我没有探讨过以富有个人创造力的方式进行思考的作用。因为，如果有了动机、习惯和人格特点，那么大部分的工作就已经完成了。不可避免的，人们的创造性能量将开始更自由的流动。然而，思考一下什么类型的心智操作能够促进人们以新颖的方式来解决日常生活领域中的问题也是有益的。

▲发现问题

富有创造力的人时常会感到吃惊。他们不会假定自己了解周围所发生的一切，他们也不会假定其他人了解这些。他们会对显而易见的事情提出疑问，不是因为故意作对，而是因为他们在其他人之前看到了已被接受的解释的缺陷。在问题被普遍感知到之前，他们就已经感觉到了，并能够把它们定义出来。

我们之所以觉得文艺复兴时期的艺术家非常具有创造力，是因为他们能够在人文学者或其他任何人之前，将人文精神从宗教传统的桎梏中解放出来。在绘画中采用透视法终结了拜占庭绘画结构扁平的层级顺序。将表达、运动及日常题材引入到绘画艺术中，能够提升人类的体验。没有特别的意图，对行为结果没有清楚的理解，文艺复兴时期的艺术家就改变了我们对世界的观点。

20 世纪艺术家的创造力也包含构建出有关人类境况的新的视觉观点，虽然这次的观点悲观了许多。视觉艺术所进行的立体派、抽象派和表现主义的尝试、音乐及文学上的尝试，都是社会科学领域中的相对主义和哲学领域中的解构主义的先驱。由于缺乏共同的价值观，对终极信仰产生了怀疑，以及对进步失去了信心，因此爆发了两次世界大战，并带来了战争的恐怖。充斥在现代艺术中的扭曲、痛苦和随意揭示了战争的恐怖。

如果你学会在日常生活中变得富有创造力，也许不会改变后世子孙看待世界的方式，但你将改变自己体验世界的方式。在日常生活中，发现问题很重要，因为它有助于我们去关注会影响我们体验的问题，否则这些问题就会不了了之。为了实践这种技能，你可以尝试以下的建议。

找一种方式来表达令你感动的事情。富有创造力的问题往往出现在对个人具有重要性的生活领域中。我们已经看到，许多在后来改变了某个领域的人童年时失去了父亲或母亲。父母的离去对年幼孩子的生活会产生巨大的影响，那么到底有什么影响呢？悲伤中是否也包含着放松感、更大的责任感、自由感以及与依然在世的父亲或母亲变得更亲密的感觉？除非有人能找到词汇、观点或视觉及音乐的类比来表达这种丧失的影响，否则这种影响可能是：父母的亡故一开始会带来强烈的痛苦，稍后是泛化的抑郁，随着时间的流逝，它的影响会消失，或者它会在不知不觉中，在理性控制范围之外耗尽。

生命早期中的其他问题还包括贫穷、疾病、虐待、孤独、边缘化和父母的忽视。在成年后的生活中，不如意的原因可能包括工作、配偶或社区的状况、地球的状况。临时的威胁，比如老板发火、孩子生病或投资的股票价格发生波动，可能会导致一定程度的忧虑。每一种情况都有可能影响生活质量，但是除非你能说出它们的名称，否则你就不知道是什么让你这么苦恼。解决问题的第一步是找到问题，把模糊的不快感清楚地表达出来，把它变成具体的、可解决的问题。

从尽可能多的视角来看问题。当知道有问题需要解决时，你应该从很多不同的视角来思考它。你对问题的定义方式往往带着对引起问题的原因的解释。我们最初的冲动是凭借屡试不爽的偏见来给问题贴标签。如果我们和配偶产生矛盾，我们会立即认定自己是没有过错的，过错都在对方。有时这是对的，但肯定不是永远都对。最客观的假设是双方都有错，关键在于了解是什么促使各方在争执中采取了各自的立场。

尽管表面上可能是因为一件事发生了争执，比如金钱，但不要以为表面现象就是真相。争执也许真的是关于财务方面的决策，因此它是围绕权力的争执。但争执的真正原因可能是因为缺乏尊重或者因为双方在彼此关系中投入的心理能量不对等。你如何确定问题的本质对最终找到解决方案是非常重要的。

富有创造力的人不会仓促地定义问题的本质，他们会先从各种不同的角度查看情况，很长一段时间都不去给问题下定义。他们思考不同的原因和理由，然后在现实中进行检验，尝试解决问题。如果证据显示他们做错了，他们会随时重新定义问题。

了解日常生活中的问题的一个好方法是：当感到有问题时，你要停下来，并想出最好的问题定义。如果被提拔的是别人而不是你，你可能会这样定义问题"老板不喜欢我，所以才会发生这种情况"。你可以把问题的定义反过来："我不喜欢老板，所以才会发生这种情况。"以这种方式来看问题合理吗？它是否至少有一部分是真实的？然后马上思考更多的替代选择："我没有像本应该做的那样跟上不断变化的工作，所以才会发生这种情况"或者"最近家里的事情让我心烦意乱，这影响了我在工作上的表现"。哪种定义最接近真实的情况呢？或许每种定义都具有一定程度的真实性，同事的升迁是由若干不相关的原因共同决定的。

也许你最终认为自己没有得到晋升根本就不是问题，这让你可以有更多时间投入到家庭中，学习新东西或将心理能量投入到其他任务上。你也许逐渐意识到问题是你的竞争性、你的野心。你将所有精力都用在了获得晋升上，而不是为了工作本身或为了生活更充实。因此，没有得到晋升并不是问题，而是应该分析没有得到晋升的原因。

> 富有创造力的人的生活不像大多数人的生活那样确定。他们会暂时停下来，以更广泛的可能性来解释发生的事情。他们的选择范围更广，更不可预测。

也许这些定义没有一个是"正确的"。但是它对于识别问题的本质非常重要，因为接下来你将做什么就取决于它。通过识别出问题并对它进行归因，你不仅塑造过去，更重要的是，你将塑造未来。正是从这种意义上说，富有创造力的人的生活不像大多数人的生活那样确定。他们会暂时停下来，以更广泛的可能性来解释发生的事情。他们的选择范围更广，更不可预测。

找出问题的含义。一旦你形成了对问题的一个定义，便可以开始考虑可能的解决方案了。当然即使是像“乔被提拔了”这样简单的问题，也会因为你对它的定义不同，你对造成它的原因的不同理解而产生各种各样的解决方案。解决方案可能包括寻找工作以外的兴趣，学会理解并喜欢老板，弥补工作技能的不足，或者将多个解决方案综合。

也正是在这个阶段，我们应该思考各种各样的解决方案，尝试不同的可能性。富有创造力的人会尝试若干不同的解决方案，直到他们确定自己找到了最有效的方案。同样，一旦你想到了一个好的解决方案，思考相反的方案会很有帮助。即使最有经验的人也无法通过思考，事先就判断出哪个解决方案能够获得成功。因此先尝试解决问题的一种方法，然后尝试另一种方法，再进行比较，这样能得到最有创造力的结果。果断而坚决是很好的做法。不过如果你希望富有创造力，那么有时你应该乐于冒险尝试一些看似不明确的方案。

实施解决方案。富有创造力地解决问题需要不断试验和改进。你对选项保持开放的时间越长，解决方案就越有可能是新颖而恰当的。创作出较多新颖作品的艺术家在绘画时常常会变换他们的绘画方法。与比较缺乏独创性的艺术家相比，他们在画布上的铺陈更加不可预测。这是因为具有独创性的艺术家对从作品创作的进程中进行学习更有准备，他们对意料之外的情况保持着警觉。如果有更好的解决方案显现出来，他们很乐意接受这种方案。与之类似，富有创造力的作家在开始写故事的时候常常不知道结尾是怎样的。他们遵循着故事发展的逻辑，到最后结尾自然而然就出来了。

如何将这种方法运用于日常生活中？举一个微不足道的例子，假设你要办一个派对，希望吃饭时座位的安排能够实现客人们最恰当的组合，那么准备一份座位安排计划是很有必要的。但是如果准备好晚餐时，你发现原来计划让他们挨着坐的客人，彼此间很冷淡，在最后一刻你想改变计划，那么你就应该在喝咖啡和吃甜点时，尝试不同的客人组合。

只有当你密切注意解决方案的过程，对反馈足够敏感，在出现新信息的时候，你才能及时纠正做法，才有可能具有这样的灵活性。大多数人偏爱常规和屡试不爽的解决方案，因为这需要的心理能力比较少。事实上我们不可能总是富有创造力，因为这样很快会达到注意力的极限，最终注意力无法集中起来。常规能够节省很多心理能量。但是一旦需要，我们应该知道如何能构想出富有创造力的解决方案，同时也知道如何省力。

▲发散性思维

并非所有的思考都涉及问题的解决。有时我们需要对其他人的话做出反应，或者对事件做出反馈，而没有特别的问题需要定义和解决。或多或少存在一些富有创造力的方法来完成这些不需要太集中注意力的任务。和朋友聊天时，我可以说些俗套的话，也可以试着以新颖的方式来更真切地表达我当时的感受。我可以使用原有的叙述方式，也可以基于共同的体验尝试更生动的叙述。

大多数旨在提高个人创造力的商业项目主要集中在这个方面。他们试图提升发散性思维的三个维度。众所周知，发散性思维对创造力很重要。这三个维度分别是流畅性，即很擅长想出很多的点子；灵活性或产生彼此不同的观点；独创性指的是产生的观点相对比较少见。头脑风暴是激发人们提高观点与回应的流畅性、灵活性和独创性的方法。

想出尽可能多的点子。如果你需要写一封感谢函、一份报告或一封信，先找出一个关键词，然后尽可能多地想出它的同义词。如果你想不出来，可以借助词典。不是找出意思完全相同的词，而是找出意思相近但含义不同的词。最初你可以只求数量，后来你要进行判断，为了保证质量还要进行编辑。

如果你在计划周末或假期怎么过，那么你可以采取相同的做法：首先想出尽可能多的选项，即使它们并非都很合理。一个疯狂的建议可能会让你大为震动，开始向着新的方向进行思考，由此产生更多的选择项，否则你可能永远也想不到新点子。如果你正在百货商店里买衣服，不要径直走向熟悉的楼层，只要时间允许，你应该尽可能多地尝试走不熟悉的路。在书店里，你应该浏览惯常类别以外的图书。如果老板征求你的意见，不要只基于你的兴趣提出一些循规蹈矩的观点。你应该让他大吃一惊，提出各种各样的点子和意见。只要他能够接受，你尽可以提些疯狂的建议。

尽可能多地想出不同的点子。数量很重要,但要尽量避免重复。在交谈中、在音乐及菜单的选择中，人们通常喜欢多样性。学会在交谈中如何转换主题，学会如何经常更换餐馆的类型、观看的表演的种类以及穿衣打扮的方式，这将会让你受益。摩托罗拉的罗伯特·高尔文训练自己做一个简单的头脑练习：每当有人说什么，他便问自己，如果反过来是正确的会怎么样？设想替代其他人认为正确的观点的想法可能 99% 都是没什么用的，但只要有一次转向了发散性的视角，便有可能产生出不仅具有独创性，而且很有益处的洞见。

试着提出不太可能的点子。独创性是创造性思维的一个显著特征。如果需要给孩子起名字，需要想出曲别针的使用方法，或者想出在派对上使用的东西，富有创造力的人很可能会给出与众不同的答案。但是这些答案不会很怪异。人们在听到这些答案时，可能会说："哦，当然！我怎么没想到？"

> 学会以新颖独特的方式来思考比学会流畅而灵活地思考更困难，这需要培养出对观点的质量的辨别能力。

学会以新颖独特的方式来思考比学会流畅而灵活地思考更困难，这需要培养出对观点的质量的辨别能力，而流畅性和灵活性则不一定需要这种辨别能力。有一个练习是这样的，每天从报纸上随机选择一段文字，看你是否能以独特的、更令人难忘的方式来表达相同的观点。如果你选择的段落太枯燥或太晦涩，那就换一段。或者你可以看看办公室或客厅，问问自己它是否反映了你的个人品位，如果没有，你可以做些什么来让它与你独特的自我更匹配。

如果你的工作需要经常开会，你应该养成一个习惯，把会议中其他人说的话简要记录下来。然后你可以以更全面的视角来整合各种观点。不要在你以前立场的基础上陈述观点，使用会议中的重点句子，用新的思考方式提出新观点。

发散性思维比聚合性思维需要更多的注意力。像以往一样，富有创造力比墨守成规需要投入更多的精力。因此你必须选择什么时候发挥创造力，什么时候不发挥创造力，否则你会在频繁的创新中耗尽自己的能量。

▲选择特殊的领域

如果创造力涉及改变某个领域，那么个人创造力便涉及改变个人生活的领域。如果一位物理学家改变了实践物理学的方式，那我们便称他是富有创造力的。一个能改变自己生活的人，我们便说他是具有个人创造力的。个人生活领域包含着约束心理能量的规则以及定义我们每天会做什么的习惯和常规。我们的穿衣方式、工作方式和处理人际关系的方式决定了这个领域。如果我们能改进它，那么整体生活质量就会得到改善。

虽然个人生活非常复杂，但它在范围上是有限的。能让生活有趣且有意义的很多事情都属于特殊的领域，比如音乐、烹饪、诗歌、园艺、桥牌、历史、宗教、棒球和政治。它们都是具有自己特殊规则的符号系统，存在于任何个人生活之外。它们与其他数千个这样的系统构成了文化。我们通过它们来看世界，并因此而成为人类。一个人如果学会根据其中一个领域的规则进行操作，那么他便有机会大大地扩展自己的创造力范围。

太多人以为这个世界的绝大部分是禁止他们进入的区域。有些人觉得艺术跟自己不沾边，另一些觉得体育、音乐或者舞蹈、科学、哲学是自己不可能从事的活动。“不适合我”的事情的清单可能长得没有尽头。确实，有些领域不适合某些人，但问题在于，文化资源没有得到充分利用。让我们低估自己擅长很多事情并享受其中乐趣的可能原因既不是被忽视、低自尊，也不是早年建立起来的思维习惯。马尔科姆·X（Malcolm X）在监狱里用了几年的时间才意识到宗教和政治的力量，并发现自己具有这两方面的天赋。

几乎没有人事先就知道我们和哪些领域特别有缘。神童从很早就显露出他们在某个方向上具有确定的天赋，但我们大多数人不是神童，需要花费几十年的试错过程来找到自己最适合的领域。即使在我们的样本中，一些人也是到了中年才意识到自己应该从事什么职业。通常这种意识来自外界因素的压力，比如战争或者做某事的必要性，之后事实证明这种意识是正确的。

尝试尽可能多的领域很重要。从你喜欢的事情开始，然后转移到相关的领域。如果你喜欢看自传，那么可以试试阅读历史。游泳可以逐渐发展到浮潜、潜水，甚至转向跳伞，为什么不可以呢？学习一个新领域通常是困难的，一开始就非常喜欢的情况很少见。必须有一定的毅力。另一方面，坚持一项没有乐趣、没有前途的活动也是讲不通的。

最终你会找到一个或多个符合你兴趣的领域，以及一件或多件你喜欢做并能拓展你的生活的事情。理想的情况是，我们可以在尽可能多的领域中做到这一点，但在实践中，心理能量的限制使我们不可能认真对待几种相互没有关系的活动。

当你投入到领域中时，存在着两种危险。第一个危险是上瘾。有些领域非常诱人，以至于你可能会投入太多的注意力，结果留给工作和家庭的注意力所剩无几。有些象棋选手对象棋非常着迷，事实上他们已经成为性格乖僻的人。同样的情况也发生在赌马、收藏艺术品、研究圣经或浏览互联网上。

另一个危险正相反：你可能变得非常发散，没有重点。你对不同领域的感受最后可能都是很肤浅的体验。就像到处漫游的旅行者，到头来他的灵魂仍像出发之前一样乏味而褊狭。很多人似乎在文化的多样化体验中仍然一无所获。最好的解决方案并不是走极端。

当学习在一个领域中从事活动时，你的生活当然会变得更富创造力。但是我需要反复强调的是，这并不能保证你具有影响文化发展的创造力。你尽可以随你喜欢发挥个人创造力，但如果学界不合作，那么你的努力便不会被记载在历史书中。学习雕塑会让你的生活质量获得惊人的提高，但不要期望评论家会为之心醉神迷，也不要期望收藏家会趋之若鹜。新模因的竞争非常激烈，只有极少数新模因会被注意到、被挑选出来并被记载到文化中。幸运像一只大手，它决定着谁的创造力能够被载入史册。但是如果你不学会在个人生活中发挥创造力，那么你对文化有所贡献的可能性便几乎为零。到头来真正重要的不是你的名字能否与一个被认可的发现联系在一起，而是你能否拥有充实而富有创造力的生活。

致谢

写这本书的想法源于与斯宾塞基金会（Spencer Foundation）总裁拉里·克雷明（Larry Cremin）的一次谈话。我们都认为对创造力在人一生中的发展进行研究很重要，而且目前对现存的创新者缺乏系统性的研究。斯宾塞基金会资助了一项为期 4 年的研究项目，以弥补这种不足。如果没有辛苦而庞大的收集、转录和分析的工作，漫长的访谈之旅是不可能完成的。

另一项不可或缺的贡献来自 91 位受访者的协助，对他们的访谈构成了本书的一大部分。所有这些人都特别繁忙，他们的时间是无价的，非常感谢他们能够接受我们的访谈。我对他们的帮助感激不尽，只希望他们看到这个成果时，会认为自己付出的时间是值得的。

一些研究生也提供了帮助，他们的想法经常颇具创意。有几位研究生在专业期刊上发表或合作发表了有关这个项目的论文。其中我的 4 位学生凯文·拉桑德（Kevin Rathunde）、凯斯·索耶（Keith Sawyer）、珍妮中村（Jeanne Nakamura）、卡罗尔·默克罗斯（Carol Mockros）特别重要，他们在项目之初、刚取得博士学位时就参与了进来。

在收集和分析数据的过程中，我咨询了很多专门研究创造力的学者。在这里至少应该提到的学者包括霍华德·加德纳、戴维·费尔德曼（David Feldman）、霍华德·格鲁伯（Howard Gruber）、伊斯特万·贝克（Istvan Magyari-Beck）、维拉·约翰斯坦纳（Vera John-Steiner）、迪恩·西蒙顿（Dean Simonton）、罗伯特·斯坦伯格（Robert Sternberg）和马克·伦科（Mark Runco）。他们在知情或不知情的情况下，对本书的观点做出了贡献。

一些同事协助完成了本书最初的手稿。我非常高兴能在这里对我的老朋友、哈佛大学的霍华德·加德纳的鼓励与批评表示感谢。与以往一样，他的评价总是一语中的。布朗大学的威廉·达蒙（William Damon）对这本书的重新组织提出了一些宝贵的建议。匈牙利塞格德大学（University of Szeged）的贝诺·卡萨珀（Beno Csapo）则提供了不同文化的视角。

书中三个章节的草稿是我在作为洛克菲勒基金会（Rockefeller Foundation）的客人拜访它位于百乐宫（Bellagio）的意大利中心时完成的。其余部分是我在作为帕洛阿尔托（Palo Alto）行为学高级研究中心的研究人员时完成的。该研究中心得到了约翰·D 和凯瑟琳·T 麦克阿瑟基金（John D. and Catherine T. MacArthur Foundation）和国家科学基金会（National Science Foundation）的支持。我很感谢他们给予我专心写作的机会，让我可以在这么好的环境中不受干扰地完成手稿。

在本书接近尾声的时候，与我结婚近 30 年的妻子伊莎贝拉（Isabella Selega）对手稿的编辑工作以及许多重要的细节进行了指导。1965 年，在我写同样主题的博士论文时，她也是这样做的。很难说清这些年来我所取得的成就有多少应该归功于她的爱和帮助。

我对本书存在的任何缺点和不足负有全部责任，而不应该归咎于以上提到的任何人。对于本书的任何优点和价值，我则要深深地感谢他们。

译者后记

本书的作者、著名的心理学家希斯赞特米哈伊最广为人知的成就当属心流理论了。但他对创造力的研究在学术界也非常有名。作者在书中反复强调，他所说的创造力是指那些能够载入史册，对文化产生深远影响的创造力。从这个角度来说，希斯赞特米哈伊本人便具有非凡的创造力。因为他的心流理论彻底改变了人们对如何获得真正的快乐与满足的认识，改变了人们对如何能够让生活过得更好的看法。在解释自己为什么会从事心理学研究的时候，他这样说道："第二次世界大战爆发时，我还是一个孩子。我发现成年人对周遭发生的事情认识不清，而且无法从他们自己制造出来的混乱中解脱出来。我因而领悟到一个人如何能活得更好，并且尝试了去做许多事情，比如艺术、小说、哲学并活跃于青年组织等。当时通过荣格的著作，我发现了心理学，认识到或许它是了解行为和历史的最好方法。"

通过心理学，希斯赞特米哈伊不仅发现了一种过得更好的生活方式，并且进一步发现拥有创造力的人会为他们自己创造一个领域或事业，进而过着充实而满足的生活。可以说，创造力与心流是密不可分的。他对近百位全球最具创造力的杰出人士进行了访谈。他指出，虽然富有创造力的人千差万别，很难用一个模式来描述他们，但他们都具有一些共同点。作者分析了这些共同点，引述了一些访谈内容，这样创造力不再是一个抽象晦涩的概念，不再高不可攀。作者在本书中不止一次提出，实现对文化能够有所贡献的创造力需要天时地利人和，运气在其中发挥着不小的作用。虽然我们成为下一个爱因斯坦、米开朗琪罗或达尔文的可能性微乎其微，但可以肯定的是，创造力能够让我们把自己的人生过得更好。好生活和好事业都离不开创造力。

能够翻译这样一部重要的作品对我是莫大的荣幸。每位译者都有自己的局限性，我也唯恐自己的翻译减损了作者深邃的思想。广大读者是最好的评判者，如果您觉得翻译有不妥之处，欢迎批评指正。在翻译过程中，我得到了很多朋友的支持，在此对黄宁、王鹏、巩樱、崔凯、范文斌以及曲晓东表示由衷的感谢！

黄珏苹

未来，属于终身学习者

我们正在亲历前所未有的变革——互联网改变了信息传递的方式，指数级技术快速发展并颠覆商业世界，人工智能正在侵占越来越多的人类领地。

面对这些变化，我们需要问自己：未来需要什么样的人才？

答案是，成为终身学习者。终身学习意味着永不停歇地追求全面的知识结构、强大的逻辑思考能力和敏锐的感知力。这是一种能够在不断变化中随时重建、更新认知体系的能力。阅读，无疑是帮助我们提高这种能力的最佳途径。

在充满不确定性的时代，答案并不总是简单地出现在书本之中。“读万卷书”不仅要亲自阅读、广泛阅读，也需要我们深入探索好书的内部世界，让知识不再局限于书本之中。

湛庐阅读 App：与最聪明的人共同进化

我们现在推出全新的湛庐阅读 App，它将成为您在书本之外，践行终身学习的场所。

- 不用考虑“读什么”。这里汇集了湛庐所有纸质书、电子书、有声书和各种阅读服务。
- 可以学习“怎么读”。我们提供包括课程、精读班和讲书在内的全方位阅读解决方案。
- 谁来领读？您能最先了解到作者、译者、专家等大咖的前沿洞见，他们是高质量思想的源泉。
- 与谁共读？您将加入优秀的读者和终身学习者的行列，他们对阅读和学习具有持久的热情和源源不断的动力。

在湛庐阅读 App 首页，编辑为您精选了经典书目和优质音视频内容，每天早、中、晚更新，满足您不间断的阅读需求。

【特别专题】【主题书单】【人物特写】等原创专栏，提供专业、深度的解读和选书参考，回应社会议题，是您了解湛庐近千位重要作者思想的独家渠道。

在每本图书的详情页，您将通过深度导读栏目【专家视点】【深度访谈】和【书评】读懂、读透一本好书。

通过这个不设限的学习平台，您在任何时间、任何地点都能获得有价值的思想，并通过阅读实现终身学习。我们邀您共建一个与最聪明的人共同进化的社区，使其成为先进思想交汇的聚集地，这正是我们的使命和价值所在。

图书在版编目（CIP）数据

创造力：心流与创新心理学 /（美）希斯赞特米哈伊著；黄珏苹译. —杭州：浙江人民出版社，2015.1（2025. 5 重印）

ISBN 978-7-213-06412-8

Ⅰ. ①创… Ⅱ. ①希… ②黄… Ⅲ. ①创造心理学–研究 Ⅳ. ①G305

中国版本图书馆 CIP 数据核字（2014）第 272992 号

浙江省版权局
著作权合同登记章
图字:11-2014-206号

上架指导：心理学 / 创造力

创造力：心流与创新心理学

作　　者：［美］米哈里·希斯赞特米哈伊 著
译　　者：黄珏苹 译
出版发行：浙江人民出版社（杭州市环城北路177号 邮编 310006）
市场部电话：（0571）85061682 85176516
集团网址：浙江出版联合集团 http://www.zjcb.com
责任编辑：徐江云
责任校对：张志疆 张彦能
印　　刷：中国电影出版社印刷厂
开　　本：710 mm × 965 mm 1/16　　**印　　张：**23.25
字　　数：34.8 万　　**插　　页：**3
版　　次：2015 年 1 月第 1 版　　**印　　次：**2025年 5 月第16次印刷
书　　号：ISBN 978-7-213-06412-8
定　　价：62.90 元